宋本藝文類聚

上

〔唐〕歐陽詢 撰

圖書在版編目(CIP)數據

宋本藝文類聚/(唐)歐陽詢撰. - 上海:
上海古籍出版社, 2013.12 (2022.10重印)
ISBN 978-7-5325-6865-9

Ⅰ. ①宋.. Ⅱ. ①歐... Ⅲ. ①百科全書—中國—唐代
Ⅳ. ①Z221

中國版本圖書館CIP數據核字(2013)第124194號

宋本藝文類聚

(全三册)

[唐]歐陽詢 撰

上 海 古 籍 出 版 社 出版、發行
(上海市閔行區號景路159弄1-5號A座5F 郵政編碼 201101)
(1)網址:www.guji.com.cn
(2)E-mail:gujil@guji.com.cn
(3)易文網網址:www.ewen.co
常州市金壇古籍印刷廠印刷
開本 787×1092 1/16 印張 161.25 插頁 15
2013年12月第1版 2022年10月第6次印刷
印數:3,201-3,800
ISBN 978-7-5325-6865-9
Z·426 定價:650.00元
如發生質量問題,讀者可向工廠調换

出版説明

《藝文類聚》一百卷，是唐武德時（七世紀二十年代）歐陽詢主編的一部大型類書。它的内容、體例，是把各種典籍中有關自然知識、社會情況的紀載，以及學術論著和文學藝術的創作，都加以分門別類，摘録彙編，使讀者便於尋檢資料，探索前代文獻知識。其性質和現代的百科全書相似。

《藝文類聚》輯録時所根據的典籍有一千四百多種。這些被徵引的典籍，經過千餘年的時世變化，大半都散佚了。但由於這部類書的存在，就保存了很多古籍裏的零章斷篇、逸事遺文。因此，探索古代學術文化的學人們，經常要利用它來搜輯遺文逸書，鈎稽學術上的珍貴資料。它的作用和價值，在今天還是很大的。

但是很久以來，學人們所見到的《藝文類聚》，都是明代正德、嘉靖、萬曆三朝（十六世紀）的各種刻本。一九五八年冬，上海圖書館得到一部宋紹興（十二世紀）刻本。這個宋刻本，經過與明刻各本比勘，發現許多的優點。凡是明刻各本混亂、脱訛的地方，多能藉宋本的校正而一掃疑雲。

一九五九年九月，中華書局上海編輯所按原書尺寸影印了這部國内僅存的宋刻孤本《藝文類聚》，綫裝兩函，共十六册。當年請上海圖書館撰寫的《前言》，大致將宋本《藝文類聚》的特點叙述分明。如今時隔半個多世紀，此書已難覓蹤影。爲滿足當今學人對宋本《藝文類聚》的深入研究和應用以及廣大讀者的需求，本社重新按原樣影印此書，分三册精裝出版。

上海古籍出版社
二〇一三年九月

宋本藝文類聚目録

上册

中册

下册

前言

藝文類聚一百卷，是我國最早的一部大型類書。主編者唐歐陽詢在他的序裏說：『九流百氏，爲說不同。周流極源，頗難尋究。欲摘其菁華，採其指要，比類相從，俾覽者易爲功，作者資其用。』根據他的話，可以知道本書編輯的目的，是摘採繁富的典籍，按類排比，供學者攷事徵引的需要。由於它的體例是『分門類事，兼存前世賦詩銘頌文章附於逐目之後』（晁公武語）的緣故，所以書裏包含了很多前人的著作，其中大部分原書早就因爲時世變遷而散佚了。宋陳振孫直齋書錄解題已經這樣說：『其所載詩文賦頌之屬，多今世所無之文集。』足見很多珍貴的資料，靠着本書的流傳而保存了下來。因此，這部類書，在今天來說，它不僅可以供我們尋究前代文章，有披條索貫之便；更重要的，在於使這些散佚的資料，有助於當前科學研究事業的發展。我們重印這部類書的目的與意義就在於此。

前言 一

關於本書編纂的經過和主要編輯者的事蹟，在唐書裏有以下的記載。歐陽詢傳云：

歐陽詢，潭州臨湘人，陳大司空頠之孫也。父紇，陳廣州刺史，以謀反誅，詢當從坐，僅而獲免。陳尚書令江總與紇有舊，收養之，教以書計。雖貌甚寢陋，而聰悟絕倫，讀書即數行俱下，博覽經史，尤精三史。仕隋爲太常博士。高祖微時，引爲賓客。及即位，累遷給事中。武德七年，詔與裴矩、陳叔達撰藝文類聚一百卷，奏之，賜帛二百段。貞觀初，官至太子率更令，弘文館學士，封渤海縣男，年八十餘卒。

又令狐德棻傳云：

五年（武德），遷祕書丞，與侍中陳叔達等受詔撰藝文類聚。

又趙弘智傳云：

趙弘智，洛州新安人。學通三禮、史記、漢書。武德初，太禮卿郎楚之應詔舉之。授詹事府主簿，又預修六代史。初與祕書丞令狐德棻、齊王文學袁朗等十數人同修藝文類聚。

從以上資料，可以知道在歐陽詢以外，參與工作者至少有十餘人，其能查見姓名的，僅有半數。至於本書署名僅題『渤海男歐陽詢撰』者，應是由於他所用功力較多的緣故。

這書傳本，幾百年來僅靠明刻。明刻本現在可以見到的：一爲正德中愼獨齋刊本；二爲胡纘宗爲陸采序刊本，書口有刻工姓名；三爲嘉靖戊子陸采加跋本；四爲覆陸跋本，無刻工姓名；五爲山西平陽府張松刊本；六爲蘭雪堂活字本；七爲萬曆中王元貞刊本。前人以胡序本、陸跋本、平陽本都是每葉二十八行，行二十八字，稱之爲小字本。王元貞本或稱中字本，或稱大字本。小字本相傳出於宋本，由於宋本不可見，著錄亦不多，大家也就把它當做宋本來看待。

去冬，我館從上海古籍書店購得宋刻本，原爲朱氏結一廬舊藏。結一廬宋元本書目曾有著錄，但記錄不詳。宋刻類聚，遍查各家書目，天祿琳瑯曾有一帙，經後人鑒定，實係明刊。馮舒校宋本，所據宋本爲錢謙益所藏，但查錢氏藏目中沒有載及，很早就散失，也無可踪迹。只有馮氏校本，展轉過錄，綿延不絶，尚能見到。因此，宋本流傳既尠，這一部當推爲海内孤本了。

這部宋本略有殘佚，計缺卷一至卷四，卷四十九至卷五十三，卷五十四僅存第一葉、第四葉，卷五十五缺第一葉，前後無刻書序跋，故對當時刊印始末看不出來。

版口刻工姓名，有：王成、徐才、丘印、沈章、李天、陳先、陳才、李彥、郭良、方逵、徐生、翁圭、林忩、張其、葉達、葉明、李元、王華、朱贇、黄覺、王機、吴詢、潘俊、王榮、徐宗、丁悦、劉中、鄭敏、嚴定、已叔、徐余、丁正、盧天、子期、陳榮、陳盛、葛珍、余政、陳暹、黄華等。其與紹興二年浙東茶鹽司本資治通鑑同者二人，與紹興九年臨安府本漢官儀同者二人，與嚴州本儀禮同者九人。據此，可考知這個本子應是紹興間浙中所刊。

書中避諱，缺筆至構字止。特别對高宗嫌名避得很嚴。眘慎蜃等，則均不缺筆，因此，可以進而肯定這個本子是宋高宗紹興時的刻本。

明刻小字本，前人以爲源出宋本，因之一向推重備至。陸心源則以爲出自元刻宗文堂本，以行款相同爲證。所以有人説，『明出於元，元出於宋』。今據宋本來校明本，發現明本的文字脱誤，觸目皆是，即卷葉錯亂，亦復不少，也就證明了宋本的優點很多。今舉明本脱誤之例如下：

一　單字之誤：如『輪寫心腹』，輪誤作書。卷六，葉十四，行三。又『項峻』，項誤作顔。卷十一，葉七，行十四。

二　一字分作兩字之誤：如『春秋含孳』，孳誤作兹子。卷三十九，葉十五，行三。又『插胥銅匕首』，胥誤作要月，使五言句多出了一字。卷四十一，葉三，行二十。

三　脱文之誤：如游俠類引漢書，萬章與中書令石顯相善一則，有『此爲石氏之禍，萬氏反福耶？諸公以名其客各有所厚』云云。『以』字下實脱『是稱之。又曰，婁護字君卿，是時王氏方盛，賓客盈門，五侯兄弟爭』二十五字，上下文遂不相屬。（卷三十三，葉五，行三。）

四　引文次序之誤：如蘼蕪類引古詩及郭璞贊，均誤杜若類。（卷八十一，葉十一，行二十五。）

五　筆畫模胡，語不成文之誤：如內典類引庾肩吾詠同泰寺浮圖詩，『月出琛含水，天晴幡帶虹。』胡本誤作『月出琛奐，未靖◢幡帶虹』，陸本誤作『月出琛含　天靖魄幡帶虹』，平陽本誤作『月出琛奐未，靖■幡帶虹。』（卷七十六，葉五，行三。）

宋本裏面，雖然也有少數脱誤的地方，但是就總的情況來說，確是瑕不掩瑜，足以訂正各本缺誤之處甚多。我們深以新得宋刻孤本爲幸，爰將此本商請中華書局上海編輯所景印問世，希望這部前人所不經見的珍貴典籍，能在科學研究工作中起一定的作用。

宋本所缺卷葉，用明嘉靖胡本配補，計有：自序；卷一至卷四；卷四十九至卷五十三；卷五十四之第二葉、第三葉、第四葉前六行，第五葉至第十一葉；卷五十五第一葉、第二葉前一行；卷五十八第六葉至第十二葉前一行等，俾成完書。

上海圖書館

一九五九年九月三十日

藝文類聚序

敘曰夫九流百氏爲說不同延閣石渠架藏繁積周流極源頗難尋究披條索貫日用弘多卒欲摘其菁華採其指要事同游海義等觀天皇帝命代膺期撫茲寶運移澆風於季俗反淳化於區中戡亂靖人無思不服偃武修文興開庠序欲使家富隋珠人懷荊玉以爲前輩綴集各抒其意流別文選專取其文皇覽徧略直書

其事文義既殊尋檢難一爰詔撰其事且文棄
其浮雜删其冗長金箱玉印比類相從號曰藝
文類聚凡一百卷其有事出於文者便不破之
爲事故事居其前文列于後俾夫覽者易爲功
作者資其用可以折衷今古憲章墳典云爾太
子率更令弘文館學士渤海男歐陽詢序

藝文類聚目録

藝文類聚卷第一

唐太子率更令弘文館學士歐陽詢撰

天部上 天 日 月 星 雲 風

天

周易曰大哉乾元萬物資始乃統天雲行雨施品物流形大明終始六位時成時乘六龍以御天乾道變化各正性命　又曰立天之道曰陰與陽　又曰天行健　尚書曰乃命羲和欽若昊天　又曰皇天震怒命我文考肅將天威　禮記曰天地之道博也厚也高也明也悠也久也日月星辰繫焉萬物覆焉　論語曰天何言哉四時行焉百物生焉　老子曰天得一以清　春秋繁露曰天有十端天地陰陽水土金木火人凡十端天亦喜怒之氣哀樂之心與人相副以類合之天人一也　爾雅曰穹蒼蒼天也春爲蒼天夏爲昊天秋爲旻天冬爲上天　春秋元命苞曰天不足西北陽極於九故天周九九八十一萬里　渾天儀曰天如雞子天大地小天表裏有水地各乘氣而立載水而浮天轉如車轂之運　黄帝素問曰

積陽爲天故天者清陽也　莊子曰天之蒼蒼其正色邪其遠而無所至極邪　申子曰天道無私是以恒正天常正是以清明　文子曰高莫高於天下莫下於澤天高澤下聖人法之　太玄曰有九天一爲中天二爲羨天三爲從天四爲更天五爲睟天六爲廓天七爲咸天八爲沈天九爲成天　又曰天以不見爲玄　皇覽記曰好道者言黄帝乗龍升雲登朝霞上至列闕倒影經過天宫　禮統曰天地者元氣之所生萬物之祖也　廣雅曰太初氣之始也清濁未分太始形之始也清者爲精濁者爲形太素質之始也已有素朴而未散也二氣相接剖判分離輕清者爲天　吕氏春秋曰天有九野何謂九野中央曰鈞天東方曰蒼天東北曰變天北方曰玄天西北曰幽天西方曰皓天西南曰朱天南方曰炎天東南曰陽天　列子曰杞國有人憂天崩墜身無所寄廢於寢食又有憂彼之憂者曉之曰天積氣耳無處無氣柰何而崩墜乎其人曰天果積氣日月星宿不當墜也曉者曰日月星宿亦積氣中之有光曜者正復使墜亦不能有中傷　說苑曰齊桓公問管仲王者何所貴對曰貴天桓公仰觀天管仲

曰所謂之天者非謂蒼蒼莽莽之天也君人者以百姓爲天　白虎通曰天者身也天之爲言鎭也居高理下爲人鎭也男女揔名爲人天地所以無揔名何天圓地方不相類也天左旋地右周猶君臣陰陽相對向也　張衡靈憲曰太素之前幽清寂寞不可爲象惟虛惟無蓋道之根也道根既建由無生有太素始萌萌而未兆斯謂龐洪蓋道之幹也道幹既育萬物成體於是剛柔始分清濁異位天成於外而體陽故圓以動斯謂天元道之實也天有元位　徐整三五歷紀曰天地混沌如雞子盤古生其中萬八千歲天地開闢陽清爲天陰濁爲地盤古在其中一日九變神於天聖於地天日高一丈地日厚一丈盤古日長一丈如此萬八千歲天數極高地數極深盤古極長後乃有三皇數起於一立於三成於五盛於七處於九故天去地九萬里　蜀志曰吳使張溫來聘溫問秦密曰天有頭乎密曰有之溫曰在何方密曰詩云乃眷西顧以此推之頭在西方溫曰天有耳乎密曰天處高而聽卑詩云鶴鳴九皋聲聞于天若其無耳何以聽之溫曰天有足乎密曰詩云天步艱難若其無足何以步之溫曰天有姓

乎密曰姓劉何以然曰其子姓劉以此知之　楚辭天問曰圜則九重孰營度之八柱何當東南何虧（言天有八山爲柱皆何當值東南不足誰虧缺之）日月安屬列星安陳

詩　晉傅玄兩儀詩曰兩儀始分元氣上清列宿垂象六位時成日月西邁流景東征悠悠萬物殊品齊名聖人憂世實念羣生　又天行篇曰天行一何健日月無高蹤百川赴陽谷三辰因泰蒙　又詩曰天時泰兮昭以陽清風起兮景雲翔仰觀兮辰象日月兮運周俯視兮河海百川兮東流

賦　晉成公綏天地賦曰天地至神難以一言定稱故體而言之則曰兩儀假而言之則曰乾坤氣而言之則曰陰陽性而言之則曰柔剛色而言之則曰玄黃名而言之則曰天地若乃懸象成文列宿有章三辰燭燿五緯重光衆星回而環極招摇運而指方白虎時據於參代青龍垂尾於氐房玄龜匿首於女虚朱鳥奮翼於星張帝皇正坐於紫宫輔臣列位於文昌垣屏絡驛而珠連三台差池而鴈行軒轅華布而曲列攝提鼎峙而相望

贊　晉郭璞釋天地圖贊曰祭地肆瘞郊天致煙氣升太一精淪九泉至敬不文明德惟鮮

表　宋顔延之請立渾天儀表曰張衡創物蔡

邑造論戎夏相襲世重其術臣昔奉使入關值大軍旋旆渾儀在路肆覿奇秘絶代異寶旋及王府考諸前志誠應夙聞尚書琁璣玉衡以齊七政崔瑗所謂數術窮天地制作侔造化經志所云圖憲所本故體度不渝精測尚矣則七曜運變無匪康時九代貞觀不絶司曆臣夙懷末意懼干非任今忝惟職統敢昧死以聞

日

易曰日月麗乎天　又曰離爲日　又曰日中則昃月盈則食天地盈虛與時消息而況於人乎況於鬼神乎　毛詩曰日居月諸胡迭而微　禮記曰玄端而朝日於東門之外　左氏傳曰趙衰冬日之日也趙盾夏日之日也　五經通義曰日中有三足烏　春秋内事曰日者陽德之母　白虎通曰日行遲月行疾者何君舒臣勞也日月所以懸著何助天行化昭明下地也日月徑千里　風俗通曰成帝問劉向俗説文帝被徵後期不得立日爲再中　爾雅曰觚竹北戸西王母日下謂之四荒岠齊州以南戴日爲丹穴東至日所出爲太平西至日所入爲太蒙　廣雅曰日名

朱明一名耀靈一名東君一名大明亦名陽烏　說文曰日實也太陽之精字從口一象形也　又曰初出爲旭日昕日晞日温日煦日在午曰亭午在未曰昳日晚曰旰日將落曰薄暮日西落光反照於東謂之反景在上曰反景在下曰倒景煦日温也晧日晝貌也暉日光也旰日晚也翌日明也曉日白也　易坤靈圖曰至德之明日月若連璧　京房易傳曰日月大光天下和平上下俱昌延年益壽長世無極　禮斗威儀曰政理太平則時日五色　漢書曰文帝時新垣平言臣候日再中居頃之日却復中乃更以十七年爲元年　列子曰孔子東遊見兩小兒辯鬬問其故一兒曰我以日始出去人近日中時遠也一兒曰我以爲日初出時遠而日中時近一兒曰日初出大如車蓋及其中纔如盤盂此不爲遠者小而近者大乎一兒曰日初出滄滄涼涼及其中如探湯此不爲近者熱而遠者涼乎孔子不能決也兩兒笑曰孰謂汝多知乎　賈誼書曰湯曰學聖王之道譬其如日靜居而獨思譬其若火夫人舍學聖王之道而靜居獨思譬其去日之明於庭而就火之光於室也然可以小見不可以大知　應

劭漢官儀曰太山東南名曰日觀日觀者雞鳴時見日　論衡曰儒者論日旦出扶桑暮入細柳扶桑東方之地細柳西方之地　家語曰楚王渡江得萍實大如拳赤如日事具草部帝王世紀曰周文王夢日月着其身　瑞應圖曰日月揚光者人君之象也君不假臣下之權則日月揚光　山海經曰猗天山蘇門山日月所出　又曰大荒之中暘谷上有扶桑十日所浴九日居上枝一日居下枝皆載烏　又曰有女子名曰羲和浴日於甘泉羲和者帝俊之妻是生十日　淮南子曰堯時十日並出草木焦枯堯命羿仰射十日中其九烏皆死墮羽翼　又曰若木在建木西有十日華照下地　又曰日出于暘谷浴于咸池拂于扶桑是謂晨明登于扶桑之上爰始將行是謂朏明至于曲阿是謂朝明臨于曾泉是謂蚤食次于桑野是謂晏食臻于衡陽是謂禺中對于昆吾是謂正中靡于鳥次西南日人鏊是謂小遷至于悲谷是謂餔時迴于女紀是謂大遷經于泉隅是謂高春頓于連石是謂下春至于悲泉爰息其鳥是謂懸車薄于虞泉是謂黃昏淪于蒙谷是謂定昏　又曰魯陽公與韓構難戰酣日暮援戈而撝之日

反三舍　又曰積陽之熱氣生火火氣之精者爲日　又曰日中有踆烏（踆猶蹲也謂三足烏也）河圖叶光篇曰積精爲日　皇甫謐年曆曰日者衆陽之宗陽精外發故日以晝明名曰曜靈　楚辭曰暾將出兮東方照吾檻兮扶桑（檻楯也）又曰角宿未旦曜靈安藏（角東方星也曜靈日也言東方未旦之時日安藏其精光也）　又天問曰羿焉彃日烏焉解羽　又招魂曰十日並出流金鑠石

【詩】魏劉楨詩曰仰視白日光皎皎高且懸兼燭八紘內物類無頗偏　晉張載詩曰白日隨天迴皦皦圓如規踊躍湯谷中上登扶桑枝　又詩曰十日出湯谷弭節馳萬里經天曜四海倏忽潛濛汜　晉傅玄詩曰湯谷發清曜九日棲高枝願得並天御六龍齊玉轡　梁李鏡遠詩曰始臨東岳觀俄昇若木枝泙實詎儔彩合扇且慙規比林耿初曜負窗鑒早曦照庭餘雪盡映簷溜滴垂徘徊匝花樹煜爚滿春池柳陰裁靡靡簾影復離離曾泉豈停舍桑榆忽在斯迴戈安得中長繩不可覊冲情愛景落清宴惜光馳溫暉徒已荷深心竊自知　梁劉孝綽詠日應令詩曰弭節馳湯谷照曜出扶桑園葵一何花傾葉奉離光

【詞】後漢李尤九曲詞曰年歲晚暮時已斜安得

力士翻日車　晉傅玄日昇謌詠曰東光昇朝暘羲和初攬轡六龍並騰驤逸景何晃晃旭日照萬方皇德配天地神盟鑒幽荒　又三光篇曰三光垂象表天地有晷度聲和音響應形立影自附素日抱玄烏明月懷靈兎　**贊**　晉郭璞十日贊曰十日並出草木焦枯羿乃控弦仰落陽烏可爲洞感天人懸符

月

釋名曰月闕也滿則缺也晦灰也月死爲灰月光盡似之也朔蘇也月死復蘇生也弦月半之名也其形一旁曲一旁直若張弓弦也望月滿之名也日月遥相望者也　廣雅曰夜光謂之月　山海經曰大荒之中有方山日月所出入也　五經通義曰月中有兎與蟾蜍何月陰也蟾蜍陽也而與兎並明陰係陽也　文選月上軒而飛光　乾鑿度曰月三日成魄八日成光蟾蜍體就穴鼻始明（穴決也決鼻兎也）　尹子曰使星司夜月司時猶使雞司晨也　尚書大傳曰晦而月見西方謂之朓（朓條也條達行疾皃也）　朔而月見東方謂之側匿（側匿猶縮懦也行遲皃也）　禮記曰月者三日成魄三月而成時　史

記天官書曰月行中道安寧和平　又曰太陰之精上爲日月者天地之陰金之精也　禮含文嘉曰君致尊而制命則日月貞明　春秋孔演圖曰仁義之道日月循緯　漢書曰元后母李氏夢月入其懷而生后　禮斗威儀曰政太平則月圓而多輝政升平則月清而明　張衡靈憲曰月者陰精之宗積而成獸象蜍兎　又曰姮娥奔月是爲蟾蜍　淮南子曰月天之使也積陰之寒氣大者爲水水氣之精者爲月　又曰月者陰之宗是以月毁而魚腦減　又曰羿請不死之藥於西王母姮娥竊之奔月宮姮娥羿妻也服藥得仙奔入月中爲月精　又曰畫隨灰而月暈闕以蘆灰隨暈環闕其一面則月暈亦闕於上也　又曰方諸見月則津而爲水方諸陰燧大蛤也熟摩拭令熱以向月則水生銅盤受之下水數石也　呂氏春秋曰月羣陰之本月望則蚌蛤實羣陰盈月晦則蚌蛤虛羣陰虧夫月形于天而羣陰化爲川　又曰月纏二十八宿　文子曰百星之明不如一月之光　京房易飛候曰正月有偃月必有嘉王　皇甫謐年曆曰月羣陰之宗光内日影以宵曜名曰夜光　物理論曰京房説月與星至陰也有形無光日照之乃光如以鏡照日而有影見　舊

曆説曰日猶火也月猶水也火則施光水則含影故朏生於向日魄生於背日當日則光盈近日則明滅　楚辭曰夜光何德死而又育厥利維何顧兎在腹　又曰何泛濫之浮雲猋擁蔽於明月思耿耿而願見然陰曀而不達　傅咸擬天問曰月中何有白兎擣藥興福降祉

詩

晉陸機詩曰安寢北堂上明月入我牖照之有餘煇攬之不盈手　宋孝武帝齋中望月詩曰褰幕蕩暄氣入夜漸流清微微風始發曖曖月初明思因往物深悲以歸雲盈　宋鮑照翫月詩曰蛾眉蔽珠櫳玉鈎隔瑣牕三五二八時千里與君同夜移衡漢落徘徊帷幌中　齊虞羲詠秋月詩曰影麗高臺端光入長門殿初生似玉鈎裁滿如團扇泛濫浮陰來金波時不見儻遇賞心者照之西園宴　梁簡文帝望月詩曰流輝入畫堂初照上梅梁形同七子鏡影類九秋霜桂花那不落團扇與誰裝空聞北牕彈未舉西園觴　又望月詩曰今夜月光來正上相思臺可憐無遠近光照悉徘徊　梁孝元帝望江中月影詩曰澄江涵皓月水影若浮天風來如可泛流急不成圓秦鈎斷復接和璧碎還聯裂紈依岸草斜桂逐行船即此春江上

無侯百枝然　梁邵陵王蕭綸詠新月詩曰霜氛含月彩靄靄下南樓霧濃光若晝雲駛影疑流　梁沈約詠月詩曰月華臨靜夜夜靜滅氛埃方暉竟戶入圓影隙中來高樓切思婦西園遊上才網軒映珠綴應門照綠苔洞房殊未曉清光信悠哉　梁何遜望初月詩曰初宿長淮上破鏡出雲明今夕千餘里雙蛾映水生的的與沙淨艷艷逐波輕　梁庾肩吾和徐主簿望月詩曰樓上徘徊月窻中愁思人照雪光偏冷臨花色轉春星流時入暈桂長欲侵輪顧以重光曲承君歌扇塵　又望月詩曰桂殿月偏來留光引上才園隨漢東蚌暈逐淮南灰渡河光不濕移輪轍巨開此夜臨清景還承終宴杯　梁蕭子範望秋月詩曰河漢東西陰清光此夜出入帳華珠被斜筵照寶瑟霜慘庭上蘭風鳴簷下橘獨見傷心者孤燈坐幽室　梁虞騫視月詩曰清夜未云疲珠簾聊可發泠泠玉潭水映見蛾眉月靡靡露方垂暉暉光稍沒佳人復千里餘影徒揮忽　梁劉瑗在縣中庭看月詩曰移榻坐庭陰初弦時復臨侍兒能勸酒貴客解彈琴栢葉生鬟內桃花出鬢心月光移數尺方知夜已深　梁劉孝綽望月有所

思詩曰秋月始纖纖微光垂步簷曈曨入牀簟髣髴鑑窗簾簾螢隱光息簾蟲映光織玉羊東北上金虎西南昃長門隔清夜高堂蒙容色如何當此時懷情滿胷臆　又林下映月詩曰玥明三五月垂影當高樹攢柯半玉蟾裛葉彰金兎茲林有夜坐嘯歌無與晤側光聊可書含毫且成賦　又望月詩曰輪光缺不半扇影出將圓流光照瀰瀰波動映淪漣　梁鮑泉江上望月詩曰客行鈎始懸此夜月將弦川澄光尚動流駛影難圓蒼蒼隨遠色瀁瀁逐漪漣無因轉還汎迴首眷前賢　周王褒詠月贈人詩曰月色當秋夜斜暉映薄帷上弦如半璧初魄似蛾眉渡雲光忽駛中天影更遲高陽懷許掾對此益相思　隋江揔賦得三五明月滿詩曰三五兎輝成浮雲令復輕隻輪非戰反團扇少歌聲雲前來往色水上動搖明况復高樓照何嗟攬不盈

賦

宋周祗月賦曰二氣理化精者能鏡陽得一以朗旦月代終而夕映其狀也氣融潔而照遠質明潤而貞虛弱不廢照清不激汗　宋謝靈運怨曉月賦曰臥洞房兮當何悅滅華燭兮弄曉月昨三五兮既滿今二八兮將缺浮雲褰兮收泛灩明舒照兮殊皎潔墀

除兮鏡鑑房櫳兮澄澈　宋謝莊月賦曰陳王初喪應劉端憂多暇悄焉疚懷弗怡中夜于時斜漢左界北陸南躔白露暖空素月流天沉吟齊章殷勤陳篇抽毫進牘以命仲宣仲宣跪而稱曰臣聞日以陽德月以陰靈擅扶光於東沼嗣若英於西溟引玄兔於帝臺集素娥於后庭若夫氣霽地表雲斂天末洞庭始波木葉微脫菊散芳於山椒鴈流哀於江瀨升清質之悠悠降澄暉之藹藹列宿掩縟長河韜映柔祇雪凝圓靈水鏡連觀霜縞周除氷淨歌曰美人邁兮音塵闕隔千里兮共明月臨風歎兮將焉歇川路長兮不可越　梁沈約八詠望秋月曰秋月明如練照曜三爵臺徘徊九華殿九華玳瑁梁華榱與璧璫以玆雕麗色持照明月光凝華入黼帳清暉懸洞房先過飛鷰戶却映班姬牀湛秀質兮似規委清光兮如素照愁軒之蓬髮影金階之輕步居人臨此笑以歌別客對之傷且慕經衰圃映寒叢凝清夜帶秋風隨庭雪以偕素與池荷而共紅照玉墀之皎皎含霜靄之濛濛隱巖崖而半隔出帷幌而纔通散朱庭之奕奕入青瑣而玲瓏

星

說文曰萬物之精上爲列星　尚書考靈曜曰五星若編珠旋璣中星星調則風雨時　春秋説題辭曰星之爲言精也陽之榮也陽精爲日日分爲星故其字日生爲星　尚書洪範曰庶民爲星星有好風星有好雨月之從星則以風雨（月經于箕則多風離于畢則多雨也）周禮曰保章氏掌天星以志日月星辰之變動以觀天下之遷辨其吉凶以星土辨九州之地所封之域皆有分星以觀妖祥　左氏傳曰魯莊公七年夏四月辛卯夜恒星不見夜明也夜中星隕如雨與雨偕也　春秋運斗樞曰北斗七星第一天樞第二旋第三機第四權第五衡第六開陽第七搖光第一至四爲魁第五至第七爲標標合爲斗居陰布陽故稱北　尚書中候曰帝堯即政景星出翼　禮稽命徵曰作樂制禮得天心則景星見　春秋元命苞曰嘉置弧北指一大星爲老人星治平則見見則王壽常以秋分候之南郊　論語讖仲尼曰吾聞堯率舜等遊首山觀河渚有五老飛爲流星上入昴　莊子曰傳説得之以相武丁奄有天下乘東維騎箕尾而比於列星　尸子曰自

井中視星所見不過數星自丘上以望則見始出也非明益也勢使然也私心井中也公心丘上也　呂氏春秋曰宋景公時熒惑在心公召子韋問焉子韋曰禍當君雖然可移於宰相公曰宰相所與治國家也曰移於民公曰民死寡人將誰爲君曰可移於歲公曰歲饑民餓必死爲人后而殺其民誰以我爲君乎子韋曰君有至德之言三天必三賞君熒惑必徙三舍行七星星當一年君延年二十一矣熒惑果徙三舍　列仙傳曰東方朔楚人也後賣藥五湖知其歲星焉　史記曰天曜而景星見景星德星也其狀無常常出有道之國　漢書曰五星不失行則年穀豐昌　又曰五星同色天下偃兵百姓安寧歌舞以行不見災疾五穀蕃昌　魏志曰桓帝時有黃星見於楚宋之分後五十年而公破袁紹之應（事具帝王部）　會稽典錄曰嚴遵字子陵與世祖俱受業長安建武五年下詔徵遵設樂陽明殿命宴會暮留宿遵以足荷上其夜客星犯天子宿明旦太史以聞上曰此無異也昨夜與嚴子陵俱卧耳　孫氏瑞應圖曰景星者大星也狀如半月生於晦朔助月爲明王者不敢私人則見　又曰王者承天則老

人星臨其國　李郃傳曰公好天文之術和帝遣使者觀風俗有二使向益州夏月郃露坐問二人曰君發京師寧知二使何時發二人驚問曰何以知之公指星曰有二使星來向益部　續晉陽春秋曰桓玄庶母馬氏本袁真之妓也與同列薛氏郭氏夏夜同出月下有銅瓮水在其側見一流星墮瓮中驚喜共視星如二寸火珠於水底冏然明淨乃相謂曰此吉祥也當誰應之於是薛郭更以瓢杓接取並不得馬最後取星正入瓢中便飲之既而若有感焉俄而懷玄玄雖篡位不終而數年之中榮貴極矣異苑曰陳仲弓從諸子姪造荀季和父子于時德星聚太史奏五百里内有賢人聚

詩　晉傅玄衆星詩曰朗月並衆星日出擅其明冬寒地爲裂春和草木榮陽德雖普濟非陰亦不成　又詩曰東方大明星光景照千里少年捨家遊思心晝夜起　北齊邢子才賀老人星詩曰瑞動星光照化穆月輪重庶徵符祉籙將以贊時邕

贊　晉郭璞星圖贊曰茫茫地理粲爛天文四靈垂象萬類羣分眇觀六沴咎徵惟君

表　晉傅玄賀老人星表曰老人星見揮景光明聖主壽延享祚元吉自天之祐莫不抃舞

啓

又賀老人星表曰老人星見體色光明嘉占元吉弘無量之祐隆克昌之祚普天同慶率土會歡　晉卞壼賀老人星表曰陛下聖德應乾嘉瑞屢臻玄象垂耀老人啓徵萬壽無疆　晉王述慶老人星表曰老人星見光色明朗玄象暉煥表爾休祥率土民庶慶賴罔極　北齊邢子才賀老人星表曰冥貺未已靈應猶臻以某夜老人星見達旦揚光經旬未滅雖三星共色五老同遊擬之於此故無與匹自非玄風感極聖敬迴天何能使休徵秘祉相尋而至故以朝夕相趍史無停筆

雲

歸藏曰有白雲出自蒼梧入于大梁　周易曰雲從龍　又曰密雲不雨自我西郊　又曰坎爲雲　毛詩曰英英白雲露彼菅茅　又曰薈兮蔚兮南山朝隮（薈蔚雲興也）　左氏傳郯子曰黃帝以雲紀官故爲雲師而雲名　又曰凡分至啓閉必書雲物爲備故也　易通卦驗曰冬至初陽雲出箕如樹木之狀立春青陽雲出房如積冰春分正陽雲出張如白鵠穀雨太陽雲出張如車蓋立夏初陰雲出觜赤如珠夏至少陰雲如水波寒露正

陰雲如冠纓霜降大陰雲出上如羊下如磻石　禮統曰雲者運氣布恩普也　周禮曰保章氏以五雲之物辨吉凶水旱降豐荒之祲（二至二分觀雲色青爲蟲白爲喪赤爲兵荒黑爲水黃爲豐）　禮記曰天降時雨山川出雲　東方朔傳曰凡占長吏不耕當視天有黃雲來覆車五穀大熟　河圖曰崑崙山五色雲氣　京房易飛候曰視四方常有大雲五色具其下賢人隱青雲潤澤蔽雲在西北爲舉賢良　尚書大傳曰於時俊乂百工相和而歌卿雲帝舜乃唱之曰卿雲爛兮禮縵縵兮日月光華旦復旦兮　又曰五岳皆觸石而出雲膚寸而合不崇朝而雨　春秋孔演圖曰黃帝之將興黃雲升於堂文命之候玄龍御雲天命於湯白雲入房（事具祥瑞部）　孝經援神契曰天子孝天龍負圖地龜出土天孽消滅景雲出游（事具祥瑞部）　史記曰若煙非煙若雲非雲郁郁紛紛蕭索輪囷是謂卿雲（事具祥瑞部）　漢書曰高祖在碭山上常有雲氣　又曰武帝封禪書有白雲入封中（事具祥瑞部）　漢武帝故事曰上禪肅然白雲爲蓋　又曰宣帝祠甘泉紫雲從西北來散於殿前（事具祥瑞部）　呂氏春秋曰山雲草莽水雲魚鱗旱雲煙火雨雲水氣無不比類其所生以示人

孫氏瑞應圖曰景雲者太平之應也一曰非氣非煙五色紛縕謂之慶雲事具祥瑞部　魏志曰文帝生於沛國譙郡時有雲氣青色而圓如車蓋當其上終日望氣者以爲至貴之證非人臣之氣　莊子曰廣成子謂黃帝曰汝治天下雲氣不待簇而雨　又曰華封人謂堯曰夫聖人鶉居而鷇食天下有道與物皆昌乘彼白雲至于帝鄉事具人部聖篇　孟子曰油然作雲沛然下雨　帝王世紀曰堯母慶都生而神異常有黃雲覆其上事具帝王部堯篇　搜神記曰蒯子訓到洛見公卿數十處後數十處皆有雲起事具神仙部　兵書曰韓雲如布趙雲如牛楚雲如日宋雲如車魯雲如馬衛雲如犬周雲如輪秦雲如行人魏雲如鼠齊雲如絳衣越雲如龍蜀雲如囷　楚辭曰雲霏霏而承宇　又曰青雲衣兮白霓裳　又曰冠青雲之崔嵬

詩

魏文帝浮雲詩曰西北有浮雲亭亭如車蓋惜哉時不遇忽與飄風會吹我東南行行行至吳會　魏劉楨詩曰玄雲起高岳終朝彌八方　晉傅玄詩曰白雲翩翩翔天庭流景髣髴非君形白雲飄飄捨我高翔青雲徘徊爲我愁腸　梁簡文帝詠雲詩曰浮雲舒五色馬腦映霜天玉葉散秋影金風飄

紫煙　梁沈約和王中書白雲詩曰白雲自帝鄉氛氳屢迴没蔽虧崑山樹含吐瑤臺月秋風西北起飄我過城闕城闕已參差白雲復離離皎潔在天漢倒影入華池將過丹丘野時至碧林垂九重迎飛蓋萬里送翔螭梁吳均詠雲詩曰飄飄上碧虛藹藹隱青林氛氳如有意縈鬱詎無心又詠雲詩曰白雲蒼梧來過拂章華臺逢河散復卷經風合且開

賦

楚荀況雲賦曰有物於此居則同靜致下則動其高以鉅圓者中規方者中矩大齊天地德厚堯禹精微於毫毛充盈于天宇冬日作寒夏日作暑

晉陸機浮雲賦曰有輕虛之豔象無實體之真形原厥本初浮沉混并六律籥應八風時邁玄陰觸石甘澤霧霈勢不崇朝露彼無外若層臺高觀重樓疊閣或如鍾首之鬱律乍似寒門之寥廓金柯分玉葉散緑翹明巖英煥鸞翔鳳翥鴻驚鶴奮鯨鯢泝波鮫鰐衝遁朱絲亂紀羅袿失領飛仙凌虛隨風遊騁有若芙蓉羣披蕣華總會車渠繞理馬腦縟文　又白雲賦曰攄神景於八幽合洪化乎烟熅充宇宙以播象協元氣而齊動發憤靈石摧性洪流興曜曾泉升跡融丘盈八紘以餘憤雖彌天其未泄豈假

期於遷曁邁崇朝而倏忽紅蘂發而菡萏金翅援而含葩神收鬼化弼性違序鳥殊類而比栖獸異跡而同處蛟引翳而並濟龍攀鴻而雙舉鸞舞角以軒罷鷟企翮而延佇長城曲蜿采閣相扶聳瑶臺之巀嶭構瓊閨之離婁雄虹矯而垂天翠鳥軒而扶日　晉成公綏雲賦曰於是玄氣仰散歸雲四旋米消瓦離奔奔翩翩去則滅軌以無迹來則幽闇以杳冥舒則彌綸覆四海卷則消液入無形或押獵鱗次參差交錯上捷業以梁倚下壘崺而相薄狀巖嵬其不安吁可畏而欲落或粲爛綺藻若畫若規繁縟成文一積一離或繡文錦章依微要妙緜邈凌虛輕翔浮漂　晉楊乂雲賦曰天地定位淳和肇分剛柔初降陰陽烟熅於是山澤通氣華岱興雲則縹緲翩緜鬱若升烟蹇槃縈以詰屈兮若虬龍之蟠蜿嶷岐岐以岳立兮狀有似乎列仙東西絡繹南北油裔隨風徘徊流行奄藹豁兮仰披杳兮四會凝寒冰於朱夏飛素雪於玄冥灑膏液於天漢騰鴻泉於泰清乾坤以之交泰品物以之流形江海以之深滿川谷以之豐盈毛羽以之光澤草木以之葩榮萌芽以之挺殖苗秀以之積成始於觸石而出膚寸而

征終於霑濡六合浸潤羣生蕩滌穢舍吐嘉祥施暢凱風惠加春陽擬神化於后土與三曜兮齊光

贊 魏陳王曹植吹雲贊曰天地變化是生神物吹雲吐潤浮氣蓊鬱

風

爾雅曰四氣和爲通正謂之景風南風謂之凱風東風謂之谷風北風謂之凉風西風謂之泰風　尚書曰休徵曰聖時風若若順也君能通理則日風順時也　又曰周公居東二年天大風禾盡偃大木斯拔王啓金縢之書迎周公天乃返風禾盡起　左氏傳曰六鷁退飛過宋都風也　老子曰飄風不終朝　毛詩曰習習谷風以陰以雨　又曰終風且曀終日而風爲終風　又曰凱風自南吹彼棘心南風謂之凱風　又曰冬日烈烈飄風發發　禮記曰立冬之日東風解凍　禮稽命徵曰出號令合民心則祥風至　孝經援神契曰德至八方則祥風至　尚書大傳曰舜將禪禹八風脩通　又曰成王時越裳重譯而來朝曰久矣天之無烈風迅雨意中國有聖人乎　莊子曰列子御風而行泠然旬有五日而後反　國語曰海鳥爰居止於魯國東門之外三

日展禽曰今其有災乎是歲也海多大風　荆州星占曰箕星一名舌動則大風至　風俗通曰飛廉風伯也風師箕星也　管公明傳曰公明言樹上已有少女微風其雨應至矣事具雨部周生列子曰夫鵲巢之風不應八節　風土記曰六月則有東南長風俗名黃雀長風時海魚變爲黃雀因爲名也　括地圖曰奇肱氏能爲飛車從風遠行湯時西風吹奇肱車至於豫州湯破其車不以示民十年西風至乃復使作車遣歸去玉門四萬里　論衡曰儒者論太平瑞應皆言五日一風風不鳴條　述征記曰長安宮南有靈臺有相風銅烏或云此烏遇千里風乃動　神仙傳曰葛玄行遇神廟乘車不下須臾有大風逐玄埃塵漲天玄大怒曰小邪敢爾即舉手指風風便止　劉欣期交州記曰風毋出九德縣似猨見人若慙屈頸打殺得風還活　風俗通曰風或清明來久長不搖樹本枝葉離地二三丈者此有龍德在其下風或清不及地二三尺者此君子之風　楚辭曰光風轉蕙汎崇蘭事具草部又曰嫋嫋兮秋風洞庭波兮木葉下　十洲記曰炎州在南海中上有風生獸似豹青色狀如狸以鐵椎鍛其頭數十下

乃死張其口向風須臾而起【詩】晉庾闡江都遇風詩曰天吳踊靈壑將駕奔冥霄飛廉振折木流景登扶桑洪川佇宿浪躍水迎晨潮仰盱感玄雲俯聽聒悲飇　梁簡文帝詠風詩曰飄颻散芳勢泛漾下蓬萊傳涼入鏤檻發氣滿瑤臺委禾周邦偃飛鷁宋都迴巫搖故葉落屢蕩新花開暫舞驚鳧去時送蘂香來已拂巫山雨何用卷寒灰　梁孝元帝詠風詩曰樓上起朝妝風花下砌傍入鏡先飄粉翻衫好染香度舞飛長袖傳歌共繞梁欲因吹少女還將拂大王　梁劉孝綽詠風詩曰嫋嫋秋聲習習春吹鳴兹玉樹煥此銅池羅帷自舉袖衿乃披慙非楚侍濫賦雄雌　梁王臺卿詠風詩曰佇望不可識去來非有情乍見珠簾卷時覺洞房清暫拂蘭池上㵞淡玉塵生一辨雄雌異還悲庶人輕　梁何遜詠風詩曰可聞不可見能重復能輕鏡前飄落粉琴上響餘聲　梁庾肩吾詠風詩曰宋地鷁飛初湘川鸞起餘掃壇聊動竹吹蘺欲成書蒼梧洞猶在合浦樹應踈陽烏一轉翅千里定非虛　梁賀文標詠春風詩曰排簾動輕幔汎水拂垂楊本持飄落蘂翻送舞衣香　陳祖孫登詠風詩曰颻颺楚王宮徘

徊繞竹叢帶葉俱吟樹粹花共儛空飄香雙袖裹亂曲五絃中試上高臺聽悲響定無窮

【賦】楚宋玉風賦曰楚襄王遊蘭臺之宮宋玉景差侍有風颯然而至王乃披襟而當之曰快哉此風寡人與庶人共者耶宋玉對曰夫風生於地起於青蘋之末侵淫谿谷盛怒於土囊之口緣於太山之阿舞於松柏之下故其清涼雄風則飄舉升降乘凌高城入于深宮徘徊於桂椒之間翱翔於激水之上獵蕙草離秦衡槩新夷被稊楊北上玉堂經于洞房故其風清清泠泠愈病析醒發明耳目寧體便人此所謂大王之雄風也夫塕然起於窮巷之間動沙堁吹死灰此所謂庶人之雌風也 後漢趙壹迅風賦曰惟巽卦之爲體吐神氣而成風纖微無所不入廣大無所不充經營八荒之外宛轉毫毛之中察本莫見其始揆末莫覩其終啾啾飂飂吟嘯相求阿那徘徊聲若謌謳摶之不可得繫之不可留 晉李充風賦曰尋之不見其終迎之莫知其來四方爲之易位八維爲之輪迴遊聚則天地爲一消散則六合洞開 晉陸冲風賦曰爰太玄之遐始惟浮沉之剖分詳乾坤之至德莫風氣之獨尊配無形於大象化萬品于

烟熅釋凝潤於黃壤降霈澤於蒼元生無常域潛無定棲擢昧聚發尋虛
散歸肆六合以騁邁括毫毛而徘徊引沉性於未萌挫登形於已就宣剛
柔之流化導四氣之靈候若乃祝融司節炎精赫弈歙朱脣而長嘯承音
響而來薄猥爚熠以盈扉洌纒緜以結幕九域蕩搖區宇揮霍　晉湛方
生風賦曰有氣曰風出自幽冥蕭然而起寂爾而停雖宇宙之宏遠倏俄
頃而屢經同神功於不疾等至道於無情胡馬感而增思風毋殞而復生
啓慘冬之潛蟄達青春之勾萌因嚴霜以厲威順和澤以開榮故君德喻
其靡草風人假以爲名及其猛勢將奮屯雲結陰洪氣鬱佛殷雷發音數
然鼓作拂高陵深天無澄景嶺無停林六鶂爲之退飛萬竅爲之哀吟亦
有飄泠之氣不疾不徐颼飀微扇豐豐清舒王喬以之控鵠列子以之乘
虛若乃春惠始和重裼初釋遨步蘭皐遊聘平陌響詠空嶺朗吟竹栢穆
開林以流惠踈神襟以清滌軒濠梁之逸興暢方外之冥適　晉江逌風
賦曰惟渾成之既載兮統天地以資始綱宇宙以結羅兮洞萬形而通紀
莫適柔健靡測陰陽於音罔徵在體無方假姿衆象借韻宮商若飃厲狂

震觸物怒號眷揚江海廻抜陵嶠巨鵾迸懾以退翼爰居喪宿而遐逃
晉王凝之風賦曰起玄朔之重雲驅東極之洪濤越四溟而蓬勃經五嶺
而蕭條其鼓水也無川不涉靡流不往溟海天廻江湖雲蕩　齊王融擬
風賦曰奄兮日采之既移忽兮羣景之將馳靡輕筠之碧葉泛曾松之翠
枝總高羽而蕭瑟韻珠露之參差此烈士之英風長寥亮其如斯　齊謝
朓擬風賦曰開翠帷之影謁響行珮之輕鳴揚淮南之妙舞發齊后之妍
聲子雲寂寞叔夜高張烟霞洞色荃荑結芳斯則幽人之風也　梁沈約
擬風賦曰若夫搖玉樹響金扉拂九層之羽蓋轉八鳳之珠旂時卷珵臺
翠帳乍動佚女輕衣此蓋羽客之仙風也　又八詠曰臨春風春風起春
樹遊絲曖如網落花雰似霧先汎天津池還過細柳枝蝶逢飛搖漾鶯值
羽參差揚桂旆動芝蓋開燕裾吹趙帶趙帶飛參差燕裾合復離容儀已
照灼春風復廻薄氛氳桃李花青跗含素蕚既爲風所開復爲風所落搖
綠蔕抗紫莖舞春雪雜流鶯迎行雨於高唐送歸鴻於碣石拂明鏡之冬
塵解羅衣之秋襞既鏗鏘以動珮又氛氳而流射始搖蕩以入閨終徘徊

而緣隙明珠簾於繡户散芳塵於綺席佳人不在兹春風爲誰惜

藝文類聚卷一

藝文類聚卷第二

天部下　雪　雨　霽　雷　電　霧　虹

雪

毛詩曰北風其涼雨雪其雱　又曰今我來斯雨雪霏霏　又曰上天同雲雨雪雰雰　又曰雨雪瀌瀌見晛曰消（晛日氣也）左氏傳曰楚子次于乾谿雨雪王皮冠秦復陶（秦所遺羽衣也）翠被豹舄執鞭以出　山海經曰由首之山小威之山空桑之山並冬夏有雪　金匱曰武王伐紂都洛邑未成陰寒大雪深丈餘甲子旦不知何五大夫乘馬車從兩騎止門外王使太師尚父謝賓幸臨之尚父使人持一器粥出進五車兩騎軍使者具以告尚父曰五車兩騎四海之神與河伯雨師耳尚父各以其名進之五神皆驚相視而嘆　穆天子傳曰雨雪天子獵于鈃山之西阿　又曰北風雨雪天子遊黃臺之丘獵於苹澤日中大寒北風雨雪有凍人天子作黃竹詩（事具文部）晏子春秋曰景公時雨雪三日公被狐白之裘晏子入公曰怪哉雨雪三日不寒晏子曰古之賢君飽而知人饑溫而知人寒公曰善出裘發粟

以與饑寒者　王孫子曰昔衛君重裘累茵而坐見路有負薪而哭之者問曰何故也對曰雪下衣薄是以哭之於是衛君懼見於顏色曰爲君而不知民孰以我爲君於是開府金出倉粟以賑貧窮　史記曰東郭先生衣弊履不完行雪中履有上無下足盡踐地事具人部　漢書蘇武傳曰單于幽武置大窖中絕不與飲食天雨雪武臥齧雪與旃毛幷咽之數日不死匈奴以爲神　漢武內傳曰西王母云仙之上藥有玄霜絳雪　琴操曰曾子耕太山之下天雨雪凍旬日不得歸思其父母作梁山歌　論衡曰雲霧雨之徵也夏則爲露冬則爲霜溫則爲雨寒則爲雪雨露凍凝者皆由地發不從天降　孟子曰滕文公卒葬有日矣天大雨雪甚至牛目羣臣請弛期太子不許惠子諫曰昔王季葬渦山之尾欒水齧其墓見棺前和文王曰先君欲見羣臣百姓矣乃出爲帳三日後葬今先王欲小留而撫社稷故使雪甚弛期而更爲曰此文王之義也　氾勝之書曰取雪汁以漬原蠶矢漬之五六日釋因擘之雜穀種使稼能早故謂雪五穀之精也　秦子曰今欲馳光日下顯白雪中不可得已　晉諸公贊曰東瀛王滕於

常山屯營時大積雪常山門前方數丈融液滕怪而掘之得玉馬高尺餘錄異傳曰漢時大雪積地丈餘洛陽令身出按行見民家皆除雪出至袁安門無有路謂安已死令人除雪入戶見安僵臥問何以不出安曰大雪人皆餓不宜干人令以爲賢舉爲孝廉　皇甫謐高士傳曰焦光野火燒其廬光因露寢遭大雪至光袒臥不移人以爲死就視如故事具居處部廬篇　世說曰謝太傅寒雪日內集與兒女講論文義俄而雪驟公欣然曰白雪紛紛何所似兄子胡兒曰散鹽空中差可擬兄女曰未若柳絮因風起　語林曰王子猷居山陰大雪夜眠覺開室酌酒四望皎然因起彷徨詠左思招隱詩忽憶戴安道時戴在剡溪即便夜乘輕船就戴經宿方至既造門不前便返人問其故王曰吾本乘興而行興盡而返何必見戴　楚辭招魂曰魂兮來歸北方不可以止增冰峨峨飛雪千里　又曰霰雪紛其無垠　又曰霰雪霏霏糅其增加　又曰霰雪紛紛而薄木　又曰桂棹兮蘭枻斵冰兮積雪　釋名曰雪綏也水下遇寒而凝綏綏然下也　韓詩外傳曰凡草木花多五出雪花獨六出雪花曰霙雪雲曰同雲　西京雜

記曰太平之代雪不封條凌弭毒害而已自上而下曰雨雪　左傳曰平地尺爲大雪雪有七尺雪　崔鴻北凉錄曰先酒泉南有銅鍦出言虜犯者大雨雪沮渠蒙遜遣工取之得銅萬斤　毛詩曰蜉蝣掘閱麻衣如雪　班婕妤怨歌行曰新裂齊紈素皎潔如霜雪　孫康家貧常映雪讀書清介交遊不雜　宋玉曰陽春白雪國中屬和者不過十人　莊子曰藐姑射山有神人居焉肌膚若氷雪　洛神賦曰飄飄兮若流風之廻雪

【詩】宋鮑照詠雪詩曰胡風吹朔雪千里度龍山集君瑶臺裏飛舞兩楹前

齊虞羲望雪詩曰歲杪雲晝昏玄池氷夜結遠風金河起吹我玉山雪

梁簡文帝雪朝詩曰同雲凝暮序嚴陰屯廣隰落梅飛四注翻霙舞三襲實斷望如連恒分似相及已觀池影亂復視簾珠濕　又詠雪詩曰晚霰飛銀礫浮雲暗未開入池消不積因風墮復來思婦流黃素溫姬玉鏡臺看花言可折定自非春梅　又詠雪顛倒使韻曰鹽飛亂蝶舞花落飄粉匳　梁沈約詠餘雪詩曰陰庭覆素芷南階簔綠葹玉臺新落構青山已半虧　梁任昉同謝朏花雪詩曰土膏候年動積雪表辰暮散葩似浮玉

飛英若總素東序皆白珩西滬盡翔鷺山經陋蜜榮騷人貶瓊樹　梁丘
遲望雪詩曰氛氳發紫漢雜沓被朱城倏忽銀臺構俄頃玉樹生縣縣九
軌合昭昭四區明　梁裴子野上朝值雪詩曰沐雪欵千門櫛風朝萬戶
集霰渝丹巘流雲飄繡柱滴瀝垂土膏闌干懸石乳　又詠雪詩曰飄飄
千里雪倏忽度龍沙從雲合且散因風卷復斜拂草如連蝶落樹似飛花
若贈離居者折以代瑶華　梁吳均詠雪詩曰微風搖庭樹細雪下簾隙
縈空如霧轉凝階似花積不見楊柳春徒看桂枝白　又詠雪詩曰雪逐
春風來過集巫山野瀾漫雖可愛翻陽詎堪把問君何所思昔日同心者
坐須風雪霽相期雒城下　梁何遜詠雪詩曰凝階似月夜拂樹曉疑春
蕭散忽如盡徘徊已復新若逐微風起誰言非玉塵　梁劉孝綽對雪詩
曰桂華殊皎皎柳絮亦霏霏詎比咸池曲飄飄千里飛耻均班女扇羞灑
曹人衣浮光亂粉壁積照朗彤闈　梁庾肩吾詠花雪詩曰瑞雪墜堯年
因風入綺錢飛花灑庭樹凝瑛結井泉寒光晦八極同雲暗九天巳飄黃
竹路共慶白渠田　陳徐陵詠雪詩曰瓊林玄圃葉桂樹日南華豈若天

庭瑞輕雲帶風斜三農喜盈尺六出儛崇花明朝闕門外應見海神車

【賦】晉孫楚雪賦曰堯九載以山栖兮湯請禱於桑林冏二聖以濟世兮孰繁衍以迄今嗟亢陽之踰時兮情反側以寢興豐隆灑雪交錯翻紛膏澤偃液普潤中田肅肅三麥實獲豐年　晉李顒雪賦曰何時雪之嘉澤亦應變而俱凝隨同雲而下降固霑渥之所與　宋謝惠連雪賦曰歲將暮時既昏寒風積愁雲繁梁王不悅遊於兔園俄而微霰零密雪下王乃歌北風於衛詩詠南山於周雅相如於是避席而起逡巡而揖曰臣聞雪宮建於東國雪山峙於西域岐昌發詠於來思姬滿申歌於黃竹曹風以麻衣比色楚謠以幽蘭儷曲盈尺則呈瑞於豐年袤丈則表沴於陰德連氛累藹揜日韜霞霰淅瀝而先集雪紛糅而遂多其爲狀也散漫交錯氛氳蕭索藹藹浮浮瀌瀌奕奕連翩飛灑徘徊委積始緣甍而冒棟終開簾而入隙既因方而爲珪亦遇圓而成璧眄隰則萬頃同縞瞻山則千巖俱白於是臺如重璧逵似連璐庭列瑤階林挺瓊樹若乃積素未虧白日朝鮮爛兮若燭龍銜曜照崑山及其流滴垂冰緣霤承隅粲兮若馮夷剖蚌

列明珠亂曰白羽雖白質已輕兮白玉雖白空守貞兮未若茲雪因時興滅玄陰凝不昧其潔太陽曜不固其節節豈我名潔豈我貞憑雲升降從風飄零值物賦象任地列形素因遇立汚隨染成縱心皓然何慮何營　周劉璠雪賦曰天地否閉凝而成雪應乎玄冬之晨在於沍寒之節蒼雲暮同嚴風曉別散亂徘徊雰霏皎潔違朝陽之曜煦就凌陰之慘冽混二儀而並色覆萬有而皆空既奪朱而成素實矯異而爲同始飄飄而稍落遂紛糅而無窮曉攝光而映淨夜合影而通朧似北荒之明月比西崑之閬風　宋謝莊雜言詠雪曰火洲滅日鑿清龍關沙蒸河徼雲驚昬未沉而井闕寓方霾而海溟始蕰藟以蕤轉終徘徊而烟曳狀素鏡之晨光寫金波之夜晰

【贊】晉庾肅之雪贊曰白籟哀吟廣莫長揮霰雨馭灑皓雪其霏輕質飄飄與風迴散望之凝映浩若天漢即之皎潔色踰玉粲　晉羊孚雪贊曰資清以化乘氣以霏遇象能鮮即潔成暉　宋謝惠連雪贊曰氣遍霜繁年豐雪積彼厲我和爾素予白其德懿矣玩之庭隙權陋珵臺暫踐盈尺　梁沈約雪贊曰火競乃上炎陰矯亦下潤獨有凝雨姿貞

晼而無殉排雲寧自高睎光本非悅委谷不辭深因巖豈知峻絜貌雖同賞英心共誰振

雨

爾雅曰暴雨謂之凍小雨謂之霢霂久雨謂之霪霪謂之霖　管子曰春秋祭五政一曰論幼孤赦有罪二曰賦爵列授祿位三曰修溝洫復亡人四曰治封疆正阡陌五曰無殺麑麇無絕華萼五政苟時春雨乃來　尸子曰神農氏治天下欲雨則雨五日爲行雨旬爲穀雨旬五日爲時雨正四時之制萬物咸利故謂之神　東觀漢記曰沛獻王輔善京氏易永平五年少雨上御雲臺卦自以周易林占之其繇曰蟻封穴戶大雨將至以問輔輔曰蹇艮下坎上艮爲山坎爲水山出雲爲雨蟻穴居時雨將至故以蟻爲興居　黄子發相與書曰常戊申日候日欲入時日上有觀雲不問大小視四方黒者大雨青者小雨　戰國策曰魏文侯與虞人期獵是曰飲酒樂天雨文侯曰雖樂豈可不一會期哉乃往事具獵部　楚辭曰雷填填兮雨冥冥令飄風兮先驅使凍雨兮灑塵　尚書大傳曰天之無烈風淫

雨意中國有聖人乎淫雨謂之霖　河圖帝通紀曰雨者天地之施也　曾子曰天地之氣和則雨　山海經曰爲應龍之狀乃得大雨　尚書洪範休徵曰肅時雨若君仁敬則時雨從之　毛詩曰有渰萋萋興雲祁祁雨我公田遂及我私又曰月離于畢俾滂沲矣　左氏傳衛大旱卜有事於山川不吉甯莊子曰昔周饑剋殷而年豐今邢無道諸侯無伯天其或者欲使衛討邢乎從之師興而雨　家語曰齊有一足之鳥飛公朝下于殿前舒翅而跳齊侯遣使訪孔子孔子曰此鳥名商羊昔童兒有屈其一脚振訊兩臂而跳且謡曰天將大雨商羊鼓舞今齊有之其應至將有水爲災　老子曰驟雨不終日　春秋説題辭曰一歲三十六雨天地之氣宣十日小雨應天文十五日大雨以斗運也　山海經曰羽山其上多雨而符陽之山多怪雨雲風之所出也　莊子曰時雨降矣而猶浸灌不亦勞乎　又曰宋景公時大旱三年卜之以人祠乃雨公下堂頓首曰吾所以求雨將自當之言未卒天下大雨方千里者何德於天而惠於民也　六韜曰文王問散宜生卜伐殷吉乎曰不吉鑽龜龜不兆數蓍蓍不交而如折將行之日雨輜

重車至軫行之日櫼折爲三散宜生曰此凶四不祥不可舉事太公進曰是非子之所知也祖行之日雨輜重車至軫是洗濯甲兵也　鹽鐵論曰周公太平之時雨不破塊旬而一雨必以夜　列仙傳曰赤松子者神農時雨師也（事具仙部）　謝承後漢書曰百里嵩爲徐州刺史境遭旱嵩行部傳車所經甘雨輒至（事具職官部刺史篇）　管輅別傳曰輅過清河太守時天旱輅曰今夕當雨樹中已有少女微風樹間又有陰鳥和鳴又少男風起衆鳥亂翔其應至矣須臾風雲興玄氣四合大雨注傾　風俗通曰玄冥雨師也　論衡曰道至天者祥風起甘雨降雨霽而陰曀者謂之甘雨　風土記曰六月有大雨名濯枝雨　益部耆舊傳曰趙瑶爲閬中令遭旱請雨於靈星應時大雨　楚國先賢傳曰樊英忽謂學者曰成都市火甚盛因含水西向漱之後有從蜀郡來者云是日大火須臾大雨火遂滅（事具火部）

【詩】魏陳王曹植喜雨詩曰天覆何彌廣苞育此羣生棄之必憔悴惠之則滋榮慶雲從北來鬱述西南征時雨中夜降長雷周我庭嘉種獲膏壤登秋畢有成　魏阮瑀詩曰苦雨滋玄冬引日彌且長丹墀自殲殪深樹猶沾裳客

行易感悴我心摧已傷登臺望江沔陽侯沛洋洋　晉張載霖雨詩曰霖雨餘旬朔濛昧日夜墜何以解愁懷置酒招親類悲歌結流風逸響迴秋氣　晉張協苦雨詩曰黑蜧躍重川商羊儛野庭飛廉應南箕豐隆迎號屛雲根臨八極雨足灑四溟霖瀝過二旬散漫亞九齡階下伏泉踴堂上水苔生尺燼重尋桂紅粒貴瑤瓊　又雜詩曰金風扇素節丹霞啓陰期騰雲似涌煙密雨如散絲寒花發黃彩秋草含綠滋　又雜詩曰朝霞迎白日丹氣臨陽谷翳翳結繁雲森森散雨足　晉傅玄詩曰徂暑未一旬重陽翳朝霞厥初月離畢積日遂滂沲屯雲結不解長溜周四阿霖雨如倒井黃潦起洪波湍深激牆隅門庭若決河炊爨不復舉竈中生蛙蝦

宋謝莊喜雨詩曰鸛起知風舞礎潤識雲流洌泉承夜湛零雨望晨浮合穎行盛茂分穗方盈疇　宋謝惠連喜雨詩曰朱明振炎氣溽暑扇温飈羡彼明月輝離畢經中宵思此西郊雲既雨盈崇朝上天愍憔悴商羊自吟謠　宋鮑照喜雨詩曰營社達羣陰屯宮掩積陽族雲飛泉室震風沉羽鄉升雰浹地維傾潤瀉天潢彌木柚翠條炎卉耀朱芳闤市欣九賦京

廩開萬箱　又苦雨詩曰連陰積澆灌滂沲下霖亂沉雲日夕昏驟雨淫朝旦蹊濘走獸希枝寒鳥飛晏密霧冥下溪聚雲屯高岍　齊謝朓觀雨詩曰朔風吹飛雨蕭條江上來既灑百常觀復集九成臺空濛如薄霧散漫似輕埃　梁簡文帝賦得入階雨詩曰細雨階前入灑砌復沾帷漬花枝覺重濕鳥翻飛遲儻令斜日照併欲似遊絲　梁孝元帝詠細雨詩曰風輕不動葉雨細未沾衣入樓如霧上拂馬似塵飛　梁劉苞望夕雨詩曰崇朝遘行雨薄晚屯密雲緣階起素沫竟水散圓文河柳低未舉山桃落已芬清樽久不薦淹流遂待君　梁虞騫擬雨詩曰清風送涼氣薄暮蕩炎氛虹照漣漪水電出嵯峨雲落暉散長足細雨織斜文　梁劉孝綽秋雨卧疾詩曰賈君徭役少潘生民務稀及此同多暇高卧掩重闈寂寂榆桑晚滂沲曀不晞電隙時光帳風簾乍扣扉　梁劉孝威和皇太子春林晚雨詩曰雲樹交爲密雨日共成虹電舒長男氣枝搖少女風葉珠垂滴水檐繩下溜空蝶濡飛不颺花沾色更紅明離信養德能事畢春宮誰堪偶鳳吹唯有浮丘公　又望雨詩曰清陰蕩暄濁飛雨入階廊瞻空亂

無緒望霤聽成行交枝含晚潤雜蘂帶新光浮芥離還聚沿漚滅復張浴
禽飄落毳亂行散餘香寄言楚臺客雄風詎獨涼　梁庾肩吾從駕喜雨
詩曰西岳浮樽桂東皇事浴蘭赦詔還京兆歸神出灌壇濕風含洒氣陰
雲助麥寒典農欣受職治粟喜當官復此隨車雨民知天可安　梁朱超
對雨詩曰當夏苦炎埃習靜對花臺落照依山盡浮涼帶雨來重雲吐飛
電高棟響行雷灑樹輕花發滴沼細萍開泛沫縈階草奔流起砌苔　北
齊劉逖對雨有懷詩曰重輪宵犯畢行雨旦浮空細落疑含霧斜飛覺帶
風濕槐仍足綠沾桃更上紅無由似玄豹縱意坐山中　周庾信和趙王
喜雨詩曰玄霓臨日谷封蟻對雲臺投地欲起電倚柱稍驚雷白沙如濕
粉蓮花類玉杯驚鳥灑翼度濕鴈斷行來浮橋七星起高堰六門開厥田
終上上原野自莓莓　又喜雨詩曰離光初繞電震氣始乘雷雲逐魚鱗
起渠隨龍骨開崩沙雜水去卧樹擁槎來嘉苗雙合穎熟稻再含胎　又
對雨詩曰繁雲猶暗嶺積雨未開庭階含侵角路鏤滿溜疏萍濕楊生細
椹爛草變初螢徒勞看蟻封無事祀靈星　陳陰鏗閑居對雨詩曰四溟

飛旦雨三徑絕來遊震位雷聲發離宮電影浮山雲遥似帶庭葉近成舟茅簷下亂滴石竇引環流寄言一高士如何麥不收　又詩曰蘋藻降靈祇聰明諒在斯觸石朝雲起從星夜月離八川奔巨壑萬頃溢澄陂綠野含膏潤青山帶濯枝嘉禾方合穎秀麥已分岐寄語紛綸學持竿詎必知

賦　魏文帝愁霖賦曰脂余車而秣馬將言旋乎鄴都玄雲黯其四塞雨濛濛而襲予塗漸洳以沉滯潦淫衍而橫湍豈在余之憚勞哀行旅之艱難仰皇天而太息悲白日之不暘思若木以照路假龍燭之末光　魏陳王曹植愁霖賦曰迎朔風而爰邁兮雨微微而逮行悼朝陽之隱曜兮怨北辰之潜精車結轍以盤桓兮馬躑躅以悲鳴攀扶桑而仰觀兮假九日於天皇瞻沉雲之泱漭兮哀吾願之不將　又愁霖賦曰夫何季秋之淫雨兮既彌日而成霖瞻玄雲之晻晻兮聽長霤之淋淋中宵夜而歎息起飾帶而撫琴　魏應瑒愁霖賦曰聽屯雷之恒音兮闢左右之歎聲情慘憒而含欷兮起披衣而遊庭三辰幽而重關蒼曜隱而無形雲曖曖而周馳雨濛濛而霧零排房帳而北入振蓋服之沾衣還空牀而寢息夢白日

之餘暉暘中寤而不效兮意悽快而增悲　晉潘尼苦雨賦曰氣觸石而
結蒸兮雲膚合而仰浮雨紛射而下注兮潦波湧而橫流豈信宿之云多
乃踰月而成霖瞻中塘之浩汗聽長霤之涔涔始蒙瀎而徐墜終滂霈而
難禁悲列宿之匿景悼太陽之幽沉雲暫披而驟合雨乍息而亟零旦漎
漎以達暮夜淋淋以極明黿鼉遊於門閾蛙蝦嬉乎中庭懼二源之并合
畏黔首之爲魚處者含瘁於窮巷行者歎息於長衢　晉陸雲愁霖賦曰
在朱明之季月反極陽之重陰興介丘之膚寸墜崩雲之洪沉谷風扇而
攸遠苦雨播而成淫天決滐以懷慘民嚬慼而愁霖於是天地發揮陰陽
交激萬物混而同汲玄黃浩而無厓雷憑虛以振庭電凌牖而曜室雷鼎
沸以駿奔潦風馳而競疾豈南山之㬥躋將溟海之暫溢毒其雨之未晞
悲夏日之方永瞻大晨以積息仰天衢而引領　晉傅咸患雨賦曰夫何
遠寓之多懷患淫雨之有經自流火以迄今歷九旬而無寧庶太清之垂
曜覩日月之光明雲乍披而旋合霤暫輟而復零將收雷之要月棄嘉穀
於已成前渴焉而不降後患之而弗晴惟二儀之神化奚水旱之有并湯

亢陽於七載兮堯洪汜乎九齡天道且猶若茲況人事之不平　又喜雨賦曰於是祀融爔景羲和警轡亢陽火憤野無生類悠悠億兆同茲慘悴伊我皇之仁德兮配熹育於二儀屢刻躬而勤政兮廣請禱於靈祇孰謂天高其聽不遼孰謂神遠厥應孔昭絜齋致虔于茲三朝陰鬱怫而騰起陽奄薆而自消飛廉扇谷風之翼翼靈嶽興慶雲之飄颻遂乃重陰四會溟邈無垠方中降雨亘夜迄今生我百穀粒我蒸民昔洪水滔天於唐堯之朝亢旱爲災於殷湯之世下民其咨莫能俾乂歷稔九七僅免斯害猶以疇咨爲美談躬禱爲勳代　晉成公綏陰霖賦曰百川泛濫潢潦橫流沉竈生鼃中庭運舟　又時雨賦曰兩儀協合二氣烟熅洪川起波名山興雲　宋傅亮喜雨賦曰惟二儀之順動數有積而時偏歎襄陵於唐籍感雲漢於周篇匪叔葉之或遘在盛王其固然伊元嘉之初載肇休明於此年懿玉燭之方熙愠積陽之獨愆涸涼泉於井谷委嘉穎於中田嗟我皇之翼翼悵臨朝而輟娛踵沖謙於禹湯協至誠於在余且東作之未晏庶雨露之夙濡遵懸子之徙屢尤魯侯之焚巫祗桑林之六禱修季宰之

再雩誠在幽其必貫感何遠而不孚聆晨鶴於高埣候宵畢於天隅發曾雲於觸石晦重陽於八區春霆發以遠響與雨霈而載塗灑豐浸於中疇覃餘潤於嘉蔬殷晋人於菑畝衍將繁於中衢嗣良頌於多稔兆嘉夢於樵漁矧其臣之逢運又均休而等虞陶曲成於暮稔金歸駕於董疎　梁張纘秋雨賦曰霡霂興乎爽節膚寸起於曾岑乃娛情而脫體猶冬陽與夏陰褰南帷以寓目敞比戶而披衿商律戒於茲辰涼雨感而已作甘泉集而溟溟油雲興而漠漠温飈革於早暮炎涼改於今昨乍斜檐而上階或從風而灑幕周小庭而密下泫高枝而疎落滮池泛溰貞波儵爍低昂弱篠葳蕤叢薄

霽

說文曰霽雨止也　魏略曰延康元年大霖雨五十餘日魏有天下乃霽將受太祚之應也　晋中興書曰咸和四年陰霖五十餘日蘇峻滅後乃霽　長沙耆舊傳曰文虔字仲孺時霖雨廢民業太守憂色虔補戸曹掾虔奉教齋戒在社三日夜夢見白頭翁謂曰爾來何遲虔具白所夢太守

曰昔禹夢繡衣男子稱滄水使者禹知水脈當通若據此夢將可比也明日果大霽　扶南傳曰金隣國入四月便雨六月乃止少有晴日

詩

晉嵇含悅晴詩曰勁風歸巽林玄雲起重基朝霞炙瓊樹夕景映玉芝翔鳳睎輕翮應龍曝纖鬐昔縠偃而立大木顛復持　宋謝瞻荅康樂秋霽詩曰夕霽風氣凉閑房有餘清開軒滅華燭月露皓已盈　梁簡文帝開霽詩曰景落商飇靖煙開四郊謐偃蹇暮山虹游揚下峯日水文城上動城樓水中出竟徵共治功空卧淮陽秩　梁王筠夕霽詩曰連山卷族雲長林息衆籟密樹含綠滋遥峯凝翠靄物華方入賞躁子心期會　周庾信初晴詩曰濕花飛未遠陰雲斂尚低鸞燥還爲石龍殘便是泥

賦

魏文帝喜霽賦曰乃命駕而言歸啓吉日而北巡厭羣萌之至願感上下之明神密雲興之坱北甘雨降以灑塵既灑塵而爲塗惟平路之未晞激清風以漂潦發皎日之陽暉振余策而長驅忽臨食而忘饑　魏陳王曹植喜霽賦曰禹身誓於陽盱卒錫圭而告成湯感旱於殷時造桑林而敷誠動玉輣而雲披鳴鸞鈴而日陽指北極以爲期吾將倍道以兼行　晉陸雲喜

霽賦曰靖屏翳之洪隧戢太山之觸石淩風絶而謐寧歸雲反而徽霍啟望舒之離畢曜六龍於紫閣於是朱明啟候凱風來南復火正之權司兮默后土於重陰夷中原之多潦兮反高岍於嵩岑萎禾竦而振穎兮偃木竪而爲林陰陽交泰萬物方遒炎神送暑素靈迎秋四時遊而代謝大火忽其西流年冉冉其易頹時靡靡而難留 【文】宋孝武帝祈晴文曰幽明失序就陰則滯連雲霖淫注而不替潤既違時澤而非惠幸輟霖而吐景權停風而歛翳昭鸞輅於天郊光龍旂於田際耒耨得施黍稷獲藝增高廪於嘉年登十千於茲歲

雷

易曰鼓之以雷霆潤之以風雨　又曰震爲雷動萬物者莫疾於雷　禮記曰仲春之月日夜分雷乃發聲仲秋之月雷乃收聲　大戴禮夏小正曰正月雉震鳴鴝鼓其翼也正月必雷雷不正聞唯雉聞　毛詩曰殷其雷在南山之陽　又曰虺虺其雷　左傳曰藏冰以時則雷出不震棄冰不用則雷不發而震　尚書中候曰秦穆公出狩天震大雷下有火化爲

白雀銜丹書集公車事具祥瑞部 史記曰高祖母曰劉媼嘗息大澤之陂夢與神遇時雷電冥晦事具帝王部 山海經曰翔次之山有鳥名橐𩇯服其毛羽令人不畏雷也 淮南子曰陰陽相薄感而爲雷 焦贛易林曰白日揚光雷車避藏雲雨不下各自正鄉 物理論曰積風成雷 易曰雷風相薄 洪範五行傳曰夫雷人君象也入能除害出能興利 河圖帝紀通曰雷天地之鼓也 又曰黄帝以雷精起 鶡冠子曰夫耳之主聰目之主明一葉蔽目不見太山兩頭塞耳不聞雷霆 論衡曰圖畫之功圖雷之狀畾畾如連鼓形又圖一人若力士謂之雷公使之左手引連鼓右手椎之 晉陽秋曰王裒母性畏雷及母死每雷震輒就墓側啓曰裒在此裒在此 盛弘之荆州記曰胡陽縣春秋蓼國樊重之邑也重母畏雷爲石室避之悉以文石爲堦砌今猶存 王韶孝子傳曰竺彌父生時畏雷每至天陰輒至墓伏墳悲哭有白兎在其左右 華陽國志曰曹公從容謂先主曰天下英雄唯使君與操本初之徒不足數也先主方食失匕箸會雷大震先主曰聖人言迅雷風烈必變良有以也一震之威乃可致此公亦悔失

言　雷於天地爲長子以其萬物爲出入也雷二月出地百八十日雷出則萬物出八月入地百八十日雷入則萬物入入則除害出則興利人君之象也　孟奥比征記曰凌雲臺東南角一百步有白石室名爲避雷室

續搜神記曰義興人姓周永和中出都日暮道邊有一新草小屋有一女出門望見周曰日已暮周求寄宿向一更中聞外有小兒喚阿香官喚汝推雷車女子乃辭去明朝視宿處乃見一新冢　爾雅曰疾雷謂之霆

穀梁傳曰陰陽相薄感而爲雷激而爲霆　五經通義曰震與霆皆霹靂也　公羊注曰雷疾而甚者爲震震與霆皆謂霹靂也雷謂電之先　易曰天地解而雷雨作雷雨作而百穀草木皆甲坼　山海經曰飛魚如豚赤文無羽食之辟兵不畏雷也　淮南子曰叢輕折軸衆呼成雷　庶女叫天而雷下擊景公臺殞支體傷折海水大出　漢書曰桓帝建和二年六月乙卯雷震憲陵寢屋是梁太后聽兄冀枉誅喬也　蔡順毋平生畏雷自亡後每有雷順輒還冢泣曰順在此　論衡曰雷霆迅疾擊折樹木壞敗屋室時犯殺人俗以爲天取龍其犯殺人謂之有陰過　雜五書曰雷電霹靂

王師禹

破軍内若樹木屋舍急徙去吉也雷電風所從來不可逆而伐宜慎之

論語讖曰雷震百里聲相附近　宋均注曰雷動百里故因以爲言也雷聲謂諸侯之政教所至相附近也　説文曰雷霆餘聲鈴鈴所以挺出萬物也

詩　晉傅玄雜言詩曰雷隱隱感妾心傾耳清聽非車音　又曰童女掣電策童男挽雷車　又驚雷歌曰驚雷奮兮震萬里威陵宇宙兮動四海六合不維兮誰能理

賦　晉李顒雷賦曰伊有陽之肇化兮陶萬殊於天壤結鬱蒸而成雷兮鼓訇稜之逸響若乃駭氣奔激震響交搏濆淪隱轔崩騰磊落來無轍迹去無阡陌君子恐懼而修省聖人因象以制作

電

毛詩曰爗爗震電　易曰離爲電　又曰雷電噬嗑　月令曰仲春始電　晉書王戎視日不眩目爛爛若巖下電　山海經曰列缺電名　莊子曰陰氣伏於黃泉陽氣上通於天陰陽分爭故爲電　玉女投壺天爲之笑則電　河圖握拒起曰大電繞樞星炤郊野感符寶而生黃帝事具符命部　淮南子曰電以爲鞭策電激氣也　甘泉賦曰電倏閃於牆藩

賦　晉顧凱之雷電賦曰太極

紛綸元氣澄練陰陽相薄爲雷爲電是以宣尼敬威忽變夫其聲無定響光不恒照砰訇輪轉儵閃羅曜若乃太陰下淪少陽初升蟄蟲將啓動靈先應殷殷徐振不激不遝林鍾統節褥暑烟熅星月不朗衣牀若焚爾乃清風前颷蕩濁流塵豐隆破響列缺開雲當時倦容廓焉精新豈直驚安竦寐乃以暢精悟神天怒將凌赤電先發窺巖四照映流雙絶雷電赫以驚衡山海磕其崩裂

霧

爾雅曰地氣發天不應曰霧霧謂之晦　帝王世紀曰黄帝時天大霧三日帝遊洛川之上見大魚殺三牲以醮之天乃甚雨七日七夜魚流始得圖書　黄帝玄女之宫戰法曰黄帝與蚩尤對力戰九不勝黄帝歸於太山三日三夜天霧冥冥有一婦人人首鳥形黄帝稽首再拜伏不敢起婦人曰吾所謂玄女者子欲何問黄帝曰小子欲萬戰萬勝萬隱萬匿首當何從起　曾子曰陰陽之氣亂則霧　龍魚河圖曰山冬〻天霧十日已上不除者山崩之候地鏡圖曰古之王者行遊諸侯其所居國國必有三

日浸變而爲日中之霧　陳留風俗傳曰雍丘縣有祠名曰夏后公祠神
井能致霧　漢武帝内傳曰東方朔乘雲飛去仰望大霧覆之不知所在
東觀漢記曰馬援謂官屬曰吾在浪泊西里烏間虜未滅之時下潦上霧
毒氣薫蒸仰視烏鳶跕跕墮水中　謝承後漢書曰河南張楷性好道術
能作五里霧時關西人裴優亦能作三里霧自以不如楷往從學之楷避
不肯見　英雄記曰曹公赤壁之役行至雲夢大澤中遇大霧迷失道
魏略曰劉雄鳴每出行雲霧中識道不迷惑時人因謂能爲雲霧　望氣
經曰六月三日有霧歲熟　博物志曰王肅張衡馬均昔俱冒霧行一人
無恙一人病一人死問其故無恙者云我飲酒病者飽食死者空腹　王
隱晉書曰樂廣爲尚書郎尚書令衛瓘見奇之命諸子造焉曰此人之水
鏡每見令人瑩然若披雲霧覩青天　神仙傳曰欒巴爲尚書忽一旦天
大霧對坐不相見失巴所在尋問之云其日還成都親故別時亦風雨晦
冥　袁山松宜都山川記曰郡西北有丹山天晴嶺忽有霧起廻轉如煙
不過再朝雨必降　【詩】梁孝元帝詠霧詩曰三晨生遠霧五里暗城闉從

風疑細雨映日似遊塵乍若飛煙散時如佳氣新　又詩曰曉霧晦階前垂珠帶葉邊五里浮長隰三晨暗遠天旁通似佳氣却埣若非煙疏簾還復密斷棟更疑連還思逢樂廣能令雲霧褰　梁伏挺行舟值早霧詩曰水霧雜山煙冥冥見曉天聽猿方忖岫聞瀨始知川漁人惑澳浦行舟迷泝沿日中氣靄盡空水共澄鮮　周王褒詠霧應詔詩曰七條開早陌五里闇朝氛帶樓疑海氣含蓋似浮雲方從河水上預奉綠圖文

虹

禮記月令曰季春之月虹始見孟冬之月虹藏不見　釋名曰虹陽氣之動虹攻也純陽攻陰氣也　又曰夫人陰陽不合婚姻錯亂淫風流行男女互相奔隨之時此則氣盛故以其盛時合之也　說文曰霓屈虹青赤或白色陰氣也　毛詩曰蝃蝀在東莫之敢指一名挈貳　河圖稽曜鉤曰鎮星散爲虹蜺　春秋運斗樞曰樞星散爲虹蜺　尚書考靈曜鄭玄注曰日旁氣白者爲虹　莊子曰陽炙陰爲虹　黃帝占軍訣曰攻城有虹從外南方入飲城中者從虹攻之勝白虹繞城不匝從虹所在乃擊　蔡

邕月令章句曰虹螮蝀也陰陽交接之氣著於形色者也雄曰虹雌曰蜺蜺常依陰雲而晝見於日衝無雲不見大陰亦不見率以日西見於東方故詩云螮蝀在於東蜺常在於旁四時常有之唯雄虹見藏有月 戰國策曰唐雎謂秦王曰聶政刺韓傀白虹貫日 列士傳曰荆軻爲燕太子謀刺秦王白虹貫日 異苑曰古者有夫妻荒年菜食而死俱化成青絳故俗呼美人虹 又曰晉陵薛願義熙初有虹飲其釜澳噏響便竭願輦酒灌之隨投隨涸便吐金滿器於是災弊日袪而豐富歲臻 楚辭天問曰白蜺嬰茀胡爲此堂蜺雲之有色似龍茀白雲委蛇者也又曰虹蜺紛其朝霞兮夕淫淫而霖雨

【賦】梁江淹赤虹賦曰俄而赤蜺電出蚴虬神驤曖昧以變依稀不常非虛非實乍減乍光赩赫山頂照燎水陽雖圖緯之有載曠世識之未逢既咨嗟而躑躅聊周流而從容餘形可覽殘色未去曜萎蕤而在草映青葱而結樹霞晃朗而下飛日通籠而上度

【詩】董思恭詠虹詩曰春暮萍生早日落雨飛餘橫彩分長漢倒色媚青渠梁前朝影出橋上晚光舒願逐旌旗轉飄飄侍直廬 蘇味道詠虹詩曰紆餘帶星渚窈窕架天

潯空因壯士見還共美人沈遥勢含良玉神光藻瑞金獨留長劎彩終負
昔賢心

藝文類聚卷第二

藝文類聚卷第三

歲時上　春　夏　秋　冬

春

爾雅曰春爲青陽一曰發生　尚書曰寅賓出日平秩東作日中星鳥以殷仲春　禮記月令曰孟春之月東風解凍蟄虫始振魚上冰獺祭魚鴻鴈來乃擇元辰天子躬耕帝籍是月也天氣下降地氣上騰天地和同草木萌動仲春之月桃始華倉庚鳴鷹化爲鳩是月也玄鳥至之日祀于高禖季春之月桐始華虹始見萍始生舟牧覆舟五覆五反天子始乘舟布德行惠鳴鳩拂其羽戴勝降于桑　周禮曰仲春詔后率外内命婦始蠶于北郊帥六宫之夫人生穜稑之種而獻之于王　釋名曰春之爲言蠢也物蠢而生　尸子曰春爲忠東方爲春春動也是故鳥獸孕寧草木華生萬物咸遂忠之至　尚書大傳曰東方者動方也物之動也何以謂之春春出也物之出故謂東方春也　周官曰羅氏仲春羅春鳥獻鳩以養老也　易緯通卦驗曰震東方也主春分日出青氣出直震此正氣出也

氣出右萬物半死氣出左蛟龍出震氣不至則歲中少雷萬物華而不實人民疾熱應在其衝　又曰立春條風至雉雊雞乳冰解楊柳津春分明庶風至雷雨行桃李華　毛詩曰春日載陽有鳴倉庚春日遲遲采蘩祁祁女心傷悲迨及公子同歸　尚書緯曰東方春龍房位其規仁好生不賊莊子曰春氣發而百草生正得秋而萬寶成夫春與秋豈得而然哉天道已行矣　孝經緯曰周天七衡六間曰立春後十五日斗指寅爲雨水後十五日斗指甲爲驚蟄後十五日斗指卯爲春分後十五日斗指乙爲清明後十五日斗指辰爲穀雨　論語曰暮春者春服既成冠者五六人童子六七人浴乎沂風乎舞雩詠而歸　老子曰衆人熙熙若享大牢如登春臺　淮南子曰春女悲秋士哀知物化矣　又曰女夷鼓歌以司天和以養百穀禽獸草木（女夷主春夏長養之神）　又曰孟春之月東宮御女青色衣青采鼓琴瑟　説苑曰管仲曰吾窮必矣吾不能以春風風人不能以夏雨雨人吾窮必矣　京房占曰春當退貪殘進柔良恤幼孤賑不足求隱士則萬物應節而生隨氣而長所謂春令也　又曰正月建寅律爲太蔟雞雉

孳尾招搖生聚少陽解凍其氣溫柔逆之則寒　白虎通曰嫁娶以春何也春天地交通物始生陰陽交接之時也　臨海異物志曰鷃鳩一名田鵖春三月鳴晝夜不止音聲自呼俗言取梅子塗其口兩邊皆赤上天自言乞恩至當麥熟鳴乃止耳　漢書曰孟春之月羣居者將散行人振木鐸徇於路以采詩獻之太師比其音律以聞於天子　東觀漢記曰梁鴻將之會稽作詩曰維季春兮華色麥含金兮方秀　續漢禮儀志曰立春之日京都百官皆衣青衣立青幡施土牛耕人于門外　又曰立春之日下寬大書曰方春東作敬始慎微罪殊死且勿案驗皆須麥秋退貪殘進柔良　博物志曰宋國有田夫常衣麕縕以過冬暨春東作自暴於日不知天下之有廣廈隩室綿纊狐貉顧其妻曰負日之暄人莫知者以獻吾君將有賞　楚辭曰獻歲發春兮汩吾南征菉蘋齊葉兮白芷生湛湛江水兮上有楓目極千里兮傷春心　又曰開春發歲兮白日出之悠悠吾且蕩志而愉樂兮遵江夏以娛憂　又曰王孫遊兮不歸春草生兮萋萋又曰青春受謝白日昭春氣奮發萬物遽【詩】晉陸機詩曰節運同可悲

莫若春氣甚和風未及燠遺涼清且凛　晉張協雜詩曰大昊啓東節春郊禮青祇鷹化日夜分雷動寒暑離飛澤洗冬條浮飈解春澌采虹纓高雲文虬鳴陰池冲氣扇九垠蒼生衍四垂時至萬實成化周天地移　晉郭璞詩曰青陽暢和氣谷風穆以溫英茝曄林薈昆虫咸啓門高臺臨迅流四坐列王孫羽蓋停雲陰翠鬱映玉樽　晉顧凱之神情詩曰春水滿四澤夏雲多奇峯秋月揚明輝冬嶺秀寒松摘句　梁簡文帝春日想上林詩曰春風本自奇楊柳最相宜柳葉恒著地楊花好上吹處處春心動常惜光陰移西京董賢館南宛習都池行間魚共樂桃上鳥相窺香車雲母幰駃馬黃金羈　又晚春時詩曰紫蘭葉初滿嬌鶯弄不稀石蹲還似獸蘿長更勝衣水凍文餘聚山暝雅鳥飛渚蒲變新節巖桐長舊圍風花落未已山齋開夜扉　又春日看梅詩曰昨日看梅樹新花已自生今旦聞春鳥何啻兩三聲凍解池開淥雲穿天半晴遊心不應動爲此欲逢迎又晚日後堂詩曰幔陰通碧砌日影度城隅岸柳垂長葉窻桃落細跗花留蛺蝶粉竹翳蜻蜓珠賞心無與共染翰獨踟躕　又春日詩曰花開幾

千葉水覆數重衣蝶颺縈空儛鷰作同心飛歌妖弄曲罷鄭女挾琴歸　又春日詩曰年還樂應滿春歸思復生桃含可憐紫柳發斷腸情落花隨鷰入遊絲帶蝶驚邯鄲歌管地見許欲留情　梁元帝春日詩曰春還春節美春日春風過春心日日異春情處處多處處春芳動日日春禽變春意春已繁春人春不見不見懷春人徒望春光新春愁春自結春結詎能申欲道春園趣復憶春時人春人竟何在空爽上春期獨念春花落還似昔春時　梁沈約詠春初詩曰扶道覓陽春相將共攜手草色猶自腓林中都未有無事逐梅花空交信楊柳且復歸去來含情寄杯酒　又春詠曰楊柳亂如絲綺羅不自持春草復黃綠客心傷此時青苔已結洧碧水復盈淇日華照趙瑟風心動燕姬襟中萬行淚故是一相思　梁吳均春詩曰春從何處來拂水復驚梅雲彰青瑣闥風吹承露臺美人隔千里羅帷閉不開無由得共語空對相思杯　梁王僧孺寄鄉友詩曰旅心已多恨春至尚離羣翠枝結斜影綠水散圓文戲魚兩相顧遊鳥半藏雲何時不惆悵是日最思君　又春思絕句詩曰雪罷枝即青氷開水便綠復聞

黃鳥聲全作相思曲　梁蕭子範春望古意詩曰光景斜漢宮橫梁照采虹春情寄柳色鳥語出梅中氛氳閨裏思逶迤水上風落花徒入戶何解妾牀空　梁王筠春日詩曰金堤草非舊玉池泉已新風生似牛角雲上若魚鱗幽閨多怨思停織坐嬌春芳華既零落方作向隅人　梁蕭瑱春日貽劉孝綽詩曰澗水初流碧山櫻早發紅新禽爭弄響落蘂亂從風拂筵多軟幹映戶悉花叢誰云相去遠垂柳對高桐　梁庾肩吾詩曰桃紅柳絮白照日復隨風影出宋城外香歸青殿中水映寄生竹山橫半死桐須文知渥重撫札愧才空　梁鮑泉奉和湘東王春日詩曰新鶯始新歸新蝶復新飛新花滿新樹新月麗新輝新光新氣早新望新盈抱新水新綠浮新禽新聽好新景自新還新葉復新攀新枝雖可結新愁詎解顏新思獨氛氳新知不可聞新扇如新月新蓋學新雲新落連珠淚新點石榴裠　梁聞人蒨春日詩曰高臺動春色清池映日華綠葵向光轉翠柳逐風斜林有鳴心鳥園多奪目花相與咸知節歎子獨離家　周庾信詠春詩曰昨夜鳥聲春驚鳴動四鄰今朝梅樹下定有詠花人流星浮酒泛粟

眞繞杯脣何勞一片雨喚作陽臺神　又曰逍遥遊桂苑寂絶想桃源狹石分花逕長橋映水門管聲驚百鳥人衣香一園定知歡未足横琴坐樹根　陳徐陵詩曰岸煙起暮色岸水帶斜暉逕狹横枝度簾揺驚燕飛落花承步履流澗寫行衣何殊九芝蓋薄暮洞庭歸　隋江總山庭春詩曰洗沐唯五日棲遲在一丘古楂横近澗危石聳前洲岸綠開河柳池紅照海榴野花寧待晦山蟲詎識秋人生復能幾夜燭非長遊

賦　晉傅玄陽春賦曰虚心定乎昏中龍星正乎春辰嘉勾芒之統時宣太皡之威神素冰解而泰液洽玄獺祭而鴈北征幽蟄蠢動萬物樂生依依楊柳翩翩浮萍桃之夭夭灼灼其榮繁華燁而燿野煒芬葩而揚英鵲營巢於高樹鸞銜泥於廣庭覩戴勝之止桑聆布穀之晨鳴習習谷風洋洋綠泉冊霞横景文虹竟天　晉湛方生懷春賦曰夫榮彫之感人猶色象之在鏡事隨化而遷迴心無主而虚映眄秋林而情悲遊春澤而心恧雖四時之平分何陽節之清淑日婉孌以舒和氣有仁而無厲雷發響於南山雨漸澤於四溟啓潛蟄於九泉收靈虵於天庭修虹煥綠以東問幽澗泮冰而流清鴻

飄翩於歸風鶯銜泥而來征鷙鳥感仁而革性鶻鳩乘化而變聲麥芃芃而含秀桑謁謁而敷榮　周庾信春賦曰宜春苑中春已歸披香殿裏作春衣新年鳥聲千種囀二月楊花滿路飛河陽一縣併是花金谷從來滿園樹一叢香草足礙人數尺遊絲即横路苔始緑而藏魚麥纔青而覆雉吹簫弄玉之臺鳴珮陵波之水移戚里之家富入新豐而酒美石榴聊泛蒲桃醱醅芙蓉玉盌蓮子金杯新芽竹筍細核楊梅緑珠捧琴至文君送酒來玉管初調鳴絃暫撫陽春緑水之曲對鳳迴鸞之舞更炙笙簧還移箏柱月入歌扇花承節鼓協律都尉射雉中郎停車小苑連騎長楊金鞍始被柘月新張拂塵看馬埒分朋入射堂馬是天池之龍種帶乃荊山之玉梁艶錦安天鹿新綾織鳳皇三日曲水向河津日晚河邊多解神樹下流杯客沙頭度水人鏤薄窄衫袖穿珠帖領巾百丈山頭日欲斜三晡未醉莫還家池中水影懸勝鏡屋裏衣香不如花　晉夏侯湛春可樂曰春可樂兮樂東作之良時嘉新田之啓萊悦中疇之發菑桑冉冉以奮條麥遂遂以揚秀澤苗翳渚原卉耀阜春可樂兮樂崇陸之可娛登夷岡以迴

眺超矯駕乎山嵎綴雜華以爲蓋集繁蕤以飾裳散風衣之馥氣納戢懷之潛芳鸎交交以弄音翠翺翺以輕翔招君子以偕樂攜淑人以微行　晉王廙春可樂曰春可樂兮樂孟月之初陽冰泮涣以微流土冐橛而解剛野暄卉以揮緑山葱蒨以發蒼　晉李顒悲四時曰悲春日兮悲陽澤之方宣建靈威以延蟄叩東震而響天布和氣之烟熅舒朗景之淑鮮雲興滋於秀石飈鳴柯於崇山平皐耿莽中林葱青野馬飛潤晨虹垂旌陽鸞南徂陰鴈北征素華浩浩丹秀熒熒

夏

爾雅曰夏爲朱明一曰長嬴　尸子曰夏爲樂南方爲夏夏興也南任也是故萬物莫不任興蕃殖充盈樂之至也　尚書曰申命羲叔宅南交日永星火以正仲夏鳥獸希革　周書時訓曰夏至之日鹿角解蜩始鳴大暑之日腐草化爲螢　禮記曰孟夏月盛德在火天子迎夏於南郊還反行賞封諸侯慶賜遂行靡草死麥秋至斷薄刑決小罪仲夏之月天子羞以含桃先薦寢廟日長至陰陽爭君子處必掩身無躁蟬始鳴木槿榮可

以居高明可以遠眺望可以升山陵可以處臺榭季夏之月溫風始至蟋蟀居壁鷹乃學習腐草化爲螢　又曰南方者夏夏之爲言假也養之長之假之仁也　尚書考靈耀曰火星爲夏期專陽相同精感符　易通卦驗曰離南方也主夏日中赤氣出直離此正氣出右萬物半死氣出左赤地千里　詩含神霧曰曹地處季夏之位土地勁急音中徵其聲清以急太公金匱曰紂嘗以六月獵於西土發民逐禽民諫曰今六月天務覆施地務長養今盛夏發民逐禽而元元懸於野君踐一日之苗而民百日不食天子失道後必無福紂以爲妖言而誅之後數月天暴風雨發屋折樹皇覽逸禮曰夏則衣赤衣佩赤玉乘赤輅駕赤龍載赤旗以迎夏於南郊其祭先黍與雞居明堂正廟啓南戶　孝經緯周天七衡六間曰穀雨後十五日斗指戊東南維爲立夏後十五日斗指巳以爲小滿　管子曰夏至而麥熟天子祀太宗其盛以麥穀之始也　淮南子曰孟夏之月南宮御女赤色赤衣吹竽笙　又曰鄒衍事燕惠王盡忠左右譖之王繫之仰天而哭夏五月爲之下霜　又陽氣爲火陰氣爲水水勝故夏至溫火勝

故冬至晷八尺之表景修尺五寸景修則陰氣勝短則陽氣勝陰氣勝則爲水陽氣勝則爲旱　文子曰政失於夏熒惑逆行夏政不失降雨時　續漢書律曆志曰日行南陸謂之夏　蔡邕獨斷曰夏至陰氣始起麋鹿解角故寢兵鼓身欲寧志欲靜故不聽事　續漢禮儀志曰夏至日浚井改水冬至日鑽燧改火　五經通義曰夏至陰始動未達故寢兵鼓不設政事所以助養陰氣也易曰先王以至日閉關后不省方以此助之　楚辭曰滔滔孟夏草木莽莽　又曰收恢台之盛夏【詩】晉郭璞詩曰羲和騁丹衢朱明赫其猛融風拂晨霄陽精一何冏閑宇靜無娛端坐愁日永　晉李顒詩曰炎光爍南溟溽暑融三夏黮靄對重雲蔭砰稜震靂吒　宋顔延之夏夜呈從兄散騎詩曰炎天方埃鬱暑晏閱塵紛獨靜闕偶座臨堂對星分側聽風薄木遙睇月開雲夜蟬當夏急陰虫先秋聞歲候初過半荃蕙豈久芬　齊謝朓出下館詩曰麥候始清和涼雨銷炎燠紅蓮搖弱荇丹藤繞新竹物色盈懷抱方駕娛耳目　梁蕭子範夏夜獨坐詩曰節序值徂炎兹宵在三伏馮軒佇涼氣中筵倦煩燠夜漢對空窻清蹕臨夜

竹垂音亂階草螢光繞庭木簾月渡斜輝風花起餘馥一傷年志罷長嗟逝波速

賦

晉傅玄述夏賦曰四月惟夏運臻正陽和氣穆而扇物麥含露而飛芒清微泛於琴瑟朱鳥感於炎荒鹿解角於中野草木蔚其條長 梁江淹四時賦曰至炎雲峯起芳樹未移阜蘭生坂朱荷出池憶上國之綺樹想金陵之蕙枝 晉李顒悲四時賦曰悲炎節之赫羲覽祝融之御轡遊井耀兮南離睎辰凱之長吹蔭緑柳之楊枝雲鬱律以泉涌雨淋漉而方簁奮駭霆之奔礚舒驚電之橫摘

秋

爾雅曰秋爲白藏一曰收成 禮記曰孟秋之月涼風至白露降寒蟬鳴鷹乃祭鳥仲秋之月鴻鴈來玄鳥歸羣鳥養羞季秋之月鴻鴈來賓雀入大水爲蛤菊有黃花豺乃祭獸 尸子曰秋爲禮西方爲秋秋肅也萬物莫不禮肅敬之至也 毛詩曰秋日淒淒百草具腓 又曰一日不見如三秋兮 春秋考異郵曰立秋趣織鳴 尚書曰分命和仲宅西曰昧谷寅餞納日平秩西成宵中星虛以殷仲秋 周書時訓曰立秋之日涼風

至後五日白露降後五日寒蜩鳴涼風不至國無嚴政白露不降民多欬病寒蜩不鳴人臣力爭白露之日鴻鴈來後五日玄鳥歸後五日羣鳥養羞鴻鴈不來遠人背叛玄鳥不歸室家離散羣鳥不羞臣下驕慢秋分之日雷乃始收後五日蟄虫坏戶後五日水始涸雷乃不收諸侯淫泆蟄虫不坏民靡有賴水不始涸介虫爲害　周官曰司裘掌爲大裘以供王祀天之服仲秋獻良裘季秋獻功裘　又曰籥章掌仲秋擊土鼓籥豳詩以迎寒　皇覽逸禮曰秋則衣白衣佩白玉乘白輅駕白駱載白旗以迎秋于西郊　詩含神霧曰秦地處仲秋之位男懦弱女高膫白色秀身音中商其言舌舉而仰聲清以揚　文子曰日月欲明浮雲蓋之叢蘭欲修秋風敗之　淮南子曰孟秋之月西宮御女白色衣白采撞白鍾其兵鉞其畜狗八月宮尉其樹柘九月官候其樹槐　漢書曰孫寳爲京兆尹以立秋日署侯文爲東部督郵入見勑曰今鷹隼始擊當從天氣取姦惡以成嚴霜之誅掾部其有人乎　尚書考靈耀曰虛星爲秋候昴爲冬期陰氣相佐德乃不邪子助毋收毋合于符虛星北方宿也昴星西方宿也陰稱毋也續漢禮儀志曰

立秋之日白郊畢始揚武斬牲於郊東門以薦陵廟其儀乘輿御戎輅白馬朱鬣騁執弩射牲牲以鹿麛太宰令謁者各一人載獲車馳駟送陵廟還宮遣使者齎束帛以賜武官肄兵習戰陣之儀斬牲之禮名曰貙劉

世說曰張季鷹辟齊王東曹掾在洛見秋風起因思吳蓴菜羹鱸魚鱠曰人生貴適志耳何能從宦數千里以要名爵遂命駕便歸俄而齊王敗時人皆謂之爲見機而作　楚辭九懷曰秋風兮蕭蕭舒芳兮振條　又曰悲哉秋之爲氣也蕭瑟兮草木搖落而變衰憭慄兮若在遠行登山臨水兮送將歸穴寥兮天高而氣清寂慘兮收潦而水清　又曰嫋嫋兮秋風洞庭波兮木葉下　又曰皇天平分四時兮竊獨悲此凜秋白露既下降百草兮奄離披此梧楸　又曰秋既先戒以白露兮冬又申之以嚴霜

淮南子曰春女悲秋士哀知物化矣　風土記曰鳴鶴戒露白鶴也此鳥性儆至八月白露降即高鳴相儆

【詩】晉左思雜詩曰秋風何烈烈白露爲朝霜柔條旦夕勁綠葉日夜黃明月出雲崖皦皦流素光披軒臨前庭嗷嗷晨鴈翔　晉孫綽詩曰蕭瑟仲秋月飂戾風雲高山居感時變遠客

興長謡踈林積凉風虛岫結凝霄湛露灑庭林密葉辭榮條撫葉悲先落攀松羡後凋　晉江逌詩曰祝融解炎轡蓐收起凉駕高風催節變凝露督物化長林悲素秋茂草思朱夏鳴鴈薄雲嶺蟋蟀吟深榭寒蟬向夕號驚飈激中夜　宋孝武初秋詩曰夏盡炎氣微火息凉風生緑草未傾色白露已盈庭遠視秋雲發近聽寒蟬鳴運移矜物化川上感余情　又秋夜詩曰局景薄西隅升月照東垂肅肅風盈盈幙泫泫露傾枝側闈飛壺急坐見河宿移覩辰念節變感物矜乖離　宋謝惠連懐秋詩曰平生無志意少小嬰憂患如何乘苦心矧復值秋晏皎皎天月明弈弈河宿爛蕭瑟含風蟬寥唳度雲鴈寒商動清閨孤燈曖幽幔耿介繁慮積展轉長宵半夷險難豫謀倚伏昧前筭未知古人心且從性所玩賔至可命觴朋來當染翰頽魄不再圓傾羲無兩旦金石終銷毀丹青暫彫煥各勉玄髪歡無貽白首歎　宋南平王劉鑠歌詩曰昊天清且高秋氣發初凉白露下微津明月流素光凝煙泛城闕凄風入軒房朱華先零落緑草就芸黄纖羅還筍篋輕紈改衣裳　宋鮑照秋日詩曰枯枝葉易零疲客心易驚今

云

茲亦何早已聞絡緯鳴廻風滅且起卷蓬息復征悽悽簟上寒慄慄帳裏清物色延暮思霜露逼朝榮白楊方蕭瑟長歎從此生 宋湯惠休歌詩曰秋風嫋嫋入曲房羅帳含月思心傷蟋蟀夜鳴斷人腸長夜思君心飛揚他人相思君相忘錦衾瑤席爲誰芳 又歌思引曰秋寒依依風過河白露蕭蕭洞庭波思君末光光已滅眇眇悲望如思何 梁簡文帝秋詩曰羽翣晨猶動珠汗晝恒揮秋風忽嫋嫋向夕引涼歸浮陰即染浪清氣始乘衣卷幌通河色開窻引月暉晚花欄下照疎螢簟上飛直置猶如此何況送將歸 又秋夜詩曰高秋渡函谷墜露下芳枝綠潭倒雲氣青山銜月規花心風上轉葉影樹中危外遊獨千里夕歎誰共知 又秋夜詩曰螢飛夜的的虫思夕嚶嚶輕露沾懸井浮煙入綺寮檐重月没早樹密風聲饒池蓮翻罷葉霜篠生寒條端坐彌茲漏離憂積此宵 又秋晚詩曰浮雲出西嶺落日下西江促陰横隱壁長暉斜度窻亂霞圓綠水細葉影飛缸 梁蕭曄奉和詩曰副君乘暇景臨秋坐北宫杏梁照初月蓮池引夕風清暉洞澋井流香入綺櫳鵲聲時徙樹螢光乍滅空涼氛散簟席

露色變林叢　梁范雲贈俊公道人詩曰秋蓬飄秋甸寒藻泛寒池風條振風響霜葉斷霜枝幸及清江滿無使明月虧月虧君不來相期竟悠哉

梁沈約秋夜詩曰月落宵向分紫煙鬱氛氳曀曀螢入霧離離鴈出雲巴童闇理瑟漢女夜縫裙新知樂如是久要詎相聞　梁庾肩吾奉和便省餘秋詩曰前對金精坂傍臨圓水池照影凝浮葉看山通廻枝鴈行連霧盡雨足帶雲移　梁吳筠秋念詩曰團團珠暉轉炤炤漢陰移箕風入桂露璧月滿瑤池樹青草未落蟬凉葉已危還深長夜想顧憶臨卭卮芳杜果無沒纓帶欲何爲　梁鮑泉秋日詩曰露色已成霜梧楸欲半黃驚去欄恒靜蓮寒池不香夕鳥飛向月餘蚊聚逐光旅情恒自苦秋夜漸應長

賦晉潘岳秋興賦序曰晉十有四年余春秋三十有二始見二毛以太尉掾寓直于散騎之省高閣連雲陽景罕曜珥蟬冕而襲紈綺之士此焉遊處僕野人也偃息不過茆屋茂林之下談話不過農夫田父之客攝官承乏猥厠朝列夙興晏寢匪遑底寧譬猶池魚籠鳥而有江湖山藪之思於是染翰操紙慨然而賦于時秋也以秋興命篇四運忽其代序萬物紛

以迴薄覽華蓐之時育察盛衰之所記感冬索以春敷嗟夏茂而秋落雖
末事之榮悴伊人情之美惡嗟秋日之可哀良無愁而不盡野有歸鷰隰
有翔隼遊氛朝興槁葉夕殞於是乃屏輕箑釋纖絺藉莞蒻御袷衣庭樹
槭以灑落勁風戾而吹帷蟬嘒嘒以寒吟鴈飄飄而南飛天晃朗而彌高
日悠陽而浸微何微陽之短晷覺涼夜之方永月朣朧以含光露淒清以
凝冷熠燿粲於階闥蟋蟀鳴於軒屏聽離鴻之晨吟望流火之餘景宵耿
介而不寐獨展轉於華省悟歲時之遒盡兮慨俛首而自省班鬢髟以承
弁兮素髮颯以垂領且斂衽以歸來兮忽投紱以高厲耕東皐之沃壤輸
黍稷之餘稅逍遥乎山川之阿放曠乎人間之世優哉遊哉聊以卒歲
晉盧諶感運賦曰朱明送夏白藏迎秋微涼漸届溽暑日收氣激激而浸
冷霜微微而日華翠葉紛以朝落朱華慘以夕捎　晉江逌述歸賦曰時
運逝其何速素秋奄以告季虛柳中於昏日羲和宿于房位微寒凄其薄
人凝霜粲兮朝墜林飄飄以灑葉隰芒芒而摧莖菊發華於高丘鴈辭比
以南徂　宋袁淑秋晴賦曰是月也聲晷合朝夜分霆收耀虹戢文炎都

褰埃旻寓滌氣曳悲泉之凝霧轉絕垠之嚴雲　宋沈勃秋羇賦曰於時
朱雲㐌辰金柢御歲菊圖緜於閾沼橘倒飾於池例草吹兌而傾萯林伐
狀而揺蕪潭瀲氣而威荷露危光而嚴蕙　梁簡文帝秋興賦曰秋何興
而不盡興何秋而不傷傷二情之本背更同來而匪方復有登山望別臨
水送歸洞庭之葉初下塞外之草前衰侲征人與行子必承臉而霑衣紛
吾閑居有怡優遊多暇乃息書幌之勞以命北園之駕爾乃從玩池曲遷
坐林間淹留而蔭丹岫徘徊而搴木蘭爲興未已升彼懸崖臨風長想馮
高俯窺察游魚之息澗憐驚禽之換枝聽夜籤之響殿聞懸魚之扣扉將
據梧於芳杜欲留連而不歸　又臨秋賦曰火歇兮秋氣生風起兮秋潦
清覽時興而自得聊飛轡而娛情遵二條之廣路背九仞之高城爾乃登
長坂息余驥攬筆舒情沉吟屬思草色雜而香同樹影齊而花異遥峯迢
遰縈沙斷絕雲出山而相似水含天而難别　梁江淹四時賦曰及夫秋
風一至白露團團明月生波螢光迎寒眷庭中之梧楸念機上之羅紈
晉夏侯湛秋可哀曰秋可哀兮哀秋日之蕭條火迴景以西流天既清而

氣高壤含素霜山結玄霄月延路以增夜日遷行以收暉屏絺紘於笥匣納綸縞以授衣秋可哀兮哀新物之陳蕪綢篠朔以斂稀密葉摵以隕疎鴈擢翼於太清鸞蟠形乎榛墟秋可哀兮哀良夜之遥長月翳翳以隱雲時籠籠以投光映前軒之疎幌炤後帷之閑房拊輕衾而不寐臨虛檻而褰裳感時邁以興思情愴愴以含傷　又秋夕哀曰秋夕兮遥長哀心兮永傷結帷兮中宇徙履兮閑房聽蟋蟀之潛鳴覩遊鴈之雲翔尋修廡之飛簷覽明月之流光木蕭蕭以被風階縞縞以受霜玉機兮環轉四運兮驟遷銜恤兮迄今忽將兮涉年日往兮哀深歲暮兮思繁　晉湛方生秋夜詩曰悲九秋之爲節物凋悴而無榮嶺積鮮而殞綠木傾柯而落英履代謝以惆悵覩摇落而興情信皐壤而感人樂未畢而哀生秋夜清兮何秋夕之轉長夜悠悠而難極月曒曒而停光播商氣以清温扇高風以革涼水激波以成漣露凝結而爲霜凡有生而必凋情何感而不傷苟靈符之未虛孰兹戀之可忘何天懸之難釋思假暢之冥方拂塵衿於玄風散近滯於老莊攬逍遥之宏維總齊物之大綱同天地於一指等大山於毫

芒萬慮一時頓渫情累豁焉都忘物我泯然而同體豈復壽夭於彭殤　宋謝琨秋夜長曰秋夜長兮雖欣長而悼速送晨暉於西嶺迎夕景於東谷夜既分而氣高風入林而傷緑鷰翩翩以辭宇鴈邕邕而南屬　宋蘇彥秋夜長曰晨暉電流以西逝閑宵漫漫其未央牛女隔河以延佇列宿雙景以相望輕雲飄霏以籠朗素月披曜而舒光時禽鳴於庭柳節虫吟於戶堂零葉紛其交萃落英颷以散芳覩遷化之遒邁悲榮枯之靡常貞松隆冬以擢秀金菊吐翹以凌霜　宋何瑾悲秋夜曰欣莫欣兮春日悲莫悲兮秋夜伊之秋夜可悲增沉懷於遠情歎授衣於豳詩感蕭瑟於宋生天廓兮高褰氣淒肅兮厲清鷰泝陰兮歸飛鴈懷陽兮寒鳴霜凝條兮漼漼露霑葉兮泠泠　宋伏系之秋懷曰於是景宇肅澄風高木斂淒氣夕衰零露晨湛澤收潤而草枯葉驟墜而庭掩鴈偕來以希陽鷰遊逝而投陰豈微物之足懷傷頹齡之告漸

冬

爾雅曰冬爲玄英一日安寧　禮記曰孟冬之月水始冰地始凍雉入大

水爲蜃虹藏不見仲冬之月冰益壯地始坼鶡鳥不鳴虎始交荔挺出丘蚓結麋角解水泉動日短至季冬之月鴈北向鵲始巢雉雊雞乳日窮于次月窮于紀星迴于天　尚書大傳曰北方者物之伏方也何以謂之冬冬中也物方藏於中也故曰北方冬也　尚書曰申命和叔宅朔方曰幽都平在朔易日短星昴以正仲冬　周書時訓曰小寒之日鴈北鄉又五日鵲始巢又五日雉始雊鴈不北鄉民不懷生鵲不始巢國不安寧雉不始雊國乃大水大寒之日雞始乳又五日鷙鳥厲疾又五日水澤腹堅雞不乳淫女亂男鷙鳥不厲國不除兵水澤不腹堅言乃不從　逸禮曰冬則衣黑衣佩玄玉乘玄輅駕鐵驪載玄旂以迎冬于北郊其祭先豕居明堂後廟啓北戸　毛詩曰冬日烈烈飄風發發　易緯通卦驗曰冬至之日見雲送迎從下鄉來歲美民人和不疾疫無雲送迎德薄歲惡故其雲赤者旱黑者水白者爲兵黄者有土功諸從日氣送迎此其徵也　又曰立冬不周風至水始冰薺麥生鷰雀入水爲蛤　太公金匱曰夏桀之時以十月發民鑿山穿陵通於河民諫曰孟冬鑿山穿陵是泄天氣發地之

藏天子失道後必有敗桀殺之朞年岑山崩爲大澤湯率諸侯伐之　京房占曰春冬乾王不周風用事人君當輿邊兵治城郭行刑斷獄訟繕宮殿　漢書曰冬民既入婦人同巷相從夜績一月得四十五日必相從者所以省費燎火同巧拙而合習俗也　魏略曰董遇好學人從學者遇不肯教云當先讀書百遍而義自見從學者云苦渴無日遇曰當以三餘冬者歲之餘雨者晴之餘夜者日之餘　五經通義曰冬至陽氣萌陰陽交精始成萬物氣微在下不可動泄　桓譚新論曰太原郡民以隆冬不火食五日雖有病緩急猶不敢犯爲介之推故也　續漢禮儀志曰立冬之日夜漏未盡五刻京都百官皆衣皁迎氣黑郊

【詩】晉張華冬初歲小會詩曰日月不留四氣迴周節慶代序萬國同休庶尹羣后奉壽升朝我有嘉禮式宴百寮　又雜詩曰晷度隨天運四時互相承東壁正昏中涸陰寒節升繁霜隆當夕悲風中夜興朱火青無光蘭膏坐未凝重衾無暖氣挾纊如懷氷　晉陳新塗妻李氏冬至詩曰靈象尋數迴四氣平運散陰律鼓微陽大明啓修旦感與時來興心隨逝化歎式宴集中堂賓客盈朝

館　晉曹毗詠冬詩曰緜邈冬夕永凜厲寒氣升離葉向晨落長風振條
興夜靜輕響起天清月暉澄寒水盈渠結素霜竟檻凝令載忽已暮來紀
奄復仍　宋謝靈運歲暮詩曰殷憂不能寐苦此夜難頹明月照積雪朔
風勁且哀運往無淹物逝年覺易催　又彭城宫中直感歲暮詩曰草草
眷徂物契契矜歲蟬楚豔起行戚吳趨絕歸櫂修帶緩舊裳素鬢改朱顏
晚暮非獨已鳴鶗歇春蘭　宋鮑照冬至詩曰景移風度改日至晷迴換
眇眇負霜鶴皎皎帶雲鴈長河結瓓玕層水如玉岸　又冬日詩曰嚴風
亂山起白日欲還次重霧蔽窮天夕陰晦寒地瀚海有歸潮衰容不還稚
令君且安歌無念老將至　謝靈運詠冬詩曰七宿乘運曜三星與時滅
履霜冰彌堅積寒風愈切繁雲起重陰迴飈流輕雪園林粲斐皓庭除秀
皎潔墀瑣有凝汙逵衢無通轍　梁簡文帝大同十年十月戊寅詩曰喧
塵是時息靜坐對重巒冬深柳條落雪後桂枝殘星明霧色盡天白鴈行
單雲飛乍想閣冰結遙疑紈晚橋隱重屏枯藤帶迴竿荻陰連水氣山峰
染月寒　又玄圃寒夕詩曰洞門扉未掩金壺漏已催曛煙生澗曲暗色

起林隈雪花無有帶冰鏡不安臺增楊始倒插浦桂斗新栽陳根委落蕙細蘂發香梅鴈去銜蘆上猨戲繞枝來　又大同十一月庚戌詩曰兹園檀藝積山谷久紆威直興轉多緒眞事亦因依是節嚴冬暮寒雲掩落暉遠聞風瑟瑟亂視雪霏霏浪起川難渡林深人至稀山禽背逕走野鳥歷塘飛　梁庾肩吾歲盡詩曰歲序已云殫春心不自安聊開柏葉酒試奠五辛盤金薄圖神鷰朱泥印鬼丸梅花應可折倩爲雪中看　北齊邢子才冬日傷志詩曰昔時墮遊士任性少矜裁朝馳馬腦勒夕銜熊耳杯折花贈淇水撫瑟望叢臺繁華夙昔改衰病一時來重以三冬月愁雲聚復開天高日色淺林勁鳥鳴哀終風激簷宇餘雪滿條枚遨遊昔宛洛踟躕今草萊時事方去矣撫已獨懷哉　周王褒和殷廷尉歲暮詩曰歲晚悲窮律他鄉念索居寂寞灰心盡摧殘生意餘産空交道絶財殫密親疎空悲趙壹賦還著虞卿書

賦　晉陸機感時賦曰悲夫冬之爲氣亦何憯懍以蕭索天悠悠其彌高霧鬱鬱而四冪夜緜邈其難終日晼晚而易落伊夫時之方慘曷萬物之能歡猨長嘯於林杪鳥高鳴於雲端矧余情之含瘁

悟覩物而增酸歷四時以迭感悲此歲之巳寒撫傷懷以嗚咽望永路而汍瀾　梁江淹四時賦曰至於冬陰北邊永夜不曉平蕪際海千里飛鳥何嘗不夢帝城之阡陌故鄉之臺沼　晉陸雲歲暮賦曰顓頊御時玄冥統官淪重陽於潛戶兮嚴積陰於司寒堅冰凋於川底兮白雪隕於雲端時凜戾其可悲兮氣蕭索以傷心悽風愴其鳴條落葉翻而灑林獸藏丘而絶迹兮鳥攀木而棲音山振枯於層嶺兮人懷慘於重襟　梁蕭子雲歲暮直廬賦曰日躔女度歲華云暮衡輕炭燥權重泉淵藏玄武於大陰蟄螣虵於高霧日臨圭而易落晷中杙而南儵凝寒氣於廣庭洞層陰於端庫風飧切而晚作雲滄浪而晦景霰的皪於彤庭霙葳蕤於丹屏韜罘罳之飛棟没層蘇之高影始飄舞於圓池終停華於方井　晉傅玄大寒賦曰五行條而竟鶩兮四節紛而電逝諒暑往寒來十二月而成歲日月會於析木兮重陰凄而增肅彩虹藏於虛廓兮鱗介潛而長伏若乃天地凛冽庶極氣否嚴霜夜結悲風晝起飛雪山積蕭條萬里百川明而不流兮冰凍合於四海扶木憔悴於湯谷若華零落於濛汜　藝文類聚卷三

藝文類聚卷第四

歲時中　元正　人日　正月十五日　月晦　寒食　三月三

五月五　七月七　七月十五　九月九

元正

尚書曰月正元日舜格于文祖　列子曰邯鄲之民以正月之旦獻鳩於簡子簡子大悅厚賞之客問其故簡子曰正旦放生示有恩也　孔叢子曰邯鄲民以正月旦獻爵於趙王而綴以五采王大悅　東觀漢記曰戴憑爲侍中正旦朝賀帝令群臣說經義不通者奪其席憑遂重五十餘席事具講論篇　漢書曰鮑宣字子都哀帝時正旦月蝕宣上書諫曰陛下父事天母事地子養黎民父虧明母震動子訛言今日蝕三陽始小民正月朔旦尚惡敗器物況日虧缺乎　漢雜事曰正月朝賀三公奉璧上殿嚮御坐北面太常使贊曰皇帝爲君興三公伏皇帝坐乃前進璧　典略曰明帝使博士馬均作司南車水轉百戲正月朝造巨獸魚龍蔓延弄馬倒騎備如漢西京故事　魏略曰正始元年商風大起數十日發屋折樹動太極

崔

殿東閤正旦大會又甚傾床案曹休將誅之徵也　王渾集曰詔問明正旦會四方計吏入見臨朝當何所宜渾奏舊正會計吏軒下中書令宣詔問方土所宜士人賢才隱伏未達風俗好尚禮教之宜勸農務本以盡墾殖之利刑獄清理無枉濫之失郡守長吏勤心治政爲民興利除害訓化之績授以紙筆意陳聞見以明聖旨垂心四遠　晉咸康起居注曰十二月庚子詔曰正會日百寮增祿賜醽酒人二升　世説曰元帝正會引丞相王導登御牀王公固辭中宗引之彌苦文獻曰使太陽與萬物同暉臣下何以仰瞻帝乃止　鄧德明南康記曰昔有盧耽仕州爲治中少學仙術善解飛騰每夕輒凌虚歸家曉則還州嘗元會至晚不及朝列化爲白鵠至閤前徊翔欲下威儀以箒擲之得一隻履耽驚還就列内外左右莫不駭異時步騭爲廣州刺史意甚惡之便以狀列聞遂至誅滅　裴玄新語曰正朝縣官殺羊懸其頭於門又磔雞以副之俗説以厭癘氣玄以問河南伏君伏君曰是土氣上升草木萌動羊齧百草雞啄五穀故殺之以助生氣　**詩**　魏陳思王曹植元會詩曰初歲元祚吉日惟良乃爲嘉會宴

此高堂衣裳鮮潔黼黻玄黃珍膳雜遝充溢圓方俯視文軒仰瞻華梁願保茲善千載爲常歡笑盡娛樂哉未央皇室榮貴壽考無疆　晉荀勗正大會行禮歌詩曰於皇元首群生資始履端大享敬御福祉肆覲群后爰及卿士欽順時財允也天子　又曰明明天子臨下有赫四表宅心惠洽荒貊柔遠能邇孔淑不逆來格祁祁邦家是若　又曰光光邦家天篤其祜丕顯喆命顧予三祖世德作求奄有九土思我皇度彝倫攸序　晉曹毗正朝詩曰靈春散初澤棼熅青陽舒佳袍忽巳故今載奄復初軟節暢宇宙和風被八區　晉劉和妻王氏正朝詩曰稔冉宜機運迅矣四節經太簇應玄律青陽兆初正　晉傅宄妻辛氏元正詩曰元正啓令節嘉慶肇自茲咸奏萬年觴小大同悅熙　晉荀勗正會公王上壽酒歌曰踐元辰延顯融獻羽觴祈令終我皇壽而隆我皇茂而嵩本枝奮百世休祚鍾聖躬

賦　晉傅玄朝會賦曰考夏后之遺訓綜殷周之典制採秦漢之舊儀肇元正之嘉會於是先期戒事衆發允勑萬國咸享各以其職翼翼京邑巍巍紫極前三朝之夜中庭燎晃以舒光華燈若乎火樹熾百枝之煌

煌俯而察之如亢燭龍而炤玄方仰而覩焉若披冊霞而鑒九陽【頌】晉劉臻妻正旦獻椒花頌曰遊穹周迴三朝肇建青陽散輝澄景載煥美哉靈葩爰采爰獻聖容映之永壽於萬

人日

荆楚歲時記曰正月七日爲人日以七種菜爲羹翦綵爲人或鏤金薄帖屏風上忽戴之像人入新年形容改新　董勛問禮俗曰一日爲雞二日爲狗三日爲猪四日爲羊五日爲牛六日爲馬七日爲人　賈充典戒曰人日造華勝相遺像瑞圖金勝之形又像西王母戴勝也　劉臻妻陳氏進見儀曰正月七日上人勝於人【詩】隋陽休之人日登高侍宴詩曰廣殿麗年輝上林起春色風生拂雕輦雲迴浮綺翼　薛道衡人日思歸詩曰入春纔七日離家已二年人歸落鴈後思發在花前【銘】李充登安仁峯銘曰正月七日厥日惟人策我良駟陟彼安仁

正月十五日

玉燭寶典曰正月十五日作膏以祠門戶　荆楚歲時記曰風俗望日以

楊枝插門隨楊枝所指而祭其夕迎紫姑神以卜　史記曰漢家以望日祀太一從昏時到明今夜遊觀燈是其遺迹　西域記曰摩竭陁國正月十五日僧俗雲集觀佛舍利放光雨花　涅槃經曰如來闍維訖收舍利罌置金床上天人散花奏樂繞城步步燃燈十二里　**詩** 蘇味道望日夜遊詩曰火樹銀花合星橋鐵鎖開暗塵隨馬去明月逐人來遊騎皆穠李行歌盡落梅金吾不惜夜玉漏莫相催　崔液夜遊詩曰玉漏銅壺且莫催鐵關金鎖徹明開誰家見月能閑坐何處聞燈不看來　又曰神燈佛火百輪張刻像圖形七寶裝影裏如聞金口說空中似散玉毫光　又曰金勒銀鞍控紫騮玉輪朱幰駕青牛驂驔始散東城曲倏忽還逢南陌頭

月晦

荆楚歲時記曰元日至月晦並爲酺聚飲食每月皆有晦朔正月初年時俗重以爲節、玉燭寶典曰元日至月晦人並爲酺食士女悉湔裳酹酒於水湄以爲度厄　帝王世紀曰堯有草夾階而生每月朔生一莢月半則生十五莢自十六日一莢落至月晦而盡月小則餘一莢厭而不落以爲瑞草名爲蓂莢一名曆莢【詩】太宗皇帝月晦詩曰晦魄移中律凝暄起麗城罩雲朝蓋上穿露曉珠呈笑樹花分色啼枝鳥合聲披襟歡眺望極目暢春晴　北齊魏收晦日汎舟應詔詩曰裊裊春枝弱關關新鳥呼棹唱忽逶迤菱歌時顧慕睿賞芳日色宴言忘日暮游豫慰人心照臨康國步　後魏盧元明晦日汎舟應詔詩曰輕灰吹上管落蓂飄下蔕遲遲春色華晼晼年光麗

寒食

周禮曰司烜氏仲春以木鐸脩火禁于國中爲季春將出火也　荊楚歲時記曰去冬至一百五日即有疾風甚雨謂之寒食　周斐先賢傳曰太原舊俗云介子推焚骸一月寒食莫敢煙爨　陸翽鄴中記曰并州俗冬至後百五日爲介子推斷火冷食三日作乾粥今之糗是也　又曰寒食三日作醴酪煮粳米及麥爲酪擣杏仁煮作粥　范曄後漢書曰周舉遷并州刺史太原一郡舊俗以介子推焚骸有龍忌之禁至其月咸言神靈不樂舉火舉移書於子推廟云春中寒食一月老小不堪今則三日而已

古今藝術圖曰北方山戎寒食日用鞦韆爲戲以習輕趫者 【詩】李崇嗣寒食詩曰普天皆滅焰匝地盡藏煙不知何處火來就客心燃 宋之問途中寒食詩曰馬上逢寒食途中屬暮春可憐江浦望不見洛橋人 沈佺期嶺表寒食詩曰嶺外逢寒食春來不見餳洛中新甲子明日是清明

【令】魏武帝明罰令曰聞太原上黨西河鴈門冬至後百五日皆絶火寒食云爲介子推且北方沍寒之地老少羸弱將有不堪之患令到人不得寒食若犯者家長半歲刑主吏百日刑令長奪一月俸

三月三日

應劭風俗通曰按周禮女巫掌歲時以祓除疾病禊者潔也故於水上盥潔之也巳者祉也邪疾巳去祈介祉也 韓詩曰三月桃花水之時鄭國之俗三月上巳於溱洧兩水之上執蘭招魂續魄拂除不祥 漢書曰太后春幸蠶館率皇后列侯夫人桑遵灞水而祓除 續漢書禮儀志曰三月上巳官民皆絜於東流水上自洗濯祓除宿垢爲太潔 魏志曰袁紹三月上巳大會賓徒於薄落津聞魏郡兵及黑山賊于毒等數萬人共覆

鄴城殺守坐中客家在鄴者皆憂怖失色或起而立紹容貌自若不改常度　竹林七賢論曰王濟嘗解禊洛水明日或問王曰昨遊有何語議濟曰張華善說史漢裴逸民叙前言往行衮衮可聽事具談論部　夏仲御別傳曰仲御詣洛到三月三日洛中公王以下莫不方軌連軫並至南浮橋邊禊男則朱服耀路女則錦綺粲爛仲御時在船中曝所市藥雖見此輩穩坐不摇賈公望見之深奇其節願相與語此人有心膽有似冀缺走問船中安坐者爲誰仲御不應重問徐乃荅曰會稽北海間民夏仲御　晉中興書曰王導謂從兄敦曰王仁德未著而名位猶輕兄威名已振宜有以共相匡舉會三月三日中宗出禊乘肩轝敦導並騎從紀瞻使人覘之既聞敦導騎從乃大驚自出拜於道左中宗從容謂導曰卿吾之蕭何也　續搜神記曰盧充獵見麞便射中之隨逐不覺遠忽見一里門如府舍問鈴下鈴下對曰崔少府也進見少府少府語充曰尊府君爲索小女婚故相迎耳三日畢車送充至家毋問具狀以對與崔别後四年充三月三日臨水戲遥見水傍有犢車充往開車戸見崔女與三歲男共載情意如初

抱男兒還克又與金銑別　雜五行書曰欲知蠶善惡常以三月三日天陰而無日不見雨蠶大善　續齊諧記曰晉武帝問尚書郎摯虞曰三日曲水其義何指答曰漢章帝時平原徐肇以三月初生三女至三日俱亡一村以爲怪乃相攜之水濱盥洗遂因水以汎觴曲水之義起於此帝曰若如所談便非好事尚書郎束晳曰仲治小生不足以知此臣請說其始昔周公城洛邑因流水以汎酒故逸詩云羽觴隨波又秦昭王三日置酒河曲見有金人出奉水心劒曰令君制有西夏及秦霸諸侯乃因此處立爲曲水祠二漢相緣皆爲盛集帝曰善賜金五十斤左遷仲治爲陽城令

詩　晉張華三月三日後園會詩曰暮春元日陽氣清明祁祁甘雨膏澤流盈習習祥風啓滯導生禽鳥逸豫桑麻滋榮纖條被綠翠華含英於皇我后欽若昊乾順時省物言觀中園讌及群辟乃命乃延合樂華池祓濯清川汎彼龍舟泝遊渚源　又上巳篇曰仁風導和氣勾芒御昊春姑洗應時月元巳啓良辰密雲蔭朝日零雨灑微塵飛軒遊九野置酒會衆賓

晉潘尼三日洛水作詩曰晷運無窮已時逝焉可追斗酒足爲歡臨川胡

獨悲暮春春服成百草敷英蘂聊爲三日遊方駕結龍旂廊廟多豪俊都邑有艷姿朱軒蔭蘭皐翠幕映洛湄臨岸濯素手涉水搴輕衣沉鈎出比目舉弋落雙飛羽觴乘波進素卵隨流歸　晉王濟平吳後三月三日華林園詩曰蠢爾長蛇荐食江汜我皇神武汎舟萬里迅雷電邁弗及掩耳思樂華林薄采其蘭皇居偉則芳園巨觀仁以山悅水爲智歡清池流爵祕樂通玄物以時序情以化宣　晉閭丘冲三月三日應詔詩曰暮春之月春服既成升陽土潤氷渙川盈餘萌達壤嘉木敷榮后皇宣遊既宴且寧光光華輦詵詵從臣微風扇穢朝露翳塵上蔭丹幄下藉文茵臨川挹盥濯故潔新俯鏡清流仰睇天津藹藹華林巖巖景陽業業峻宇奕奕飛梁垂蔭倒景若沉若翔浩浩白水汎汎龍舟皇在靈沼百辟同遊擊櫂清歌鼓枻行酬聞樂咸和具醉斯柔在昔帝虞德被遐荒干戚在庭苗民來王今我哲后古聖齊芳惠此中國以綏四方元首既明股肱惟良樂酒今日君子惟康　晉王讚三月三日詩曰招摇啓運寒暑代新亹亹不舍如彼行雲猗猗季月穆穆和春皇儲降止宴及嘉賓嘉賓伊何具惟姻族如

彼葛藟行于樛木郁郁近侍巖巖台嶽庶寮鱗次以崇天祿如彼崑山列此琚玉巍巍天階亦降列宿右載元首左光儲副大祚無窮天地爲壽　晉陸機詩曰遲遲暮春日天氣柔且嘉元吉隆初巳濯穢遊黃河　晉阮脩上巳會詩曰三春之季歲惟嘉時靈雨既零風以散之英華扇耀翔鳥羣嬉澄澄綠水澹澹其波脩岸逶迤長川相過聊且逍遥其樂如何坐此脩筵臨彼素流嘉肴既設舉爵獻酬彈箏弄琴新聲上浮水有七德智者所娛清瀨瀺灂菱葭芬敷沉此芳鉤引彼潛魚委餌芳美君子戒諸　晉孫綽三月三日詩曰姑洗斡運首陽穆闡嘉卉萋萋温風煖煖言滌長瀨聊以遊眼縹蓱渶流綠柳蔭坂羽從風飄鱗隨浪轉　晉庾闡三月三日詩曰心結湘川渚目散沖霄外清泉吐翠流綠醽漂素瀨悠想眄長川輕瀾渺如帶　又三月三日臨曲水詩曰暮春濯清巳遊鱗泳一壑高泉吐東岑洄瀾自浄槃臨川疊曲流豐林映綠薄輕舟沉飛觴鼓枻觀魚躍　宋顔延之三日侍遊曲阿後湖詩曰虞風載帝狩夏諺頌王遊春方動宸駕望幸傾五州山祇蹕嶠路水若警滄流神御出瑶軫天儀降藻舟萬軸

衜行衛千翼泛飛浮雕雲麗琁蓋祥飈被釆斿江南進荆艶河激獻趙謳　又詔宴曲水詩曰道隱未形治彰既亂帝跡懸衡皇流共貫惟王創物永錫洪筭仁固開周義高登漢祚融世哲業光列聖太上正位天臨海鏡帝體麗明儀辰作貳居彼東朝金昭玉粹德有潤身禮不愆器開榮灑澤舒虹爍電伊思鎬飲每懷洛宴郊餞有壃君舉有禮幕帳蘭甸畫流高陛分庭薦樂析波浮醴豫同夏諺事兼出濟　又三月三日詔宴西池詩曰河岳曜圖聖時利見於赫有皇升中納禪載貞其恒載通其變大哉人文至矣天睠昭哉儲德靈慶攸繁明兩紫宸景物乾元帝宗蕃翰惟城惟蕃衮衣善職彤弓受言餞館春宮稅驂青軺長筵逶迤浮觴沿沂　宋謝靈運三月三日侍宴西池詩曰詳觀記牒鴻荒莫傳降及雲鳥曰聖則天虞承唐命周襲商艱江之永矣皇心惟眷矧乃暮春時物芳衍濫觴逶迤周流蘭殿禮備朝容樂闋夕宴　宋謝惠連三月三日曲水集詩曰四時著平分三春禀融爍遲遲和景婉天天園桃灼攜朋斯郊野昧旦辭埏郭戔雲輿翠嶺芳飈起華薄解轡偃崇丘藉草繞迴壑際渚羅時藪託波汎輕

辭　齊謝朓爲皇太子侍華光殿曲水宴詩曰傍求遂古遐聽鴻名大寶曰位得一爲貞朱紼叶祉緑字摛英升配同貫進讓殊聲大横將屬會昌巳命國步中阻震居膺慶璽劒克傳龜玉增映玄塞北靡丹徼南極浮毳駕風非泳非陟西京藹藹東都濟濟秋祓濯流春禊浮醴初吉云獻上除方啓昔駕陽頵今歡雲陛嘉樂舊矣芳宴在斯載留神矚有睟天儀龍精巳映威仰未移葉依黄鳥花落春池高宴弘敞禁林稠密青隥崛起丹樓間出翠葆隨風金戈動日惆悵清管徘徊輕佾灞滻入筵河淇流作嬀若來往觴肴沿沂歡飫有終清光欲暮輕軺迴首華組徐步　又爲人作三日侍華光殿曲水宴詩曰神理内寂機象外融遺情汾水垂晃鴻宫樹以司牧匪我求蒙徒勤日用誰器玄功當宁旦昊求衣未明抵璧焚翠銷劒隳城九疇式序三辟載清麗景則春儀方在震重聖積厚金式瓊潤祓穢河浦張樂春疇既停龍駕亦汎鳧舟初鷖命曉朝華開夜飾陛導源迴伊流灞間館巖敞長廊水架金觴摇蕩玉俎推移筵浮水豹席擾雲螭歡兹廣宴穆是天儀　梁簡文帝三日侍宴林光殿曲水詩曰芳年留帝賞應

物動天襟挾苑連金陣分衢度羽林帷宫對廣掖層殿邇高岑風旗爭曳影亭阜共生陰林花初墮蔕池荷欲吐心　又三日率爾成詩曰芳年多美色麗景復妍遥握蘭唯是旦採艾亦今朝迴沙溜碧水曲岫散桃夭綺花非一種風絲亂百條雲起相思觀日照飛虹橋繁華炫姝色燕趙艷妍妖金鞍汗血馬寶髻珊瑚翹蘭聲起縠袖蓮錦束瓔腰相看隱緑樹見人還自嬌玉桂鳴羅薦渠椀泛迴潮洛濱非拾羽滿握詎貽椒　又三日侍皇太子曲水宴詩曰震德協靈年芳節淑濯伊臨灞蕩心愉目驤騎晨野擬金曉陸蕙氣巻旌神飈肇轂曾岑偃蹇登觀岩嶤煙生翠幕日照綺寮銀華晨散金芝暮摇緑水動葉冊距映條顧惟菲薄徒承恩裕藝學未優聲績不樹豈辯河書寧擒淮賦徒偶羣龍終慙並駁　又曲水聯句詩曰春色明上巳桃花落繞溝波迴卮不進綸下鉤時留臣導縈水時迴岸花觴轉更周陳肴渡玉俎垂餌下銀鉤王御迴川入帳殿列俎間芳洲漢艾凌波出楓拂岸游庾君吾王生廻水碓蔡嫗蕩輕舟岸燭斜臨水波光上映樓殿下梁沈約三日侍鳳光殿曲水宴詩曰光遲蕙畝氣婉椒臺皇心愛矣

帝曰遊哉王鑾徐騖翠鳳輕廻別殿廣臨離宮洞啓川祇奉壽河宗相禮清洛漸筵長伊流陛洄盪嘉羞揺漾芳醴輕歌易繞弱舞難持素雲留管玄鶴停絲引思爲歲歲亦陽止叨服賁身身亦昌止徒勤丹漆終愧文梓又上巳華光殿詩曰於維盛世即軒嫣朝鄴宴鎬復在斯朝光灼爍映蘭池春風婉轉入細枝時鸎顧慕聲合離輕波微動漾羽巵河宗海若生蛟螭浮梁徑度跨廻漪朱顏始洽景將移安得壯士駐奔曦　又侍林光殿曲水宴詩曰宴鎬鏘玉鑾遊汾舉仙軷榮光泛采旄脩風動芝蓋淑氣婉登辰天行聳雲旆帳殿臨春籞帷宮繞芳蒼漸席周羽觴分墀引廻瀨穆穆寶化昇濟濟皇陛泰將御遺風軫遠侍瑶臺會　又三日率爾成篇詩曰麗日屬元巳年芳具在斯開花已匝樹流鸎復滿枝洛陽繁華子長安輕薄兒東出千金堰西臨鴈鶩陂遊絲映空轉高楊拂地垂緑幘文照曜紫鶩光陸離清辰戲伊水薄暮宿蘭池象筵鳴寶瑟金缾汎羽巵寧憶春蠶起日暮桑欲萎　梁劉孝綽三日侍華光殿曲水宴詩曰薫祓三陽暮濯禊元巳初皇心睠樂飲帳殿臨春渠豫遊高夏諺凱樂盛周居復以禁

林日丰茸花樹舒羽觴環階轉清瀾傍席疏妍歌已嘹亮妙舞復紆餘九成變絲竹百戲起龍魚　又三日侍安成王曲水宴詩曰匯澤良孔殷分區屏中縣躡跨兼流釆衿唯邇封甸吾王奄鄶畢折圭承羽傳不資魯俗移何待齊風變東山富遊士北土無遺彥一言白璧輕片善黃金賤餘辰屬上巳清祓追前諺持此陽瀨遊復展城隅宴芳洲亘千里遠近風光扇方歡厚德重誰言薄遊倦　梁劉孝威侍宴樂遊林光殿曲水詩曰蒸哉軒項赫矣堯心女媧補石重華棄金湯羅禹扇羲瑟農琴皇乎備矣受命君臨試舟五反和樂九成鈎楯祕戲協律新聲丹盃水激絳釆坯榮天吳還往海若逢迎　又三日侍皇太子宴詩曰二龍巡夏代八駿馭周朝豫遊光帝則樂飲盛民謠皇儲遵洛禊濫觴追灞橋掌祓開神籞司馬動鑾鑣周旗交彩旄晉鼓雜清簫旌宮臨廣隰藻衛爍巖椒蘭樽沿曲折靈若沂迴潮　梁庾肩吾三日侍蘭亭曲水宴詩曰滎星依夜動鑾駕忽朝遊旌門臨苑樹相風生鳳樓春生露泥泥天覆雲油油桃花舒玉澗柳葉暗金溝禊川分曲洛帳殿掩芳洲湧躍頳魚出參差絳棗浮百戲俱臨水千

鍾共逐流　北齊邢子才三日華林園公宴詩曰迴鑾自樂野弭蓋屬瑤池五丞接光景七友樹風儀芳春時欲遽覽物惜將移新萍已冒沼餘花尚滿枝草滋徑蕪没林長山蔽虧方筵羅玉俎激水漾金巵歌聲斷且續舞袖合還離　隋盧思道上巳禊飲詩曰山泉好風景城市猒囂塵聊持一罇酒共尋千里春餘光下幽桂夕吹舞青蘋何言出關後重有入林人

賦後漢杜篤祓禊賦曰王侯公主暨乎富商用事伊雒帷幔玄黃於是旨酒嘉肴方丈盈前浮棗絳水酹酒醲川若乃窈窕淑女美媵豔姝戴翡翠珥明珠曳離袿立水涯微風掩壒纖縠低徊蘭蘇盻蠁感動情魂若乃隱逸未用鴻生俊儒冠高冕曳長裾坐沙渚談詩書詠伊呂歌唐虞　晉成公綏洛禊賦曰考吉日簡良辰祓除解禊同會洛濱妖童媛女嬉游河曲或振纖手或濯素足臨清流坐沙場列罍樽飛羽觴　晉張協洛禊賦曰夫何三春之令月嘉天氣之氤氳和風穆以布暢百卉曄而敷芬川流清泠以汪濊原隰葱翠以龍鱗游魚瀺灂於淥波玄鳥鼓翼於高雲美節慶之動物悦群生之樂欣故新服之既成將禊除於水濱於是縉紳先生

嘯儔命友攜朋接黨冠童八九主希孔墨賓慕顏柳臨涯詠吟濯足揮手乃至都人士女弈弈祁祁車駕岬㟪充溢中逵粉葩翕習緑阿被湄振袖坐風接衽成幃若夫權戚之家豪侈之族釆騎齊鑣華輪方轂青蓋雲浮參差相屬集乎長洲之浦曜乎洛川之曲遂乃停輿蕙渚稅駕蘭田朱幔虹舒翠幕蜺連羅樽列爵周以長筵於是布椒醑薦柔嘉祈休吉蠲百病潄清源以滌穢兮攬緑藻之纖柯浮素卵以蔽水灑玄醪於中河　晉褚爽禊賦曰伊暮春之令月將解禊於通川凌三巳之清晨遡微風之冷然川廻瀾以澄映嶺揷崿以霏烟輕霞舒於翠崖白雲映乎青天　晉夏侯湛禊賦曰美暮春之嘉辰美靈氣之和柔結方軌之奏路數令節而宣遊爾乃鈴鳴擢翠旗垂繁纓微雲乘軒清風卷旌飛輪焱起良馬雷驚車駕鱗萃男女霧會服煥羅縠翠翳連盖榮香丸於素襟結九齡乎時外粲爛颬韡混曄發越若乎朝春挺葩夕霞抱月爾乃臨清流背緑柯雲幕高接丹組四羅　晉阮瞻上巳會賦曰臨清川而嘉讌聊假日以遊娛蔭朝雲而爲蓋託茂樹以爲廬好脩林之蓊鬱樂草莽之扶踈列四筵而設席祈

吉祥於斯塗酌羽觴而交酬獻遐壽之無疆同歡情而悅豫欣斯樂之愷慷發中懷而弦歌託情志於宮商　梁蕭子範家園三日賦曰春亦暮止田家上巳時將禊於九門節方郊於七里扇習習之和風照遲遲之華景飛玄鷁之土鷙奪丹罶之山雉聊結新而濯故式東流之前軌居免上漏樹非榛栗既無擇於爽塏曾不訪於凶吉右瞻則青溪千仞北覩則龍盤秀出與歲月而荒茫同林藪之蕪穢懽兹嘉月悅此時良庭散花蘂傍插筠篁灑玄醪於沼沚浮絳棗於泱泱觀翠綸之出沒戲青舸之低昂　周庾信三月三日華林園馬射賦曰于時玄鳥司曆蒼龍馭行羔獻冰開桐華萍合皇帝幸於華林之園千乘雷動萬騎雲屯落花與芝蓋同飛楊柳與春旗一色乃命群臣陳大射之禮騶虞九節狸首七章於是選朱汗之馬校黄金之埒紅陽飛鵲紫鷰陸沈唐成公之驌驦海西侯之千里莫不飲羽銜竿吟猨落鴈鍾鼓振地埃塵漲天絲則錦市俱移錢則銅山合徙實天下之至樂景福之歡欣者也歲次昭陽月在大梁其日上巳其時少陽春吏司職青祇効祥徵萬騎於平樂開千門於建章皇帝翊四校於仙

園迴六龍於天苑華蓋平飛風烏細轉帷宮宿設帳殿開筵傍臨細柳斜界宜年河滑雞草渭口澆泉堋雲五色的暈重圓陽管既調春絃實撫玉律調鍾金錞節鼓於是咀銜拉鐵逐日追風並試長秋之埒俱下蘭池之宮鳴鞭則汗赭入埒則塵紅變三驅而畫鹿登百尺而懸熊禮正六耦詩歌九節弓如明月對堋馬似浮雲向埒鴈失羣而行斷猨求林而路絕乃有六郡雄才五陵高選新迴馬邑之兵始罷龍城之戰尚帶流星猶乘奔電始聽鼓而唱籌即移竿而摽箭熊耳刻杯浮雲畫罍水衡之錢山積織室之錦霞開司筵賞至酒正杯來既而日下澤宮筵闌相圃悵從蹕之留歡眷迴鑾之餘武

【序】晉王羲之三日蘭亭詩序曰永和九年歲在癸丑暮春之初會于會稽山陰之蘭亭脩禊事也羣賢畢至少長咸集此地有崇山峻嶺茂林脩竹又有清流激湍映帶左右引以爲流觴曲水列坐其次雖無絲竹管絃之盛一觴一詠亦足以暢叙幽情是日也天朗氣清惠風和暢仰觀宇宙之大俯察品類之盛所以遊目騁懷足以極視聽之娛信足樂也　晉孫綽三日蘭亭詩序曰古人以水喻性有旨哉斯談非

以停之則清混之則濁耶情因所習而遷移物緇所遇而興感故振轡於朝市則充屈之心生閑步於林野則遼落之志興仰瞻羲唐邈已遠矣近詠臺尚顧深增懷爲復於曖昧之中思縈拂之道屢借山水以化其鬱結永一日之足當百年之溢以暮春之始禊于南澗之濱高嶺千尋長湖萬頃隆屈澄汪之勢可爲壯矣乃席芳草鏡清流覽卉木觀魚鳥具物同榮資生咸暢於是和以醇醪齊以達觀決然兀矣焉復覺鵬鷃之二物哉

宋顔延之三日曲水詩序曰夫方策既載皇王之跡巳殊鐘石畢陳舞詠之情不一雖淵流遂往詳略異聞然其宅天衷立民極莫不崇尚其道神明其位拓世貽統固萬葉而爲量者也有宋函夏帝圖弘遠高祖以聖武定鼎規同造物皇上以叡文承曆景屬宸居隆周之卜既永宗漢之兆在焉正體毓德於少陽上宰宣哲於元輔晷緯昭應山瀆效靈五方雜遝四隩來暨頳莖素毳并柯共穗之瑞史不絶書棧山航海逾沙軼漠之貢府無虚月日躔胃維月軌青陸皇祇發生之始后王布和之辰思對上靈之心以惠庶萌之願加以二王于邁出餞戒吉有詔掌故爰命司曆獻陳洛

飲之禮具上巳之儀南除輦道北清禁林左闢巖隥右梁潮源略亭皐跨芝堰死大液懷曾山松石峻峗葱翠陰烟游泳之所攢萃翔驟之所往還閱水環階引池分席春官聯事蒼靈奉塗然後升祕駕徹緹騎撫玉鑾發流吹以降于行所禮也龍文飾轡青翰侍御華裔殷至觀聽騖集楊袂風山舉袖陰澤靚粧藻野袨服縟川故以隱賑外區煥衍都內者矣上膺萬壽下禔百福布筵稟和闓堂依德情盤景遽歡洽日斜悵釣臺之未臨慨酆宮之不懸方且排鳳闕以高遊開爵園而廣宴並命在位展詩發志則夫誦美有章陳信無愧者歟　齊王融三日曲水詩序曰臣聞出豫爲象鈞天之樂張焉時乘既位御氣之駕翔焉是以得一奉宸逍遙襄城之域體元則大悵望姑射之阿然窅眇寂寥其獨適者也至如夏后兩龍載驅璿臺之上穆王八駿如舞瑶水之陰亦有饗云固不與萬民共也我大齊之握機創曆誕命建家接禮貳宮考庸太室昭華之珍既徙延喜之玉攸歸革宋受天保生萬國度邑靜鹿丘之歎遷鼎息大坰之慙駿發開其遠祥定爾固其洪業皇帝體膺上聖運鍾下武冠五行之秀氣邁三代之英

風昭章雲漢暉麗日月猶且具明廢寢興晷忘飧懼負重於春氷懷御奔
於秋駕儲后睿哲在躬妙善居質內積和順外發英華斧藻至德琢磨令
範若夫族茂麟趾宗固磐石跨躡昌姬韜軼炎漢元宰比肩於尚父中鉉
繼踵乎周南分陝流勿翦之歡來仕允克施之譽本枝之盛如此稽古之
政如彼故免羣生於湯火納百姓於休和引鏡皆明目臨池無洗耳沉冥
之愁既缺邁軸之疾已消讒搆闃攘爭掄息稀鳴桴於砥路鞠茂草於
圓扉侮食來王左言入侍一尉候於西東合車書於南北偃革辭軒銷金
罷刃天瑞降地符升澤馬來器車出江海呈象龜龍載文功既成矣世既
貞矣信可以優遊暇豫作樂崇德者歟于時青鳥司開條風發歲粵斯上
巳惟暮之春禊飲之日在茲風舞之情咸蕩載懷平圃乃睠芳林芳林園
者福地奧區之湊丹陵若水之舊殷殷均乎姚澤膴膴尚於周原飛觀神
行虛簷雲搆離房乍設層樓間起負朝陽而抗殿跨靈沼而浮榮鏡文虹
於綺疏浸蘭泉於玉砌幽幽叢薄秩秩斯干新萍泛沚華桐發岫雜天采
於柔荑亂嚶聲於錦羽禁軒承幸清宮俟宴緹帷宿置帟幕宵懸既而滅

宿登霞登光辨色徐鑾警節鳴鐘暢音七萃連鑣九斿齊軌爾乃迴輿駐早岳鎮川渟睟容有穆賓儀式序授几肆筵因流波而成次蕙肴芳醴任激水而推移蓧俏陳階金匏在席戚奏翹舞籥動邠詩召鳴鳥于崄山追伶倫於嶰谷清歌有闋羽觴無筭上陳景福之賜下獻南山之壽信凱宴於在藻知和樂於食苹　梁簡文帝三日曲水詩序曰竊以周城洛邑自流水以禊除晉集華林同文軌而高宴莫不禮具義舉昏矩重規昭動神明雍熙鍾石者也皇太子生知上德英明在躬智湛靈珠辯均河注騰茂實於三善振嘉聲於八區是節也上巳屬辰餘萌達壤蒼庚應律女夷司候爾乃分階樹羽疏泉泛爵蘭觴沿沂蕙肴來往賓儀式序盛德有容吹發孫枝聲流嶰谷舞艷七盤歌新六變遊雲駐綵仙鶴來儀都人野老雲集霧會結軫方衢飛軒照日

五月五日

琴操曰介子綏割其腓股以啖重耳重耳復國子綏獨無所得綏甚怨恨乃作龍蛇之歌以感之終不肯出文公令燔山求之子綏遂抱木而燒死

文公令民五月五日不得發火國語云介子推　續漢禮儀志曰五月五日朱索五
色柳桃印爲門戶飾以止惡氣　風土記曰仲夏端五烹鶩角黍端始也
謂五月初五日也又以菰葉裹黏米煮熟謂之角黍　續齊諧記曰屈原
五月五日投汨羅而死楚人哀之每至此日竹筒貯米投水祭之漢建武
中長沙歐回白日忽見一人自稱三閭大夫謂曰君當見祭甚善但常所
遺苦蛟龍所竊今若有惠可以楝樹葉塞其上以五采絲縛之此二物蛟
龍所憚也回依其言世人作粽并帶五色絲及楝葉皆汨羅之遺風也
崔寔四民月令曰五月五日取蟾蜍可合惡疽瘡取東行螻蛄治婦難産
會稽典録曰女子曹娥者會稽上虞人父能絃歌爲巫漢安帝二年五月
五日於縣江泝濤迎波神溺死不得尸骸娥年十四乃緣江號哭晝夜不
絶聲七日遂投江而死　抱朴子蟾蜍萬歲者頭上有角頷下有丹書八
字再重五月五日午時取之陰乾百日以其足畫地即爲流水　又曰或
問辟五兵之道答曰以五月五日作赤靈符着心前　風俗通曰五月五
日以五綵絲繫臂者辟兵及鬼令人不病温亦因屈原　又曰五月五日

續命縷俗說以益人命　夏小正曰此日蓄採衆藥以蠲除毒氣　荊楚記曰荊楚人以五月五日並蹋百草採艾以爲人懸門戶上以禳毒氣又曰屈原以是日死於汨羅人傷其死所以並將舟楫以拯之今之競渡是其遺跡　大戴禮曰五月五日蓄蘭爲沐浴　楚辭曰浴蘭湯兮沐芳華

【詩】梁王筠五日望採拾詩曰長絲表良節金縷應嘉辰結蘆同楚客採艾異詩人折花競鮮彩拭露染芳津含嬌起斜盼斂笑動微嚬獻璫依洛浦懷珮似江濱

七月七日

列仙傳曰陶安公者六安鑄冶師行火者朱雀止冶上曰安公冶與天通七月七日迎汝以赤龍（事具仙部）又曰王子喬見栢長曰告我家七月七日待我於緱氏山頭至時乘白鶴在山頭望之不得到舉手謝時人數日而去漢書曰武帝七月七日生於猗蘭殿　漢武故事曰七月七日上於承華殿齋正中忽有一青鳥從西方來集殿前上問東方朔朔曰此西王母欲來也有頃王母至（事具鳥部）崔寔四民月令七月七日曝經書設酒脯時果散

香粉於筵上祈請於河鼓織女言此二星神當會守夜者咸懷私願或云見天漢中有奕奕正白氣如地河之波耀輝有光曜五色以此爲徵應見者便拜乞願三年乃得　竹林七賢論曰阮咸字仲容籍兄子也諸阮前世皆儒學內足於財唯籍一生尚道棄事好酒而貧舊俗七月七日法當曬衣諸阮庭中爛然莫非綈錦咸時總角乃豎長竿標大布犢鼻於庭中曰未能免俗聊復爾耳　世說曰郝隆七月七日見鄰人皆曝曬衣物隆乃仰卧出腹云晒書　續齊諧記曰桂陽城武丁有仙道謂其弟曰七月七日織女當渡河諸仙悉還宮弟問曰織女何事渡河荅曰織女暫詣牽牛世人至今云織女嫁牽牛也

【詩】古詩曰迢迢牽牛星皎皎河漢女纖纖擢素手扎扎弄機杼終日不成章涕泣零如雨河漢清且淺相去詎幾許盈盈一水間脉脉不得語　晉潘尼七月七日侍皇太子宴玄圃園詩曰商風初授辰火微流朱明送夏少昊迎秋嘉木茂園芳草被疇於時我后以豫以遊　晉李充七月七日詩曰朗月垂玄景洪漢截皓倉牽牛難牽牧織女守空襄河廣尚可越怨此漢無梁　晉蘇彥七月七日詠織女

詩曰織女思北沚牽牛歎南陽時來嘉慶集整駕巾玉箱瓊珮垂藻蕤霧裾結雲裳釋轡紫微庭解衿碧琳堂歡讌未及究晨暉照扶桑悵悵一宵促遲遲別日長　宋孝武七夕詩曰白日傾晚照絃月外初光炫炫葉露滿肅肅庭風揚瞻言媚天漢幽期濟河梁服箱從奔軺紈綺闕成章解帶遽迴軫誰云秋夜長愛聚雙情款念離兩心傷　宋南平王劉鑠七夕詠牛女詩曰秋動清風扇火移炎氣歇廣簷含夜陰高軒通夕月安步巡芳林傾望極雲闕組幕縈漢陳龍駕凌霄發沉情未申寫飛光已飄忽來對眇難期今歡自茲沒　宋謝惠連七夕詠牛女詩曰落日隱簷楹升月照簾櫳團團滿葉露淅淅振條風蹀足循廣除瞬目矚曾穹雲漢有靈匹彌年闕相從遐川阻眤愛脩渚曠清容弄杼不成藻聳轡騖前蹤昔離秋已兩今聚夕無雙傾河易迴斡款顏難久悰沃若靈駕旋寂寥雲幄空留情顧華寢遙心逐奔龍　宋王僧達七夕月下詩曰遠山斂氛祲廣庭揚月波氣往風集隙秋還露泫柯節氣既已孱中宵振綺羅來歡詎終夕收淚泣分河　宋顏延之爲織女贈牽牛詩曰婺女儷經星姮娥棲飛月慙無

二媛靈託身侍天闕閶闔殊未暉咸池豈沐髮漢陰不夕張長河爲誰越雖有促宴期方須涼風發　宋謝靈運七夕詠牛女詩曰火逝首秋節明經弦月夕月弦光照戶秋首風入隙陵風步曾岑憑雲肆遙眺徙倚西北庭竦踊東南覿紈綺無報章河漢有駿軛　宋謝莊七夕夜詠牛女應制詩曰輟機起春暮停箱動秋衿璇居照漢右芝駕肅河陰容裔泛星道逶迤濟烟潯陸離迎宵佩倏爍望昏簪俱傾環氣怨共歇浹年心珠殿釭未沫瑶庭露已深夕清豈淹拂絃輝無人臨　梁武帝七夕詩曰白露月下圓秋風枝上鮮瑶臺含碧霧羅幕生紫煙妙會非綺節佳期乃京年玉壺承夜急蘭膏依曉煎昔悲漢難越今傷河易旋怨咽雙念斷悽悼兩情懸梁簡文帝七夕穿針詩曰憐從帳裏出相見夜窗開針欹疑月暗縷散恨風來　梁柳惲七夕穿針詩曰代馬秋不歸緇紈無復緒迎寒理夜縫映月抽纖縷清露下羅衣秋風吹玉柱流景對秋夕餘光欲難駐　梁劉遵七夕穿針詩曰步月如有意情來不自禁向光抽一縷舉袖弄雙針　梁劉孝威七夕穿針詩曰縷亂恐風來衫輕羞指現故穿雙眼針時縫合歡

扇　梁沈約織女贈牽牛詩曰紅粧與明鏡二物本相親用持施點畫不照離居人往秋雖一照一照還復塵塵生不復拂蓬首對河津冬夜寒如是寧遽道陽春初商忽云至暫得奉衣巾施衿誠已故每聚忽如新　梁王筠代牽牛荅織女詩曰新知與生別由來儻相值如何寸心中一霄懷兩事歡娛未繾綣倏忽成離異終日遥相望秖益生愁思猶憶今春悲尚有故年淚忽遇長河轉獨喜涼飈至奔情翊鳳軫精冋警龍轡　梁范雲望織女詩曰盈盈一水邊夜夜空自憐不辭精衛苦河流未可填寸情百重結一心萬處懸願作雙青鳥共銜明鏡前　梁劉孝威詠織女詩曰金鈿已照耀白日未蹉跎欲待黃昏至含嬌渡淺河　梁何遜七夕詩曰仙車駐七襄鳳駕出天潢月映九微火風吹百和香來歡暫巧笑還淚已啼粧別離不得語河漢漸湯湯　梁庾肩吾七夕詩曰玉匣卷懸衣高樓開夜扉姮娥隨月落織女逐星移離前忿促夜別後對空機倩語雕陵鵲填河未可飛　又奉使江州船中七夕詩曰九江逢七夕初弦值早秋天河來映水織女欲攀舟漢使俱爲客星槎共逐流莫言相送浦不及穿針

樓　北齊邢子才七夕詩曰盈盈河水側朝朝長歎息不悟漸衰苦波流詎可測秋期忽云至停梭理容色束衿未解帶廻鑾已霑軾不見眼中人誰堪機上織願逐青鳥去暫因希羽翼　隋江總七夕詩曰漢曲天楡冷河邊月桂秋婉孌期今夜飄颻渡淺流輪隨月宿轉路逐綵雲浮橫波翻瀉淚束素反緘愁此時機杼息獨向紅粧羞　杜審言七夕詩曰白露含明月青雲斷絳河天街七襄轉閣道二神過襦服鏘環珮香筵拂綺羅年年今夜盡機杼別情多　隋王眘七夕詩曰天河橫欲曉鳳駕儼應飛落月移粧鏡浮雲動別衣懽逐今宵盡愁隨還路歸猶將宿昔淚更上去年機　隋張文恭七夕詩曰鳳律驚秋氣龍梭靜夜機星橋百枝動雲路七香飛映月回雕扇凌霞曳綺衣含情向華幄流態入重闈懽餘夕漏盡怨結曉驂歸誰念分河漢還憶兩心違

【賦】隋庾信七夕賦曰兔月先上羊燈次安覩牛星之曜景視織女之闌干於是秦娥麗妾趙豔佳人窈窕名鷰逶迤姓秦嫌朝粧之半故怜晚拭之全新此時併捨房櫳共往庭中縷條緊而貫矩針鼻細而穿矩　南齊謝朓七夕賦曰金祇司姖火曜方流

素鍾當御夷則鳴秋朱光旣夕凉雲始浮盈多靈之譪譪升夜月之悠悠步廣庭而延膝屬天媛而淹留嗟斯靈之淑景招好仇於服箱厭白玉而爲飾霏丹霞而爲裳迴龍駕之容裔亂鳳管之凄鏘軼帝車而捎玦凌天津而上翔悵漢渚之夕漲欣河廣之旣梁臨瑶席而宴語綿含睇而蛾揚嗟蘭夜而難永泣會促而怨長撫鳴琴而脩浩浣安歌而自傷歌曰月殿清兮桂醑酬雲幄靜兮香風浮龍鑣蹀兮玉鑾整瞻星河兮不可留

七月十五

荆楚歲時記曰七月十五日僧尼道俗悉營盆供諸寺院　盂蘭盆經云有七葉功德並幡花歌鼓果食送之蓋由此　又曰目連比丘見其亡母生餓鬼中即以鉢盛飯往餉其母食未入口化成火炭遂不得食目連大叫馳還白佛佛言汝母罪重非汝一人力所柰何當須十方衆僧威神之力至七月十五日當爲七代父母現在父母厄難中者具百味五果以著盆中供養十方大德佛勑衆僧皆爲施主呪願七代父母行禪定意然後受食是時目連母得脫一切餓鬼之苦目連白佛未來世佛弟子行孝順

者亦應奉盂蘭盆爲爾可否佛言大善故後代人因此廣爲華飾乃至刻木割竹飴蠟剪綵模花果之形極工妙之巧　道經曰七月十五中元之日地官校勾搜選人間分别善惡諸天聖衆普詣宮中簡定刼數人鬼傳録餓鬼囚徒一時皆集以其日作玄都大獻於玉京山採諸花果珍奇異物幢幡寶蓋清膳飲食獻諸聖衆道士於其日夜講誦是經十方大聖齊詠靈篇囚徒餓鬼倶飽滿免於衆苦得還人中

賦　楊烱盂蘭盆賦曰渾元告秋羲和奏曉太陰望兮圓魄皎閶闔開兮凉風嫋四海澄兮百川皛陰陽肅兮天地窅掃離宫清重閣設皇邸張翠幕鸞飛鳳翔晱陽倏爍雲舒霞布翕赩宜霍陳法供飾盂蘭壯神功之妙物何造化之多端青蓮吐而非夏赬果摇而不寒銅鐵鉛錫璆琳琅玕映以甘泉之玉樹冠以承露之金盤憲章三極儀形萬類上寥廓兮法天下安貞兮象地殫怪力窮神異少君王子掣曳兮君東玉女瑶姬翩僊兮不至鳴鸖鸐與鸑鷟舞鵾雞與翡翠毒龍怒兮赫然狂象奔兮沉醉怖魍魎潛魑魅离婁明目不足見其精微匠石洗心不足徵其奥秘夫其遠也天台嶫起繞之以赤霞夫其

近也削成孤峙覆之以蓮花晃兮瑤臺之帝室艷兮金闕之仙家其高也上諸天於大梵其廣也遍諸法於恒沙上可以薦元府於七廟下可以納羣動於三軍

九月九日

風土記曰九月九日律中無射而數九俗尚此月折茱萸房以插頭言辟除惡氣而禦初寒　續晉陽秋曰陶潛嘗九月九日無酒宅邊菊叢中摘菊盈把坐其側久望見白衣至乃王弘送酒也即便就酌醉而後歸　續齊諧記曰汝南桓景隨費長房遊學累年長房謂之曰九月九日汝家當有災厄急宜去令家人各作絳囊盛茱萸以繫臂登高飲菊酒此禍可消景如言舉家登山夕還家見雞狗牛羊一時暴死長房聞之曰代之矣今世人每至九日登山飲菊酒婦人帶茱萸囊是也　孟嘉傳曰嘉爲桓溫參軍既和而正溫甚重之九月九日溫遊龍山參僚畢集時佐吏並著戎服有風至吹嘉帽墮落溫謂左右及賓客勿言以觀其舉止　臨海記曰郡北四十步有湖山山甚平正可容數百人坐民俗極重每九日菊酒之

辰讌會於此山者常至三四百人【附】宋謝瞻九日從宋公戲馬臺詩曰風至授寒服霜降休百工巢幕無留鷰遵渚有來鴻輕霞冠秋日迅商薄清穹聖心眷嘉節鳴鑾戾行宫四筵霑芳醴中堂起絲桐扶光迫西汜歡餘宴有窮　來謝靈運九月從宋公戲馬臺送孔令詩曰季秋朔邊苦旅鴈違霜雪凄凄陽卉腓皎皎寒潭潔良辰感聖心雲旗興暮節鳴葭戾朱宫蘭卮獻時哲歸客遂海隅脫冠謝朝列河流有急瀾浮驂無緩轍　齊竟陵王蕭子良九日侍宴詩曰月殿風轉層臺氣寒高雲斂色遥露已團式詔司警言戾秋鑾輕觴時薦落英可飡　齊王儉侍皇太子九日玄圃宴詩曰明明儲后沖默其量徘徊禮樂優遊風尚微言外融幾神内王就日齊暉儀雲等望本茂條榮源澄流潔漢稱間平周云魯衛㕘我藩華方軌前軼秋日在房鴻鴈來翔寥寥清景靄靄微霜草木搖落幽蘭獨芳眷言淄苑尚想濠梁既暢旨酒亦飽徽猷有來斯悅無遠不柔　梁簡文帝九日侍皇太子樂遊苑詩曰離光麗景神英春裕副極儀天金鏘玉度監撫昭明善物宣布惠潤峴瓊澤熈垂露秋晨精曜駕動宫闈露點金節霜

陸云

沉玉璣玄戈側　翠羽翻暉庭廻鶴蓋水照犀衣蘭羞薦俎竹酒澄芬千音寫鳳百戲承雲紫鸞躍武赤兎越空橫飛鳥箭半轉虵弓　又九日賦韻詩曰是節協陽數高秋氣已精簷芝逐月啓帷風依夜清遠燭承歌黛斜橋聞履聲梁塵下未息共愛賞心并　梁沈約爲臨川王九日侍太子宴詩曰涼風比起高鴈南翻葉浮楚水草折梁園淒清霜野惆悵晨鵾雲輕寒樹日麗秋原三金廣設六羽高陳寒英始獻京酎初醇靡靡神襟鏘鏘羣彦思媚儲猷洽和奉宴恩暢蘭席歡同桂殿景遽樂推臨風以眷麗景天枝位非德舉任伍辰階祚均河楚負岳未勝瞻雲難侶望古興傷心焉載仵　又九日侍宴樂遊苑詩曰憑玉宅海端宸御天上流飛蹔靜震騰川凝神貫極摛道漏泉西褰委柢南風在弦蓂芝始緑年桂初丹上林葉下滄池水寒霜霑玉樹鴈動輕瀾停蹕玉陛徙衛琁墀珮箱鳳綵羽蓋鸞姿虹旌迢遰翠華葳蕤禮弘灞汭晟高洛湄　梁丘遲九日侍宴樂遊苑詩曰朱明已謝蓐收司禮爰理秋候備揚旌棨奉璋莪莪金貂濟濟上林弘敞離宫非一綵殿廻風丹樓映日隨珠甲帳屯衛周悉晬容徐動天

儀澄謐雲物游颸光景高麗枯葉未落寒花委砌絲桐激舞梵雅開慧參差繁響殷勤流詣　梁任昉九日侍宴樂遊苑詩曰帝德峻韶夏王功書頌平共貫沿五勝獨道邁三英我皇撫歸運時乘信告成一唱華鍾石再撫被絲笙黃草歸雒木梯山鷹玉榮時來濁河變瑞起温洛清物色動宸眷民豫降皇情　梁劉苞九日侍宴樂遊苑正陽堂詩曰六郡良家子幽并遊俠兒立乘爭飲羽倒騎競紛馳鳴珂飾華眊金鞍映玉羈膳羞殫海陸和齊眠秋宜雲飛雅琴奏風起洞簫吹曲終高宴罷景落樹陰移微薄承嘉惠飲德良不貲取効績無紀感恩心自知　梁王脩巳九日詩曰霜威始落翠寒氣初入堂隨珠爛似燭懸黎疑夜光舞步因絃折歌聲隨袂揚夜深聞漏緩簷虛覺唱長　梁劉孝威九日酌菊花酒詩曰露花疑始摘羅衣似適熏餘杯度不取欲持嬌使君　梁何遜爲西豐侯九日侍宴樂遊苑詩曰皇德無與讓重規襲帝勛垂衣化比屋卷領慎爲君翾飛悅有道卉木荷平分宸襟動時豫歲序屬凉氛城霞旦晃朗槐霧曉氤氳鸞和馳八襲鳳駕啓千羣羽觴歌湛露佾舞奏承雲禁林終宴晚華池物色

矚踈樹翻高葉寒流聚細文　梁庾肩吾侍讌九日詩曰轍跡光周頌巡遊減夏功鉤陳萬騎轉閶闔九門通秋暉逐行漏朔氣繞相風獻壽重陽節廻鑾上苑中疏山開輦道間樹出離宮玉醴吹花菊銀床落井桐飲羽山西射浮雲冀北驄塵飛金埒滿葉破柳條空　周王襃九日從駕詩曰黃山獵地廣青門官路長律攺三秋節氣應九鍾霜曙影初分地暗色始成光交旆長秋坂緹幕杏間堂射馬垂雙帶豐貂佩兩璜苑寒梨樹紫山秋菊葉黃終慙屬車對空假侍中郎

【賦】宋傅亮九月九日登陵囂館賦曰歲九旻之暮月肅晨駕而北逝度廻壑以停轅凌孤館而遠眺何物慘而節哀又雲悠而風厲悴綠蘩於寒渚隕豐灌於荒澨玩中原之芬菊惜蘭圃之彫蕙旌竹栢之勁心謝梧楸之零脆爾乃流聆平隰落日還皐于感具盈在物周驂聆離鵾之悽響泝鳴林之瀏飈彼遊子之苦傷每寤歎於我勞矧集悲而鍾苦疚寸心其如忉恥天末以遥瞪怨故鄉之阻遼

【書】魏文帝與鍾繇書曰歲往月來忽復九月九日九爲陽數而日月並應俗嘉其名以爲宜於長久故以享宴高會是月律中無射言群木庶草

無有射而生至於芳菊紛然獨榮非夫含乾坤之純和體芬芳之淑氣孰能如此故屈平悲冉冉之將老思食秋菊之落英輔體延年莫斯之貴謹奉一束以助彭祖之術

藝文類聚卷第四

藝文類聚卷第五

社　伏　熱　寒　臘　律　曆

社

風俗通曰謹按禮傳共工之子曰脩好遠遊舟車所至足迹所達靡不窮覽故祀以爲社神　毛詩曰韓侯出祖出宿于屠顯甫餞之清酒百壺其肴維何炰鼈鮮魚其蔌維何維筍及蒲其贈維何乘馬路車　左傳昭上曰楚靈王成章華之臺願與諸侯樂之蔿啓疆來召公公將往夢襄公社梓愼曰君果不行襄公之適楚也夢周公社而行今襄公實社君不行子服惠伯曰行先君未嘗適楚故周公祖道之襄公適楚矣而社以道君不行何之三月公如楚　魏志曰王脩年七歲喪母母以社日亡來歲鄰里社脩感念母悲哀其鄰里聞之爲之罷社　武陵先賢傳潘京爲州辟進謁値社會因得見坐及探得不孝刺史問曰辟士爲不孝耶京擧板答曰今爲忠臣不得復爲孝子其機辯如此　魏臺訪議曰帝問何用未社丑臘王肅對曰魏土也土畏木丑之明日便寅寅木也故以丑臘土成於未以於

歲始未社也【詩】晉潘尼皇太子社詩曰太簇協青月陽履端發歲首孟月涉初旬吉日惟上酉我后邇天休設社祈遐耇【序】晉嵇含社賦序曰社之在於世尚矣自天子至於庶人莫不咸用有漢卜日丙午魏氏釋用丁未至於大晉則社孟月之酉日各因其行運三代固有不同雖共奉社而莫議社之所由興也說文云祈請道神爲之社有事於道者吉凶皆名【祭文】後漢蔡邕祝社文曰元正令午時惟嘉良乾坤交泰太簇運陽乃祀社靈以祈福祥晉應碩祝社文曰元首肇建吉酉辰良五政敷惠四教初揚萬類資新英穎擢章谷風滌穢日和時光命于嘉賓宴茲社箱歆饗社君休祚是將嘉肴綺錯白茅薦恭有肉如坻有酒如江社君既眷祇肅威容

伏

曆忌釋曰伏者何也金氣伏藏之日也四時代謝皆以相生立春木代水水生木立夏火代木木生火立冬水代金金生水至於立秋以金代火金畏於火故至庚日必伏庚者金故也　漢書曰東方朔伏日詔賜諸侍郎肉朔獨待詔拔劍割肉懷之而去（事具肉部）典略曰光祿劉松北鎮袁紹夜酣酒以盛夏三伏之際晝

夜與松飲酒至於無知云以避一時之暑故河北避暑飲　世說曰郗嘉賓三伏之日詣謝公炎暑熏赫雖復當風交扇猶沾汗流離謝着故絹衣食熱白粥晏然無異　風俗通曰戶律漢中巴蜀廣漢自擇伏日俗說漢中巴蜀廣漢正地温暑草木蚤生晚枯氣異中國夷狄畜之故令自擇伏日也

詩　晉程曉詩曰平生三伏時道路無行車閉門避暑卧出入不相過今世悲襶子觸熱到人家主人聞客來顰蹙奈此何摇扇胛中疼流汗正滂沲傳誡語高明熱行宜見訶　晉潘岳懷縣詩南陸迎脩景朱明送末垂初伏啓新節隆暑方赫羲朝想慶雲興夕遅白日移揮汗辭中宇登城臨清池涼風自遠集輕衿隨風吹靈圃耀華果通衢列高椅

熱

說文溽溼暑也　山海經曰壽麻之國爰有大暑不可以往　禮記月令曰季夏之月土潤溽暑　毛詩曰旱既太甚蕴隆蟲蟲赫赫炎炎云我無所　管子曰善爲國者使農寒耕而熱耘　楚辭云魂兮歸來東方不可以託十日代出流金鑠石　淮南子曰南方之極自北戶之界至炎風之野赤帝祝融

之所司　神異經曰北方曾冰萬里厚百丈有磎鼠在冰下土中其形如鼠食冰草木根肉重萬斤可以作脯食之已熱（事見內部）　京房易飛候曰有雲大車蓋十餘此陽水之氣必暑有暍者　漢書西域傳曰罽賓國道歷大小頭痛之山赤土身熱之坂令人熱無色頭痛歐吐　桓子新論曰元帝被病廣求方士漢中逸人王仲都者詔問所能爲對曰但能忍寒暑耳因爲待詔至夏大暑日使暴坐又環以十爐火不言熱而身汗不出　五經通義曰夏至陽動於下推陰而上之故寒於上夏至陰動於下推陽而之上故大熱於上　易曰日月運行一寒一暑日在牽牛則寒在東井則暑牽牛水宿遠人故寒東井內宿近人故溫也　括地圖曰天毒國最大暑熱夏草木皆乾死民善没水以避日入時暑常入寒泉之下　抱朴子供從祖仙公每大醉及夏天盛熱輒入深水底八日乃出者正以能閉氣胎息故耳　又曰或問不熱之道或服玄冰丸飛雪散王仲都等用此方也　語林曰劉眞長見王公王公了不與語時大熱以腹熨石局

【詩】

晉傅玄詩曰朱明運將極溽暑晝夜興裁動四支廢舉身若山陵珠汗洽玉體呼吸氣鬱蒸塵垢自成泥素粉隨手凝　梁簡文帝苦熱詩曰六龍

騖不息三伏啓炎陽寢興煩几案俯仰倦幃牀滂沲汗似鑠微靡風如湯迴池愧王浪蘭殿非含霜細篾簾時半卷輕幌乍横張雲斜花影沒日落荷心香願見洪崖井詎憐河朔觴　梁任昉苦熱詩曰旭旦煙雲卷烈景入東軒傾光望轉蕙斜日照西垣既卷蕉梧葉復傾葵藿根重簟無冷氣挾石似懷溫霢霂類珠綴喘𡁰狀雷奔　梁何遜苦熱詩曰昔聞草木燋今覩沙石爛曀曀風逾靜曈曈日漸旰習靜悶衣襟讀書煩几案卧思清露浥坐待高星燦蝙蝠戶中飛蠛蠓窻間亂實無河朔飲空有臨淄汗　梁王筠苦暑詩曰日坂散朱霽天隅斂青靄飛歘煥南陸炎津通北瀨繁星聚若珠密雲屯似蓋月至每開衿風過時解帶　梁劉孝威苦暑詩曰暮日若炎潯遷坐接階廊月麗姮娥影星含織女光栖禽動夜竹流螢出闇牆香盤糅鮮粉雕壺承玉漿白羽徒揺握渌水自周堂弱紈猶覺重纖絺尚少涼弄風思漢朔戲雨憶吴王玄水術難驗赤道漏猶長誰能更吹律還令黍谷涼　梁簡文帝納涼詩曰斜日晚駸駸池塘生半陰避暑高梧側輕風時入襟落花還就影驚蟬乍失林游魚吹水沫神蔡上荷

心翠竹垂秋采丹棗映踈砧無勞夜遊曲㪅奇此託微吟　又晚景納涼詩曰日
移涼氣散懷抱信悠哉珠簾影空卷桂戶向池開鳥棲星欲見河淨月應
來橫階入細笋蔽地濕輕苔草化飛爲火蚊聲合似雷於茲靜聞見自此
歇氛埃　又玄圃納涼詩曰登山想劒閣逗浦憶辰陽飛流如凍雨夜月似
秋霜螢翻競晚熱虫思引秋涼鳴波如礙石闇草別蘭香　梁孝元帝納
涼詩曰高春斜日下佳氣滿欄楹池紅早花落水綠晚苔生星稀月稍上雲開
河尚橫白鳥翻帷暗丹螢入帳明珠棊趨北閤珽席徙南榮金鋪掩夕扇
玉壺傳夜聲　梁劉孝威奉和逐涼詩曰鍾鳴夜未央避暑起徬徨長河
似曳素明星若散璫倚巖欣石冷臨池愛水涼月纖張敞畫荷妖韓壽香對
此遊清夜何勞娛洞房　又奉和晚日詩曰虬簷挂珠箔虹梁卷霧綃迷送
涵香長共蓉逐浪搖飛輪搏羽扇翻車引落潮甘泉推激水迎風慙遠
颸寄言王侍詔因聲張子僑吾君安已樂無勞誦洞簫　梁劉緩奉和納
涼詩曰清氣流暄濁非關狹室中當由小堂上自有大王風蟪蛄動蘭室神飈
起桂叢披襟深睿肯曲巷何由同　梁庾肩吾奉和山子納涼詩曰北園涼

風早歩輦暫逍遥避日交長扇迎風列短簫山帶彈琴曲桐横栖鳳條懸門閒溜水錦石鎮浮橋黒米生菰葑青花出稻苗無因學仙藻雲氣徒飄飄　陳徐陵内園逐涼詩曰昔有北山北今余東海東納涼高樹下直坐落花中狹徑長無跡茅齋本自空提琴就竹篠酌酒勸梧桐

賦

魏繁欽暑賦曰暑景方徂時惟六月大火飄光炎氣酷烈翕翕盛熱蒸我層軒温風淟涊動静增煩雖託陰宫罔所避旃粉扇靡救宴戲𡗝歡庶望秋節慰我愁歎　魏陳王曹植大暑賦曰炎帝掌節祝融司方羲和按轡南崔舞衡蛇折鱗於靈窟龍解角於皓蒼遂乃温風赫戲草木垂幹山坼海沸沙融礫爛飛魚躍渚潛黿浮岸鳥張翼而近栖獸交游而雲散于時黎庶徙倚棊布葉分機女絶綜農夫釋耘背暑者不羣而齊跡向陰者不會而成羣於是大人遷居宅幽緩神育靈雲屋重構閒房肅清寒泉涌流玄木奮蘂榮積素冰於幽館氣飛結而爲霜奏白雪於琴瑟朔風感而增涼　魏劉楨大暑賦曰其爲暑也羲和惣駕發扶木太陽爲輿達炎燭靈威參垂歩朱轂赫赫炎炎烈烈暉暉若熾燎之附體又温泉而沉肌獸喘氣

於玄景鳥戢翼於高危農畯捉鎛而去疇織女釋杼而下機溫風至而增熱歊悒悒而無依披襟領而長嘯冀微風之來思　魏王粲大暑賦曰惟林鍾之季月重陽積而上昇喜潤土之溽暑扇溫風而至興獸狼望以倚喘鳥垂翼而弗翔遠昆吾之中景天地翕其同光征夫瘼於原野處者困于門堂患衽席之焚灼譬洪燎之在床起屏營而東西欲避之而無方仰庭槐而嘯風風既至而如湯於是帝后順時幸九峻之陰岡託甘泉之清野御華殿於林光潛廣室之邃宇激寒流於下堂重屋百層垂陰千廡九闥洞開周帷高褰堅冰常奠寒饌代敘　晉夏侯湛大暑賦曰若乃三伏相仍徂暑彤彤上無纖雲下無微風扶桑赩其增憤天氣曄其南升爾乃土塡地坼谷枯川竭寒泉潛沸冰井騰沫洪液蒸於單簟兮珠汗需乎絺葛溫風翕其至兮若灑湯於玉質沃新水以達夕振輕箑以終日　晉卞伯玉大暑賦曰惟祝融之司運赫溽暑之方隆日貞躍於鶉首律遷度於林鍾溫風翕以辰至星火爛以宵中氣滔滔而方盛暑永路而難終流風兮莫繼朱煙兮四纏鬱邑兮中房展轉兮長筵體沸灼兮如燎汗流爛兮珠連　晉傅咸感涼賦曰蹈朱明之中月暑鬱隆

以肇興赫融融以彌熾乃沸侮而焦陵獸竄伏於幽林兮鳥垂翼而弗升汗珠隕於玉體兮粉附身而沾凝於是景雲晨斂曜靈潛光陰氣聿升凱風載揚忽輕箑於坐隅兮思暖服于蘭房

寒

左傳曰楚莊王圍蕭申公巫臣曰師人多寒王巡三軍拊而勉之三軍之士皆如挾纊　穆天子傳曰庚寅北風雨雪天子寒日中大寒有凍人天子作黃竹詩事具雪部晏子曰景公起大臺歲寒役之凍餒者鄉有焉公延晏子坐飲酒樂晏子歌曰庶民之凍我若之何奉上靡弊我若之何歌終喟然流涕公止之曰子殆爲大臺之役夫寡人將罷　尸子曰雨雪楚莊王披裘當戶曰我猶寒彼百姓賓客甚矣乃使巡國中求百姓賓客之無居宿絕粮者賑之國人大悅　戰國策曰田單爲齊相過淄水有老人涉淄而寒不能坐沙中乃解裘衣之襄王曰單之厚施欲取我國乎有貫珠者聞之曰不如因以爲己善乃下令曰寡人憂民之寒而單解裘衣人稱寡人之意於是閭里相與語曰田單之愛人乃王之教也　呂氏春秋曰衛靈公天寒鑿池宛春曰天寒恐傷民公曰寒哉春

曰君衣狐裘坐熊席四陬有火是以不寒民衣弊不補履決不苴君則不寒民則寒矣公曰善命罷役　又曰戎夷違齊如魯天大寒而後與門弟子宿於郭外寒逾甚謂弟子曰子與我衣我活我與子衣子活我國士也爲天下惜死子不肖人惡能與國士衣哉戎夷歎曰道不濟夫解衣與弟子夜坐而死　漢書曰上聞韓王信降匈奴上自將擊之連戰乘勝逐北至樓煩會天寒卒士墮指者十二三　鍾離意別傳曰嚴遵昔與光武俱爲諸生暮夜宿息二人寒不得寢卧更相謂曰後日豪貴億此勿相忘別後數年光武有天下徵遵不至　東觀漢記曰王郎起兵上自薊東南馳夜至無蔞亭時天寒烈衆皆飢疲馮異上豆粥明旦上謂諸將曰昨日得公孫豆粥飢寒俱解　葛仙公別傳曰公與客談語時天大寒仙公謂客曰居貧不能人人得爐火請作一大火共致煖者仙公因吐氣火赫然從口中出須臾大滿屋客皆熱脫衣矣

【賦】梁裴子野寒夜賦曰伺四序之平分處脩冬而多慮眷搖落兮適盡悲荏苒其云除日晼晚而易潛夜悠長而難曙既而庭流皓月階被凝霜風吹衣而懍懍氣空積而蒼蒼龍衣重裘兮弗煖熾朱火兮無光門蕭條兮

晝閴巷寂寞兮無人跡三逕以負汲結二耦而爲賓 晉夏侯湛寒苦謠
惟玄冬之初夜天慘懍以降寒霜皚皚以被庭冰塘瀨於井幹草槭槭以踈
葉木蕭蕭以零殘松隕葉於翠條竹摧柯於綠竿

表

陳王曹植表書臣聞寒者不貪尺玉而思短褐飢者不願千金而美一飡夫千金尺玉至貴而不若一飡短褐者物有所急也

臘

風俗通曰禮傳曰夏曰嘉平殷曰清祀周曰大蜡漢改曰臘臘者獵也因獵取獸祭先祖也漢火行衰於戌故此曰臘也 漢舊儀曰臘者報諸鬼神古聖賢有功於民者也 蔡邕獨斷曰臘者歲終大祭縱吏民宴飲非但迎氣故但送不迎 禮記曰天子大蜡八伊耆氏始爲蜡蜡者索也歲十二月合聚萬物而索饗之 又曰子貢觀於蜡孔子曰賜也樂乎對曰國之人皆若狂賜未知其樂也子曰百日之蜡一日之澤非爾所知也（蜡之祭勞農以休息之言民勤稼穡有百日之勞今日飲酒燕樂君之恩澤也非尓所知其義大也） 周禮曰國祭蜡則龡豳頌擊土鼓以息老物 左傳曰晉侯假道於虞以伐虢宮之奇諫弗聽以其族行曰虞不臘也 列女傳曰魯之母師者魯九

子之寡母也臘日休家作者歲祀禮事畢悉召諸子謂曰婦人之義非有大故不出夫家然吾父母家多幼稚歲時禮不理吾從汝謁往監之諸子皆稽首唯諾又召諸婦曰婦人有三從之義無專制之行少繫於父母長繫於夫老繫於子今諸子許我歸私家雖踰婦禮願與少子俱以備婦人出入之制諸婦其慎房戶之守吾夕而反於是使少子僕而歸　謝承後漢書曰沛國陳咸爲廷尉監王莽篡位還家杜門不出莽改易漢法令及臘日咸常言我先祖何知王氏臘乎　風俗通曰菟髑俗說臘正祖食得菟髑者名之曰幸賞以寒酒幸善祥令人吉利也　鄭玄別傳曰玄年十二隨母還家正臘宴會同列十數人皆美服盛飾語言閑通玄獨漠然如不及母私督數乃曰此非我志不在所願　陳留志曰范喬邑人臘夕盜斫其樹人有告喬佯弗聞邑人愧而歸之喬曰鄉臘曰取此欲與父母相歡娛耳　會稽典錄曰陳脩烏傷人家貧爲吏常步檐上下恒食乾糒每至正臘僵仆不起同僚飲食請不肯往其志操如此　世說曰王朗中年以識度推華歆歆蜡日嘗集子姪宴飲王朗亦學之有人向張茂先稱此事茂先曰王之學華皆是形骸

之外去之所以更玄遠　晉博士張亮議曰臘接也祭宜在新故交接也俗謂之臘之明日爲初歲秦漢以來有賀此皆古之遺語也　史記曰秦惠文公十二年初臘始皇三十年更名臘曰嘉平　東觀漢記曰甄宇北海人建武中青州從事徵拜博士每臘詔賜博士羊人一頭羊有大小肥瘦時博士祭酒議欲殺羊稱分其肉宇曰不可又欲投鉤宇復耻之宇因先自取其最瘦者　袁山松後漢書曰韓卓字子助陳留人臘日奴竊食祭其先人卓義其心即日免之　華陽國志曰王長文元康初試守江源令縣收得盜馬賊及發冢賊長文引前誘慰時遇臘晦皆遣歸家獄先有繫囚亦遣之謂曰教化不厚使汝等如此長文過也蜡節慶祚歸就汝上下善相歡樂過節來還當爲汝思他理羣吏惶懅爭請不許尋有赦令無不感思所宥人誓不爲惡曰不敢負王君也　搜神記曰宣帝時陰子方者當臘日晨炊而竈君神形見子方再拜受慶家有黄羊因以祀之自是以後暴至巨富故後常以臘日祠竈（事具竈部）　養生要曰十二月臘夜令人持椒卧井旁無與人言内椒井中除温病

【詩】晉裴秀大蜡詩曰日躔星紀大吕司晨玄象改次庶衆

更新歲事告成八蜡報勤告成伊何年豐物阜豐禋孝祀介兹萬祜報勤伊何農功是歸穆穆我后務兹蒸黎宣力菑畝沾體暴肌飲饗清祀四方來綏充仞郊甸鱗集京師交錯貿遷紛葩相追叉袂成帷有肉如丘有酒如泉有肴如林有貨如山率土同歡和氣來臻祥風協順降祉自天方隅清謐嘉祚日延與民優遊享壽萬年　晉江偉荅賀蜡詩曰正元二年冬臘家君在陳郡余別在國舍不得集會弟廣平作詩以貽余余因荅之曰蜡節之會廓焉獨處晨風朝興思我慈父我心懷戀運首延佇宋張望蜡除詩曰玄靈告稔謝青龍駕拂軫鮮冰迎流結凝霤垂簷霣人欣八蜡暢詎知歲聿盡

【序】晉嵇含娛蜡賦序曰玄象運而寒暑交節會至而萬物遷天地之化固以不停況於人道之不變乎是以百年憂喜相參能違要終之數悟生生之宜者百世不過其人大蜡之夕雖天下同有攜金蘭以齊馨利貴得意以遺榮勢孰我尚哉

律

爾雅曰律謂之分　尚書曰予欲聞六律五聲八音在治忽以出內五言汝聽

又曰聲依永律和聲八音克諧無相奪倫神人以和　周官曰太師掌六律六呂文以五聲播以八音教六詩以六德爲之本以六律　爲之音　禮記曰正月律中太蔟二月律中夾鍾三月律中沽洗四月律中仲呂五月律中蕤賓六月律中林鍾七月律中夷則八月律中南呂九月律中無射十月律中應鍾十一月律中黃鍾十二月律中大呂　周禮注曰律呂相生者三分益一下生者三分減一黃鍾律長九寸下生林鍾六月律也　左氏傳曰六律七音八風九歌以相成也清濁小大短長疾徐哀樂遲速高下出入周流以相濟也君子聽之以平其心　孟子曰師曠之聰不以六律不能正五音　呂氏春秋曰昔黃帝命伶倫作爲律伶倫自大夏之西乃之阮隃之陰取竹之嶰谷以生空竅厚均者斷兩節間長三寸九分而吹之以爲十二筒聽鳳鳴以別十二律其雄鳴爲六雌鳴亦六故曰黃鍾之宮律之本也　淮南子曰夔合六律調五音通八風　漢書曰至治之世天地之氣合以生風天地之風氣定十二律　又曰漢家言律曆者本張蒼蒼好書無所不觀無所不通而尤究律曆　又曰京房本姓李推律自定爲京氏　劉向別錄曰鄒子在燕燕有谷地美而寒不生五穀鄒子居之吹律而溫氣至矣今名

黍谷事具地部谷篇 論衡曰孔子吹律自知殷苗裔 揚泉物理論曰聽清濁五聲之和然後制爲鍾律取弘農宜陽縣金門山竹爲管 晉諸公讚曰世祖時以荀勗所造律得周時玉律以挍正同荀勗奏曰中所出御府銅管律二十五具其三具與杜夔蔡邕延年法同

【表】周王褒上新定鍾表曰萬物生象始乎筭數天道運行基乎步術量有輕重平以權衡音有清濁協乎律呂是以嵩發聽聲候春冬之生殺師曠吹律知晉楚之衰亡數始黃鍾琯終仲呂還宮變徵參天兩地三分損益累黍相乘四時發斂忽微斯測皇帝治曆明時推元受命八音七始之奏五聲六律之和斟酌繁簡分析節度推之以升斛正之以權衡稽之以古今覈之以經傳 周庾信爲晉陽公上玉律表曰臣聞三才既立君臣之道已陳六位時成禮樂之功斯正故以叶和日月測度陰陽恍豫兆民儀形萬國者也伏見勑旨刊正音律平章曆象奏黃鍾而歌大呂變孤竹而舞雲門莫不器取踈通聲從安樂四分既明三微是定是以聞鍾於洛浦即辨聲乖聽鐸於邯鄲先知響韻二分二至行於同曆之官九變九成被於和樂之職足以動天地感鬼神化被風俗平分寒暑者

豈直吟嘯谿谷迴翔鸞鳳而已哉是知零陵廟前徒尋舜管始平城下空論周天臣聞上制其禮下習其儀君定其法臣行其事謹造玉律一具并玉秤尺斗合等始得成功至於分粟累黍量茲數籥實以仰稟聖規參詳神思所異節移陰管無勞河内之灰氣動陽鍾不待金門之竹而琬琰事輕般倕慮淺不足展釆成均增輝度量

曆

世本曰容成作曆　尚書曰迺命羲和欽若昊天曆象日月星辰敬授民時　又曰叶用五紀其五曰曆數　尸子曰造曆數者羲和子也　漢書曰曆數之起尚矣傳述顓頊命南正重司天火正黎司地其後三苗亂德二官咸廢而閏餘乖次孟陬殄滅攝提失方　又曰使效曆淳于陵渠復覆太初曆晦朔弦望最密日月如合璧五星若連珠　又曰曆譜者序四時之位正分至之節會日月五星之辰以考寒暑殺生之實故聖王必正曆以探知五星日月之會凶阨之患其術皆出焉此聖人知命之術也　續漢書曰昔者聖人之作曆也觀璿璣之運三光之作道之發斂景之長短斗綱所建青龍所躔參伍以變

錯綜其數而制術焉　益部耆舊傳曰巴郡落下閎漢武帝時改顓頊曆更作太初曆曰後八百歲此曆差一日當有聖人定之　楊泉物理論曰疇昔神農始治農功正節氣審寒温以爲早晚之期故立曆日　風土記曰黃帝顓頊下逮三王治曆十有一家考課損益各有變衰非天運之錯考察意異故也　王隱晉書曰張載第前烏程令名冗蔡邕注明堂令中台要解又綴諸説曆數而爲曆贊皆崧見贊異之云信該羅曆表義矣

表

梁簡文帝謝賜新曆表曰五司告歲肇萬壽載光琯叶璧輪慶休寶曆班和布政懸闕徇道或弘敬授之典載闡浹辰之敎　又謝賜新曆表曰璿籥環璣鳳司歲肇律觀斗辯氣玉琯移春萬福惟新克固天保　梁沈約謝賜新曆表曰竊惟觀斗辯日馭生爲本審時分地稼政莫先何則勝殺無舛拘忌之理難忽珠璧有徵禮節之原攸序　梁王僧孺謝賜曆表曰竊以龍馭不爽靡見侵溥鳳職是司曾無昃朓璧聯珠粲輪映階平義寅賓明時事惟均政固以先天候其餘始執杓驗其平分九瀛仰化萬寓依朔

啓

梁庾肩吾謝曆日啓曰凌渠所奏弦望既符鄧平之言錙銖

皆合登臺視朔覩雲物之必書拂管移灰識權衡之有度初開卷始
暫謂春留未覽篇終便傷冬及徘徊厚渥比日爲年

藝文類聚卷第五

藝文類聚卷第六　　　　渤海歐陽　詢　撰

地部　地　野　關　岡　巖　峽　石　塵

州部　冀州　楊州　荆州　青州　徐州　兖州　豫州　雍州

益州　幽州　并州　交州

郡部　京兆郡　河南郡　宣城郡　會稽郡

地

神農書曰湛濁爲地　黄帝素問曰積陰爲地故地者濁陰也　蔡邕月令章句曰總丘陵原隰阪險曰地　春秋元命苞曰地者易也言養物懷任交易變化含吐應節故其立字土力於乙者爲地　河圖括地象曰地廣東西二萬八千南北二萬六千有君長之州州有九阻中土之文德及而不治　山海經曰帝令豎亥步自東極至于西極五億十萬九千八百八步豎亥左手把筭右手指青丘北　孝經援神契曰計九州之別壤山陵之大川澤所注萊俎所生鳥獸所聚九百一十一萬八千二十四頃磽埆不墾者千五百萬二千頃　易曰立地之道曰柔與剛　又曰在地成形　又曰坤地也　禮記曰

孟冬之月地始凍仲春之月地始坼　又曰今夫地一撮土之少及其廣厚載華嶽而不重振河海而不泄萬物載焉　周官曰大司徒掌天下土地之圖知九州之地域廣輪之數辯五地之物　樂聲儀曰下元者地氣也爲始萬物生育長養蓋藏之主也　春秋元命苞曰地所以右轉者氣濁精少含陰而起遲故轉右迎天佐其道　爾雅曰東至泰遠西至邠國南至濮鈆北至祝栗謂之四極孤竹北戶西王母日下謂之四荒九夷八狄七戎六蠻謂之四海　老子曰地得一以寧地無以寧將恐發　墨子曰禽子問天與地孰仁墨子曰翟以地爲仁太山之上則封禪焉培塿之側則生松柏下生黍苗莞蒲水生黿鼉黽龜魚民衣焉食焉家焉死焉地終不責德焉故翟以地爲仁　孔子家語曰子夏曰商聞山書曰地東西爲緯南北爲經山爲積德川爲積形高者爲生下者爲死丘陵爲牝谿谷爲牡

【啓】梁昭明太子謝勑賚地圖啓曰漢氏輿地形埶未擬晉世方丈比此非妙足之長樂唯蓋古賢儔之未央止圖將帥未有胴該八數俔觀六合域中天外指掌可求地角河源戶庭不出豈問千秋自識烏桓之地脫逢莊武方上著博物之書

【論】晉裴秀禹貢九州地域

圖論曰圖書之設由來尚矣自古垂象立制而賴其用三代置其官使掌其職暨漢祖屠咸陽丞相蕭何盡收秦之圖籍今秘書既無古之地圖又無蕭何所得秦圖書唯有漢氏所畫輿地及諸雜圖各不設分率又不考正准望亦不備載名山大川其所載列雖有麁形皆不精審不可依據或稱外荒迂誕之言不合事實於義無取今制地圖之體有六一曰分率所以辯廣輪之度也二曰准望所以正彼此之體也三曰道里所以定所由之數也四曰高下五曰方邪六曰迂直此六者各因地而制形所以校夷險之故也有圖象而無分率則無以審遠近之差有分率而無准望雖得之於一隅必失之於他方雖有准望而無道里則施於山海絶隔之地不能以相通有道里而無高下方邪迂直之校則徑路之數必與遠近之實相違失准望之正故必以此六者參而考之然後遠近之實定於分率彼此之實定於准望徑路之實定於道里度數之實定於高下方邪迂直之筭故雖有峻山巨海之隔絶域殊方之迥登降詭曲之因皆可得舉而定者准望之法既正則曲直遠近無所隱其形也

野

爾雅曰邑外謂之郊郊外謂之牧牧外謂之野　說文曰野郊外也　山海經曰大樂之野夏后啓於此舞九代馬（事具獸部馬篇）又曰都廣之野后稷葬焉爰有黍稷百穀自生鸞鳥自歌鳳自舞靈壽實華草木所聚　尚書曰大野既豬東原底平　毛詩曰我行其野蔽芾其樗婚姻之故言就爾居　左傳曰辛有適伊川見被髮祭於野者曰不及百年此其戎乎其禮先亡矣　又曰晉文公過衛出於五鹿乞食於野人野人與之塊公子欲鞭之子犯曰天賜也稽首受而載之　又曰裨諶能謀謀於野則獲謀於國則否鄭國有難子產載以如野謀四國之事　穆天子傳曰曠原之野飛鳥之所解羽　莊子曰黃帝將見大隗于具茨之山方明爲御昌宇參乘至於襄城之野七聖皆迷無所問塗適遇牧馬童子乃問塗焉（事具帝王部）又曰北門成問黃帝曰帝張咸池之樂於洞庭之野吾始聞之而懼後聞之而怠卒聞之而惑蕩蕩默默乃不自得　楚辭曰獨不見鸞鳳之高翔于大皇之野循四極而迴周見盛德而下　韓詩外傳曰孔子出遊少原之野有婦人哭甚哀問之婦人曰向刈著薪亡吾簪是以哀也非傷亡簪不忘故也（事具草部）帝王世紀曰炎帝戮蚩尤於中冀名其地曰絕轡之野　幽

明録曰桓温北征姚襄在伊水上許遜曰不見得襄而有大功見襄走入太玄中問曰太玄是何等也荅曰南爲丹野北爲太玄必西北走也果如言

贊 晉郭璞都廣之野贊曰都廣之野珍怪所聚爰有膏穀鸞鳥歌鳳舞后稷託終樂哉斯土

關

周官曰司關掌國貨之節以聯門市凡貨不出於關舉其貨罰其人國凶札則無關門之征　禮記曰仲夏之月關市無索　又曰古者關譏而不征　蔡邕月令章句曰關在境所以察出御入　左傳曰臧文仲不仁者三廢六關　孟子曰古之爲關也將以御暴也今之爲關也將以爲暴也　燕丹子曰燕丹去秦夜到關關門未開丹爲雞鳴衆雞皆鳴遂得逃歸　史記曰秦昭王囚孟嘗君孟嘗君變姓名夜半至函谷關關灋雞鳴出客孟嘗君恐追至客居下坐者能爲雞鳴於是群雞皆鳴遂出關　戰國策曰中山與燕趙爲王齊閉關不通中山之使其言曰我萬乘之國也中山千乘國也何侔名於我乎　楚漢春秋曰沛公西入武關居於灞上遣將軍閉函谷關無内項王項王大將亞父至關不得入怒曰沛公欲反耶即令家發薪一束欲燒關門關門乃開　列仙傳

曰關令尹喜周大夫也善內學老子西遊先見其氣知真人當過物色而遮之果得老子與俱之流沙事具仙部　漢書曰秦王子嬰誅滅趙高遣將將兵距嶢關沛公欲擊之張良曰秦尚强未可輕願先遣人益張旗幟於山上爲疑兵使酈食其陸賈往說秦將啗以利秦將果欲連和因而攻之　又曰景帝四年春復置諸關用傳出入　又曰武帝三年冬徙函谷於新安　又曰終軍初從濟南當詣博士入關關吏與軍繻軍問以此何爲吏曰爲復傳還當以合符軍曰大丈夫西遊終不復傳還弃繻去後軍爲謁者使行郡國建節東出關關吏識之曰此使者乃前弃繻生也　東觀漢記曰隗囂將王元謂囂曰請以一丸泥爲大王東封函谷關此萬世一時也　又曰郭丹初之長安從宛人陳兆買入關符以入函谷關既入封符乞人曰不乘使者車不出關丹自從入關後不歸家十二年後奉使乃出關竟如本心　又曰李恂餉遺無所受處新安關下拾橡實爲食　吴越春秋曰伍子胥與太子建子勝俱奔吴夜行晝伏出到昭關關吏欲執之胥因詐曰上之所以索我者以我有美珠也今我已亡之矣我將告子欲取之關吏因舍焉　吴書曰陸凱奏曰臣愚以西陵國之關

首宜重其備備重則敵不敢輕輕備則爲敵所侮　何禎集曰以正始六年爲弘農太守表省崤關曰易稱王公設險以守其國孟軻云古者關譏而不征關險之設所由尚矣　段國沙州記曰龍涸北四十里有白馬關關甚嶮峻使十人守險雖萬夫亦不能前

【詩】陳周弘正入武關詩曰武關設地險遊客好邅迴將軍天上落童子弃繻來揮汗成雲雨車馬漾塵埃鷄鳴不可信未曉莫先開

【賦】後漢李尤函谷關賦曰爾迺周臨覧以汎觀歷衆關以遊目惟迋闊之顯麗羌莫盛乎函谷施雕龍碧以作好建峻敞之堅重殊中外以隔別翼巍巍之高崇命尉臣以執鑰統群類之所從嚴固守之猛厲操戈鉞而普聰蕃鎮造而惕息侯伯過而震惶惟函谷之初設險前有姬之葫流睢背魏而西逝託衾衣以免搜大漢承弊以建德革厥舊而運脩准今宜以就制因茲勢以立基蓋可以詐非司邪括執喉咽季末荒戎墮闕有年天閔羣黎命我聖君稽符皇乾孔適河文中興再受二祖同勳永平承緒欽明奉循上羅三關下列九門

【銘】後漢李尤函谷關銘曰函谷險要襟帶喉咽尹從李老留作二篇孟嘗離秦奔騖東征夜造稽疑譎以雞鳴范雎

將入自盛以槖囊元鼎革移錯之新安舍彼西阻東即高原長墉重閣閑固
不踰簡易易從與乾合符

岡

爾雅曰山脊曰岡　毛詩曰陟彼高岡我馬玄黃　地理志曰秦望氣者云東南有天子氣使赭衣徒鑿雲陽縣北岡改名曲阿　又曰天門零陽縣有半若崆峒岡上有石名仙人樓　山謙之丹陽記曰句容縣東三十里有龍岡岡頂有龍沸潭周十三丈聞人聲水便沸動常日則不動　劉禎京口記曰城北四里餘里有小岡高二丈許有人鼻形着岡西頭有口在上而鼻在下方圓數尺狀如燋土古老相傳因名下鼻今無復鼻廞口猶在　王韶之始興記曰郡西南有芙蓉岡高若玉山鄰杭郊郭可四十餘里　又曰含洭縣白鹿城南有白鹿岡晉咸和中縣令張魴有德惠白鹿群遊岡上因以爲名　雷次宗豫章記曰洪井西有鸞岡舊說洪崖先生乘鸞所憩之處也　顧微廣州記曰四會縣有金岡行人往往見金於岡側　裴氏廣州記曰城北有馬鞍岡秦時睹氣者言南方有天子氣始皇發民鑿破北岡地中出血鑿處猶在

增城縣有雲母岡日出照之晃曜 武昌記曰城北有岡高數丈名爲鳳闕其
處顯敞勝闕以望川澤多所遠瞻吳黃龍元年有鳳皇集此岡故謂之
鳳闕鳳闕南十里有金牛岡古老相傳云有金牛出此岡岡今半崩坈深
數丈牛跡岡邊遺迹尚存 王孚安城記曰萍鄉西津里南五里山名玉女
岡天氣當雨水輒先涌出石開而有五色玄黃百姓謂之玉女披衣 鄧德明
南康記曰陳蕃墓有青龍岡土人傳云昔見一物龍形而通身純青數出此
岡頂故因以爲名青龍也 又曰贛縣有馬脊岡其形如馬脊故以爲名也
衡山記曰衡山有曾青岡出曾青可合仙藥有靈壽岡多靈壽木 圖
墓書曰冢前左右有小岡如投笄相連數里名爲導引岡葬之出富貴
又曰經言葬遇沉岡遠至二十年皆絕世無後葬遇浮岡隨世沉浮着土必
安終無灾厄葬遇飛岡弃世富貴亦出神仙 詩 宋謝靈運入華子岡麻
原第三谷詩曰南州實炎德桂樹凌寒山銅陵映碧澗石磴瀉紅泉既枉
隱淪客亦棲肥遁賢遂登羣峯 首邈若勝雲煙羽人絕髣髴丹丘徒空
荃圖牒復磨滅碑 板誰聞傳莫辨百代後安知千載前且申獨往意乘

月弄潺湲【賦】宋傅亮登龍岡賦曰靜潛處以永念聊駕言以寫憂蒙旭露而夙軫税余鑾於龍丘南臨平縣西際荒疇比宇連甍幽榛四周眺江都之廣溢究川陸之迴脩羨翔羽之嬉林樂綠蘋之在流秉清濟以汎濫翳稠枝而命仇信遂生之有所何怵迫於人尤

巖

晉中興書徵拜傅説曰咸和四年廬山西大巖崩俄而郭默害江州刺史伏誅　尋陽記曰赤山崖峻壁上多靈巖生仙菜村人恒採之也　嵩高山記曰少室山大巖中有一石室去有自然經書自然飲食室前有一石柱象承露盤上有石脂滴滴流下服之一合壽與天地同畢　盛弘之荊州記曰平樂縣有山臨水巖間有兩目如人眼極大瞳子白黒分明名爲目巖　又曰始興機山東有兩巖相向如鴟尾石室數十所經過皆聞有金石絲竹之聲　鄭緝之東陽記曰北山有春草巖巖根竹巖仙姥巖巖間不生蔓草盡出龍鬚尤多藥物【詩】梁丘遲夜發密巖口詩曰弭棹纔假寐擊汰已爭先敞朗朝霞熾驚明曉魄懸方尋仰危石百丈窺重泉叢枝上點點崩溜下填填

峽

續漢書曰虞詡爲武都太守下辯東三十里有峽中有大石鄣塞水流春夏輒瀆溢敗壞城郭詡使人燒石以水灌之石皆坼裂因鐫去遂無沉溺之害　庚仲雍荆州記曰巴楚有明月峽廣德峽東突峽今謂之巫峽秭歸峽歸鄉峽　袁山松宜都記曰自西陵泝江西北行三十里入峽口其山行周迴隱映如絶復通高山重嶂非日中夜半不見日月也　鄧德明南康記曰雩都峽去縣百里兩邊傍江江廣三十餘丈高嶺稠疊連巖巖石峙其水常自激涌奔轉如輪春夏洪潦經過阻絶　王韶之始興記曰梁鮮二水口下流有瀆陽峽長二十餘里山嶺紆鬱叢流曲勢中宿縣有貞女峽峽西岸水際有石如人形狀似女子是曰貞女父老相傳秦世有女數人取螺於此遇風雨晝昏而一女化爲此石

賦　梁蕭子範建安城門峽賦曰原夫城門之所都迺設險於閩區艱難過於身勢襟要甚於飛狐長湍一流而沸涌曾山兩判而盤紆對巘雙分干宵帶雲怪石隨波而隱見枯槎橫出而不羣顧瞻左右重巒接阜其間如礪其絶如斗千乘馳輪匹

夫可守巃嵸呀呷蹴浪楊華鴈門飲羽西施浣沙瓌詭豊隆質狀不同班黃糅采玄紫潛通水奔湍其如雷聲疾烈其如風樹低柯而翠巒鬱潭隱日而青空　隋江揔貞女峽賦曰倦辛苦於嶺表遂沉淪於海外迹飄颻於轉蓬情繚繞於懸旆駭茲峽之珍怪佇奇峯而矖矚或邐迤而四成乍巖巍而五曲含照曜之燭銀沛潺湲之膏玉山蒼蒼以墜葉樹索索而搖枝澄碧源之見底聳翠壁以臨危

石

物理論曰土精爲石　尚書曰青州厥貢鉛松怪石　周官曰大司寇以嘉石平罷民有罪者坐諸嘉石以肺石達窮民凡煢獨老幼欲復於上而未達者立於肺石（注曰嘉石文石也肺石赤石也）　毛詩曰漸漸之石維其高矣　穆天子傳曰天子升于采石之山於是取采石焉鑄以成器于黑水之上　尸子曰昔者武王崩成王少周公旦踐東宮履乘石祀明堂假爲天子七年（乘石王所登上車之石也）　列子曰天亦物也物有不足故昔者女媧氏鍊五色之石以補其闕　隋巢子曰禹産於崐石啓生於石（王部之云啓生而母化爲石）　呂氏春秋曰石可破也不可奪其堅　史記曰王翦代李信擊荆荆兵數挑戰終不出久之翦

使人問軍中戲乎對曰方投石超距剪曰士卒可用矣　又曰張良見老人出一編書曰讀是則爲王者師後十二年見我濟北穀城山下黄石即我也良後果得黄石寶而祠之及死并葬黄石伏臘祠之　韓詩外傳曰楚熊渠子夜行見寢石以爲伏虎彎弓而射之没金飲羽下視知其石也因復射之矢摧無迹漢書載李廣亦如之　十洲記曰流洲在西海中上多積石名爲昆吾石治其成鐵作劒光明照洞如水精狀割玉物如切泥土焉　闞子曰宋之愚人得燕石於梧臺之東歸而藏之以爲寶周客聞而觀焉主人齋七日端冕玄服以發寶革匱十重緹巾十襲客見之掩口而笑曰此特燕石也其與瓦甓不殊　應劭漢官儀曰馬伯弟登太山見石二枚其一是武帝時石用五車載不能上因置山下爲屋號曰五車石其一是紀號石刻文字紀功德立壇上　博物志曰桃林在弘農湖城縣休牛之山有石焉曰帝臺之棋也五色而文狀如鶉卵　神仙傳曰白石生者恒煮白石爲糧就白石山居故號白石先生　遊名山志曰芙蓉渚有聳石頭如初生芙蓉色皆青白三齊略記曰始皇作石塘欲過海看日出處時有神人能驅石下海石去不速神輒鞭之皆流血至今悉赤陽城山石盡起立嶷

嶷東傾巡如相隨行事具神篇王韶之南康記曰湘源有長瀨其傍石或像人形或似牛羊其土人名人形者爲令史　鄧德明南康記曰雩都縣有金雞石武昌記曰盤龍石舊傳云有龍盤於此石積日方去　庾仲雍荊州記曰歸鄉縣有屈原宅女須廟擣衣石猶存　荊州圖副曰宜都有石穴穴有二石相去一丈俗云其一爲陽石其一爲陰石水旱爲災鞭陽石則雨鞭陰石則晴　異苑曰永康王曠井上有一洗石時見赤氣後有二胡人寄宿忽求買之曠怪所以未及度錢子婦孫氏覩二黃鳥鬬於石上疾往掩取變成黃金胡人不知索市愈急既得擣破石内空段有二鳥處　幽明錄曰宜都建平二郡之界有倚石如二人像攘袂相對俗謂二郡督郵爭界於此　又曰宮亭湖邊傍山間有石數枚形圓若鏡明可以鑑人謂之石鏡

【詩】陳陰鏗詠石詩曰天漢支機罷仙嶺博棊餘零陵舊是鷰昆池本學魚雲移蓮勢出苔駮錦文疏還當穀城下別自解兵書　陳周弘正詠石鯨應詔詩曰石鯨何壯麗獨在天池陰騫鰭類橫海半出似浮深吞航本無日吐浪亦難尋聖帝遊靈沼能懷躍藻心

【賦】陳張正見石賦曰連山蔽虧巨石嶔崎上興雲而蔚薈下激水而推移舒丹霞於

九折混白露於三危鎮方城於濮水固天關於湯池開五嶽之靈圖集九老之仙都韜神弓於射的產利劍於昆吾魚躍湘鄉之水鴈浮平固之湖蹟山鵠之金印碎驪龍之寶貝珠奄詰喌披衣氤氳翠微精衞取而填海天孫用以支機隨西王而不落傍東武而俱飛【贊】晉郭璞磁石贊曰磁石吸鐵琥珀取芥氣有潛通數亦冥會物之相感出乎意外

塵

山海經曰黑水之南有玄蛇食塵大人之國有大青蛇頭方食塵　禮記曰爲長者糞之禮必加箒於箕上以袂拘而退其塵不及長者　又曰前有塵埃則載鳴鳶　毛詩曰無將大車維塵冥冥　左傳曰晉楚戰于城濮狐毛設二旆而退之欒枝使輿曳柴而僞遁（曳柴起塵作衆走）　老子曰和其光　同其塵　莊子曰野馬也塵埃也生物之以息相吹者也　楚辭曰安能以皓皓之白蒙世俗之塵埃哉　淮南子曰地不滿東南故水潦塵埃歸焉　謝承後漢書曰范丹字史雲所居單陋有時絶粮閭里歌之曰甑中生塵范史雲也　應璩與曹公箋曰昔漢光武與戴子高有撫塵之好　蔡邕勸學曰蚓無爪牙軟弱不便穿究

洞地食塵飲泉　博物志曰徐州人謂塵土爲蓬塊吳人謂塵土爲埃坱　李康遊山序曰蓋人生天地之間也若流電之過戶牖輕塵之栖弱草　郭子曰庾公名位漸重足傾王公時庾亮在石頭王公在城忽風起揚塵王公以扇拂之曰元規塵污人（元規庾亮字王公王導也）

【詩】晉傅玄飛塵篇曰飛塵穢清流朝雲蔽日光秋蘭豈不芬飽肆亂其芳河決潰金堤一手不能障　梁簡文帝詠梁塵詩曰依帷翠濛重帶日聚輕紅定爲歌聲起非關團扇風　梁徐摛賦得簾塵詩曰朝逐珠胎卷夜傍玉鈎垂恒交羅袖拂不分秋風吹

州部

春秋説題辭曰州之言殊也合同類異其界也　説文曰堯遭洪水民居水中高土故名曰州一曰州疇也疇其土而生之也　物理論曰九州變易交錯不同禹貢有梁州無并州周官有并州無梁州爾雅有營州無青州漢興武帝開拓三方立十三州通并梁之數而增交益焉　風俗通曰周禮五黨爲州州疇也州有長使之相周足也　河圖括地象曰天有九部八紀地有九州八柱尚書大傳曰古之處師八家三鄰而爲明三明而爲里五里而爲邑十邑而爲都十都而爲

師州十有二師焉　張衡靈憲圖曰崑崙東南有赤縣之州風雨有時寒暑有節尚非此土南則多暑北則多寒東則多陰故聖王不處焉　史記曰鄒衍著書云中國於天下八十一分居其一分耳中國名赤縣赤縣內自有九州禹之敘九州是也不得爲州數中國外如赤縣州者有九乃謂九州也有神海環之如一區中者乃爲一州如是者九乃有大瀛海環其外天地之際焉

冀州　爾雅曰兩河間曰冀州　周官曰河內曰冀州其山鎮曰霍山其澤藪曰楊紆其川漳其浸汾潞其利松柏　春秋元命苞曰昴畢間爲天街散爲冀州分爲趙國立爲常山　淮南子曰往古之時四極廢九州裂於是女媧殺黑龍以祭冀州（事具帝王部）　釋名曰冀州取地以爲名也其地有險有易帝王所都亂則冀治弱則冀強荒則冀豐也

賦　漢班彪冀州賦曰夫何事於冀州聊託公以遊居歷九州而觀風亦哲人之所娛望常山之峨峨登北岳而高遊建封壇於岱宗瘞玄玉於此丘徧五岳與四瀆觀滄海以周流

箴　漢揚雄冀州箴曰洋洋冀州鴻原大陸嶽陽是都島夷皮服潺湲河流表以碣石三后攸降列爲侯伯隆周之末趙魏是宅冀土麋沸炫沄如湯更盛更衰載從載橫漢興

定制改列藩王故治不忘亂安不忘危牧臣司粵敢告在階

揚州 尚書禹貢淮海惟揚州厥貢瑤琨篠簜厥苞橘柚　周官曰東南曰揚州其山鎮曰會稽其澤藪曰具區其川三江其浸五湖其利金錫竹箭　春秋元命苞曰牽牛流為揚州分為越國立為揚山　續漢書曰張禹拜揚州刺史當濟江行部士人皆以江有子胥之神難於濟涉禹厲聲云子胥若其有靈知吾志在理察枉訟豈危我哉令鼓楫而過歷行部邑吏民希見者人懷喜悅　益部耆舊傳云嚴遵為揚州刺史行部聞道傍女子哭聲不哀問所哭者誰對云夫遭燒死遵勑吏舁尸到與語訖語吏云死人自道不燒死攝女令人守尸云當有往吏白有蠅聚頭所遵令披視得鐵錐貫頂考問淫殺夫

箴 漢揚雄揚州箴曰天矯揚州江漢之滸彭蠡既瀦陽鳥攸處橘柚羽貝瑤琨篠簜閩越北垠沅湘攸往翩彼昭王南征不旋人咸躓於垤莫躓於山太伯遜位其吳紹類夫差一誤太伯無祚周室不匡句踐入霸當周之隆越裳重譯春秋之末侯甸叛逆元首不可不思股肱不可不慈堯亮崇屢省舜盛欽謀牧臣司揚敢告執籌

【荆州】尚書禹貢曰荆及衡陽惟荆州厥貢羽毛齒革惟金三品杶幹栝柏礪砥砮丹惟箘簵楛包匭菁茅厥篚玄纁璣組九江納錫大龜　釋名曰荆州取名於荆山也荆警也警言南蠻數爲寇逆其民有道後服無道先强常警備之也　春秋元命苞曰軫星散爲荆州分爲楚國荆之爲言强也陽盛物堅其氣急悍也　元康地記曰荆州於古蠻服之地也秦滅楚置郡縣漢武分爲交州至魏晉而荆州所部郡國二十　周官曰正南曰荆州其山鎮曰衡山其澤藪曰雲夢其川江漢其浸潁湛其利丹銀齒角　沈約宋書曰朱脩之爲荆州刺史百城士民贈貺一毫無所受去鎮之日秋毫無犯計在州以來内外燃油及私牛馬食費以私錢六十萬裨之

【箴】漢楊雄荆州箴曰杳杳巫山在荆之陽江漢朝宗其流湯湯雲夢塗泥包匭菁茅金玉砥礪象齒元龜貢篚百物世世以饒戰戰慄慄至桀荒溢我在帝位若天有日不順庶國孰敢余奪亦有成湯果秉其鉞放之南巢号之以桀南巢茫茫多楚與荆風飄以悍氣鋭以剛有道後服無道先强世雖安平無敢逸豫牧臣司荆敢告執御

青州 尚書禹貢曰海岱惟青州厥貢鹽絺海物惟錯岱畎絲枲鈆松怪石 春秋元命苞曰虛危之精流爲青州分爲齊國立爲萊山 太康地記曰青州東方少陽其色青其氣清歲之首事之始也故以爲名周之建國表齊東海居於青州故吳季札觀樂于魯聞齊之詩云泱泱乎大國之風也其表東海者乎 周官曰正東曰青州其山鎮曰沂山其澤藪曰望諸其川淮泗其浸沂沭其利蒲魚 王隱晉書云茍晞爲青州刺史役煩賦重民不堪命日斬十人流血成川號云屠伯 **箴** 漢揚雄青州箴曰茫茫青州海岱是極鹽鐵之地鈆松怪石羣水攸歸萊夷作牧貢篚以時莫怠莫違昔在文武封呂於齊厥土塗泥在丘之營五侯九伯是討是征馬殆其銜御失其度周室荒亂小白以霸諸侯雖服復尊京師小白既沒周卒陵遲嗟茲天王附命下土失其法度喪其文武牧臣司青敢告執矩

徐州 尚書禹貢曰海岱及淮惟徐州厥貢惟土五色嶧陽孤桐泗濱浮磬淮夷蠙珠暨魚厥篚玄纖縞 春秋元命苞曰天弓星主司弓弩流爲徐州別爲魯國徐之爲言舒也言陰牧內安詳也 **箴** 漢揚雄徐州箴曰

海岱伊淮東海是諸豫州之土邑于蕃宇大野既豬有羽有蒙孤桐蠙珠泗沂攸同降周任姜鎮于琅琊姜氏絶苗田氏攸都事猶細微不慮不圖禍如丘山本在萌牙牧臣司徐敢告僕夫

兗州 尚書禹貢曰濟河惟兗州厥貢漆絲厥篚織文浮于濟漯達于河

春秋元命苞曰五星流爲兗州兗之言端也言陽精端故其氣纖殺分爲鄭國

周官曰河東曰兗州其山鎮曰岱山其澤藪曰大野其川河泲其浸盧維其利蒲魚

箴 漢揚雄兗州箴曰悠悠濟河兗州之寓九河既道雷夏攸處草繇木條漆絲絺紵濟漯既通降丘宅土成湯五徙卒都于亳盤庚北度牧野是宅箕子歔欷厥居爲墟牧臣司兗敢告執書

豫州 尚書禹貢曰荆河惟豫州厥貢漆枲絺紵厥篚纖纊錫貢磬錯浮于洛達于河

春秋元命苞曰鉤鈐星別爲豫州豫之爲言序也言陰陽分布各得處也

周官曰河南曰豫州其山鎮曰華山其澤藪曰圃田其川滎洛其浸波溠其利林漆絲枲

箴 漢揚雄豫州箴曰郁郁荆河伊洛是經滎嶓枲漆作用攸成田田相挐廬廬相距夏殷不都成周攸處豫野所居爰

在鶉墟四隩咸宅寓内莫如毋曰我大莫或余敗毋曰我強靡克余亡王棫爲極實絶周祀牧臣司豫敢告柱史

雍州 尚書禹貢曰黑水西河惟雍州厥貢惟球琳琅玕浮于積石至于龍門西河　春秋元命苞曰東井鬼星散爲雍州分爲秦國東距殽阪西有漢中南含高山北阻居庸得東井動深之萌其氣險也　春秋文燿鈎曰華岐以北龍門積石南至三危之野雍州屬魁星　太康地記曰雍州兼得梁州之地西北之位陽所不及陰氣雍閼故取名焉　周官曰正西曰雍州其山鎮曰岳山其澤藪曰弦蒲其川涇汭其浸洛其利玉石 **箴** 漢揚雄雍州箴曰黑水西河横截崑崙邪指閶闔畫爲雍垠上侵積石下礙龍門　蓋安不忘危盛不諱衰牧臣司雍敢告贅衣

益州 春秋元命苞曰觜參流爲益州益之言隘也謂物類並決其氣急切決列也　楊雄蜀本紀曰蜀始王曰蠶叢次曰伯雍次曰魚鳧　又曰武都人有女蜀王納以爲妃疾卒葬於成都作石鏡一枚以表其墓　十三州志曰蜀王杜宇自号望帝左思蜀都賦曰外負銅梁宕渠内函要害膏腴 **箴** 漢楊雄

益州箴曰巖巖岷山古曰梁州華陽西極黑水南流秦作無道三方潰叛義兵征暴遂國于漢拓開疆宇恢梁之野列爲十二光羨虞夏牧臣司梁是職是圖經營盛衰敢告士夫

幽州 周官曰東北曰幽州其山鎮曰醫無閭其澤藪曰貕養其川河泲其浸菑時其利魚鹽　春秋元命苞曰箕星散爲幽州分爲燕國幽之爲言窈也言風出入窈冥無敢勁易曉故其氣躁急　釋名曰幽州在北幽昧之地也

箴 漢楊雄幽州箴曰蕩蕩平川惟冀之別伊昔唐虞實爲平陸周末荐臻迫于獯鬻南六國擅權燕趙本都東限穢貊羨及東胡彊秦北排蒙公城疆大漢初定分狄之荒元戎屢征如風之騰義兵涉漠偃我邊萌既定且康復古虞唐盛不可不圖衰不可不忘隄潰蟻穴器漏箴芒牧臣司幽敢告侍旁

并州 春秋元命苞曰營室流爲并州分爲衞國之錯立爲明山并之爲言誠也精舍交并其氣勇抗誠信也　太康地記曰并州不以衞水爲號又不以恒山爲名而云并者蓋以其在兩谷之間乎韓魏趙謂之三晉即并冀二州是其地也　周官曰正北曰并州其山鎮曰恒山其澤藪曰昭餘祁其川虖池嘔夷其

寖淶易其利布帛

箴　漢楊雄并州箴曰雍別朔方河水悠悠北辟獯鬻南界涇流盡茲朔土正直幽方自昔何爲莫敢不來貢莫敢不來王周穆遐征犬戎不享爰藐伊意侵玩上國宣王命將攘之涇北宗幽罔識日用爽蹉既不俎豆又不干戈犬戎作難斃于驪阿太上曜德其次曜兵德兵俱顛靡不悴荒牧臣司并敢告執綱

交州　苗恭交廣記曰漢武帝元鼎中開拓土境北開朔方南置交阯刺史建安二年南陽張津爲刺史交阯太守士燮表言伏見十二州皆稱曰州而交獨爲交阯刺史何天恩不平乎若普天之下可爲十二州者獨不可爲十三州詔報聽許拜津交州牧加以九錫彤弓彤矢禮樂征伐威震南夏與中州方伯齊同自津始也　太康地記曰交州本屬楊州取交阯以爲名虞之南極也周有天下越裳氏慕聖人之德重九譯貢白雉秦滅六國南開百越置桂林象郡以趙他爲龍川令因秦之末自擅南裔漢高革命加以王爵始變椎髻襲冠冕焉

箴　漢楊雄交州箴曰交州荒裔水與天際越裳是南荒國之外爰自開闢不羈不絆周公攝祚白雉是獻昭王陵遲周室是亂越裳絕貢荆

楚逆叛大漢受命中國兼該南海之宇聖武是恢稍稍受羈遂臻黄支抗海三萬來牽其犀盛不可不憂隆不可不懼泉竭中虛池竭瀕乾牧臣司交敢告執憲

郡部

風俗通曰周制天子方千里分爲縣縣有四郡故左氏傳曰上大夫受縣下大夫受郡至秦始皇初置三十六郡以監縣應劭漢官曰秦用李斯議分天下爲三十六郡凡郡或以列國陳魯齊吴是也或以舊民長沙丹陽是也或以山陵太山山陽是也或以川源西河河東也或以所出金城城下有金酒泉泉味如酒豫章樟樹生庭中鴈門鴈之所育是也　苗恭十四州記曰秦兼天下始皇二十六年廢五等之爵立郡縣之官以公國爲大郡侯伯爲小郡大郡曰守小郡曰尉郡之言君也今之郡守君在其左邑在其右君爲元首邑以載民故取名於君而謂之郡也

【箴】後漢劉騊駼郡太守箴曰有嬴駈除焚典紀舊蕩滅蕃畿罷侯置守秦發閭左陳涉奮威楚築乾谿靈王不歸征遐由近可不肅祗守臣司境敢告執機

河南郡

應劭漢官云河南尹所治周地秦兼天下置三川守河雒伊也漢更名河南　孝武皇帝增云太守世祖中興徙都雒陽改号為尹尹正也

謝承後漢書曰華山松為河南尹優賢養民興教崇化至其剪治強宗威烈不奮遂見譖毀　又曰羊陟遷河南尹下車討日受俸常食乾飯茹菜禁斷豪右囑託書疏不與交通斷理究徒進用善士節操者旌表異行

魏志云司馬芝為河南尹抑強撫弱私請不行芝為教與羣下曰蓋君能設教不能使吏必不犯也吏能犯教而不能使君必不聞也夫設教而犯君之劣也犯教而聞吏之禍也君劣於上吏禍於下此政事所以不理也可不各勉之哉

傅子曰傅嘏為河南尹治以德教為本然持法有恒簡而不可犯見理識情獄訟不任檟楚而得其實不為小惠有所薦達及有大益於民皆隱其端迹若不由己　又曰樂廣為河南尹郡中前廳多恠病後人皆於廊下督郵傳中治事無敢在廳事者唯廣處之白日戶自閉二子凱橫等徧怖廣使掘墻孔得狸乃絕

箴

後漢崔駰河南尹箴曰茫茫天區畫冀為京商邑翼翼四方是營唐虞商周河洛是居成王郟鄏以處鶉墟諸夏勠強是

從是橫徹我墻屋而師尹不匡覇奪集其權宗器以分圖籍遷齊九鼎入秦

京兆郡 漢書曰趙廣漢爲京兆尹以和顏接士事善推功歸之下曰某掾屬所爲非二千石所及吏皆輸寫心腹無所隱匿　又曰張敞守京兆尹尹自趙廣漢誅後皆不稱職京師寖廢長安市偷盜尤多百賈苦之敞既視事求問長安偷盜首長數人居皆溫厚出從僮僕閭里以爲長者敞皆召既見責問因貸其罪乃署吏令置諸偷以自贖爲置酒小偷皆來賀之飲醉偷長陰以赭汙其衣裾吏坐門閱赭汙者輒收之一日捕得數百人由是枹鼓希鳴市無偷盜　又曰王駿爲京兆尹成帝欲大用之故試以政事先是京兆有趙廣漢張敞王尊王章王駿皆有名京師稱曰前有趙張後有三王

碑 後漢蔡邕京兆尹樊陵碑曰於顯哲尹誕德孔彰膺帝休命謂篤不忘秀納忠式規悟聖皇欽崇園邑大孝允光九命車服昭示采章軒軺四牡承祀蒸嘗多士時貢繇役永息進路孔夷民清險棘同體諸舊兆萌蒙福惠垂無疆守以罔極

宣城郡 陶氏家傳云陶汪晉咸康中爲宣城內史君從父猷先爲之君到

郡乃招隱逸廣開學舍以此教民民有向方者則辟爲掾吏百姓歌之曰人當勤學得主簿誰使爲之陶明府　晉中興書曰桓彝少孤家貧而性度高豁不以簞瓢屑意年在弱冠便有知人之鑒爲宣城太守百姓懷之　沈約宋書曰羊玄保爲黄門郎善弈棊棊品第三太祖亦好弈數蒙引見嘉其溫謹與太祖賭郡戲勝以補宣城太守【詩】齊謝朓始之宣城郡詩曰簪髮逢嘉惠教義承君子心跡苦未并憂歡將十祀幸霑雲雨慶方轡參多士振鷺徒追飛羣龍難隸齒烹鮮止貪競共理屬廉恥伊余昧損益何用祇千里解紱北宮朝息駕南川涘寧希廣平詠聊慕華陰市　又宣城郡內登望詩曰借問下車日匪直望舒圓寒城一以眺平楚正蒼然山積稜陽阻溪流春穀泉威紆距遥甸巉嵒帶遠天切切陰風暮桑柘起寒煙悵望懸已極敞恍寬屢遷結髮倦爲侶平生早事邊誰規鼎食盛寧要狐白鮮方棄汝南諾言稅遼東田

【會稽郡】司馬彪續漢書曰任延拜會稽南部都尉時年十九迎吏見其少皆驚會稽多名士延到官皆聘請高行俊乂待師友之禮及掾吏貧

乏輒分俸禄以賑給之　晉中興書曰諸葛恢爲會稽太守臨行上爲置酒謂之曰會稽晉之關中足食足兵在於太守以君有莅任之方是以相屈四方分崩當匡振否運治之所先君爲言之恢陳謝因對曰今天下喪亂之餘風俗凌遲宜尊五美屏四惡進忠實之士退浮華之黨中宗深納之　又曰王彪之爲鎮軍將軍會稽内史加散騎常侍居郡八年豪强斂跡亡戸出者三萬餘口　又曰王述作會稽太守外白請諱荅曰惟祖惟考四海所知過此無所復諱

【啓】齊謝朓爲王敬則謝會稽太守啓曰臣本布衣不謀遠大折衝之勤不舉燮理之義何階常恐覆餗是貽咎徵斯應陛下繼曆勝統日月重光得以栢珪衮服拜奉歲時視濯獻牲鞠躬郊廟而鴻恩妄假復授龜符王節邁於雙璜表東侔於四履臨邊三事既謝張温潁川再撫亦慙黄霸

藝文類聚卷第六

藝文類聚卷第七

山部上

崑崙山　嵩高山　華山　衡山　廬山　太行山
荆山　鍾山　北芒山　天台山　首陽山　燕然山
羅浮山　九疑山

惣載山

春秋説題辭曰山之爲言宣也含澤布氣調五神也　國語曰禹封九山山者土之聚也　論語曰仁者樂山　春秋元命苞曰山者氣之包含所含精藏雲故觸石布山　爾雅曰山西曰夕陽山東曰朝陽又曰山大而高曰崧山小而高曰岑多草木曰屺無草木曰岵石戴土謂之崔嵬土戴石爲砠　禮記曰夫山一拳石之多及其廣大草木生之禽獸居之寶藏興焉　史記曰黃帝東至于海登九山西至于崆峒登鷄頭南至熊湘北逐獯鬻合符金山　蜀王本紀曰天爲蜀王生五丁力士能獻山秦王獻美女與蜀王蜀王遣五丁迎女見一大虵入山穴中五丁共引虵山崩秦五女皆上山化爲石　河圖曰武関山爲地門上

爲天高星主圖圓岐山在崑崙東南爲地乳上爲天糜星汶山之地
爲井絡帝以會昌神以建福上爲天井　呂氏春秋曰何謂九山會稽太
山王屋首陽山太華岐山太行羊腸孟門　漢名臣奏曰漢得陰山匈奴
長老過之未嘗不哭　地鏡曰入名山必先齋五十日牽白犬抱白雞以鹽
一勝山神大喜芝草異藥寶玉爲出未到山百步呼曰林林央央此山
王名知之却百邪　袁山松宜都記曰郡西北陸行四十里有丹山山間時有
赤氣籠蓋林嶺如丹色因以名山　又曰自西陵東北陸行百二十里
有方山其嶺四方素崖如壁天清朗時有黄影似人像山上有神祠
場特生一竹茂好其標垂場中場中有塵埃則風起動此竹拂去如
洒掃者　盛弘之荊州記曰宜都西陵峽中有黄牛山江湍紆迴途經信
宿猶望見之行者語曰朝發黄牛暮宿黄牛三日三暮黄牛如故
又曰桂陽郡西南五十里有萬歲山有石室鍾乳山上悉生齡壽木
又曰武陵舞陽縣有淳于白雉二山在寧州武陵二界畔絶壑之半有
一石雉遠望首尾可長二丈申足翔翼若虛中翻飛頸綴著石

又曰衡山有三峯極秀一峯名紫蓋　又曰宜都夷道縣西南九十里有望州山四面壁立登此見一州內東有涌泉欲雨輒有赤氣故名丹水　又曰宜都宜昌縣三峽七百里兩岸連山略無絕處漁者歌曰巴東三峽巫峽長　荆南圖制曰宜都夷陵縣東六十里南岸有荆門山北有虎牙二山相對虎牙有石壁其文黃赤又似虎牙形荆門山上合下空有若門象　又曰鄧城西七里有作樂山諸葛亮常登此山爲梁甫吟　又曰襄陽郡中廬縣西百三十里有馬穴山傍有一地道云漢時有馬出其中事具馬部又曰宜都夷陵縣西八十里有高筐山古老相傳堯時大水此山不沒如筐篚因以爲名　又曰巴東昆陽縣東南十里有栢枝山有石泉口方數丈中有魚　又曰宜都夷道縣北有女觀山昔有思婦登山絕望懷思而死葬之山頂山遂枯悴因以名山庾仲雍湘中記曰桂陽郴縣東北五里有馬嶺山高六百餘丈蘇躭所栖遊處因而得仙後有見躭乘白馬還此山中並因名爲馬嶺晏子春秋曰齊景公召羣臣問曰天不雨久矣民有飢色吾卜出祟在

高山廣澤寡人欲祠靈山可乎晏子曰夫靈山因以石爲身以草木爲毛髮天久不雨髮將焦身將熱獨不欲雨乎祠之何益　淮南子曰牛蹄之涔無尺之鯉瑰府之山無丈之材所以然者何也皆其營守狹小而不能容巨大　韓詩外傳曰仁者何以樂山山者萬物之所瞻仰也草木生焉萬物殖焉飛鳥集焉走獸休焉吐生萬物而不私焉出雲導風天地以成國家以寧此仁者所以樂山　張璠漢記曰梁冀聚土築山十里九坂以象二崤窮極工巧積金玉明珠充牣其中　相冢書曰青烏子稱山望之如却月形或如覆舟葬之出富貴山望之如雞棲葬之滅門山有重疊望之如鼓吹樓葬之連州二千石　遊名山志曰玉溜山一名地肺山一名浮山　魏志曰明帝鑿太行山之石英採穀城之文石起景陽山於芳林園　王韶之始興記曰郡東有玉山草木滋茂泉石澄澗　鄧德明南康記曰平固縣覆笥山上有笥貯玉牒記故山因笥爲名焉

詩　晉庾闡登楚山詩曰拂駕升西嶺寓目臨浚波想望七德耀詠此九功歌龍駟釋陽林朝服集三河迴首盻宇宙一無濟

邦家　晉王凝之妻謝氏詩曰峩峩東岳高秀極冲清天巖中間虛宇寂寞幽以玄非工復非匠雲搆發自然器象爾何物遂令我屢遷逝將宅斯宇可以盡天年　宋孝武遊覆舟山詩曰束髮好怡衍弱冠頗流薄素想終勿傾聿來果丘壑曾峯亘天維曠渚綿地絡逢阜列神苑遭坻樹仙閣松燈含靑暉荷源煜彤爍川界沐遊鱗巖庭響鳴鶴　又登作樂山詩曰脩路軫孤轡竦石頓飛轅遂登千尋首表裏望丘原屯因搜風穴積水漏雲根漢潦吐新波楚山帶舊苑壤草淩故國拱木秀頹垣目極情無屆客思空已繁　又登魯山詩曰解帆憩通渚息徒憑椒丘粵值風景和升高從遠眸紀郢窮西路湘夢極南流杳哉漢陰求浩焉江界脩　宋謝靈運往北山經湖中詩曰石橫水分流林密蹊絶蹤初篁苞綠籜新蒲含紫茸海鷗戲春岸天雞弄和風　宋宗炳登白鳥山詩曰我徂白鳥山因名感昔擬仰升數百仞俯覽眇千里杲杲羣木分岌岌衆巒起　又登半石山詩曰淸晨陟阻崖氣志洞蕭灑嶰谷崩地幽窮石凌天委長松列竦

肅萬樹巉巖詭上施神農蘿下凝堯時髓　齊謝朓和王著作登
八公山詩曰東限琅琊臺西距孟諸陸阡眠起雜樹檀欒陰脩竹日隱澗
疑空雲聚岫如複出没眺樓雉遠近送春目　又遊敬亭山詩曰茲山亘
百里合沓與雲齊上干蔽白日下屬帶迴溪交藤荒且蔓樛枝聳復
低獨鶴方朝唳飢鼯此夜啼泄雲已漫漫多雨亦淒淒　梁沈約遊金華
山詩曰遠策追夙心靈山協久要天倪臨紫闕地道通丹竅未乗琴高
鯉且縱嚴陵釣若蒙羽駕迎得奉金書召高馳入閶闔方覩靈妃笑
又留真人東山還詩曰連峯竟無已積翠遠微微寂歷野風急芸黃
秋草肥我來歲云暮於此悵懷歸霜雪方共下寧止露霑衣待余兩
岐秀去去掩柴扉　梁范雲登三山詩曰庂逕崩且危叢巖崠復垂
石藤多卷節水樹饒蟠枝海中昔自重江上今如斯　梁江淹歷山詩
曰愁生白露日思起秋風年竊悲杜蘅暮臨擘涕即空山落葉下楚
水別鶴噪吳田嶂氣陰不極日色半虧天酒至情簫瑟憑罇還憫
然　又遊黃蘗山詩曰長望竟何極閩雲連越邊南州饒奇怪赤

縣多靈仙金峯各虧日銅石共臨天陽岫沼鸞鷟來陰谿噴龍泉雞鳴丹壁上猿嘯青崖間　梁任昉奉和登影陽山詩曰物色感神遊升高悵有閱南望銅駝街北走長楸埒別澗苑滄瀛疏山駕瀛碣奔鯨吐華浪司南動輕枻日下重門照雲閑九華澈觀閣隆舊恩奉昌愧前哲　梁庾肩吾遊甑山詩曰去子平已久餘風今復追未必遊春草王孫自不歸寒雲間石起秋葉下山飛　周王褒明慶寺石壁詩曰夏水懸臺際秋泉帶雨餘石生銘字長山久谷神虛　又雲居寺高頂詩曰中峯雲已合絕頂日猶晴邑居隨望近風烟對眼生　周庾信陪駕幸終南山詩曰玉山乘四載瑤池宴八龍黿橋浮少海鵠蓋上中峯飛狐橫塞路白馬當河衝水奠三川后山封五樹松長虹雙瀑布圓闕兩芙蓉戍樓鳴夕鼓山寺響晨鐘新蒲節轉促短筍籜猶重樹宿含櫻鳥花留釀蜜蜂迎風下列歃醴酒召呂容且欣陪北上方欲待東封　陳張正見賦得山卦名詩曰蓬萊追羽客岩巖宂轉蒙籠雲歸仙井暗霧解石橋通影

帶臨峯鶴形隨雜雨風尋師不失路咸欲馭飛鴻 賦魏劉楨
黎陽山賦曰自魏都而南邁迄洪川以揭休想王旅之旌旄望南路
之遐脩御輕駕而西徂過舊塢之高區爾乃踰峻嶺超連罡一
登九息遂臻其陽南蔭黃河左覆金城青壇承祀高碑頌靈珍
木駢羅奮華揚榮雲興風起蕭瑟清泠延首南望顧瞻舊鄉
桑梓增欷慘切懷傷河源汩其東遊陽鳥飄而南翔覩衆物之集
華退欣欣而樂康 晉潘岳登虎牢山賦曰辭京輦兮遙邁將
遠遊兮東夏朝發軔兮帝墉夕結軌兮中野遵脩坂兮停車臨
寒泉兮飲馬眷故鄉之遼隔思紆軫以鬱陶步玉趾以升降凌汜
水而登虎牢覽河洛之二川眺成平之雙阜崇嶺驫以崔崒幽
谷豁以窙寥路逶迤以迫隘林廓落以蕭條爾乃仰蔭嘉木俯
藉芳卉青烟鬱其相望棟宇懔以鱗萃彼登山而臨水固先喆
之所哀矧去鄉而離家邈長辭而遠乖望歸雲以歎息腸一日
而九迴良勞者之詠事爰寄言以表懷 晉郭璞巫咸山賦曰蓋

至咸者實以鴻術爲帝堯醫生爲上公死爲貴神豈封斯山而因以名之乎伊至咸之名山嵒孤停而嶸峙體岑峭以隆頹冠崇嶺以峻起配華霍以助鎮致靈潤乎百里爾乃寒泉懸涌浚湍流帶林薄叢蘢幽蔚隱藹八風之所歸起遊鳥之所喧會潛瑕石楊蘭茝迴翔鵷集湊鶬鶊翳禽鳥栖陽以晨鳴熊虎窟陰而夕嘷　梁江淹江上之山賦曰桂青蘿兮萬仞竪丹石兮百重百重兮嵒崿如斷兮如削波潮兮吐納嶼岸兮積沓見紅草之交生眺碧樹之四合草自然而千華樹無情而百色嗟世道之異茲牽憂患而來逼　梁吳均八公山賦曰峻極之山蓄聖表仙南參差而望越北邐迤而懷燕爾其盤桓基固含陽藏霧絶壁嶮巇層巖迴互桂皎月而常團雲望空而自布袖以華間帶以潛淮文星亂石藻日流皆若夫神基巨鎮卓犖荆河箕風畢雨育嶺生峩高岑直兮蔽景脩坂出兮架天似迎雲而就日若從漢而迴山露泫葉而原淨花照磯而岫鮮促嶂萬尋平崖億絶上被紫而煙生傍帶花而來雪維英王兮好仙會八公兮小山駕飛龍兮翩翩高馳翔

兮冲天　陳張正見山賦曰何神山之峻美諒苞結之所成東垂曰泰南服稱衡西戎所擅北狄摽名於是堯值洪流滔天襄陵禹敷水土奠高槎木衆川旣道羣岳自脩潛通四瀆鎮壓九川森羅辰象吐吸雲霧深不可測遠不可步於廓靈山長爲作固爾其爲狀也則武當太和武功太白崑崙五門扶寧三石峯高一萬峭峙三百登而眺之則千里無極俯而臨之則萬仞難測映白鶴而同高混青天而共色　晉潘尼西道賦曰畏山河之岨阨倦関谷之盤紆車低佪於潛軌馬侘傺於險塗狗肘還勾羊角互戾葾窊屈連投十數億計石子之澗坎埳之穴支體爲之危竦形骸爲之疲曳此亦行者之艱難羇旅之困斃若其名坂則羊蓋美八特成阜黃馬迴波激浪飛沙飄瓦馬則頓躓狼傍虺頹玄黃牛則體疲力竭損合喪膚骨嚵蹄穿領摩髖脫軀

吟

晉夏侯湛山路吟曰夙駕兮待明陟山路兮遐征冐晨朝兮入大谷道逶迤兮嵐氣清攬轡兮抑馬踟蹰兮曠野曠野驅兮遼落嵩岳兮嵬崿丘陵兮連離卉木兮交錯渌水兮長流蓊藹濤兮拂石　宋謝莊山夜憂曰庭光盡山明歸流風

乘軒卷明月緣河飛澗鳥鳴兮夜蟬清橋露靡兮蕙烟輕淩别浦兮值泉躍經喬林兮遇猨驚南皐别鶴佇行漢東鄰孤管入青天沉痾白髮共急日朝露過隙詎賒年年去兮髮不還金膏玉液豈留顔迴舲拓繩户收棹掩荆關

贊晉庾肅之山贊曰懸巖杳翳神明攸居官府風雲懷吐川渠崑閬天竦五岳雲停飛峯紫蔚辰秀太清

晉戴逵山贊曰蔚矣名山亭亭洪秀並基二儀嶤嶕雲搆嵯峨積岨寥籠虚岫輕霞仰拂神泉旁漱曰仁奚樂希静此壽

晉郭璞炎山贊曰木含陽氣精搆則燃焚之無盡是生火山理見乎微其妙在傳

銘晉張載劒閣銘曰巖巖梁山積石峩峩遠屬荆衡近綴岷嶓南通邛僰北達褒斜狹過彭碣高踰嵩華惟蜀之門作固作鎮是曰劒閣壁立千仞窮地之險極路之峻世濁則逆道清斯順閉由往漢開自有晉秦得百二并吞諸侯齊得十二田生獻籌矧茲狹隘土之外區一人荷戟萬夫趑趄形勝之地匪親勿居昔在武侯中流而喜山河之固見屈吴起興實在德險亦難恃洞庭孟門二國不祀自古迄今天命

匪易憑岨作昏勘不敗績公孫既滅劉氏銜璧覆車遺軌冈或重跡
勒銘山阿敢告梁益　晉湛方生靈秀山銘曰巖巖靈秀積岨幽重
傍嶺閑岫乘標挺峯桂栢叅幹芝菊亂叢翠雲夕映爽氣晨蒙籠
蘢疎林穆穆閒房幽室冬暄清蔭夏凉神木奇生靈草貞香雲鮮
其色風飄其芳可以養性可以栖翔長生久視何必仙鄉　梁簡文帝
行雨山銘曰嵒巖畔途遠阿曲路深猶云息駁尚且抽琴玆峯獨擅嶔崎
千變却繞畫房前臨寶殿玉岫開華紫水迴斜谿間聚葉澗裏縈
沙月映成水人來當花藤結如帷磧起成基芸香馥逕石鐙臨墀　又
明月山銘曰迢遞峯長威紆岳聚既正書門兼同天柱非覓小山寧論大
庾豈學士龍詎須石鼓緪色斜臨霞文橫竪　梁孝元帝東宮後
堂仙室山銘曰太華削成本擅奇聲峯如雪委嶺若蓮生雲除紫
蓋霞通赤城金壇是籙玉記題名鳳依桐樹鶴聽琴聲殿接南箕
橋連北斗秋河徙帶春禽銜綬朱鳥安窻青龍作牖　梁庾肩吾
東宮玉帳山銘曰玉帳寒廓崑山抵鵲搃葉成帳連枝起幕玉葉難

從金花不落隱士彈琴仙人看博巖留故鼎竈聚新荆煮石初爛
燒丹欲成桑田屢盡海水頻傾長聞鳳曲永聽簫聲　周庾信梁東
宮行雨山銘曰山名行雨地異陽臺春人無數神女羞來翠幔朝開新
粧且起樹入床前山來鏡裏草色衫同花紅面似開年寒盡正月春遊
天然剗藕蝶粉多塵攢藤礙路垂柳伭人誰論洛水一箇河神　陳
徐陵後堂望美人山銘曰高堂礙雨洛浦無洲何處相望山邊一樓夆
因五婦石是三侯險逾地肺危鄰天柱禁苑斜通春人恒聚樹裏聞
歌枝中見舞恰對粧臺諸窻併開遙看已識試喚便迴豈如織女非秋
不來　碑　梁簡文帝神山碑銘曰開号天井山稱地雎碧雞金馬越灒梁
池懷靈組德孕寶含奇此亦神岫英名遠摛昔有鷲窟不燒淨土
邁彼高蹤揩茲法宇引葉成帷即樹爲柱石砌危橫崖階斜竪　梁
元帝玄圃牛渚磯碑曰竊以增城九重仙林八樹未有船如鳴鶴時度宓妃
橋似牽牛能分織女丹鳳爲君羣紫柱成迥清風韻響即代歌仙桂影
浮泚仍爲月浦璧月朝暉金樓啓扉畫船向浦錦纜牽磯花飛拂袖荷

香入衣山林朝市併覺忘歸【序】宋謝靈運名山序曰夫衣食人生之所資山水性分之所適㒺識多云歡足本在華堂枕巖漱流者之於大志故保其枯槁余謂不然君子有愛物之情有救物之能横流之弊非才不理故時有屈已以濟彼豈以名利之場賢於清曠之域邪語萬乘則鼎湖有縱轡之論儲貳則嵩高山有絶控又陶朱高揖越相留侯頥辭漢傅推此而言可以明矣【書】梁吳均與施從事書曰故鄣縣東三十五里有青山絶壁干天孤峯入漢緑嶂百重清川萬轉歸飛之鳥千翼競來企水之猨百臂相接秋露爲霜春蘿被逕風雨如晦雞鳴不已信足蕩累頥物悟衷散賞 又與朱元思書曰風煙俱淨天山共色從流飄蕩任意東西自富陽至桐廬一百許里奇山異水天下獨絶水皆漂碧千丈見底游魚細石直視無礙急湍甚箭猛浪若奔夾峯高山皆生寒樹負勢競上干相軒邈爭高直指千百成峯泉水激石泠泠作響好鳥相鳴嚶嚶成韻蟬則千轉不窮猿則百叫無絶鳶飛戾天者望峯息心經綸世務者窺谷忘反横柯上蔽在晝猶昏疏條交映有時見日

崑崙山

河圖曰崑崙之墟五城十二樓河水出焉　龍魚河圖曰崑崙山天中柱也　大荒西經曰赤水之後黑水之前有大山名曰崑崙之丘有神人面虎身有尾　爾雅曰西北之美者有崑崙之墟璆琳琅玕焉穆天子傳天子遂宿于崑崙之阿赤水之陽吉日辛酉天子升于崑崙之丘以觀黄帝之宫紀年曰周穆王十七年西征至崑崙丘見西王母王母止之神異經曰崑崙有銅柱焉其高入天所謂天柱也圍三千里圓周如削銅柱下有廻屋焉辟方百丈（事具仙部）史記曰禹本紀言河出崑崙崑崙甚高三千五百餘里日月所相避隱為光明也其上醴泉華池自張騫使大夏之後窮河源惡睹本紀所謂崑崙者乎　水經曰崑崙墟在西北去嵩高五萬里地之中也其高萬一千里河水出其東北陬　博物志曰崑崙從廣萬一千里神物之所生聖人神仙之所集五色雲氣五色之流水其泉東南流入中國名為河也葛仙公傳曰崑崙一曰玄圃一曰積石瑶房一曰閬風臺一曰華蓋一曰天柱皆仙人所居也　搜神記曰崑崙之山地首也是惟帝

之下都故其外絕以弱水之深又環以炎火之山山上有鳥獸草木皆生育滋茂於炎火之中故有火澣布非此山之皮枲則其鳥獸之毛也【贊】晉郭璞崑崙丘贊曰崑崙月精水之靈府惟帝下都西羌之宇㠑然中峙號曰天柱

嵩高山

山海經曰太室之中山其上有木焉葉狀如梨而赤理而名曰指服者不妬　毛詩曰崧高惟嶽峻極于天維岳降神生甫及申　列仙傳曰王子喬周靈王太子晉也好吹笙作鳳鳴遊伊雒閒道士浮丘公接上嵩高山　漢武帝內傳曰武帝夜夢與李少君俱上嵩高山半道有繡衣使者乘龍持節從雲中下言太一君召覺即告近臣曰如朕夢少君將舍朕去矣　劉根別傳曰根棄世學道入中岳嵩高山石室中崢嶸上東南下五十丈北人冬夏不衣身毛皆長一二尺顏狀如年十五時　仙經云嵩高山東南大巖下石孔方圓一丈西方北入五六里有大室高三十餘丈周圓三百步自然明燭相見如日月無異中

有十六仙人玄月光童子常在天台時亦往來此中人非有道不得望見　戴延之西征記曰嵩高山巖中也東謂太室西謂少室相去七十里嵩高揔名也　並記曰嵩高山北有大穴莫測其深百姓歲時每遊觀其上晉初嘗有一人誤墮穴中同輩冀其儻不死乃投食於穴中墜者得之爲尋穴而行計可十許日忽曠然見明又有草屋中有二人對坐圍碁局下有一杯白飲墜者告以飢渴碁者曰可飲此墜者飲之氣力十倍半年許乃出于蜀中歸洛下問張華華曰此仙館大夫所飲者玉漿也　俗說曰傅亮北征在黃河中垂至洛遥見嵩高山于時同從客在坐問傅曰潘安仁懷舊賦云前瞻太室傍眺嵩丘嵩丘太室故是一山何以言傍眺傅曰有嵩丘山去太室七十里此是書㝍誤耳　【贊】晉郭璞太室山贊曰嵩惟岳宗華岱恒衡氣通元漠神洞幽明嵬然中立衆山之英

華山

爾雅曰華山爲西岳　西山經曰太華之山削成而四方其高五千

仞其廣十里　晏子曰君子若華山然松栢既多矣望之盡日不知厭　列仙傳曰脩羊公者魏人也華陰山石室中中有石榻常卧其上石盡陷穿　又曰呼子先者漢中關下卜師壽百餘歲臨去呼酒家嫗令急裝使有仙人持二茅狗來至子先持一與酒嫗因各騎之乃龍也上華陰山常於山大呼言子先酒母在此　華山記曰華山高巖四合重嶺秀起上有石池北有石鼓父老相傳云嘗有聞其鳴者　述征記曰華山對河東首陽山黄河流于二山之間云本一山巨靈所開今睹手跡於華岳而脚跡在首陽山下

【贊】晉郭璞華山贊曰華岳靈峻削成四方爰有神女是挹玉漿其誰遊之龍駕雲裳

【銘】晉傅玄華岳銘序曰易稱灋象莫大乎天地天以高明崇顯而岳配焉地以廣厚爲基而嶽體焉若夫太華之爲鎮也五岳列位而存其首三條分方而處其中故能參兩儀以比德協和氣之絪緼故雲行與雨施興雷風以動物是以古先歷代聖帝明王莫不燔柴加牲尊而祀焉於虞書則西巡狩至于西岳而親祭

焉於禮則大司馬掌其分域而大宗伯典其禮祀也碑後漢張昶西嶽華山堂闕碑序曰易曰天地定位山澤通氣然山莫尊於岳澤莫盛於瀆岳有五而華處其一瀆有四而河在其數其靈也至矣人主廢興必有其應故岱山石立中宗繼統太華授璧秦胡絕緒白魚入舟姬武建業寶珪出水子朝喪位布五方則處其西列三條則居其中其宗又經集靈之宮於其下想松喬之儔是遊是憩郡國方士自遠而至者充巖塞崖鄉邑至覲宗祀乎其中者亦盈谷溢谿咸有浮飄之志愉悅之色必雲霄之路可外而越果繁昌之福可降而致也故殖財之寶黃玉自出令德之珍瀏相是覷匪惟嵩高降生申甫斯亦有焉

衡山

周官曰荆州之鎮山曰衡山　湘中記曰衡山九疑皆有舜廟遥望衡山如陣雲沿湘千里九向九背乃不復見　又曰南陽劉道人嘗遊衡山行數十里有絕谷不得前遥望見三石囷二囷閉一囷開　盛弘之荆州記曰衡山有三峰極秀一峰名芙蓉峰最爲竦桀自非清霽素朝

不可望見峯上有泉飛派如一幅絹分映青林直注山下　異苑曰湘
東姚祖太元末爲郡吏經衡山望巖下有數年少並執筆作書祖
謂是行侶休息乃枉道過之未至百許步少年相與翻然飛颺　詩　晉
庾闡詩曰北眺衡山首南睨五嶺末寂坐挹虛恬運目情四豁翔亂夌
九霄陸鱗困濡沫既體江湖悠安識南溟闊

廬山

山海經曰廬山名有二一曰天子都二曰天子鄣　伏滔遊廬山序曰廬
山者江陽之名嶽其大形也背岷流面彭蠡蟠根所據亘數百里重嶺
桀嶂仰插雲日俯瞰川湖之流焉　遠法師廬山記曰東南有香爐
山孤峯秀起遊氣籠其上則氤氳若烟　神仙傳曰董奉還豫章
廬山下居在山間了不佃作爲人治病亦不取錢物使病愈者種杏
五株　張野廬山記曰廬山天將雨則有白雲或冠峯巖或亘中嶺
俗謂之山帶不出三日必雨　周景式廬山記曰匡俗周威王時生而神
虛廬於此山世稱廬君故山取号焉　又曰登廬山望九江以觀禹之

跡其兹峯乎東南隱諸嶺不得騁矚自廬山人迹所暨迴望虛
無復出此者又甚高峻每兩其下成潦而上猶皎日峯頭有六盤石
可坐數百人**詩**宋謝靈運登廬山絶頂望諸嶠詩曰積峽忽復啓
平途俄已閉巒隴有合沓往來無蹤轍晝夜蔽日月冬夏共霜雪
宋鮑昭登廬山詩曰懸裝亂水區旅薄次山楹千巖狀岨積萬壑
勢迴縈巃嵸高昔貌紛亂襲前名洞澗窺地脉竦樹隱天經松磴
上迷密雲竇下縱撗陰氷實夏結炎樹信冬榮　又登廬山望石門
詩曰明發振雲冠升嶠遠棲趾高峯隔半天長崖斷千里雞鳴青澗
中猨嘯白雲裏瑶波逐穴開霞石觸峯起迴互非一形參差悉相似
梁江淹登廬山香鑪峯詩曰絳氣下縈薄白雲上沓冥中坐瞰蜿
虹俛伏視流星日落長沙渚增陰萬里生藉蘭素多意臨風黙含情
賦宋支曇諦廬山賦曰昔哉壯麗峻極氤氳包靈奇以藏器蘊絶峯乎
青雲景澄則巖岫開鏡風生則芳林流芬嶺奇故神明鱗萃路絶故人
跡自分巖清升山於玄崖世高垂化於卅亭應真陵雲以踞峯眇忽翳

景而入㝠咸豫聞其清塵妙無得之稱名也若其南面巍崛北背迢帶懸霤分流以飛湍七嶺重嶂而疊勢然以竹栢蔚以桱松縈以三湖帶以九江嗟四物之蕭森爽獨秀於玄冬美二流之潺湲津百川之所衝峭明百尋峻關千仞香鑪吐雲以像烟甘泉涌霤而先潤碑

梁元帝廬山碑序曰夫日月麗天皇穹所以貞觀川岳帶地后土所以惟寧廬山者亦南國之德鎮雖林石異勢而雲霞共色長風夜作則萬流俱響晨飈曉吟則百嶺齊應東瞻洪井識曳帛之在茲西望石梁見指實之可拾誠復慕類易悲山中難久攀蘿結桂多見淹留

太行山

山海經曰太行山其首曰歸山其上有金玉下有碧玉　穆天子傳曰天子命駕八駿之乘赤驥之駟南征翔行逕絕翟道升于太行南濟于河　墨子曰墨子請耕柱子曰將上太行駕驥與牛子將誰敺曰將敺驥以驥足貴也　尸子曰龍門魚之難也太行牛之難也以德報怨人之難也　戰國策曰范睢說秦王曰舉兵攻滎陽則成皋之路不通北斬太行之道

則上黨之兵不下王舉兵而攻滎陽則其國斷爲三　神仙傳曰王烈入太行山忽聞山東北雷聲往視見山上破數百丈石中有一孔徑尺中有青泥流出烈取摶之隨手堅凝氣味如粳米飯【詩】晉袁宏從征行方山頭詩曰峨峨太行淩虛抗勢天嶺交氣窈然無際澄流入神玄谷應埶四象悟心幽人來憩

荆山

山海經曰荆山其陰多鐵其陽多赤金　河圖括地象曰荆山爲地雌上爲軒轅星　韓子曰卞和得玉於楚山中獻厲王王使玉人相之曰石也刖其左足和抱其璞哭於荆山之下三日泣盡繼之以血事具一王門人　水經曰荆山在南郡臨沮縣東北【詩】晉桓玄登荆山詩曰理不孤湛影比有津曾是名嶽明秀超隣器栖荒外命埶嚮晉神我之懷矣巾駕飛輪　梁江淹望荆山詩曰奉詔至江漢始知楚塞長南關繞桐柏西岳出魯陽寒郊無留影秋日懸清光悲風繞重林雲霞肅川漲歲晏君如何零淚染衣裳

鍾山

徐爰釋問略曰建康北十餘里有鍾山舊名金山漢末金陵尉蔣子文討賊戰亡靈發於山因立蔣侯祠故世号曰蔣山　庾闡揚都賦注曰建康宮北十里有蔣山輿地圖謂之鍾山元皇帝末渡江之年望氣者云蔣山上有紫雲時時晨見　山謙之丹陽記曰京師南北並有連嶺而蔣山獨隆崛峻異其形象龍實揚都之鎮也　孫權葬山南因山爲名号曰蔣陵　沈約宋書曰蕭思話領左衛嘗從太祖登鍾山北嶺石上彈琴因賜以銀鍾酒事具琴部

詩　梁沈約遊鍾山詩曰靈山紀地德地險資岳靈終南表秦館少室邇王城北阜何其峻林薄杳葱青發地多奇嶺干雲非一狀合沓共隱天參差分相望鬱律構丹巘崚嶒起青嶂即事既多美臨眺殊復奇南矚儲胥觀西望昆明池山中咸可悅賞逐四時移春光發隴首秋風生桂枝多值息心侶結架山之足八解鳴澗流四禪隱巖曲　梁虞羲登鍾山下峯望詩曰寂者五六人携手巖之際散意百仞端極目千里睇疊岫乍昏明浮雲時卷聞遥看野

短遠望樵人細

北邙山

魏志曰明帝即位欲平北芒令登臺觀見孟津廷尉辛毗諫曰天地之性高高下下今而反之既非其理加以損費人功民不堪役且若九河盈溢洪水為害而丘陵皆夷何以禦之帝乃止　朱超石與兄書曰登北芒遠眺眾美都盡光武墳邊杳甚美今奉送核【詩】魏劉伶北芒客舍詩曰泱漭望舒隱黮黤玄夜陰寒雞思天曙擁翅吹長音蚊蚋歸豐草枯葉散蕭林陳醴發悴顏色歙暢真心緼被終不曉斯歎信難任何以除斯歎付之與瑟琴長笛響中夕聞此消胸衿【賦】晉張協登北芒賦曰陟巒丘之巇峗升逶迤之脩坂迴余車於峻嶺聊送目於四遠靈岳欝以造天連崗巖以蹇産伊洛混而東流帝居赫以崇顯山川汩其常弓萬物化而代轉何天地之難窮悼人生之危淺歎白日之西頹兮哀世路之多蹇於是徘徊絲嶺踟躕步趾前瞻狼山却闚大岯東眺虎牢西睨熊耳邪亘天際旁極万里莽眇眼以芒昧諒羣形之難紀臨千仞而俯看似遊身于雲霓撫長風

以延佇想淩天而舉翮瞻宥蓋之悠悠覩商旅之接栀爾乃地勢窊隆丘墟陂陁墳隴㟪疊基布星羅松林摻映以攢列玄木搜寥而振柯壯漠氏之所營望五陵之嵬峩喪亂起而啟壤僮豎登而作歌

天台山

名山略記曰天台山在剡縣即是衆聖所降葛仙公山也　異苑曰會稽天台山雖非遐遠自非忘生忘形不能躋也　幽明録曰漢帝永平五年剡縣劉晨阮肇共入天台山度山出一大溪溪邊有二女子姿質妙絶遂留半年懷土思求歸既出親舊零落邑屋改異無復相識訊問得七世孫　孔靈符會稽記曰赤城山內則有天台靈岳玉室璿臺

【賦】晉孫綽遊天台山賦序曰天台山者蓋山岳之神秀者也涉海則有方丈蓬萊登陸則有四明天台皆玄聖之所遊化靈仙之所窟宅夫其峻極之狀嘉祥之美窮山海之瓌富盡人神之壯麗矣所以不列於五岳闕載於常典者豈不以其所立冥奥其路幽迥或倒景於重溟或匿峯於千嶺始經魑魅之塗卒踐無人之境舉世罕能登陟王者莫由禋祀理無隱而不彰

啓二奇以示兆赤城霞起而建標瀑布飛流以界道

首陽山

毛詩曰采苓采苓首陽之巔　論語曰伯夷叔齊餓于首陽之下史記伯夷叔齊孤竹君之二子讓國逃去隱於首陽山採薇而食之遂餓死首陽山〔事具讓部〕**詩** 魏阮籍詩曰步出上東門遥望首陽岑下有採薇士上有嘉樹林 **賦** 漢杜篤首陽山賦曰嗟首陽之孤嶺形勢窟其槃曲面河源而抗巖隴塠隈而相屬長松落落卉木蒙蒙青羅落漠而上覆穴溜滴瀝而下通高岫帶乎巖側洞房隱於雲中忽吾覩兮二老時採薇以從容於是乎乃訊其所求問其所脩州域鄉黨親戚疋儔何務何樂而並茲遊矣其二老乃答余曰吾殷之遺民也厥胤孤竹作蕃北湄少名叔齊長曰伯夷聞西伯昌之善敎育年艾於胡耇遂相攜而隨之冀寄命乎餘壽而天命之不常伊事變而無方昌伏事而畢命子忽遺其不祥乃興師於牧野遂干戈以伐商人弃之而來游誓不步於其鄉余閉口而不食並卒命於山傍

燕然山

漢書匈奴傳曰貳師引兵還至燕然山單于知漢軍勞倦自將五萬騎遮擊貳師軍大亂敗貳師降單于【銘】後漢班固燕然山銘曰勒以八陣莅以威神玄甲耀日朱旗絳天遂陵高闕下雞鹿經磧鹵絶大漠斬温禺以釁鼓血尸逐以染鍔然後四校横徂星流彗掃蕭條萬里野無遺寇於是城滅區殫反旆而旋鑠王師兮征荒裔勦凶虐兮截海外敻其邈兮亘地界封神丘兮建隆嵑熙帝載兮振萬世

羅浮山

茅君内傳曰大天之内有地中之洞天三十六所羅浮山之洞周迴五百里名曰朱明曜真之天　袁彦伯羅浮山疏曰遥望石樓直上當十餘里許石樓之於山頂十分之一耳去縣三十里便見山基至所登處當百里許山皆平敞極目　羅浮山記曰羅浮者蓋惣稱焉羅羅山也浮浮山二山合體謂之羅浮在增城博羅二縣之境舊説羅浮高三千丈有七十石室七十二長溪神明神禽玉樹朱草【詩】宋王叔之遊羅浮山詩曰菴藹靈岳開景神

封綿界盤趾中天舉岺峯孤樓側挺增岫迴重風雲秀體卉木媚容【賦】宋謝靈運羅浮山賦曰客夜夢見延陵茅山在京之東南明旦得洞經所載羅浮山事云茅山是洞庭口南通羅浮正與夢中意相會遂感而作羅浮山賦曰若乃茅公之說神化是悉數非億度道單悒憍洞四有九此惟其七潛夜引輝幽境朗日故曰朱明之陽宮耀真之陰室洞穴之寶衢海靈之雲術伊離情之易結諒沉念之羅浮發潛夢於永夜若懇波而乘桴越扶嶼之緬漲上增龍之合流鼓蘭枻以水宿扶桂策以山遊

九疑山

山海經曰南方蒼梧之丘蒼梧之川其中有九疑山焉舜之所葬在長沙零陵界

楚辭九歌曰九疑繽兮並近　淮南子曰九疑之南陸事寡而水事多　漢書曰武帝南巡狩至于盛唐望祀虞舜于九疑(事具巡狩部)　湘中記曰九疑山在營道縣九山相似行者疑惑故名九疑　名山略記曰九疑山漢末有張禮正黎時有治明期南遊九疑禮正服黃精明期服澤瀉栢實後俱適西城君受虹景方兼以守一內外洞徹東華迎而乘雲升天【詩】庾闡採藥詩曰採藥靈

山嶚結嶲登九疑懸巖漏石髓芳谷挺丹芝泠泠雲珠落漼漼玉窪滋鮮景染冰顏妙氣翼冥期

碑

漢蔡邕九疑山碑曰巖巖九疑峻極于天觸石膚合興播建雲時風嘉雨浸潤下民芒芒南土實賴厥勛逮于虞舜聖德光明克諧頑傲以孝蒸蒸師錫帝世堯而授徵受終文祖璇璣是承太階以平人以有終遂葬九疑解體而升登此崔嵬託靈神仙

藝文類聚卷第七

藝文類聚卷第八

歐陽 詢 撰

山部下 虎丘山 蒜山 石帆山 石鼓山 石門山
太平山 岷山 會稽諸山 交廣諸山
水部上 總載水 海水 河水 江水 淮水 漢水 洛水

虎丘山

虎丘山銘曰晉司徒東亭獻公王珣撰云武丘山先名海涌山 吴越春秋曰闔廬死葬於國西北名虎丘穿土爲川積壤爲丘發五都之士十萬人共治千里使象摙土冢池四周水深丈餘椁三重傾水銀爲池池廣六十步黄金珠玉爲鳧鴈扁諸之劒魚三千腸在焉葬之巳三日金精上揚爲白虎據墳故曰虎丘 王珣虎丘記曰山大勢四面周嶺南則是山逕兩面壁立交林上合蹊路下通升降窈窕亦不卒至

【詩】張正見從永陽王遊虎丘山詩曰滄波壯鬱島洛邑鎮崇芒未若玆山麗岹嶢擅水鄉地靈侔少室塗艱像太行重巖標虎據九曲峻羊腸溜深澗無底風幽谷自涼寶沉餘玉氣劒隱絕星光白雲多

異影丹桂有蕤香遠看銀臺踈洞塔㸌山莊瑞草生金地天花照石梁

序 晉顧愷之虎丘山序曰吴城西北有虎丘、者含真藏古體虛窮玄隱嶙陵堆之中望形不出常阜至乃岩崿絶於華峯　陳顧野王虎丘山序曰夫少室作鎮以峻極而摽奇太華神掌以削成而稱貴若茲山者高不槩雲深無藏影卑非培塿淺異棘林秀壁數尋被杜蘭與苕𦾔椿枝十仞挂藤葛與懸蘿曲澗潺湲脩篁蔭映路若絶而復通石將頹而更綴折巨麗之名山信大吴之勝壤若乃九功六義之興依永和聲之製志由興作情以詞宣形言諧於韶夏成文暢於鐘律由來尚矣未有登高能賦而韜斐麗之章入谷忘歸而忽鏗鏘之節故惣轡齊鑣競覓雕虫於山水雲合霧集爭歌頌於林泉于時風清邃谷景麗脩巒蘭佩堪紉胡纓可索林花翻灑乍飃颻於蘭皐山禽囀響時弄聲於喬木班草班荆坐磻石之上濯纓濯足就滄浪之水傾縹瓷而酌旨酒翦綠葉而賦新詩肅肅爾若與三逕齊蹤鏘然似共九成偕韻盛矣哉聊述時事寄之翰墨

書 陳張種與沈炯書曰虎丘山者吴岳之神秀者也雖復峻

極異於九天隱嶙殊於太一衿帶城傍獨超衆嶺控繞川澤顧絶羣岑若其峯崖刻削窮造化之瑰詭絶澗杳冥若鬼神之髣髴珍木靈草茂瓊枝與碧蕖飛禽走獸必負義而舊胥仁是以歷代高賢輕舉棲託梵臺雲起寶刹星懸自非玉牒開祥金精蘊耀豈其神恠若此者乎　陳沈烱荅書曰若乃三江五湖洞庭巨麗爲長洲之茂苑登九曲之層臺山高水深雲蒸霧吐其中之秀異者實虎丘之靈阜焉冬桂夏栢長蘿脩竹靈源秘洞轉側超絶遠澗深崖交羅户穴

蒜山

劉禎京口記曰蒜山無峯嶺北懸臨江中魏文帝南望而致歌　山謙之南徐州記曰蒜山北江中有伏牛山 【詩】宋顔延之侍遊蒜山詩曰睿思纏故里巡駕匝舊坰陟峯騰輦路尋雲抗瑶甍春江壯風濤蘭野茂荑英宣遊弘下濟窮遠凝聖情　宋謝莊侍宴蒜山詩曰龍旌拂紆景鳳蓋起流雲轉蕙方因委層華正氛氳煙章山郊遠霧罷江天分調石飛延露裁金起承雲

石帆山

盛弘之荆州記曰武陵舞陽縣有石帆山若數百幅帆謝靈運遊名山志曰破石溪南二百餘里又有石帆脩廣與破石等度質色亦同傳云古有人以破石之半爲石帆故名彼爲石帆此名破石

【銘】宋鮑昭石帆銘曰應龍剖流息石横波下潨地軸上獝星羅牽湘引漢歙蠡呑沲西歷岷冢北寫淮河渺淼浹藹積廣連深淪天測際亘海窮陰雲旋未起風柯不吟嵒崩濤山逐欝浪雷沉穆戎遂留昭御不還徒悲猿鶴空驚滄烟

石鼓山

臨海記曰郡西白鶴山有石鼓石搥出云石鼓鳴則土地寇亂隆安初此鼓屢鳴果有孫恩之賊　舊說鄴西北有石鼓懸著山旁鳴則有軍兵動零陵永正鄉有鳴石二所其一狀如鼓俗名石鼓泉陵縣有石鼓舊聞數十里今無聲　王韶之南康記曰寧都溪之西有一山狀如鼓相傳謂之石鼓去縣三里壁立百餘丈赫然似朝霞初暉異於凡石　盛弘之荆州記曰建平郡南陵縣有石鼓南有五龍山山峯嶕嶢凌雲濟竦狀若龍形故因爲名

詩晉庾闡觀石鼓詩曰命駕觀奇逸徑騖造靈山朝濟淸溪岸夕憩五龍泉鳴石含潛響雷駭震九天妙化非不有莫知神自然翔霄拂翠嶺綠澗漱巖間手藻春泉潔目翫陽葩鮮

石門山

遠灋師廬山記曰西南有石門山其形似雙闕壁立千餘仞而瀑布流焉周景式廬山記曰石門山在康皇東北八十餘里是一山之大谷有澗水亦名石門澗吐源後遠爲衆泉之宗每夏霖秋潦轉石發樹聲動數十里劉禎京口記曰石門二山頭相對高二十餘丈廣六十餘步謂爲石門行道所經　謝靈運名山志曰石門山兩巖間微有門形故以爲稱瀑布飛瀉丹翠交曜詩宋謝靈運登石門最高頂詩曰晨策尋絕壁夕宿在山棲疏峯抗高館對嶺臨迴溪長林羅戶穴積石擁基階連巖覺路塞密竹使逕迷來人忘新術去子惑故蹊聒聒夕流駛噭噭夜猿啼沉冥豈別理守道自不攜心契九秋幹目翫三春荑惜無同懷客共登青雲梯　又石門巖上宿詩曰朝搴苑中蘭畏彼霜下歇暝還雲際宿弄此石上月

鳥鳴識夜棲，木落知風發。異音同致聽，殊響俱清越。美人竟不來，陽阿徒晞髮。

【書】梁吳均與顧章書曰：僕去月謝病，還覓薜蘿。梅溪之西，有石門山者，森壁爭霞，孤峯限日，幽岫含雲，深溪蓄翠，蟬吟鶴唳，水響猿啼，英英相雜，綿綿成韻。既素重幽居，遂葺宇其上。幸富菊花，偏饒竹實。山谷所資，於斯已辦。仁智所樂，豈徒語哉。

太平山

孔皐會稽記曰：餘姚縣南百里有太平山，山形似繖，四角各生一種木，木不雜糅，三陽之辰，華卉代發。　孔靈符會稽記曰：餘姚江源出太平山，東至浹江口入海。

【詩】齊孔稚珪遊太平山詩曰：石險天皃分，林交日容缺。陰澗落春榮，寒巖留夏雪。

【銘】晉孫綽太平山銘曰：隗峩太平，峻踰華霍。秀嶺樊縕，奇峯挺崿。上干翠霞，下籠丹壑。有士冥遊，默往奇託。肅形枯林，映心幽漠。亦既覯止，渙焉融滯。懸棟翠微，飛宇雲際。重巒蹇産，迴溪縈帶。被以青松，灑以素瀨。流風佇芳，翔雲停藹。

岷山

尚書禹貢岷山導江東別爲沱　河圖曰岷山之地爲井絡帝以會昌神以建福上爲天井　**贊**　晉郭璞岷山贊曰岷山之精上絡東井始出一勺終致淼溟作紀南夏天清地靜

會稽諸山

吳越春秋曰范蠡作城訖怪山自至怪山者琅耶東武海中山也一夕自來百姓怪之故曰怪山　孔子家語曰禹會諸侯於塗山防風氏後至禹戮之其骨專車　越絕書曰雞山豕山者勾踐以畜雞豕將伐吳以食死士孔皐會稽記永興縣東北九十里有餘山傳曰是塗山案越書禹娶於塗山塗山去山陰五十里撿其里數似其處也　又縣東南十八里有射的山遠望的的如射侯謂之射的射的之　西有石室壁方二丈謂之射堂傳云羽客之所遊憩土人常以此占穀食貴賤射的明則米賤闇則貴諺曰射的白斛一百射的玄斛一千　又曰縣東北六十里有土城山勾踐索美女以獻吳王得諸暨羅山賣薪女西施鄭旦先教習於土城山山邊有石云是西施瀚沙石又曰東有秦望山昔秦始皇登此使李斯勒石其碑見在　孔靈符會稽

山記曰會稽山南有宛委山其上有石俗呼石匱壁立干雲有懸度之險外者累梯然後至焉昔禹治洪水厥功未就乃躋於此山發石匱得金簡玉字以知山河體勢於是疏導百川各盡其宜　又曰射的山西南水中有白鶴常爲仙人取箭曾刮壤尋索遂成此山也　晉王彪之登會稽刻石山詩曰隆山嵳峩崇巒嶕嶤傍覿滄洲仰拂玄霄文命　遠會風淳道遼秦皇遐巡遹兹英豪宅靈基阿銘跡峻嶠青陽曜景時和氣淳脩嶺增鮮長松挺新飛鴻振羽騰龍躍鱗【贊】晉郭璞會稽山贊曰禹徂會稽爰朝羣臣不虔是討乃戮長人玉匱表夏玄石勒秦

交廣諸山

顧微廣州記曰南海增城縣有白水山有瀑布懸注百許丈　又曰南海始昌縣有一石望之似牛向江名曰牛阜山縣西有夫盧山高入雲霄世傳云上有湖水至甲戌日輒聞山上有鼓角笳簫鳴響　又曰南海西會縣有金岡山行人往往見金人見形岡側　又曰東莞寶安縣有參里山傳云曾參純孝其所居山林後以爲名　又曰鬱林郡北有大山其高隱天上有池

有石牛在池下民常祀之歲旱百姓殺牛祈雨以牛血和泥厚泥石牛背祠畢天雨洪注洗石牛背泥盡而後晴　劉欣期交州記曰浮石山海中而峙高數十丈浮在水上　又曰有一山神功刻鏤若射堋去石堂口百步夜常聞射聲　裴氏廣州記曰蒼梧彰平縣有石膏月山望之皎若霜雪

【賦】宋謝靈運嶺表賦曰若乃長山欵跨外內乖隔下無伏流上無夷跡麕兔望崿旋歸鴻鴈覩峯而反翮既陟麓而踐坂遂升降於山畔顧後路之傾巘眺前磴之絕山岸看朝雲之抱岫聽夕流之注澗羅石棊布恠譎攢越非山非阜如樓如闉璇采類繡明白若月蘿蔓絕攀苔衣流滑

總載水

易說卦曰坎爲水潤萬物者莫潤於水　尚書曰湯湯洪水方割蕩蕩懷山襄陵浩浩滔天　穀梁傳曰水北爲陽水南爲陰　左傳汙潦之水可薦於鬼神可著於王公　左傳曰共工氏以水紀官故爲水師而水名　說文浦水瀕也　禮記曰水曰清滌　又曰今夫水一勺之多及其不測黿鼉鮫龍魚鱉生焉貨財殖焉　毛詩曰揚之水不流束薪　穆天子傳曰天子飲

于溽水之上　尚書大傳曰非水無以准萬里之平非水無以通道任重也
韓詩外傳曰夫水者緣理而行不遺小似有智者重而下似有禮者蹈深
不疑似有勇者鄣防而清似知命者歷險致遠似有德者天地以成羣物以生國
家以寧萬事以平此智者所以樂於水也　又曰夏不數浴非愛水也冬不數
煬非愛火也　論語曰智者樂水　又曰子在川上曰逝者如斯夫不舍晝夜
老子曰上善若水水善利萬物而不爭處衆人之所惡故幾於道　文子曰混
混之水濁可以濯吾足青青之水清可以濯吾纓事具離騷云滄浪之水　又曰水之性欲清
沙石穢之人之性欲平嗜欲害之　晏子曰景公問廉政何如對曰其行水也
美哉水乎其濁無不塗其清無不洒　墨子曰古語曰君子不鏡於水而鏡於人鏡於水
見面之容鏡於人則知吉凶　尸子曰凡水其方折者有玉其圓折者有珠清水有
黄金淮南子亦云事具珠玉部　孟子曰觀於海者難爲水遊於聖人之門者難爲言
又曰性猶湍水也決諸東方則東流決諸西方則西流人性之無分於善惡也
猶水之無分於東西也　莊子曰水靜則明濁則混水靜猶明而況精神聖
人之心靜乎　又曰秋水時至百川灌河涘涯之間不辨牛馬於是河伯欣然

自喜以天下之美爲在已　又曰夫水積也不厚則負其大舟也無力　淮南子曰往古之時九州裂水浩漾而不息於是女媧積蘆灰以止淫水（事具帝王部）又曰土地各以類生人是故清水音小濁水音大湍水人輕遲水人重　山海經曰荆山有獸焉名曰合窳見則天下大水其上有水焉甚寒而清帝臺之漿水也　玄中記曰天下之多者水焉浮天載地高下無不至萬物無不潤　博物志曰有八流水出名山渭出鳥鼠漾出嶓冢洛出熊耳潁出少室汝出燕泉泗出陪尾淄出月台沂出太山　永嘉郡記曰有柘林水（出建安吴興縣）有梧桐水（有兩源一出松陽）有桃支水（出東陽長山縣）湘中記曰湘水至清雖深五六丈見底了了石子如樗蒲矢五色鮮明白沙如霜雪赤岸如朝霞　抱朴子曰允慈炁禁水水爲逆流一二丈禁水著中庭露之大寒不冰　華陽國志曰朱倉少受學於蜀郡豆屑飲水以諷誦同業等憐其貧給米宍終不受　搜神記曰漢末零陵太守有女悦門下書佐使婢取盥手水飲之而有娠既而生子至能行太守抱兒使求其父兒直上書佐膝書佐推之兒仆地爲水　車頻秦書曰王猛攻鄴慕容評距猛而固賣水與軍人衆思爲亂猛因得

破之　續述征記曰梁鄒城西有籠水云齊孝婦誠感神明涌泉發於室內潛以績籠覆之由是無負汲之勞及家人疑之時其出而搜其室試發此籠而泉遂濆涌流漂居宇故名曰籠水

詩

陳祖孫登詠水詩曰龍川紫闕映珠浦碧沙沉岸闊蓮香遠流清雲影深風潭如拂鏡山溜似調琴請君看皎潔知有淡然心

賦

魏文帝濟川賦曰臨濟川之層淮覽洪波之容裔漫騰揚以相薄激長風而亟逝漫浩汗而難測眇不覩其垠際於是黿龍神嬉鴻鸞羣翔鱗介霍驛載止載行俯唼菁藻仰飡若芳永號長吟延首相望美玉昭晰以曜煇明珠灼灼而流光於是遊覽既猒日亦西傾朱旗電曜擊鼓雷鳴長驅風厲悠爾北征思魏都以偃息託華屋而遨遊酌玄清于金罍騰羽觴以獻酬　又臨渦賦曰建安八年經東國遵渦水相佯乎樹下駐馬書鞭作臨渦之賦曰蔭高樹兮臨曲渦微風起兮水增波魚頡頏兮鳥逶迤雌雄鳴兮聲相和蘋藻生兮散莖柯春木繁兮發丹華　晉應貞臨丹賦曰陟綿岡之迢遞臨窈谷之濬遐覽丹源之洌泉眷懸流之清波漱玄瀨而漾沚順黃崖而湯

博激重巖之絶根拂崇丘之飛崿然後陰渠洞出陽澮旁開倏熠高鶩晧暚長懷盤溢欝戢没雲轉飈迴屏側爲之飛隕壁岸爲之陂隤列以青林蔭以綠枝檉松蓊茸於其側楊柳婀娜乎其下則高溜承崖縣泉屬嶺別流分注冰瑩玉靜清波引鏡形無遁影　晉左九嬪涪漚賦曰覽庶類之肇化何涪漚之獨靈稟陰精以運景因落雨而結形不係根於獨立故假物以資生體珠光之皎皎若凝霜之初成色鮮熠以熒熒似融露之將渟亡不長消存不久寄其成不欲難其敗亦以易也

贊

晉顧凱之水賛曰湛湛若凝開神以質乘風檀瀾妙齊得一　晉庾肅之水賛曰湛湛涵渌清瀾澄濬妙質柔明雲深夜潤　晉郗仲堪水賛曰大象無形器以分麄淡淡沖津質有雖虛清瀾可瀨明激弗渝孰能懷之汎然靡拘　晉孔甯子水賛曰澄鑒無虛積之成川湍飛瑩谷激石矜然　晉郭璞釋水賛曰川瀆綺錯渙瀾流帶潛潤旁通經營華外殊出同歸混之東會　又弱水賛曰弱出崑山鴻毛是沉北淪流沙南映火林惟水之奇莫測其深

海水

尚書曰江漢朝宗于海　山海經曰無皐之山南望幼海郭璞注曰即少海水又曰發鳩之山有鳥名曰精衛是炎帝之女往遊于東海溺而不反是故精衛常取西山之木石以填東海　又曰大荒中有山名曰天臺海水之入焉　老子曰江海所以能爲百谷王者以其善下故能爲百谷王　淮南子曰海不讓水積以成其大　謝承後漢書曰汝南陳茂嘗爲交阯別駕刺史周敞涉海遇風舡欲覆没茂拔劒呵罵水神風即止息　博物志曰舊説天河與海通近世有居海渚者年年八月有浮槎來過甚大往反不失期此人乃多賫粮乘槎去忽忽不覺晝夜奄至一處有城郭屋舍望室中多見織婦見一丈夫牽牛渚次飲之此人問此爲何處荅曰問嚴君平此人還問君平君平曰某年某月有客星犯牛斗即此人乎　王隱晉書曰慕容皝上言曰臣躬征平郭遠假陛下之威將士竭命精誠感靈海爲結氷凌行海中三百餘里臣自立國及問諸故老初無海水氷凍之歲　神仙傳曰麻姑謂王方平曰自接侍以來見東海三爲桒田向到蓬萊水乃淺於往者略半也豈復爲陵乎　論語曰道不行乘桴浮於海從我者其由也與　莊子曰南海之

帝爲倏北海之帝爲忽中央之帝爲渾沌儵與忽時相與遇於渾沌之地
渾沌待之甚厚倏與忽謀報渾沌之德曰人皆有七竅以視聽食息此獨無有
常試鑿一竅七日而渾沌死　又曰窮髮之北有溟海者天池也有魚名曰鯤
化而爲鳥名曰鵬事具鳥部　又曰東海之鱉謂埳井之鼃曰夫海千里之遠不足以舉
其大千仞之高不足以極其深禹之時十年九潦而水弗加益湯之時八年七
旱而涯不減損夫不爲頃久推移不以多少進退者此亦東海之大樂也
又曰海水三歲一周流波相薄故地動　韓詩外傳曰成王時有越裳氏重三
譯而朝曰吾受命國之黄髮曰久矣天之不迅風雨海之不波溢也三年於兹矣
意者中國有聖人乎盍往朝之　十洲記曰扶桑在碧海之中地一面萬里
太帝之宫太真東王君所治處　玄中記曰天下之强者東海之惡燋焉水
灌而不已惡燋者山名也在東海南方三萬里海水灌水而即消　博物志曰
漢使驃騎將軍霍去病北伐單于至瀚海而還　周景式孝子傳曰管寧
遊地遼東經海遇風船人危懼皆叩頭悔過寧思愆念向曾如廁不冠即便
稽首風亦尋静　西域傳曰蒲昌海一名鹽澤

詩

宋謝靈運遊赤石進帆

海詩曰首夏猶清和芳草亦未歇水宿淹晨暮陰霞屢興沒周覽倦瀛
壖況乃凌窮髮川后時安流天吳靜不發揚帆採石華挂席拾海月　齊謝朓
望海詩曰滄波不可望望極與天平往往孤山映處處春雲生差池遠鴈沒
颸杳群鳧驚　梁劉孝標登郁洲山望海詩曰滄瀛聯霄岫曾嶺鬱嶙
峋下盤臨海底上轉靈烏翼滇㴔非可辯鴻溶信難測輕塵久弭飛驚
浪終不息雲錦曜石嶼羅綾文水色　北齊祖孝徵望海詩曰登高臨巨壑
不知千萬里雲島出相接連風潮無極已時看遠鴻度乍見驚鷗起無待
送將歸自然傷客子【賦】後漢班叔皮覽海賦曰余有事於淮浦覽滄海
之茫茫悟仲尼之乘桴聊從容而遂行馳鴻瀨以縹騖翼飛風而迴翔顧百川
之分流煥爛漫以成章風波薄其裔裔邈浩浩以湯湯指日月以爲表索方
瀛與壺梁曜金璆以爲闕次玉石而爲堂蓂芝列於階路涌醴漸於中唐朱
紫彩爛明珠夜光松喬坐於東序王母處於西箱命韓衆與岐伯講神篇而
校靈章願結旅而自託因離世而高遊騁飛龍之驂駕歷八極而迴周遂
竦節而響應忽輕舉以神浮遵霓霧之掩蕩登雲塗以淩厲乘虛風

而體景超太清以增逝麾天閽以啓路闢閶闔而望余通王謁於紫宮拜太一而受符　魏王粲遊海賦曰乘菌桂之方舟浮大江而遥逝翼驚風而長驅集會稽而一睨登陰隅以東望覽滄海之體勢吐星出日天與水際其深不測其廣無臬章亥所不極盧敖所不屆懷珍藏寶神隱怪匿或無氣而能行或含血而不食或有葉而無根或能飛而無翼鳥則爰居孔鵠翡翠鷫鸘繽紛往來沉浮翱翔魚則横尾曲頭方目偃頷大者若山陵小者重鈞石乃有賁蛟大貝明月夜光蠵鼊瑇瑁金質黑章若夫長洲別島旗布星峙高或萬尋近或千里桂林藂乎其上珊瑚周乎其趾羣犀代角巨象解齒黄金碧玉名不可紀　魏文帝滄海賦曰美百川之獨宗壯滄海之威神經扶桑而遐逝跨天崖而託身驚濤暴駭騰踊澎湃鑾匌隱隣涌沸凌邁於是黿鼉漸離泛濫淫遊鴻鸞孔鵠哀鳴相求揚鱗濯翼載沉載浮仰唼芳芝俛漱清流巨魚横奔厥勢吞舟爾乃鉤大貝採明珠搴懸黎收武夫窺大麓之潛林覩摇木之羅生上蹇產以交錯下來風之泠泠振綠葉以葳蕤吐芬葩而揚榮　晉木玄虚海賦曰昔在

帝嬀巨唐之世洪濤瀾汗萬里無際江河既導萬穴俱流搰拔五嶽
竭涸九州於廓霊海長爲委輸（去聲）其爲怪則乃瀲湙（音亦）激灔浮大無岸波
如連山乍合乍散噓吸百川洗滌淮漢若乃霾翳潛消莫振莫竦輕
塵不飛纖羅不動猶尚呀呷餘波獨涌若乃邉荒速告王命急宣飛駿
鼓檝泛海凌山於是候勁風揭百尺維長梢挂帆席望濤遠决冏然鳥
逝一越三千不終朝而濟所届若乃負穢臨深虛誓愆祈則有海童邀
路馬銜當蹊天吴乍見而髣髴罔象暫曉而閃屍爾其大量也則南
澰朱崖北洗天墟東演析木西薄青徐經綸瀴溟萬萬有餘吐雲霓含
龍魚隱鯤鱗潛雲居其垠則有天琛水怪鮫人之室瑕石詭暉鱗甲異質
繁綵楊華萬色隱鮮陽氷不冶陰火潛然其魚則横海之鯨突杌孤遊茹
鱗甲吞龍舟若其毛翼產轂剖卵成禽鳬雛離褷鶴子淋滲羣飛侶浴戲
廣浮深且其爲器也包乾之奥括坤之區唯神是宅亦祇是廬何奇不有
何怪不儲茫茫積流含形内虛曠哉坎德卑以自居　晉潘岳滄海賦曰徒
觀其狀也則湯湯蕩蕩瀾漫形沉流沫千里懸水萬丈測之莫量其深

望之不見其廣無遠不集靡非幽不通羣谿俱息萬流來同含三河而納四瀆朝五湖而夕九江陰霖則興雲降雨陽霽則吐霞曜日煑水而鹽成剖蚌而珠出其中有蓬萊名嶽青丘奇山阜陵別島嵔環其間其山則嵲崔嵬崒嵯峨隆屈披滄流以特起擢崇基而秀出其魚則有吞舟鯨鯢鮯鰄龍鬚蜂目狗口狸班雉軀怪體異名不可勝圖其蟲獸則素蛟丹虬元龜靈䶅脩䶃巨鼈紫貝螣蛇玄螭蚴虬赤龍焚蘊還體改角推舊納新舉扶摇以抗翼泛陽侯以濯鱗其禽鳥則鷗鴻鶤鶴鴽鵜鶄鶬朱背煒燁縹翠蔥青詳察浪波之來往遍聽奔激之音響音力勢之所迴薄潤澤之所彌廣普天之極大横率土而莫兩　晉庾闡海賦曰昔禹啓龍門羣山既鑿高明澄氣而清浮厚載勢廣而盤礴灌注百川控清引濁始乎濫觴委輸大壑若夫長風鼓怒涌浪碎磕飈波於萬里之間漂沫於扶桑之外於是百川輻湊四瀆横通迴颸决渀聳散穹隆映曉雲而色暗照落景而俱紅驚浪嶤峩耽漫瀄汩灢漭滐浚浮天沃日鯨鯢蘊而作見伏螭涌而覽遊靈䶅朱鱉出没爭浮螣龍制手水巨鱗吞舟　晉孫綽望海賦

曰五湖同浸九江叢㵎抱河含濟吞淮納泗南控沅湘西引涇渭渚迢遞以
疏屬蜀島嶼綿邈以牢羅殖嵬崔之碣石搆穹隆之牂柯玄奧之府重刃
之房鱗彙萬殊甲產無方包隨珠銜夜光瑇瑁熠爍以泳游蟕蠵㸌爛
以映漲靈貝含素而表紫蠳螺絡舟而帶緗青甲芬颷以微扇玄木杳眇以
舒芳其卉木則綠苔石髮蔓以流綿紫莖莨茈綜解以被渚華組依波而錦
披翠綸扇風而繡舉長鯨嶽立以截浪䲦鯌揚鬐以排流巨鼇贔屓以冠
山烏鸌呼噏以吞舟鵬爲羽桀鯤爯介豪翼遮半天背負重霄舉翰則
宇宙生風抗鱗則四瀆起濤考萬川以周覽見亮天池之綜緯彌綸八荒亘
帶九地昏明注之而不溢尾閭洩之而不匱齊張融海賦曰爾其海之狀
也則窮區沒渚萬里藏岸控會河濟朝物滙漢湍轉則日月似驚浪動
則星河如覆展轉從橫揚珠起玉峯勢崇高岫形參錯或如前而未進
乍非遷而已却却瞻無後向望何前長尋高眺唯水與天若乃山橫
蹙浪風倒摧波磊若驚山碣嶺以竦石鬱爵若飛烟奔雲以振柯連瑶
光而交彩接玉繩以通華爾其奇名出錄詭物無書高岸乳鳥

擴開產魚蟎蠵瑇瑁綺貝繡螺玄珠牙米緑紫相華

河水

山海經曰崑崙山河水出焉　又曰陽紆之山河出其中陵門之山河出其中　毛詩曰新臺刺衛宣公也納伋之妻作新臺于河上而要之國人惡之而作是詩也新臺有泚河水瀰瀰　又曰誰謂河廣一葦杭之誰謂宋遠跂予望之　左傳曰周詩有之曰俟河之清人壽幾何　又曰楚昭王有疾卜河爲祟大夫請祭王曰江漢沮漳楚之望也河非所獲罪遂弗祭　穀梁傳曰梁山崩壅遏河三日不流晉君召伯尊伯尊過遇輦者問焉輦者曰君親素縞帥羣臣哭之旣而祠焉伯尊至君問之伯尊如其言而河流矣（左傳云伯宗）　孝經援神契曰河者水之伯上應天漢　吕氏春秋曰古龍門未開吕梁未發河出孟門大溢逆流名曰洪水禹乃決流疏河爲彭澧之障所活者千八百國此禹之功也　史記曰元光中河決於瓠子於是天子巳用事萬里沙則還臨決河沉白馬玉璧於河令羣臣從官自將軍以下皆負薪填決河而取淇園之竹以爲揵

子既臨河決悼功之不成乃作瓠子之歌　又曰秦滅六國自以獲水德之瑞更名河曰德水　韓詩外傳曰申徒狄非其世將自投於河崔嘉聞而止之曰聖仁之人民之父母也今爲濡足不救溺人可乎申徒曰昔桀殺龍逢紂殺比干而亡天下吳殺子胥陳殺泄冶而滅其國非無聖智不用故也遂負石而沉於河　淮南子河以委蛇故能遠　又曰河水九折注海而流不絶者有崑崙之輸也　物理論曰河色黄赤衆川之流蓋濁之也百里一小曲千里一大曲一直　爾雅曰水自河出爲雍河出崑崙墟色白　山海經曰積石之山其下有石門河水冒以西南流　莊子曰河潤九里澤及三族　楚辭曰與汝遊兮九河衝風起兮水楊波

【詩】梁范雲度黄河詩曰河流迅且濁湯湯不可陵檜檝難爲榜松舟纔自勝空亭偃舊木荒疇餘故塍不覩行人跡但見狐兔興寄言河上老此水何當澄

【賦】晉成公綏大河賦曰覽百川之弘壯莫尚美於黄河發崑崙之峻極出積石之嵯峨　魏應瑒靈河賦曰咨靈川之遐原于崑崙之神丘衝積石之重險披山麓而溢浮涉津路之峻泉播九道乎中州汾鴻踊而騰騖恒亹亹而徂征肇乘

高而迅逝陽侯沛而振驚有漢中葉金隄隤而瓠子傾興萬乘而親務董羣后而來營下淇園之豐篠投玉璧而沉星若夫長杉峻檟茂栝芬橿扶流灌列映水蔭防隆條動而暢清風白日顯而曜殊光【頌】宋鮑昭河清頌夫四皇六帝樹聲長世大寶也澤浸羣生國富刑清鴻德也制禮裁樂淳風遷俗文教也誅華羯黠束顙象闕武功也鳴鳥躍魚滌穢河渠至祥也大寶鴻德文教武功其崇如此幽明同贊神祇與能厥應如彼惟天爲大堯實則之抑又聞之勢之所覃者淺則美之所傳者近道之所感者深則慶之所流者遠聖命難諶皇歷攸歸謀從筮協神與民推黃旗西映紫蓋東暉納瑞璃玉升政衡璣汙彼四瀆媚此雙川伏靈延紀閱既遐年澄波皆丘鏡流蔥山【銘】後漢李尤河銘曰洋洋河水赴宗于海經自中州龍圖所在昔周武諸侯會于孟津魚入王舟乃往剋殷大漢承緒懷附遐鄰邦事來濟各貢厥珍

江水

尚書禹貢岷山導江東別爲沱　又曰三江既入震澤底定　春秋元命苞

曰牛女爲江潮江潮者所以開神潤化故其氣湍急　孫卿子曰子路盛服見孔子孔子曰由是襜襜者何也在昔江出於汶山其始出源可以濫觴及其至江之津也不方舟不避風不可涉也非唯下流水耶今汝衣服既盛顏色充盈天下且孰肯諫汝乎　列女傳曰楚昭王貞姜齊女也昭王出遊留夫人漸臺江水大至使使者迎夫人忘持符夫人不肯出使者還取符未及臺已壞流水而死事具人部賢婦人篇　又曰廣漢姜詩妻事姑至孝姑好飲江水水去家七里妻常雞鳴泝流而汲而值風雪不時得水詩責遣之妻寄隣家紡績給與詩間追還舍側立有涌泉出味如江水　謝承後漢書曰吴郡王閎渡錢塘江遭風船欲覆閎拔劒斫水罵五子胥水息得濟　吴志曰魏文帝出廣陵望大江曰彼有人焉未可圖也乃還　吴録曰書云三江既入震澤底定震澤吴西南太湖也　又曰步隲表言此降人說北多作布囊欲以盛沙塞大江吴主見呂岱說隲言北欲以沙囊塞江每讀其表輙獨失笑此江自開闢以來寧可以囊塞之乎

【詩】梁沈約泛永康江詩曰長枝萌紫葉清源泛綠苔山光浮水至春色犯寒來臨睨信永矣

望美曖悠哉寄言幽閨妾羅袖勿空裁　又渡新安江貽京邑遊好詩曰暮言訪舟客茲川信可珍洞澈隨深淺皎鏡無冬春千仞寫喬樹百丈見遊鱗紛吾隔囂滓寧可濯衣巾願以潺湲水霑君衣上塵

梁任昉濟浙江詩曰昧旦乘輕風江湖忽來往或與歸波送乍逐翻流上近涯無暇目遠峯更興想綠樹懸宿根丹崖頹久壤　又嚴陵瀨詩曰群峯此峻極參差百重嶂清淺旣漣漪激石復奔壯神物徒有造終然莫能仗　梁劉孝綽和太子落日望水詩曰川平落日迥落照滿川漲復此淪波池泒引別沮漳耿耿流長脉熠熠動輕光臨泛自多美況乃還故鄉榜人夜理檝棹女闇成糚欲待春江曙爭塗向洛陽

梁王臺卿臨滄波詩曰高軒臨不測清江窮廣深天邊生岸影水上結雲陰風來白華起潮滿黃沙沉又泛江詩曰春江下白帝畫舸向黃牛錦纜迴沙磧蘭橈避荻洲濕花隨水泛空巢逐樹流岸社多喬木山城足迥樓　陳陰鏗晚出新亭詩曰大江一浩蕩離悲足幾重潮落猶如蓋雲昏不作峯遠戍唯聞鼓寒山但見松九十方稱半歸

途詎有蹤

【賦】東晉郭璞江賦曰咨五才之並用寔水德之靈長惟岷山之導江初發源於濫觴惣括漢泗兼包淮湘并吞沅澧汲引沮漳源二分於崌崍流九派乎潯陽鼓洪濤於赤岸淪餘波於柴桑注五湖以漫漭灌三江而漰沛滈汗六州之域經營炎景之外呼吸萬里吐納靈潮自然往復或夕或朝若乃巴東之峽夏后疏鑿絕岸萬丈壁立霞駮碧沙潰渀而往來巨石硉矹以前却魚則江豚海狶叔鮪王鱣䱤鰊鰷紬鮫鯔綸鰱爾其水物怪錯則有王珧海月土肉石華璅蛣腹蟹水母目蝦紫蚢如渠洪蚶專車瓊玤睎曜以瑩珠石蜐應節而揚葩若乃龍鯉一角奇鶬九頭有鼈三足有龜六眸頳鼈肺躍而吐璣文魮磬鳴以孕璆騬馬騰波以嘘蹀水兕雷咆乎陽侯鼋布餘糧星離沙鏡青綸競糺縟組爭映石帆蒙籠以蓋嶼蓱實時出而漂泳其下則金礦丹礫雲精燭銀鳴石列乎陽渚浮磬肆乎陰濱其羽族則有晨鵠天雞鴢鶖鷗䲭千類萬聲自相諠聒䋣蔚芳蘺隱藹水松涯灌芊萰潛薈葱蘢爰有包山洞庭巴陵地道潛達傍通幽岫窈窕金精玉英瑱其

裛瑶珠怪石綷其表海童之所巡遊琴高之所靈矯水夷倚浪以傲睨江妃含頻而矊眇若乃宙宇澄寂八風不翔舟子於是搦棹涉人於是檥榜漂飛雲運艅艎舳艫相屬萬里連檣泝迴沿流或漁或商長風颹以增扇廣莫颸音麗而氣整徐而不飈疾而不猛鼓帆迅越趠漲截泂倏忽數百千里俄頃於是蘆人漁人濱落江山衣則羽褐食惟蔬䲡或揮輪於懸碕或中瀨而橫旋忽忘夕而宵歸詠采菱以叩舷及其譎變儵怳符祥非一動應無方感事而出經紀天地錯綜人術妙不可盡之於言事不可窮之於筆　晉庾闡涉江賦曰發中州之曲汜背石頭之巖岨遡晨風而廷邁乘濤波而容與於是時也夕日將昏天吳駭奔陽侯漂海若迋江豚爾乃雲霧勃起風流溷淆排巖拒瀨觸石興濤澎湃洸渫鬱怒咆哮迴連波以岳墜壑后土而川宵惣百川之殊勢集朝宗乎滄浪注天波於析木㴩東極乎扶桑體含弘而彌泰道謙尊而逾光齊山海以比量冠百谷而稱王此則水之勢也且夫山川瓌怪水物含靈鱗千其族羽萬其名毛君羊詭觀倮類殊形明月晞光以夕耀金沙逐

波而吐瑛撫檝中流汨徂西土過乎歷陽之津迄乎横江之浦若乃越三江之下口眇濡須以逕渡邈天險之遐勢歷習坎之重固川瀆泓澄以含景山水泙滉而鱗布　晉曹毗涉江賦曰迄趙屯歷彭川循岸靡靡萋葦芊芊紫蓮被翠波而抗英碧栝乘天岸而星懸百籟夕奏山精夜燃狂飈蕭瑟以洞駭洪濤突兀而横峙爾乃江豨彭湟夜火煇爍交錯吐飈駭鯨噴瀾采蜂於是汎波文魚於是登岸

歌

晉夏侯湛江上泛歌曰悠悠兮遠征倏倏兮暨南荆南荆兮臨長江臨江河兮討不庭江水兮浩浩長流兮萬里洪浪兮雲轉陽侯兮奔起驚翼兮垂天鯨魚兮岳跱蘪蕪紛兮被皐陸脩竹薱薱兮翳崖趾望江之南兮邀目桂林桂林蓊薱兮鵾鷄楊音菱波兮頓濟舟檝不具兮江水深沆咾迴眄於北夏何歸軫之難尋

淮水

尚書禹貢曰道淮自桐栢　毛詩曰率彼淮浦省此徐土　水經曰淮水出南陽平氏縣胎簪山東北過桐栢山　山海經曰淮水出餘山山在朝

陽義鄉西入海【賦】魏文帝浮淮賦曰建安十四年師自譙東征大興水軍泛舟萬艘雖孝武舳艫千里殆不過也泝淮水而南邁泛洪潭之皇波仰巖岡之隆阻經東山之曲阿於是驚風泛涌波駭衆帆張群櫂起爭先逐進莫適相待　魏王粲浮淮賦曰從王師以南征浮淮水而遐逝背渦浦之曲流望馬丘之高澨於是迅風興濤波動長瀨潭浪滂沛汹溶

漢水

山海經曰嶓冢之山漢水出焉東南流注于江　尚書禹貢曰嶓冢道漾東流爲漢　毛詩曰漢廣德廣所及也文王之化被乎南國美化行於江漢之域漢有游女不可求思　左氏傳曰屈完謂齊桓公曰楚國方城以爲城漢水以爲池【詩】梁簡文帝玩漢水詩曰雜色崑崙水泓澄龍首渠豈若兹川麗清流疾且徐離離細磧淨藹藹樹陰疏石衣隨溜卷水芝扶浪舒連翩寫去檝鏡澈倒遥墟聊持點纓上於是察川魚【賦】後漢蔡邕漢津賦曰夫何大川之浩浩披厚土以載形納陽谷之

所吐兼漢沔之殊名總畎澮之群液演西土之陰精過曼山以左迴遊襄陽而南縈於是遊目騁觀南援三州北集京都上控隴坻下接江湖導財運貨懋遷有無既乃風焱蕭瑟勃焉並興陽侯沛以奔鶩洪濤涌以沸騰頭乘流以上下窮滄浪乎三澨觀固宗之形兆看洞庭之交會

洛水

山海經曰洛水出洛西山東北注河入成皐之西　易曰河出圖雒出書聖人則之　尚書曰道洛自熊耳東北會於澗瀍　國語曰靈王二十二年穀洛龍鬬將毀宮室王欲壅之太子晉曰夫山土之聚也藪物之歸也川氣之導也澤水之鍾也夫水聚於高歸於下今吾執政無乃實所辟而禍夫二川之神王卒壅之王室大亂　淮南子曰雒水輕利宜禾　謝承後漢書曰沛國陳宣建武十年雒水出造天津城門或欲築案塞之宣諫曰昔王尊正身金堤水退況聖人耶言未絶而水去　漢官典職曰德陽殿周旋容萬人自偃師去宮四十五里激洛水於殿下

【詩】太宗皇帝臨洛水詩曰春蒐馳駿骨總轡俯長河霞處流縈錦風前瀁卷羅

水花翻照樹隄蘭倒插波豈必汾陰曲秋雲發棹歌　蘇味道和受
圖温洛詩曰緑綺膺河撿青壇俯洛濱天旋俄制蹕孝享屬嚴禋
陟配光三祖懷柔洎百神霧開中道日雪斂屬車塵預奉咸英奏
長歌億萬春　李嶠和拜洛詩曰七萃鑾輿動千年瑞撿開文如
龜負出圖似鳳銜來郟鄏三神享明祠萬國陪周旗黄鳥集漢幄
紫雲迴日暮鈎陳轉清歌上帝臺　牛鳳及和受圖温洛詩曰八
神承玉輦六羽驚瑶溪戒道伊川北通旌澗水西御圖開洛匱
刻石與天齊瑞日波中上仙禽霧裏低微臣嶠弱翮抃舞接鸞
鷖

賦

魏曹子建洛神賦曰余從京域言歸東藩背伊闕越轘轅
經通谷淩景山容與乎陽林流眄乎洛川覩一麗人于巖之畔乃援
御者而告之曰彼何人斯若斯之艷也御者對曰臣聞河洛之神名曰宓
妃君王所見無乃是乎余告曰其形也翩若驚鴻婉若游龍髣髴兮
若輕雲之蔽月飄颻兮若流風之迴雪於是忽焉縱體以游以嬉左倚采
旄右蔭桂旗攘皓腕於神滸採湍瀨之玄芝收和顔而静志兮申禮防

以自持爾乃衆靈雜遝命儔嘯侶或戲清流或翔神渚或采明珠或拾翠羽從南湘之二妃攜漢濱之游女體迅飛鳧飄忽若神淩波微步羅襪生塵於是屏翳收風川后靜波馮夷鳴鼓女媧清歌騰文魚以警乘鳴玉鸞以偕逝六龍儼其齊首載雲車之容裔

藝文類聚卷第八

藝文類聚卷第九

水部下

壑

山海經曰東海之外有大壑　列子曰渤海之東不知幾億萬里有大壑實惟無底之谷　莊子曰諄芒東之大壑遇苑風於東海濱苑風曰子將之大壑奚爲夫壑之爲物注焉而不滿取焉而不竭又曰藏舟於壑藏山於澤謂之固矣然而夜半有力者負之而走昧者不知也　離騷曰降望大壑

【賦】梁簡文帝大壑賦曰渤海之東不知幾億大壑在焉其深無極悠悠既湊滔滔不息觀其浸受壯其吞匿歷詳衆水異導殊名江出濯錦漢吐珠瑛海逢時而不涌河遇聖而知清奢乎使夫懷山之水積天漢之流駃彭潛與渭濕俱臻四瀆與九河同至余乃知巨壑之難滿尾閭之爲異

四瀆

爾雅曰江河淮濟爲四瀆四瀆者發源注海者也　桓譚新論曰四瀆之源最高而長從高注下其流激浚故爲平地災害　博物志曰四瀆濟出王屋山其江河淮所出已具別卷

碑

周王襃四瀆祠碑銘曰靈岳立貝闕雲浮寂寥詭怪髣髴神遊姬嬴分國河渭合流桃花春水靈草孤洲潼鄉河曲汾陰脽壤亂流不度龍門難上河魚送迎江妃來往水開通跡山臨高掌智以藏往神以知來榮光離合雲氣徘徊水仙遺操津吏餘杯波息川后浪靖瀆臺

濤

廣雅曰陽侯濤大波也　吳越春秋曰吳王賜子胥劒遂伏劒而死吳王乃取子胥之尸盛以鴟夷之器投之江海子胥因隨流揚波成濤激岸隨潮來往　論衡曰儒書言吳王夫差殺五子胥煑之於鑊盛以橐囊投之於江子胥恚恨臨水爲濤溺殺人夫言吳王殺五子胥投之於江實也言其恨恚臨水爲濤者虛也衛葅子路而漢烹彭越子胥勇猛不過子路彭越然二士不能發怒於鼎鑊之中子胥亦然自先入鼎鑊後乃入江在鑊

之時其神豈怯而勇於江水哉何其怒氣前後不相副也　博物志曰
東海中有牛魚其形如牛剥其皮懸之潮水至則毛起潮去則伏　**詩**
晉蘇彥於西陵觀濤詩曰洪濤奔逸勢駭浪駕丘山訇隱振宇宙
漰磕津雲連　梁徐昉賦得觀濤詩曰雲容雜浪起楚水漫吴流漸
看遥樹没稍見遠天浮漁人迷舊浦海鳥失前洲不測滄溟曠輕鱗
幸自游　**賦**　晉顧愷之觀濤賦曰臨浙江以北眷壯滄海之宏流水無涯而合
岸山孤映而若浮既藏珍而納景且激波而揚濤其中則有珊瑚明月石帆
瑶瑛彫鱗采介特種奇名崩巒填壑傾堆漸隅岑有積螺嶺有懸魚
謨茲濤之爲體亦崇廣而宏浚形無常而參神斯必來以知信勢剛
凌以周威質柔弱以協順　晉曹毗觀濤賦曰伊山水之遼迥何秋月
之淒清瞻滄津之騰起觀雲濤之來征爾其勢也發源滇池迴衝天
井灑拂蒼漢遥櫟星景五子結誓於陰府洪湍應期而來騁汩如八風
俱臻隗若崑崙抗嶺　晉伏滔望濤賦曰若夫金祇理轡素月告望宏
濤於是鬱起重流於是電驤起沙渟而迅邁觸横門而剋莊灌江津而

砰磕鼓赤岸而激揚鬱爵律烟騰隗兀連岦重疊巘而天竦洄湍澼而起漲

泉

爾雅曰泉一見一否爲瀸濫泉正出正出涌出也沃泉懸出懸下出也氿泉仄出仄出旁出也　論語撰考讖曰水名盜泉仲尼不嗽呂氏春秋曰太公釣於滋泉　淮南子曰崑崙四水者帝之神泉以和百藥以潤萬物東觀漢記曰耿恭爲校尉居疏勒匈奴來攻城中穿井十五丈無水恭曰聞二師將軍拔佩刀刺山而飛泉出今漢德神靈豈有窮乎乃正衣服向井拜爲吏請禱有頃井泉濆出　應劭漢官儀曰酒泉城下有金泉泉味如酒故曰酒泉　吴郡録曰始興有始興山山出溫泉　天門零縣有溫泉丹陽江乘縣有湯山出溫泉二所可以治雞　廣志曰溫泉西者在新豐北者在廣平有美泉出溉種出穀香美左汲郡　新成縣有冷泉水冷如氷在湖縣有鹽泉煑則爲鹽有醴泉用之愈疾　晉安帝紀曰吴隱之性廉操爲廣州刺史界有一水謂之貪泉古老云飲此水者廉士皆貪隱之始践境先至水所酌而飲之因賦詩以言志若使夷齊飲終

當不易心清操逾厲　宣城記曰臨城縣南四十里有蓋山百許步有姑舒泉昔有舒女與其父析薪於此泉女因坐牽挽不動乃還告家比還唯見清泉湛然女母曰吾女好音樂乃作絃歌泉涌洄流有朱鯉一雙今人作樂嬉戲泉故涌出　漢水記曰漢水有溫泉方圓數十步冬夏常沸涌望見白氣衝天能老百病　江乘地記曰東南三十五里有半湯泉半冷半溫共同一壑　盛弘之荆州記曰新陽縣惠澤中有溫泉冬月未至數里遥望白氣浮蒸如烟上下采映狀若綺疏又有車輪雙轅形世傳昔有玉女乘車自投此泉今人時見女子姿儀光麗往來倏忽　又曰夷道縣句將山下有三泉傳云本無此泉居者皆苦遠汲人人多賫水與之有一女子孤貧繿縷無以貿易有一乞人衣麁貌醜瘡痍竟體村人見之無不穢惡唯女子獨加哀矜割飯餡之乞人食畢曰我感嫗行善欲思相報爲何所須女荅曰何恩可報且今所須之物非君能得因問所須女子曰正願此山下有水可汲乞人乃取腰中書刀刺山下三處即飛泉涌出因便辭去忽然不見　括地

圖曰員丘之山上有赤泉飲之不老神宮有英泉飲之眠三百歲乃覺不知死　十洲記曰瀛洲有玉膏山出泉如酒味名爲玉酒

【詩】北齊劉逖浴湯泉詩曰驪岫猶懷玉新豐尚有家神井堪銷疹溫泉足蕩邪紫苔生石岸黃沫擁金沙振衣殊未已騑徐停使車

【賦】後漢張衡溫泉賦曰陽春之月百草萋萋余在遠行顧望有懷遂適驪山觀溫泉浴神井風中巒壯厥類之獨美思在化之所原覽中域之珍無斯水之神靈控湯谷于瀛洲濯日月乎中營蔭高山之北延處幽屏以閒清於是殊方交涉駿奔來臻士女曄其鱗萃紛雜遝其如絪　晉傅咸神泉賦序曰余所居庭前有涌泉在夏則冷涉冬而溫溫則水物冬生冷則冰可以過每夏遊之不知歲之有暑耳惟茲神泉厤珵難原在冬則溫既夏而寒混混洋洋載清載瀾遂乃坛以文石樹之柳杞密蓁雲覆重蔭蔽沚氣冷冷以含涼風肅肅而佰起于時朱明紀運旭日馳光欝欝隆暑赫赫太陽與玉體於素波身淒焉而自清不知天時之有暑忽謂繁霜之隕庭逮至旻秋既逝司寒騁節六合蕭條嚴

風稟洌河洛輟流太陰凝結彼湝湝而含凍此灼灼而含熱綠竹猗猗荇藻青青是託斯茂是殖斯榮

碑

周王褒溫湯碑曰原夫二儀開闢雷風以之遞響五材運行水火因而並用炎上作苦既麗純陽之德潤下作鹹且協凝陰之度至於遷陵熱溪沉魚涌浪炎洲燒地穴鼠含烟火井飛泉垂天遠扇焦原沸水衝流迸集甘川浴日跐波過極之之野湯谷揚濤激水疾龍門之箭故以地伏流黃神泉愈疾云云其銘曰挺此溫谷驪岳之陰白礬上徹丹沙下沉華清駐老飛流瑩心谷神不死川德愈深

周庾信溫湯碑曰咸池浴日先應綠甲之圖砥柱浮天始受玄夷之命仁則滌蕩埃氛義則激揚清濁勇則負山餘力弱則鴻毛不勝仲春則榆莢同流三月則桃花共下其色變者流爲五雲之漿其味美者結爲三危之露烟青於銅浦色白於鉛溪非神鼎而長沸異龍池而獨涌洒胃湔腸興羸起瘠秦皇餘石仍爲鴈齒之階漢武舊陶即用魚鱗之瓦山間湧水實表忠誠室內江流彌彰純孝豈若醴泉消疾聞乎建武之朝神水

蠲痾在乎咸康之世嵩岳三仙之館不孤擅於天池華陰百丈之泉豈獨高於蓮井

湖

說文曰湖大陂也楊州浸有五湖水澤所仰以溉灌也　越絕書曰大湖周三萬六千頃　神異經曰北方荒外有石湖其水氷　淮南子曰夫歷陽之都一夕反而為湖歷陽淮南國名昔有老嫗常行仁義有兩書生過之謂曰此國當沒為湖視東城門閫有血便走上山勿反顧也自爾此嫗數往視門閫吏問之嫗對如其言暮門吏殺雞以血塗門明日嫗早往視門血便走上山國沒為湖　風俗通曰越滅吳范蠡乘舟於五湖　語林曰褚公與孫綽共遊曲阿後湖狂風忽起舫欲傾諸公已醉乃曰此舫人皆無可以招天譴者唯有興公多塵滓正當以厭天欲耳便欲捉擲水中孫遽無計唯大啼曰季野卿念我　述異記曰桓沖為江州刺史乃遣人周行廬山冀覩靈異既陟崇巘有一湖匝生桑樹有大群白鵝湖中有敗艑赤鱗魚　劉道真

錢塘記曰明聖湖在縣南去縣三里父老相傳湖有金牛　鄭緝之東陽記曰北山有湖故老相傳云其下有居民曰徐公者常登嶺至此忽見湖水湛然有二人共博於湖間自稱赤松子安期先生有一壺酒因酌以飲徐公徐公醉而寐其側比醒不復見二人而宿草攢蔓其上家人以爲死也喪服三年服竟徐公方反今其處猶爲徐公湖　裴氏廣州記曰盧山頂有湖廣數頃有楊梅山桃止得於上飽噉不得持去　秦州記曰武都山前有湖冬夏無增減義熙初有白龍於此湖升天　鄧德明南康記曰平固縣覆笥山上有太湖周數十里靈果異物皆不可識又有石鷹浮在湖中每至秋天石鷹飛鳴如候時也　風土記曰陽羨縣東有太湖中有包山山下有洞穴潛行地中云無所不通謂之洞庭地脉也　荆山記曰巴陵南有青草湖周迴百里日月出沒其中湖南有青草山故因爲名

【詩】晉李顒涉湖詩曰旋經義興境弭棹石蘭渚震澤爲何在今唯太湖浦圓徑縈五百眇目緬無覿高天淼若岸長津雜如縷　宋孝武濟曲阿後湖詩曰宵登毗陵路且過

雲陽郛平湖曠律儕菰渚迭明蕪和風翼異歸采夕氛晦山嵎
散鷩瀾飜魚藻頳霞照桑榆　宋謝靈運石壁還湖中作詩曰
昏旦變氣候山水含清暉清暉能娛人遊子憺忘歸出谷日尚早
入舟陽已微林壑斂暝色雲霞收夕霏芰荷迭映蔚蒲稗相因依披
拂趍南逕愉悅偃東扉　宋謝惠連汎南湖至石帆詩曰軌息陸塗
初栧鼓川路始漣漪繁波漾參差層峯峙蕭疎野趣生逶迤白雲
起登陟苦跋涉睇盼樂心耳即翫翫有竭在興興無已　梁元帝泛
蕪湖詩曰桂潭連菊岸桃李夾成蹊石文如濯錦雲飛似散珪棹度
菱根反舩去荇枝低颿隨迎雨鷁鼓逐伺潮雞　梁范雲治西湖詩
曰史氏導漳水西門漑河潮圖始未能悅克終良可要擁鍤勸午首
提爵勞春朝平皋草色嫩通林鳥聲嬌已集故池鶩行蒔新田苗
何吁畚築苦方驩魚稻饒　陳陰鏗渡青草湖詩曰洞庭春溜滿
平湖錦帆張源水桃花色湘流杜若香穴去茅山近江連巫峽長帶天澄
迥碧映日動浮光行舟逗遠樹渡鳥息危檣滔滔不可測一葦詎能航

陳劉刪泖宮亭湖詩曰廻艫乘派水舉帆逐分風滉瀁疑無際飄颺似度空檣烏排鳥路船影沒河宮孤石滄波裏匡山苦霧中寄言千金子安知萬里蓬

賦 吴楊泉五湖賦曰乃天地之玄源陰陽之所徂上値箕斗之精與雲漢乎同模受三方之灌溉爲百川之巨都居楊州之大澤苞吴越之具區南與長江分體東與巨海合流太陰之所毖玄靈之所遊追湖水而往還通蓬萊與瀛洲爾乃詳觀其廣深之所極延袤之規方邈乎浩浩蕩乎洋洋西合乎濛汜東苞乎扶桑日月於是出入與天漢乎相望左有苞山連以醴瀆岝額崔嵬穹窮紆曲右有平原廣澤葛旁延旁薄原隰陂阪各有條格茹蘆茭亂隱軫肴錯衝風之所去零雨之所薄

陂

毛詩曰彼澤之陂有蒲與荷　史記曰高祖母曰劉媼嘗息大澤之陂夢與神遇（事具帝王部中）淮南子曰譬若同陂而溉田其受水均也　續漢書曰郭泰入汝南交黄叔度至南州先過袁奉高不宿而去從叔度累日

或以問泰泰曰泰奉高之器譬諸軛濫雖清而易挹也叔度之器汪汪若萬頃之陂澄之而不清混之而不濁不可量也　魏略曰明帝出次摩陂有龍見於井中帝出觀因改摩陂爲龍陂　漢宮殿疏曰鴈鶩陂蓋地六頃承昆明池下流　抱朴子曰葛仙公每飲酒醉常入家門前陂水中卧竟日乃出　汝南先賢傳曰鄭敬去吏隱居于蟻陂之陽以漁釣自娱彈琴詠詩常方坐於陂側　襄陽耆舊記曰宜城縣東北角有尉斗陂

【詩】魏文帝於玄武陂作詩曰兄弟共行遊驅車出西城野田廣開闢川渠互相經黍稷何鬱鬱流波激悲聲菱芡覆緑水芙蓉發丹榮柳垂重蔭緑向我池邊生乘渚望長洲群鳥讙譁鳴萍藻泛濫浮澹澹隨風傾

【銘】晉張載洪池陂銘曰開源東注出自城池魚鼈䲶鱗殖水鳥盈涯菱藕狎獵秔稻連畦漸臺中起列館參差惟水泱泱厥大難言

池

毛詩曰東門之池可以漚麻　又曰王在靈沼於牣魚躍沼池也　六韜曰殷君

喜爲酒池迴船糟丘　穆天子傳曰天子西征至于玄池天子三日休于玄池之上乃奏廣樂而歸是曰樂池　又曰天子觴西王母于瑤池之上西王母爲天子謡事具樂部韓詩外傳曰齊景公出弋昭華之池也　漢書曰賈山奏事吳王曰吳有諸侯之位而實富於天子游曲臺臨上路不如朝夕之池深壁高壘副以關城不如長江之固江淮之險　又曰太液池中有蓬萊方丈瀛洲象神山也　魏志曰黄初三年穿靈芝池　逸士傳曰堯讓天子於許由許由逃巢父聞之而洗耳於池　顧子曰與子華遊東池子華曰水有四德池為一焉　沐浴群生澤流萬世仁也揚清激濁滌蕩塵穢義也弱而難勝勇也導江疏河變盈流謙智也顧子曰我得女於池上矣　華陽國志曰滇池縣有澤水周迴二百里所出深廣下流淺狹似如倒流故俗曰滇池長老傳言池中有神馬與家馬交則生駿駒世稱滇池駒日行五百里　襄陽記曰峴山南習郁大魚池依范蠡養魚灋種楸芙蓉菱芡山季倫每臨此池輒大醉而歸恒曰此我高陽池也城中小兒歌之曰山公何所往來至高陽池日夕倒

載歸酩酊無所知　王羲之書云張芝臨池學書池水盡黑寡
人耽之若是未必後之事具藝部書篇續述征記曰大梁西南七十里尉氏縣
有蓬池　梁州記曰明月池南二里有七女池【詩】魏文帝芙蓉池詩
曰乘輦夜行遊逍遙步西園雙渠相灌溉嘉木繞通川卑枝拂羽
蓋脩條摩蒼天丹霞夾明月華星出雲間遨遊快心意保已終百
年　魏陳王曹植詩曰逍遙芙蓉池翩翩戲輕舟南陽棲雙鵠北柳
有鳴鳩　梁武帝首夏泛天池詩曰薄遊朱明節泛漾天淵池舟
檝互容與藻蘋相推移碧沚紅菡萏白沙青漣漪新枝拂舊石
殘花落故池葉軟風易出草密路難披　梁簡文帝山池詩曰
日暮芙蓉水聊登鳴鶴舟飛艫飾羽毦長幔覆緹紬停輿依柳息
住蓋影空留古樹橫臨沼新藤上挂樓魚游向闇集戲鳥逗楂流
梁庾肩吾山池應令詩曰閬苑秋光暮金塘牧潦清荷低芝蓋出
浪湧鷁舟輕逆流留棹唱帶谷聚笳聲岸竹交臨浦山桐迥出
城水逐雲峯闇寒隨殿影生　梁王臺卿山池詩曰歷覽周仁智

登臨歡豫多穿渠引金谷闢道出銅駞長橋時跨水曲閣乍臨波巖風生荇樹池香出芰荷石幽銜細草林末度横柯　梁鮑至山池詩曰望園光景暮林觀歇雰埃荷踈不礙檝石淺好縈苔風花逐棹擊山路向橋開樹交樓影没岸暗水光來　後魏温子升春日臨池詩曰光風動春樹丹霞起暮陰嵯峨映連璧飄颻下散金徒自臨濠渚空復撫鳴琴莫知流水曲誰辯游魚心　周庾信奉和山池詩曰樂宫多暇豫望苑暫迴輿鳴笳陵絶限飛蓋歷通渠桂亭花未落桐門葉半踈荷風驚浴鳥橋影聚行魚日落含山氣雲歸帶雨餘　又晚讌昆明池詩曰春餘足光景趙李舊經過上林柳腰細新豐酒逕多小船行釣里新盤待摘荷蘭皐徒税駕何處有凌波　又奉和初濬池成清晨臨泛詩曰千金高堰合百頃浚源開䌜逢積草浪更識昆明灰虎嘯風還急雞鳴潮即來時看青雀舫遥逐貴舟迴　周王襃玄圃濬池詩曰長洲春水滿臨泛廣川中石壁如明鏡飛橋類飲虹垂楊夾浦緑新桃緣逕紅對樓還泊岸迎波暫守風

漁舟釣欲滿蓮房採半空於茲臨北闕非復坐墻東　又山池落日詩
日竹館掩荆扉池光晦晚暉孤舟隱荷出輕棹染菖歸浴鳥時侶竄
鶖羽忽單飛　陳徐陵山池應令詩曰畫舸圖仙獸飛艎挂采游
榜人事金槳釣女餙銀鉤細萍時帶檝低荷乍入舟猨啼知谷晚蟬
噎覺山秋　又奉和山池詩曰羅浮無定所鬱島屢遷移不覺因
風雨何時入後池樓臺非一勢臨翫自多奇雲生對户石猨挂入欄枝
陳陰鏗經豐城劒池詩曰清池自湛淡神劒久遷移無復連星氣空
餘似月池夾篠澄深渌含風結細漪唯有蓮華萼還想匣中雌
隋江惣秋日昆明池詩曰玄沼蕭條望遊人意緒多終南雲影落渭北
雨聲過蟬噪金堤柳鷺飲石鯨波珠來照似月織處寫成河詎知臨
水歎非復採蓮歌　隋薛道衡遊昆明池詩曰霸陵因靜退靈沼暫
徘徊新船木蘭檝舊宇豫樟材荷心宜露泣竹徑重風來魚潛疑刻
石沙闇似沉灰**賦**晉張載濛汜池賦曰麗華池之湛淡開重壤以停
源激通渠於千金承瀍洛之長川挹洪流之汪濊包素瀨之寒泉既

乃北通醴泉東入紫宮左面九市右帀闤風周墉建乎其表洋波迴乎其中幽瀆傍集潛流獨注仰承河漢吐納雲霧緣以采石殖以嘉樹水禽育而萬品珍魚生而無數芬苔汎濫脩條垂幹綠葉覆水玄蔭珍岸紅蓮煒而秀出繁葩艷以煥爛遊龍躍翼而上征翔鳳因儀而下觀想台日之納光覩明暉之皓旰於是天子乘玉輦時遨遊排金門出千秋造綠池鏡清流翳華蓋以逍遙攬魚釣之所收纖緒挂而鱣鮪來芳餌沉而鰋鯉浮豐夥踰於巨壑信可樂以忘憂

晉郭璞鹽池賦曰水潤下以作鹹莫斯鹽之最靈傍峻岳以發源池茫爾而海渟嗟玄液之潛洞羌莫知其所生狀委虵其若漢流漫漫以漭漭吁鑿鑿以粲粲色皜然而雪朗揚亦波之煥爛光旰旰以晃晃隆陽映而不燋洪涔沃而不長磊崔崒碓鍔剡基方玉潤膏津雪白凌岡粲如散璽煥若布璋爛然漢明晃爾霞赤望之絳承即之雪積翠塗內映頹液外羃動而愈生損而茲益若乃煎海鑠泉或凍或漉所贍不過一鄉所營不過鍾斛飴戎見珍於西隣火井擅奇乎巴濮豈若茲池

之所産帶神邑之名岳吸靈潤於河汾出懋高膏液乎澮涑　宋謝莊侃曲池賦曰北山兮黛柏南江兮頳石頳岸兮若虹黛樹兮如畫暮雲兮十重朝霞兮千尺步東池兮夜未久臥西窻兮月向山引一息於魂內擾百緒於眼前

銘

隋江揔華林園天淵池銘曰歲次執徐月維大呂爰命梓匠廣脩畚鍤摽置舊趾開浚昔基東西彌洲望雲霧之所澄蕩南北紆縈虹霓之所引曜曉川漾璧似日御之在河宕宕浪浮金疑月輪之馳水府前瞰萬雉列樹參差石却拒三襲危巒聳峭壤鳥異禽自學歌舞神木靈卉不知搖落但以叔皮覽海序螭蛟之濫吉甫臨舟美檉松之蓊葺尚復著在吟詠緘彼緹緗況我君門盛事爭未紀隸須待詔謹製銘云石溝溜窔蘭渚潮平九華閣道百丈宵盈液搖殿色殿寫波明

表

晉江逌諫鑿北池表曰伏承當鑿北池又立閣道雖湫阨陋小用功甚微又役不擾民賦不及外至簡至約誠不可加然於愚懷實有眷眷

谿

爾雅曰水注川曰谿山瀆無所通曰谿

管子曰桓公北征孤竹至卑耳之谿

事具武部俗說曰郗僧施青溪中泛[illegible]一曲之處輒作詩一篇謝益壽見詩笑
曰青谿之曲復何窮盡　武昌記曰樊山東有小谿夏時懷袖怕有寒氣
故謂之寒谿　裴氏廣州記曰管谿周圓丈餘水極沸涌如猛火煎泊聲
荊州記曰酈縣北八十里有菊谿源出縣西北五十里石澗山東南流會專
水兩岸多甘菊　盛弘之荊州記曰桂陽郡西南宿山水出注大谿號曰橫谿
水甚深冬夏不乾俗謂之貪泉飲者輒冒於財賄　**詩**　梁任昉泛長谿詩曰
徇祿聚歸粮依隱謝羈勒絕物甘離群長懷忽去國長谿水東含震
區窮水域道遇垂綸叟[illegible]所訪問津惑彌纖申九言無為累牽纏長泛滄
浪水平明至曛黑　又范[illegible]日汎舟東谿詩曰黝黝桑柘繁芃芃麻麥
盛交柯谿易陰反景澄餘映吾生雖有待樂天庶知命不學梁甫吟
唯識滄浪詠田荒我右役秩滿余謝病　**賦**　宋謝靈運長谿賦曰潭結
綠而澄清瀨揚白而截華飛急聲之瑟汩散輕文之漣羅始鏡底以如玉
終積岸而成沙

谷

爾雅曰水注谿曰谷　毛詩曰葛之覃兮施于中谷維葉萋萋　又曰伐
木丁丁鳥鳴嚶嚶出自幽谷遷于喬木事具鳥部又曰皎皎白駒在彼空谷
老子曰谷得一以盈谷無以盈將恐竭　韓子曰昔齊桓公入山問父老此爲
何谷荅曰臣舊畜牛生犢以子買駒少年謂牛不生駒遂持而去傍
鄰謂臣愚遂名愚谷說苑又載事具人部諷諫韓詩外傳曰孔子南遊適楚至於
阿谷之隧有處子佩璜而浣者孔子抽觴以授子貢曰以觀其辭　劉向
別録曰方士傳言鄒衍在燕燕有谷地美而寒不生五穀鄒子居之吹律而
溫氣至而穀生今名黍谷　漢武故事曰上微時行至栢谷舍於逆旅
逆旅翁罵之因從公乞漿翁曰正有溺無漿也　博物志曰夏桀之時爲
長夜宮於深谷之中男女雜處三旬不出聽政其後大風揚沙一夕填
此谷　周景式廬山記曰石門是一大谷谷中有脩林萬頃偉木千
尋日月之光罕照焉　戴延之西征記曰梓澤去洛城六十里梓澤金
谷也中胡賢達所集賦詩猶存是石崇居處　【賦】晉胡濟瀍谷賦曰
嘉高岡之崇峻兮臨玄谷以遠覽仰高丘之崔嵬兮望清川之澹

澹爾乃陟重險涉榛薄倚春木臨幽壑深谷豁以窮藹高峯嶭
而岸崿

澗

釋名曰澗閒也言在兩山閒也　說文曰澗山夾水也從水閒聲也
爾雅曰山夾水曰澗　韓宣子曰董安于爲趙上地守行右阜山見深
澗峭如墻深百仞問其鄉左右曰人嘗有入此乎曰無有有嬰兒狂聾人
入此乎曰無有有牛馬犬入此乎曰無有安于歎曰吾能治矣使吾法之無
敢犯猶入澗之必死則民莫之犯也　漢書曰沛公與項籍臨廣武澗而語
數籍以十罪　石崇金谷序曰余有別廬在河南界金谷澗中或高
或下有清泉茂樹衆果竹木草藥之屬　異苑曰符堅爲慕容冲
所襲不堅馳騧馬墮而落澗追兵幾及計無由出馬即跪躅臨澗垂
控與堅堅不能及馬久跪而援焉堅援之得登岸而走　詩　梁劉孝威
賦得曲澗詩曰澗流急易轉溪竹闇難開近樓俄已失前洲忽復
迴石岸生寒癩沉根漬水苔菱舟失道去歸鳧迷逕來　宋徐謨

華林北澗詩曰惣長潭兮括遠源下沉溜兮起輕泉迴溪浚兮曲沼阻衝波激兮瀨淺淺貫九谷兮積靈芝飛清濤兮潔澄連

浦

說文曰浦水濱也　風土記曰大水小口別通爲浦　楚詞曰出溆浦而邅迴　又曰望美人兮南浦　述征記曰興浦舊魏步道吳揭水灌之令絕道爲浦　顧微廣州記曰溪浦口有蒲母養龍裂斷其尾因呼龍掘今時見之則土境大豐而利涉也　劉楨京口記曰縣城東南大路過長堽五里得屠兒浦者昔諸屠兒居此小浦因以爲名也　伏滔北征記曰廣陵西一里水名公路浦袁術自九江東奔袁譚於下邳由此浦渡因名也

【詩】梁簡文帝入溆浦詩曰泛水入迴塘空枝度日光竹垂懸掃浪梟見疑遠避檣　梁丘遲旦發漁浦潭詩曰魚潭霧已開赤亭風未颺櫂歌發中流鳴鞞響沓嶂村童忽相聚野老時一望詭怪石異象危絕峯殊狀森森荒樹齊淅淅寒沙漲藤垂島易陟崖傾嶮難傍

【表】宋王弘廣陵前浦開表曰伏聞廣陵前浦

榛蕪歷久近復開除清源虛邃含明內鑒瑞以數致象以類應夫如是者鸞響鳳儀可停屬而須矣

渠

史記曰韓聞秦之好興事欲罷之無令東伐乃使水工鄭國間說秦令鑿涇水自中山西抵瓠口爲渠並北山東注洛三百里欲以溉田中作而覺欲殺鄭國鄭國曰始臣爲間然渠成亦秦之利也卒使就渠渠就而用注四萬餘頃收皆畝一鍾於是關中爲沃野秦以富彊因命曰鄭國渠　漢書曰張掖郡有千金渠　地理書曰滎陽有浪蕩渠

【頌】後漢蔡邕京兆樊惠渠頌曰洪範八政一曰食周禮十職一曰農生民之本於是乎出豐殖財用於是乎在陽陵縣東厥地汙泥嘉穀不殖光和五年京兆尹樊君勤恤民隱乃命立新渠曩之毒田化爲甘壤相與謳談斐然成章謂之樊惠渠其歌曰我有長流莫或闕之我有溝澮莫有達之田疇斥鹵莫修莫治飢饉困瘁莫恤莫思

井

盛弘之荆州記曰隨郡北界有九井相傳神農既育九井自穿又云汲一井則衆井水皆動　又曰江陵縣東北十里天井臺東臨天井井周迴二里許中有潛室人時見之輙有兵寇　戴延之西征記曰太極殿上有金井金博山鹿盧交龍負山於井上有金師子在龍下　潯陽記曰盆城灌嬰所築孫權經此城自標井地令人掘之正得故井銘云潁陰侯所開云三百年當塞塞後不滿百年當爲應運者所開權欣悦以爲已瑞井甚深大江中風浪此井輙動常當之　嵩高山記曰少室山有雲母井　異物志曰廬陵城中有一井中有二色水半青半黄黄者灰汁取作糜粥皆作金色去名灰汁爲金因名爲金井　異苑曰句容縣有延陵季子廟廟前井及瀆恒自涌沸故曰沸井于今猶然又曰臨卭有火井漢室之隆則炎赫彌熾暨桓靈之際火勢漸微諸葛亮一瞰而更盛

【詩】梁范雲詠井詩曰乃鑒長林曲有浚廣庭前即源以爲浪因方自成圓兼冬積温水疊暑必寒泉不甘未應竭既涸斷來翻　又悲故井詩曰因舊未嘗改緣甘故先竭歷稔久無禽一朝見開渫

泌泉既斯涌，短綆將安設。

【賦】晉郭璞井賦曰：益作井，龍登天，鑿后土，洞黃泉，潛源存，溹滈滈，涓涓爾爾，乃冠玉檻，甃鱗錯，鼓鹿盧，揮勁索，飛輕祛之繽紛，手爭鶩而牽弱，長繘委虵以曾縈，瑶甕龍騰而灑澂，乃回澄以靜映，狀囧然而鏡灼，挹之不損，停之不溢，莫察其源，動而愈出，信潤下而德施，壯邑移以不改，獨星陳於丘墟兮，越百代而猶在，守虚靜以玄澹兮，不東流而往海。晉孫楚井賦曰：苦行潦之滓濁，靡清流以自娛，乃喟爾而有感，率鄰左之數夫，脉厥土以興作，登甘醴於玄虛，喝人來翔，行旅是賴，輟耕息肩，不期而會，沉黃李，浮朱柰，雜狸首之班，如飛清塵，幾汰枕玄石以盥嗽，喜遨怡以緩帶。晉江逌井賦曰：穿重壤之十仞兮，搆玉甃之百節，營之不日，既汲既渫，潛流炤炤，寒泉冽冽，挹之不損，溜之不充，納而不虧其有，輿而不匱其豐，豈先王借象以辯義，君子擬淡以自綏，神龍來蟠以育鱗，列仙一嗽而雲飛。

【贊】晉卞敬宗溝井贊曰：爰有寒井，洌彼下泉，引流重壤，合耀青天，蘊甘澄潔，湛爾終年，圖象懷惻，寄旨嘉茎。

【銘】後漢李尤井銘曰：井之所尚，寒泉冽清，法律取象，不槩自

平多取不損少汲不盈執憲若斯何有邪傾

冰

易坤卦曰初六履霜堅冰至象曰履霜堅冰至陰始凝也　毛詩曰誕寘之寒冰鳥覆翼之　又曰二之日鑿冰冲冲三之日納于凌陰二日夏之十二月三日夏之正月鑿冰冲冲聲皃凌陰冰室也　漢書曰晁錯上書曰夫胡貉之地積陰之處也木皮三寸冰厚六尺　孫盛雜語曰王祥字休徵性至孝後母苛虐欲危害祥祥色養無怠盛寒之月後母曰吾思生魚祥脫衣將剖冰求之有少處冰解下有魚出因以奉養　楚詞曰魂兮歸來北方不可以止增冰峨峨飛雪千里　鄧析書曰明君之御民若乘奔而無轡履冰而負重也　孫卿子曰冰生於水而寒於水　淮南子曰見一葉之落知歲之將暮睹瓶中之冰而知天下之寒以近諭遠也　左傳曰古者日在北陸而藏冰西陸朝覿而出之其藏冰也深山窮谷固陰沍寒於是乎取之　老子曰渙若冰將釋　史記曰周紀曰姜嫄爲帝嚳元妃出里見巨人跡而履之身動如孕暮而生子以爲不

祥棄於氷之上鳥以翼覆薦之　論衡曰夫蘗一炬火爨一鑊水終日不熱也倚一尺氷置庖廚中終夜不寒也何則微小之感不能動大也今鄒衍之歎不過如一炬尺氷而皇天巨大不徒鑊水庖廚也一夫仰歎天爲降霜何天之易感霜之易降也　吴越春秋曰越王念吴欲復怨非一旦也苦思勞心夜以接日冬寒則抱氷夏熱則握火愁心苦志懸膽於戶出入嘗之不絶於口　魏子曰危殆之國治不益之民是猶薄氷當白日聚毛過猛火也　博物志曰削氷令圓舉以向日以艾承其影則有火出　東晳集曰君聞薄氷凝池非登廟之寶零露垂林非綴冕之飾必將採素璧於層山探圓珠於重泉也【賦】晉顧凱之氷賦曰激厲風而貞質仰和景而融暉清流離之光徹邈雲英之巍巍爾乃連綿絡幕乍結乍無義剛有折照壼則虚託形超象比朗玄珠若乃上結薄暎下鏡長泉靈葩隨流含馨香揚鮮　晉庾儵氷井賦曰嘉陰陽之博施美天地之廣宣萬物雜而無越不易類以相干或專陽貪暑或固陰沍寒塗雖殊而同歸信協德而俱延於是孟冬之月羣陰畢升霜

雪紛其交綸流波結而成凌啓南墉之重隩將却熱以藏氷納遠宫
之邃宇靜幽淡以清徹抱堅精之玄素發川靈而長凝於是寒往暑來
四時乀序帝將攘患炎災是禦禀爾乃攜我同類援我蒸徒將涉寒藪
害氣是除樊舉靈艦而增舉爰自託於城隅仰瞻重搆俯臨陰宄凄清
驚冷慼發栗烈餘寒嚴悴凄若霜雪【啓】梁沈約謝勑賜氷啓曰
竊惟司寒輟響眇自前代凌室曠官歷茲永久聖功闡物逸典備
甄窮深旣拯園池靡用有籍羔秬無災霜雹

津

說文曰津水渡也濮小津也　論語曰長沮桀溺耦而耕孔子過之使子
路問津焉長沮曰夫執輿者爲誰子路曰孔丘曰是知津矣　列女傳曰
趙簡子南擊楚津吏醉卧不能渡簡子召欲殺之津吏女子持檝而
前曰妾父聞君來不渡不測之水恐風波之起故禱九江三淮之神不勝巫祝
杯酌餘瀝醉至於此妾願以鄙軀易父之死簡子將渡少一人乃備員持
檝遂與渡中流發激棹之歌簡子悅以爲夫人　續漢志曰河東大

陽縣有茅津北屈縣有採桑津　**銘**　後漢李尤孟津銘曰洋洋河水赴宗于海經自中州龍圖所在黃函白神赤符以信昔有周武集會孟津魚入王舟乃往克殷

橋

說文曰橋水梁也東楚謂橋爲圯　紀年曰周穆王三十七年伐楚大起九師至于九江比黿鼉爲梁　燕丹子曰燕太子丹質於秦秦王遇之無禮乃求歸秦王爲機發之橋欲以陷丹丹過之無虞　戰國策曰豫讓欲爲智伯報讎趙襄子當出伏於橋下至橋馬驚曰必是豫讓也求之果是　史記曰秦昭王四十九年初作河橋　又曰文帝行出中渭有一人從橋下走出乘輿馬驚使騎捕之屬廷尉廷尉張釋之治問曰縣人來聞蹕匿橋下見車騎即走耳張廷尉奏一人犯蹕當罰金（漢書亦云事具官職部）　黃圖曰秦始皇兼天下都咸陽端門四達以則紫宮渭水貫都以象天漢橫橋南渡以法牽牛　論衡曰高麗國有侍婢自云有氣如雞子來下我故有身後生子曰東明東明善射

王恐害其國欲殺之東明走至掩水以弓擊水魚鱉浮而爲橋梁（事載魏略）
（亦具鱗介部）蘇子曰微生與婦人期不來水至抱梁柱而死（或作尾生）王隱晉書曰杜
預啓建河橋于富平津衆論以爲周所都經聖賢而不作者必不可作
故也預曰昔造舟爲梁則河橋之謂也遂作橋成上從百官臨會舉杯
勸預曰非君橋不立也預荅詔曰非陛下之明臣亦不獲奉成聖制也
衆咸稱善

【詩】梁簡文帝賦得橋詩曰浮梁既衝嶰通波信可陵乘
空寫渭石跨岸擬河永斜闌隱燭霧布影入清澠方知歌淥水無待
榜蒼鷹　又詠壞橋詩曰虹飛亘林際星度斷山隅斜梁懸水跡畫
柱脫輕朱　又石橋詩曰惠子臨濠上秦王見海神寫虹便欲飲圖星
逼似真　梁蕭若靜石橋詩曰連延過絕澗迢遞跨長津已數逢仙
客兼曾度隽人　梁徐摛壞橋曰匝欄生闇蘚覆板沒魚衣岸曲斜
梁阻何時香步歸　周庾信看治渭橋詩曰大夫參下位司職渭之
陽富平移鐵鎖甘泉運石梁跨虹連絕岸浮黿續斷航春洲鸚鵡
色流水桃花香　周王褒和治渭橋詩曰東流仰天漢南度似牽牛

長堤通甬道飛梁跨造舟使者開金堰太守擁河流廣陵候濤水荆峽望陽侯洨生從故舶沙漲涌新洲天星識辯對撿王應沉鈎　陳陰鏗賦得度岸橋詩曰晝橋長且曲傍險復憑流寫虹晴尚飲畱星晝不收跨波連斷岸接路上危樓欄高荷不及池清影自浮何必横南渡方復似牽牛　太宗文皇帝賦得浮橋詩曰曲岸非千里橋斜異七星暫低逢輦度還高值浪驚水摇文鷁動纜轉錦花縈遠近隨輪影輕重應人行　梁庾肩吾石橋詩曰秦王金作柱漢帝玉爲欄仙人飛往易道士出歸難　張文琮賦橋詩曰造舟浮渭日鞭石表秦初星文遥寫漢虹勢尚凌虚已授文成履空題武騎書別有臨濠上棲偃獨觀魚　後周宗羈登渭橋詩曰仲山朝飲馬還坐渭橋中南瞻障別館北望盡離宮四面衣裾合三條冠蓋通蘭香想和季雲起憶成公圯上相知早雞鳴幸共同

藝文類聚卷第九

藝文類聚卷第十

符命部　　渤海歐陽　詢　撰

符命

春秋潛潭巴曰：里社鳴，此里有聖人，其呴則百姓歸之。（社里之君也。鳴則教令行，唯聖人能之。呴，鳴之怒也。）春秋合誠圖曰：堯母慶都出觀三河，奄然陰風，赤龍與慶都合，生堯。河圖曰：湯母扶都見白氣貫月，意感而生湯。春秋元命苞曰：殷紂之時，五星聚於房。房者，蒼神之精，周據而興。（周起於房，而五星聚之，得天下之祥。）尚書中候曰：季秋赤雀銜丹書入酆，止于昌戶，昌拜稽首受最。（最，要者也。）曰：姬昌，蒼帝子。又曰：呂尚釣磻谿，得玉璜，刻曰：姬受命，呂佐旌。（旌，理也。）呂氏春秋曰：周文王時，見大赤烏銜書，集于周社。文王曰：火氣勝，故其色上赤。尚書中候曰：武王發渡于孟津，中流白魚躍入王舩，王俯取魚，長三尺，有文王字。史記曰：帝嚳次妃有娀氏女簡狄，以春分玄鳥至之日，祀于高禖，有玄鳥遺其卵，簡狄吞之，孕生契，爲殷始祖。又曰：帝高陽氏元妃姜嫄，見大人之跡，履之，歆然若感而生后稷，棄之寒氷之上，鳥翼覆之；又棄之隘巷，羊牛乳之；又棄之平林之上，人收養之，爲周始祖。又曰：高祖母媼嘗息大澤之陂夢與神遇時雷電晦冥父太公往視見蛟龍於上已而有娠遂生高祖　又曰高祖被酒夜經豐西澤中令一人行前行前者還報曰前有大虵當徑高祖乃前拔劒斬虵虵分爲兩道開後人來至虵所有一老嫗夜哭問之嫗曰吾子白帝子化爲虵當道今爲赤帝子斬之因忽不見　漢書曰高祖元年冬十月五星聚于東井從歳星也東井秦分野漢以義取天下之應也又曰孝昭帝時太山萊蕪山南洶洶有數千人聲民視之有大石自立高丈五尺大三十八圍入地深八尺三石爲足石立後有白烏數千集其旁宣帝中興之瑞也　又曰昭帝時上林柳樹斷卧地一朝起立生枝葉有虫食其葉成文字曰公孫病已立　又曰昌邑王問社有枯樹復生枝葉眭孟以爲木下民象當有廢改之象公孫氏從民間受命爲天子者後宣帝立帝本名病已　隋巢子曰昔三苗大亂天命夏禹於玄宮有大神人面鳥身降而福之司祿益富而國家實司命益年而民不夭四方歸之禹乃克三苗而神民不違　墨子曰夏桀時天乃命湯於驪宮有神來告曰夏德大亂往攻之

子必使汝大戡之　又商王紂時周武王見三神曰予旣沉漬殷紂于酒德矣汝往攻之予必使汝大戡之　東觀漢記曰光武帝夜生時有赤光室中盡明皇考異之使卜者王長卜之長曰此善事不可言是歲有嘉禾生一莖九穗長大於凡禾縣界大豐熟因名上曰秀　又曰光武從邯鄲避王郎兵至呼沲河導吏還言河水流澌無船不可濟左右皆惶畏爲王郎所及上命王霸前往視之實然霸念還言驚衆雖不可渡且臨水止尚可爲阻即白曰氷堅可渡士衆大喜上大笑曰果妄言也比至河流澌氷合可履彊以囊盛沙布氷上乃渡渡未畢而數車氷陷也

琴操曰魯哀公十四年西狩薪者獲麟擊之傷其左足將以示孔子孔子道與相逢見俛而泣抱麟曰爾孰爲來哉孰爲來哉反袂拭面仰視其人龍顔日角夫子奉麟之口須臾吐三卷圖一爲赤伏劉季興爲王二爲周滅夫子將終三爲漢制造作孝經夫子還謂子夏曰新主將起其人如得麟者　帝王世紀曰燧人之世有大迹出雷澤華胥履之生庖犧氏於成紀也　又曰神龍感女登於常羊生炎帝　又曰電光繞北斗

樞星照郊野感附寶孕二十月生黃帝於壽丘　又曰黃帝時有大星如虹下流華渚女節夢接之意感生少昊　又曰陶唐之世握登見大虹意感生堯於姚墟　又曰脩巳山行見流星貫昴意感慓然又吞神珠薏苡胷圻而生禹　又曰漢昭靈后名含始遊浴池有玉雞銜赤珠出刻曰玉英吞此者王含始吞之生高祖　魏氏春秋曰明帝青龍三年張掖郡删丹縣金山玄川溢涌寶石負圖狀象靈龜立于川西有石馬七其一仙人騎之其一羈絆之其五有形而不善成有玉匣開蓋於前上有玉字玉玦二玉璜一又有麒麟在東鳳皇在南白虎在西犧牛在北馬自中布列南方有字曰大討曹金但取之此司馬氏革運之徵　魏志曰桓帝時有黃星見於楚宋之分遼東殷馗善天文言後五十歲當有真人起於梁沛之閒其鋒不可當至是凡五十年而太祖破袁紹天下莫敵矣　吳録曰孫堅墓上數有光如雲氣五色上屬天下蔓延數里父老相謂曰此非凡氣孫氏其興乎　吳書曰孫堅母懷妊夢腸繞吳昌門孫策母懷策夢月入懷懷孫權夢日入懷　晉中興書中

宗元皇帝初誕有神光之異一室盡明所藉藁如始刈　豫章記曰
松陽門内有大梓樹大四十五圍舉樹盡枯死永嘉中一旦忽更榮茂太
興中元皇帝果繼大業　庾仲初楊都賦所云瘣木薈于豫章　郭璞
南郊賦云弊梓擢秀于祖邑也宣帝祖爲豫章太守故云祖邑也
臧榮緒晉書曰王廙爲鄱陽太守有枯樟樹更生王敦表勸進中宗
曰晧獸應瑞而來臻樟樹久枯而更榮　孫盛晉陽秋曰秦始皇時望氣
者言五百年後金陵之地有天子氣於是改金陵曰秣陵塹北山以絶其
勢秦政東遊以猒之後五百二十六年而中宗即位於江南　又曰太安中
歲鎮辰太白四星聚於牛女之間後中宗即位於楊州也　武昌記曰孫
權獵於樊山見一姥問獵何得荅曰止得一豹姥曰何不竪其尾忽然不
見因爲立樊姥廟　徐爰宋書曰武帝夜生有神光之異室内盡明
是夕甘露降于墓樹　又高祖舉目瞻眎常見二龍在焉始尚微小及
貴龍形漸長光色轉明左右侍者亦數見徵異　宋書曰高祖既
登祚謂羣臣曰朕始望不至此衆人咸撰辭欲盛稱功德王弘率爾

對曰所謂天命求之不可得推之不可去衆皆以爲知言

文 漢司馬相如封禪文曰伊上古之初肇自昊穹之生民歷選列辟以迄于秦率邇者踵武逖聽者風聲紛綸葳蕤湮滅而不稱者不可勝數也繼昭夏崇號謚略可道者七十有二君書曰元首明哉股肱良哉因斯以談君莫盛於唐堯臣莫賢於后稷后稷創業於唐堯公劉發跡於西戎文王改制大行越成故軌跡夷易易遵也湛恩庬鴻易豐也憲度著明易則也垂統理順易繼也是以業隆於襁褓而崇冠于二后未有殊尤絶跡可考於今者也然猶躡梁父登泰山建顯號施尊名大漢之德逢火䗑涌源泉沕潏曼羨旁魄四塞雲布霧散上暢九垓下泝八埏昆蟲凱澤迴首面内然後囿騶虞之珍群徼麋鹿之怪獸導一莖六穗於庖犧雙觡共觝之獸招翠黄乘龍於沼欽哉符瑞臻兹猶以爲德薄不敢道封禪蓋周躍魚隕杭休之以燎此之爲符也以登介丘不亦恧乎進讓之道何其爽與於是大司馬進曰陛下仁育群生義征不憓德侔往初功無與二意者泰山梁父設壇場望幸

蓋上帝垂恩儲祉將以慶成陛下謙讓而弗發也挈三神之歡缺王
道之儀羣臣恧焉夫脩德以錫符奉符以行事不爲進越也故聖王
不替而修禮地祇謁款天神勒功中嶽以章至尊皇皇哉斯事天下
之壯觀王者之丕業不可貶也願陛下全之俾萬世得激清流揚微波飛
英聲騰茂實前聖之所以永保鴻名而常爲稱首者用此宜命掌故悉
奏其儀而覽焉於是天子沛然改容曰俞乎朕其試哉乃遷思迴慮揔
公卿之儀詢封禪之事詩大澤之博濱符瑞之富遂作頌曰自我天
覆雲之油油甘露時雨厥壤可遊滋液滲漉何生不育嘉穀六穗
我穡曷蓄匪唯雨之又潤澤之匪唯徧之我氾布護之名山顯位望君
之來君乎君乎侯不邁哉般般之獸樂我君囿白質黑章其儀可嘉
旼旼穆穆君子之態蓋聞其聲今親其來厥途靡從天瑞之徵茲
爾於舜虞氏以興濯濯之麟遊彼靈畤孟冬十月君徂郊祀馳我君
輿帝以享祉宛宛黃龍興德而升正陽顯見覺悟黎烝於傳載之云
受命所乘厥類託寓諭以封巒披藝觀之天人之際已交上下相發允答

聖王之德兢兢翼翼故曰於興必慮衰安必思危是以湯武至尊嚴不失肅祇舜在假典顧省闕遺此之謂也【頌】魏傅遐皇初頌云尋咸德以降應著顯符于方臻積嘉祚以待期儲鴻施於真人昔九代之革命咸受天之休祥匪至德其焉昭匪至仁其焉章懿大魏之聖后固上天之所興應靈運以承統排閶闔以龍升攄皇象以闡化順帝則以播音遵陽春以行施揆四時以立信運聰明以舉善宣柔惠以養人於赫我后邁德如神化不朞月令不浹辰於是天地休豫靈祇歡欣嘉瑞雲集四靈允臻甘露霄零於宮庭醴泉冬涌於中原白雉素烏丹芝朱魚鱗集羣萃不可勝書信應天之美瑞受命之靈符也然後覽公卿之讜議詢百僚之典謨天子乃登彫輦戴羽蓋佩玉鏘鏘鑾聲噦噦拜上皇告受位兆休祚導神氣於是建皇初之上元發曠盪之明詔眚災肆赦盪滌瑕穢崇設九賓溥延公卿嘉善千品俎豆充庭金石具縣鍾鼓卌作歌九功舞八佾鴻澤普皇恩洽民欲得神望塞【叙】後漢傅幹王命叙曰昔在唐虞之禪列于帝典殷周之代叙于詩書天之歷數昭焉著明周篤后稷公劉

積德行仁至乎文武遂成王業雖五德殊運或禪或征其變化應天與
時消息其道一也故雖有威力非天命不授雖有運命非功烈不章自我
高祖龍衮唐之統受命龍興討秦滅項光有萬國世祖撥亂奄復帝
宇人鬼協謀徵祥煥然皆順乎天而應乎人也然則帝王之起必有天命瑞
應自然之符明統顯祚豐懿之業加以茂德成功賢智之助而後君臨兆
民爲神明所保祐永世所尊崇未見運叙無紀次勳澤不加於民而可
力爭覬覦神器者也亡豪桀見二祖無尺地之階爲專智力乘釁而起不知
天祚聖哲帝王自有真也哀哉非徒闇於將來又不考之於既往矣自開
闢已來姦雄妄動不識天命勇如蚩尤強如共工威如夷羿然皆從分擯裂
爲天下戒又况淺智小才勇不足畏強不足憚未有成資而敢失順視不
軌之事也哉夫行潦之流不致江海之深丘垤之資不成太山之高魚鼈之
類不希雲龍之軌一官之守不經天人之變當王莽之末英雄四起而鄧
禹耿弇識世祖之福祚贏糧閒行進其策謀遂荷骨肉附之任享佐命之
寵張玄慕蘇秦蒯通之業周旋囂述西說竇融言未及終而梁統已誅

之矣禹弁見命祚之兆其福如彼張玄敝逆順之理其禍如此審斯二事趣舍之分明矣且世祖之興有四一曰帝皇之正統二曰形相多異表三曰體文而知武四曰復信而好士加之以聰明獨斷達於事機發策如神應視遠如見近偏旅首進摧莽軍百萬之衆單師獨征平河北萬里之土識鄧隆之將敗知劉興之必死然猶乾乾日昃博采訓咨拔吴漢於小吏擢馬武於行五寵功臣以兼國之爵顯卓茂以非次之位言語政事文學之士咸盡其材致之宰相權勇畢力於征伐搢紳悉心於左右此其所以成大業也高祖方娠有雲龍之表其始入秦五星同軌以旅于東井在天之符也世祖之徵符其詳可聞也其初生月則靈光鑒于室與嘉禾滋于邑壤其望舊廬有火光之異其渡呼沲有河合之應西門君惠先識其諱彊華獻符千里同驗劉歆改名而隕其身王長錯卦而見吉兆故王遵謂之天授非人力也覽廢興之運會觀徵瑞之攸祚審天應之萌兆察人物之所附念功成而道退無非次而妄據後之人誠能昭然遠覽曠然深悟收莽述之闇惑忠鄧耿之弘慮好謀而要成臨事而知懼距張玄之邪說思在三之明數則

福禄衍於無窮亦世不失其通路矣【文】漢揚雄劇秦美新曰上罔顯於
羲皇中莫盛於唐虞邇靡著於成周仲尼不遭用春秋因斯發言
神明所祚兆民所託罔不云道德仁義禮智獨秦崛起西戎因襲文宣
靈之僭跡基孝公茂惠文奮昭莊至政破從擅衡并吞六國遂稱乎皇
帝盛從鞅儀韋斯之邪政馳騖起翦恬賁之用兵剗滅古文刮語燒書
弛禮崩樂塗民耳目遂流唐漂虞滌殷蕩周難除仲尼之篇籍自
勤功業改制度軌量咸稽之於秦紀是以耆儒碩老抱其書而永遯禮
官博士卷其舌而不談二世而亡何其劇歟帝王之道競競乎不可離已
夫能貞而明之者窮祥瑞困而昧之者極妖愆故若古者稱堯舜威侮者
陷桀紂況盡訐埽前聖數千載功業專用己之私而能享祐者哉會漢
祖龍騰豐沛奮迅宛葉自武關與項羽戮力咸陽創業蜀漢發跡三
秦克項山東而帝天下擿秦政慘酷尤煩者應時蠲始儒林刑辟歷紀
圖典之用稍增焉秦餘制度項氏爵號雖違古而猶襲之是以帝典闕
而不補王綱弛而未張逮至大新受命上帝還資后土顧懷玄符靈契雲

動風偃震聲日景炎光飛響盈塞天泉之間乃奉若天命窮寵極崇與天副神符地合靈契創億兆規萬世卓哉煌煌真天子之表也若天白鳩丹烏素魚斷蛇方斯蔑矣是以發秘府覽書林遥集乎文雅之囿翺翔乎禮樂之場胤殷周之失業紹唐虞之絕風懿律嘉量金科玉條煥爛照耀靡不宣臻振鷺之聲充庭鴻鸞之黨漸階俾前聖之緒布濩流衍而不韞韣郁郁乎煥哉天人之事盛矣鬼神之望允塞紹少典之苗著黃虞之裔帝典闕者已補王綱弛者既張炳炳煒煒豈不懿哉而述前典巡四民迄四岳增封太山禪梁甫斯受命者之典業也崇嶽渟海通瀆之神咸設壇場望受命之臻焉海外遐方信延頸企踵回回內嚮喁喁如也帝者雖勤讓亞可以已乎宜命賢哲作典引一篇以示來人摛之罔極令萬世常戴巍巍屢栗栗嗅馨香含甘實鏡純粹之至精聆清和之正聲則百工伊凝庶績越熙荷天衢提地釐斯天下之上則已庶可試哉

【論】後漢班彪王命論曰昔在帝堯之禪曰咨爾舜天之歷數在爾躬舜亦以命禹既于稷契咸佐唐虞光濟四海奕世載德至于

湯武而有天下雖其遭遇異時禪代不同至于應天順民其揆一焉是故劉氏承堯之祚氏族之世著于春秋唐據火德而紹之始起沛澤則神母夜號以彰赤帝之符由是言之帝王之祚必有明聖顯懿之德豐功厚利積累之業然後精誠通於神明流澤加於生民故能為鬼神所福饗天下所歸往未見運世無本功德不紀而得倔起在此位者也世俗見高祖興於布衣不達其故以為適遭暴亂得奮其劍游說之士至比天下於逐鹿幸捷而得之不知神器有命不可以智力求悲夫此世之所以多亂臣賊子者也若然者豈徒闇於天道哉又不睹之於人事矣夫餓饉流隸飢寒道路思有短褐之褻擔石之蓄所願不過一金終於轉死溝壑何則貧窮亦有命也況乎天子之貴四海之富神明之祚可得而妄處哉故雖遭罹厄會竊其權柄勇如信布強如梁籍成如王莽然卒潤鑊伏鑕烹醢分裂又況幺麽不及數子而欲闇干天位者乎是故駑蹇之乘不騁千里之塗鷰雀之儔不奮六翮之用楶棁之材不荷棟梁之任斗筲之子不執帝王之重易曰鼎折足覆公餗不勝其任也當秦之末豪

傑並起共推陳嬰而王之嬰母止之曰自吾爲子家婦而世貧賤今卒富貴不祥不如以兵屬人事成少受其利不成禍有所歸嬰從其言而陳氏以寧王陵爲漢將而母獲於楚有漢使來陵母見之謂曰願告吾子漢王長者必得天下子謹事之無有二心遂對漢使伏劍而死以固勉之夫以疋婦之明猶能推事理之致探禍福之幾而況大丈夫之事乎是故窮達有命吉凶由人嬰母知廢陵母知興此二者帝王之分決矣蓋在高祖其興也有五一曰帝堯之苗裔二曰體貌多奇異三曰神武有徵應四曰寬明而仁恕五曰知人善任使加之以信誠好謀達於聽受見善如不及用人如用己從諫如順流趍時如嚮起當食吐哺納子房之策拔足揮洗揖酈生之說寤戍卒之言斷懷土之情高四皓之名割肌膚之愛舉韓信於行陣收陳平於亡命英雄陳力羣策畢舉此高祖之大略所以成帝業也若乃靈瑞符應又可略聞矣是以王武感物而折契呂公睹形而進女秦皇東遊以厭其氣呂后望雲而知所處始受命則白蛇分西入關則五星聚故淮陰留侯謂之天授非人力也歷古今之得失驗行事之成敗取舍不厭斯

位符瑞不周斯度而苟昧權利越次妄據外不量力內不知命則必喪保家之主殀天年之壽遇折足之凶伏斧鉞之誅英雄誠知覺寤收陵嬰之明分絕信布之覬覦拒逐鹿之瞽說審神器之有授貞不可冀無為二母之所笑則福祚流于子孫天祿其永終矣

典引

後漢班固典引曰陶唐舍胤而禪有虞虞亦命夏后稷契熙載越成湯武股肱既周天乃歸功元首將授漢劉俾其承三季之荒末值亢龍之災孽懸象闇而恒文乖彝倫斁而舊章缺故高光二聖辰居其域赫赫聖漢巍巍唐基泝測其源乃先孕虞育夏甄殷陶周然後宣二祖之重光襲四宗之緝熙神靈日照光被六幽仁風翔乎海表威靈行乎鬼區盛哉皇家帝世德臣列辟功君百王榮鏡宇宙浚揚寓內是以來儀集羽族於觀魏肉角馴毛宗於外囿擾緇文皓質於郊升黃煇采鱗於沼甘露宵零於豐草三足軒翥於茂樹若乃嘉穀靈草奇獸神禽應圖合謀窮祥極瑞者朝夕坰牧日月邦畿卓犖方州羨溢乎要荒昔周姬有素雉朱烏玄秬黃鍪美之事耳君臣動色左右相趨濟濟翼翼

翼峨峨如也啓恭館之金縢御東序之秘寶是時聖上固已垂精游神苞舉藝文屢訪羣儒僉咨故老與之斟酌道德之淵源肴覈仁義之林藪以望元符之臻焉將伻萬嗣揚洪暉奮景炎扇遺風播芳烈久而逾新用而不竭汪汪乎丕天之大律其疇能亙之哉唐哉皇哉皇哉唐哉

【論】魏陳王曹植魏德論曰元氣否塞玄黄暦薄星辰亂逆陰陽舛錯四海鼎沸蕭條沙漠武皇之興也以道凌殘義氣風發神戈退指則妖氛順制靈弧雲舉則朝楊播越唯我聖后神武蓋天威光佐掃除彗北巒首尾爭勢氣齊率然乃電北席卷千里隱乎若崩嶽盱乎若潰海慍彼蠻夏蠢爾弗恭眙我蕭斧簡則武鍊鋒星陳而天運振耀乎南封荆人風靡交益影從軍蘊餘勢刃龍衣利乘權蕩思屈於白水摛穢制乎遐川仰屬目于條支蹄騎尓之濛湲薄張騫於大夏笑驃騎於祁連其化之也如神其養之也如春柔遠能邇諱敢不賓憲度增飾日耀月光跡存乎建安道隆乎延康於是漢氏歸義顧音孔昭顯禪天位 布唐放堯上猶謙謙弗納也發不世之明

詔薄皇居而弗泰，蹈北人之清節，美石户之高介，義貫金石，神明以興，神祇致祥，乾靈效祐。於是羣公御士功臣列辟，率爾而進曰：昔文王三分居二，以服事殷，非能之而弗欲，蓋欲之而弗能。况天網不禁，皇綱圮紐，俟民非復漢萌，尺土非復漢有，故武皇創跡於前，陛下光美於後，蓋所謂勳成於彼，位定於此者也。將使斯民播秬鬯，殖靈芝，鋤六穟，挹醴滋，遂乃凱風迴迴，甘露西時，農夫詠於田壠，織婦吟而綜絲，黄吻之齒含哺而怡，鮐背之耆擊壤而嬉。古雖穆乎赫胥，曷若斯之大治乎！于時上當於春秋，聖德汪濊，奇志妙思，神鑒靈察，方將審御陰陽，增耀日月，極禎祥於遐奥，飛仁風以樹惠，既遊精萬機，探幽洞深，逍遥六藝，兼覽儒林，抗思乎文藻之場囿，容與乎道術之疆畔，超天路而高峙，陵清雲以妙觀，將參跡於三皇，豈徒論功於大漢。天地位矣，九域清矣，皇化四達，帝猷成矣，明哉元首，股肱貞矣，禮樂既作，興頌聲矣，固將封泰山，禪梁甫，歷名川以祈福，周五方之靈宇，越八九於往素，踵帝皇之靈矩，流餘祚於黎蒸，鍾元吉乎聖主。

述 魏邯鄲淳上受命述曰：伊上天闕載，自民主厥初，建歷聽

風聲陶唐爲盛虞夏受終姬周革命有禪而帝有代而王禪代雖殊
大小繇同於是以漢歷在魏赤運歸黃也是故大魏之業皇耀震霆肅清
宇內萬邦有截師義翼漢奉禮不越飭躬勠力茂亮弘烈樹深根以
厚基播醇澤以釀味含光而弗耀戢翼而弗發將俟聖嗣是遂是達
聖嗣承統爰宣重光陳錫裕下民悅無彊三神宜釐四靈順方元龜介
王應龍粹黃若云魏德攸茲以昌爾乃鳴玉陟壇三揖以俟旣受休命龍
旋鳳跱煌煌厥暉穆穆容止臨下有赫允也天子旣踐帝位納璽要紱
太常司燎升炮告類珪璋峨峨髦士棣棣蹌蹌聖躬御策以莅巍巍乎
崇功顯顯乎德容信帝者之壯業天休之所鍾也于時天地交和日月光精
氛祲不作風塵弭清凡在壇場之位舉目乎廣庭莫不君臣和德咸玉
色而金聲屢省萬機詁謀老成洎詠儒墨納策公卿昧旦孜孜夕惕乾
乾務在諧萬國敘彝倫而折不若懷遠人混六合之風納于仁壽之門刑
錯靡試偃伯靈臺然後乃勤功岱嶽升中上玄斯固我皇之大摹思心之
所存也　隋李德林天命論曰有娀玄鳥商以興焉姜嫄巨跡周以興焉邑

姜夢帝脩以興焉古今三代靈無命如一天下之重不可妄據軒初四帝周餘六王藉勢因基自取而不得也孟軻稱仲尼之德過於堯舜著述成帝者之事弟子備王佐之才墨不代蒼泣麟歎鳳恓恓汲汲雖聖達而莫許也蚩尤則黃神抗衡共工則黑帝勍敵項羽誅秦權漢宰神州角逐爭驅盡威力而無就也其餘欻起妖妄何足數乎若使四凶執八元之誠三監懷九旦之志韓信彭越深明帝子之符孫述隗囂妙識真人之出尉迥同謳歌之類王謙比獄訟之民福祿蟬聯胡可窮也而違天逆物獲罪人神嗚呼此前事之大戒矣誅夷烹醢歷代共尤僭逆凶邪時煩獄吏其不戒慎何哉蓋積惡既成心自絕於善道物類相感理必至於誅戮天奪其魄鬼惡其盈故也大帝聰明羣臣正直耳目鑒於率土賞罰參於國朝輔助一人覆育兆庶豈有食人之祿受人之榮苟藏禍心不殲盡者也必當執法未處其罪司命已除其籍自占明哲慮遠防微位尊而心愈下祿厚而志彌約納寵思之以懼道高守之以恭克念於此則奚回不至謙光滿覆義在知幾吉凶由人妖不自作夙沙則主雖愚蔽民盡知歸有苗則始爲跋扈終而大

服漢南諸國見一面以從躬河西將軍率五郡而目漢故能招信順之助保太山之安也

表

魏邯鄲淳上受命述表曰臣聞雅頌作於盛德典謨興於茂功德盛功茂傳序弗忘是故竹帛以載之金石以聲之垂諸來世萬載彌光陛下以聖德應期龍飛在位其有天下也恭已以受天子之籍無爲而四海順風若乃天地顯應休徵祥瑞以表聖德者不可勝載鑠乎煥顯真神明之所以祚命世之令主也凡自能言之類莫不謳歎於野執筆之徒咸竭文思獻詩上頌臣抱疾伏蓐作書一篇欲謂之頌則不能雍容盛懿列伸玄妙欲謂之賦又不能敷演洪列光揚緝熙故思竭愚稱受命述

藝文類聚卷第十

藝文類聚卷第十一

帝王部一

揔載帝王

尚書刑德放曰帝者天号也王者人稱也天有五帝以立名人有三王以正度天子爵稱也皇者煌煌也　春秋演孔圖曰正氣爲帝閒氣爲臣秀氣爲人　禮斗威儀曰帝者得其根核王者得其英華覇者得其附枝故帝道不行不能王王道不行不能覇覇道不行不能守其身管子曰明者皇察道者帝通德者王謀得兵勝者覇　吕氏春秋曰始生之者天也養成之者人也能養天之所生而爲天子　春秋考耀文曰王者往也神所輸向人所樂歸　春秋繁露曰德俟天地者稱皇帝天祐而子之号稱天子　董子曰古之人造文字者三畫而連其中謂之王三畫者天地與人也連中者通其道也取天地與人之才而參之非王者其孰能當是

故王者必法天以大仁覆育萬物旣化而生之又養而成之　韓詩外傳曰
君者何曰羣也敢羣天下萬物而除其害者謂之君　白虎通曰帝王
者號也號者功之表也所以表功明德號令臣下者也德合天地者稱帝
仁義合者稱王別優劣也　又曰接上稱天子者明以爵事天也接下稱帝
王者明位號天下至尊之稱　漢雜事曰古者天子稱皇其次稱王秦
承百王之末爲漢驅除自以德兼三皇五帝故并爲號　帝王世紀曰孔
子稱天子之德感天地洞八方是以化合神者稱皇德合天地者稱帝仁義名
者稱王　蔡邕獨斷曰上者尊位所在也太史令司馬遷記事當言
帝則依違之但言上不敢泄瀆言之者尊号言尊尊之義也乘輿出於律
文曰敢盜乘輿服御物謂天子所服食者也天子至尊不敢泄瀆言之
故託於乘輿也天子以天下爲家不以京師宮室爲常處當乘輿以天
下故謂之車駕天子自謂行在所今雖在京師言在行所也巡狩天下所
奏事處皆爲宮在長安則曰長安宮在泰山則曰泰山宮唯當時所在
禮記曰天子者與天地參故德配天地兼利萬物與日月並明明照四海而

不遺微小其在朝廷則道仁聖禮義之序燕處則聽雅頌之音行步則有環珮之聲升車則有鑾鳥和之音居處有禮進退有度百官得其宜萬事得其序　六韜曰王者之道如龍之首高居遠望深視而審聽神其形而散其精若天高而不可極若川深而不可測故可怒而不怒臣乃爲虎可殺而不殺大賊乃發兵勢不行敵國乃強　管子曰黃帝立明堂之議上觀於賢也堯有衢室之問下聽於民也舜有告善之旌而主不蔽也禹立諫鼓於朝而備訊也湯有總街之廷藝觀民非也武王有靈臺之宮賢者進也此古聖帝明王所以有而勿失得而勿　也　尸子曰孔子曰商汝知君之爲君乎子夏曰魚失水則死水失魚猶爲水也孔子曰商知之矣　莊子曰赫胥氏之時民居不知所爲行不知所之含哺而熙鼓腹而遊　又曰昔容成氏大庭氏栢皇氏軒轅氏尊盧氏伏羲氏當是時也結繩而用之甘其食美其服樂其俗安其居鄰國相望雞狗之音相聞民至老死不相往來若此時則至治也　孫卿子曰人主者守至約而詳事至狹而功垂衣裳不下簟席之上而海內之民莫不願得以爲帝王　呂氏春秋曰五帝先道

而後德故德莫威焉三王先德而後事故事莫功焉五伯先事而後兵故兵莫強焉　韓子曰明主制其臣下者二柄而已矣二者刑德也殺戮之謂刑慶賞之謂德　淮南子曰帝者體太一王者法陰陽霸者則四時君者用六律體太一者牢籠天地彈壓山川含吐陰陽申曳四時紀綱八極經緯六合覆露照導普氾而無私翾飛蠕動莫不仰德而生法陰陽承天地之和形萬類之體含氣化物以成形類則四時者春生夏長秋收冬藏取與有節出入有時開闔張歛不失其序喜怒剛柔不離其理用六律者生之與殺也賞之與罰也予之與奪也非此無道　又曰人主者以天下之目視以天下之耳聽以天下之智慮以天下之力動是故號令能下究而臣情得上聞百官脩通羣臣輻湊喜不以賞賜怒不以罪誅

潛夫論曰太古之時烝黎初載未有上下而自順序天未事焉君未設焉未後矯亂或相陵虐爲萌巨害於是天命聖人使司牧之勿令失性四海蒙利草木被德恭儉之奉戴謂之天子

【箴】晉潘尼乘輿箴曰皇極肇建兩儀既分彝倫未序萬邦糺紛國事明主家奉嚴君各有攸

尊德用不勤煌煌四藹藹萬乘匪賢焉倚匪哲焉憑左輔右弼前疑後承一日萬機業業兢兢夫出其言善則千里是應而莫余違亦喪邦有徵辛作琁室而夏興瑶臺糟丘酒池象箸玉杯叔世道衰末俗化浅躭樂逸游荒淫沉湎不式古訓而好是佞辯不遵正路而覆車是踐滅敗之効載在前典匪唯凌夷厥世用殄故曰樹君如之何將民是司牧視之猶傷知其寒燠故能撫之斯柔而敎之斯睦無遠不懷靡思不服夫豈厭縱一人而玩其耳目内迷聲色外荒馳逐不修政事而終於顛覆

論　漢賈誼過秦論曰秦孝公據崤函之固擁雍州之地君臣固守以窺周室有卷席天下包舉宇内囊括四海之意并吞八荒之心當是時也商君佐之内立法度務耕織脩守戰之具外連衡而鬪諸侯諸侯恐懼會盟而謀弱秦不愛珍器重寶肥饒之地以致天下之士合從締交相與爲一當此之時齊有孟嘗趙有平原楚有春申魏有信陵此四賢者皆明　而忠信寬厚而愛人尊賢重士約從連横兼韓魏燕楚宋衛中山之衆嘗以什倍之地百萬之師仰關而攻秦秦

合開關延敵九國之師遁逃而不敢進秦無亡矢遺鏃之費天下諸侯已困矣及至秦始皇奮六世之餘烈振長策而御宇內吞二周而亡諸侯履至尊而制六合執敲扑以鞭笞天下威振四海南取百越之地以為桂林象郡百越之君俛首係頸委命下吏乃使蒙恬北築長城而守藩籬却匈奴七百餘里胡人不敢南下而牧馬士不敢彎弓而報怨然後踐華為城因河為池據億丈之城臨不測之谿以為固良將勁弩守要害之處信臣精卒陳利兵而誰何天下已定始皇自以為關中之固金城千里子孫帝王萬世之業也始皇既沒餘威振于殊俗然而陳涉甕牖繩樞之子甿隸之人而遷徙之徒也材能不及中人率罷散之卒將數百之衆轉而攻秦山東豪俊蜂起而亡秦族矣且夫天下非小弱也雍州之地崤函之固自若也陳涉之位非尊於齊楚燕趙魏宋衛中山之君也鉏耰棘矜非銛於鉤戟長鎩也謫戍之衆非抗 國之師也深謀遠慮行軍用兵之道非及曩時之士也然而成敗異變功業相反試使山東之國與陳涉度長絜大比權量力則不可同年而語矣然秦以區區之地致萬

乘之權招八州而朝同列百有餘年矣然後以六合爲家崤函爲宮一夫作難而七廟隳身死人手爲天下之笑者何也仁義不施而攻守之勢異也　魏王粲難鍾荀太平論曰聖莫盛於堯而洪水方割丹朱淫虐四族凶佞矣帝舜因之而三苗畔戾矣禹又因而防風爲戮矣此三聖古之所大稱也繼踵相承且二百年而刑罰未嘗一世而乏也然則此三聖能平三聖能平則何世能致之乎孔子稱曰唯上智與下愚不移不移者丹朱四凶三苗之謂也當紂之世殷民不小大好草竊姦宄周公遷殷頑民于洛邑其下愚之人必有之矣周公之於三聖不能踰也三聖有所不化矣有所不移矣周公之不能化殷之頑民所可知也苟不可移必或犯罪罪而弗刑是失所也犯而刑之刑不可錯矣孟軻有言盡信書不如無書有大而言之者刑錯之屬也豈億兆之民歷數十年而無一人犯罪一物失所哉謂之無者盡信書之謂也　魏曹冏六代論曰昔者夏殷周歷世數十而秦二世而亡何則三代之君與天下共其民故天下同其憂秦王獨制其民故傾危而莫救先王獨知

治之不能久也故與人共治之知獨守之不能固也故與人共守之兼親疏
而兩用參同異而並立是以輕重足以相鎮親疏足以相衛兼并路塞逆
節不生及其衰也桓文率禮包茅不貢齊師伐楚宋不城周晉戮其宰
王綱弛而復張諸侯傲而復肅二霸之後浸以陵遲吳楚憑江負固方城
雖心希九鼎而畏迫宗姬姦情散於胷懷逆謀消於唇吻斯豈非信
重親戚任用賢能枝葉碩茂本根賴之至於王赧降為庶人猶枝幹
相持得居虛位海内無主四十餘年秦據勢勝之地騁譎詐之術征
伐關東蚕食九國至於始皇乃定天位曠日若彼用力若此非深根固蔕
不拔之道乎漢祖奮三尺之劒驅烏合之衆五年之中而成帝業自開闢
已來其興功立勳未有若漢之易者也夫伐深根者難為功摧枯朽者
易為力理勢然也漢鑒秦之失封植子弟及諸吕擅權圖危劉氏而
天下所以不傾動百姓所以不易心者徒以東牟朱虛受命於内齊代吳
楚作衛於外向使高祖踵亡秦之法忽先王之制則天下以傳非劉氏有
也大魏之興觀五代之存亡而用其長策覩前車之傾覆而不改其轍跡

子弟王空虛之地君臣使民之失宗室竄鼠於閭閻不聞邦國之政權均匹夫勢齊凡庶內無深根不拔之固外無盤石宗盟之助非所以安社稷爲萬世之業也　晉陸機辨亡論曰昔漢氏失御姦臣竊命禍基京畿毒徧宇內皇綱弛紊王室遂卑於是羣雄蜂駭義兵四合吳武烈皇帝慷慨下國電發荆南權略紛紜忠勇伯世威稜則夷羿震盪兵交則醜虜授馘遂掃清宗祊蒸禋皇祖于時雲興之將帶州飈起之師跨邑雖兵以義合同盟戮力然皆包藏禍心阻兵怙亂或師無謀律喪威稔寇忠規武節未有如此其著者也武烈既沒長沙桓王逸才命世弱冠秀發招攬遺老與之述業神兵東驅奮寡犯衆攻無堅城之將戰無交鋒之虜誅叛柔服而江外底定飭法脩師則威德翕赫將北伐諸華誅鉏干紀旋皇輿於夷庚反帝座于紫闥挾天子以令諸侯清天步而歸舊物戎車既次羣凶側目大業未就中世而殞用集我大皇帝以奇蹤襲於逸軌叡心因乎令圖從政咨於故實播憲稽乎遺風而加之以篤固申之以節儉疇咨俊茂好謀善斷束帛旅於丘園旌命交

乎塗巷故豪彥尋聲而響臻志士希光而景騖異人輻湊猛士如林
謀無遺諝舉不失策故遂割據山川跨制荆吳而與天下爭衡矣故
魏人請好漢氏乞盟遂躋天號鼎峙而立於是講八代之禮蒐三王之樂
告類上帝拱揖羣后虎臣毅卒循江而守長棘勁鎩望飈而奮庶尹盡
規於上四民展業于下化協殊裔風衍遐圻乃俾一介行人撫巡外域巨象
逸駿擾於外閑明珠瑋寶曜於內府珍瑰重跡而至奇玩應響而赴輶
軒騁於南荒衝輣息於朔野齊民免干戈之患戎馬無晨服之虞而帝
業固矣爰及末葉羣公既喪然後黔首有瓦解之志皇家有土崩
之釁歷命應化而微王師躡運而發卒散於陣民奔于邑城池無藩
籬之固山川無溝阜之勢軍未浹辰而社稷夷矣雖忠臣發憤烈士
死節將奚救哉夫曹劉之將非一世所選向時之師無曩日之衆戰守之
道抑有前符險阻之利俄然未改而成敗貿理古今詭趣何哉彼此之化
殊授任之才異也　又辯亡論下曰昔三方之王魏人據中夏漢氏有岷益
吳制荆楊而奄交廣曹氏雖功濟諸華虐亦深矣其民怨劉翁因險

飾智功已薄矣其俗陋夫吴桓王基之以武太祖成之以德聰明睿達懿度深遠矣其求賢如弗及卹民如稚子接士盡盛德之容親仁罄丹府之愛拔呂蒙於戎行擢潘濬於係虜推誠信士不恤人之我欺量能授器不患權之我逼地方幾萬里帶甲將百萬其野沃其民練其器利其財豐東負滄海西阻險塞長江制其區宇峻山帶其封域國家之利未巨有弘於玆者矣借使中才守之以道善人御之有術敦率遺典勤民謹政脩定策守常險則可以長世永年未有危亡之患易曰湯武革命順乎天玄曰亂不極則治不形言帝王之因天時也古人有言曰天時不如地利易曰王侯設險以守其國言爲國之恃險也又曰地利不如人和在德不在險言守險之由人也吴之興也參而由焉孫卿所謂合其參者也及其亡也恃險而已又孫卿所謂捨其參者也夫四州之萌非無衆也大江之南非乏俊也山川之險易守也勁利之器易用也先政之策易循也功不興而禍遘何哉所以用之者失也故先王逵經國之長規審存亡之至數謙己以安百姓敦惠以致人和寬冲以誘俊乂之謀慈和以結士民之愛是以

其安也則黎元與之同慶及其危也則兆庶與之同患安與衆同慶則危不可得也危與下共患則其難不足恤也夫然故能保其社稷而固其土宇麥秀無悲鄭之思黍離無愍周之感矣　晉干寶晉紀惣論曰昔高祖宣皇帝以雄才碩量應運而仕至於百姓與能大象始搆矣世宗承基太祖繼業始當非常之禮終受備物之錫至于世祖遂享皇極正位居體聿脩祖宗之志思輯戰國之苦腹心不同公卿異議而獨納羊祜之策至于咸寧之末遂排群議而杖王杜之决汎舟三峽介馬桂陽役不二時江湖來同掩唐虞之舊域班正朔於八荒太康之中天下書同文車同軌牛馬被野餘粮栖畝行旅草舍外閭不閉雖大平未洽亦百代一時矣二十餘年而河洛爲墟戎羯稱制二帝失尊山陵無所何哉樹立失權託付非才四維不張而苟且之政多也夫天下之大器也器大者不可以小道理勢重者不可以爭競擾古先哲王知其然也是以扞其大患而不有其功禦其大災而不尸其利是以感而應之悅而歸之如晨風之鬱北林魚龍之趣淵澤也然後設禮文以理之斷刑罰以威之故衆悅其教而安

其俗君子勤禮小人盡力廉恥篤於家閭邪僻消於胷懷又況可奮臂大呼聚之以干紀作亂之事乎加之朝寡醇德之士鄉乏不二之老風俗淫僻趣向失所學者以莊老爲宗而黜六經談者以虚薄爲辨而賤名撿當官者以望空爲高而笑勤恪劉頌屢言治道傅咸毎糾邪正皆謂之俗吏若夫文王日昃不暇食仲山甫夙夜匪懈者蓋共嗤黜以爲灰塵而相詬病矣由是毀譽亂於善惡之實情慝奔於貨欲之塗選者爲人擇官官者爲身擇利其婦女莊櫛織紝皆取成於婢僕未嘗知女功絲枲之業中饋酒食之事也故皆不恥淫佚之過不拘妒忌之惡有殺戮妾媵有黷亂上下父兄不之罪天下莫之非又況責之闈四教於古修貞順於今以輔佐君子者哉禮法刑政於此大壞如室之斯構而去其鑿契如水斯積而決其隄防如火斯畜而離其薪燎也國將亡本必先顛其此之謂乎

天皇氏

項峻始學篇曰天地立有天皇十三頭號曰天靈治萬八千歲洞冥記

曰一姓十三人也　徐整三五曆紀云歲起攝提元氣肇有神靈一人有十三頭號天皇　春秋緯曰天皇地皇人皇兄弟九人分九州長天下也　遁甲開山圖曰天皇被跡在柱州崑崙山下

地皇氏

項峻始學篇曰地皇十一頭治八千歲帝系譜曰地皇治一萬八千歲以火德王　遁甲開山圖曰地皇興於熊耳龍門山

人皇氏

項峻始學篇曰人皇九頭兄弟各三百歲依山川土地之勢財度爲九州各居其一方因是而區別　榮氏曰人皇兄弟九人生於刑馬山身九色

有巢氏

項峻始學篇曰上古皆穴處有聖人教之巢居號大巢氏皇甫謐以爲有巢在女媧之後　遁甲開山圖巨石樓山在琅琊昔有巢氏治此山南

燧人氏

尚書大傳曰燧人爲燧皇以火紀　禮含文嘉曰燧人始鑽木取火炮

生爲熟令人無腹疾遂天之意故爲燧人

太昊庖犧氏

易曰古者庖犧氏之王天下也仰則觀象於天俯則觀法於地觀鳥獸之文與地之宜近取諸身遠取諸物於是始作八卦以通神明之德以類萬物之情結繩而爲網罟以畋以漁蓋取諸離　禮含文嘉曰伏羲德洽上下天應以鳥獸文章地應以龜書伏羲乃則象作易

帝王世紀曰太昊帝庖羲氏風姓也蛇身人首有聖德都陳作瑟三十六絃

贊　魏陳王曹植庖羲贊曰木德風姓八卦創焉龍瑞名官法地象天庖廚祭祀罟網魚畋瑟以像時神德通玄

帝女媧氏

淮南子曰往古之時四極廢九州裂天不兼覆地不周載猛獸食精民精善也鷙鳥攫老弱於是女媧鍊五色石以補蒼天斷鼇足以立四方極鼇大龜也蒼天神四極正淫水涸冀州平狡蟲死精民生背方州抱圓天

帝王世紀曰帝女媧氏亦風姓也作笙簧亦蛇身人首一曰女希

是爲女皇其末諸侯共工氏任知刑以強伯而不王【贊】魏陳王曹植女媧贊曰古之國君造簧作笙禮物未就軒轅篡成或云三皇人首虵形神化七十何德之靈

神農氏

易曰神農氏作斲木爲耜揉木爲耒耒耨之利以教天下蓋取諸益日中爲市致天下之貨交易而退各得其所蓋取諸噬嗑　周書曰神農之時天雨粟神農耕而種之作陶冶斤斧爲耜鉏耨以墾草莽然後五穀興以助菓蓏實　春秋命歴序曰有神人名石年蒼色大肩戴王理王理猶玉英神農也　呂氏春秋曰神農教曰士有當年不耕者則天下或受其飢矣女有當年不績者則天下或受其寒矣故夫親耕妻親績　賈誼書曰神農以爲走禽難以久養民乃求可食之物嘗百草察實鹹苦之味教民食穀　帝王世紀曰炎帝神農氏姜姓也人身牛首長於姜水有聖德都陳作五絃之琴始教天下種穀故号神農氏諸侯夙沙氏叛不用命箕文諫而殺之炎帝退而脩德夙沙之民自攻其

君而歸炎帝　贊　魏陳王曹植神農贊曰少典之胤火德承木造
爲耒耜導民播穀正爲雅琴以暢風俗

黃帝軒轅氏

易曰黃帝垂衣裳而天下治蓋取乾坤也　左傳曰郯子曰黃帝以雲紀官故爲雲師而雲名　河圖挺佐輔曰黃帝脩德立義天下大治乃召天老而問焉余夢見兩龍挺白圖以授余於河之都天老曰河出龍圖雒出龜書紀帝録列聖人之姓號興謀治太平然後鳳皇處之今鳳皇以下三百六十日矣天其受帝圖乎黃帝乃祓齋七日至於翠嬀之川大鱸魚折溜而至乃與天老迎之五色畢具魚汎白圖蘭葉朱文以授黃帝名曰録圖　龍魚河圖曰黃帝時有蚩尤兄弟八十一人並獸身人語銅頭鐵額食沙石子造立兵杖刀戟大弩威振天下誅殺無道不仁慈萬民欲令黃帝行天下事黃帝仁義不能禁蚩尤黃帝仰天而嘆天遣玄女下授黃帝兵信神符制伏蚩尤帝因使之主兵以制八方蚩尤沒後天下復擾亂黃帝遂畫蚩尤形像以威天下天下

咸謂蚩尤不死八方萬邦皆爲弭伏　春秋内事曰軒轅氏以土德王天下始有堂廡高棟深宇以避風雨　列子曰黄帝喜天下之戴己也養正命娛耳目乃喟然歎曰養一己治萬物其患如此於是放萬機舍宫寢退而閒居大庭之館齋心服形三月不親政事晝寢而夢遊於華胥華胥氏國不知距齊國幾千里齊中國蓋非舟車足力之所及神遊而已其國入水不溺入火不熱乘空如履實寢虛若處床黄帝既寤怡然自得又二十八年天下大治幾若華胥國矣　淮南子曰黄帝治天下而力牧太山稽輔之使强不得掩弱衆不得暴寡人民保命而不夭歲時熟而不凶百官正而無私輔公而不阿道不拾遺市不預賈城郭不開邑無盜賊人相讓以財狗彘吐菽粟於道路而無忿爭之心於是日月精明星辰不失其行風雨時節五穀登孰虎豹不妄噬鷙鳥不妄搏鳳皇翔於庭麒麟遊於郊青龍進駕飛煌伏皂飛黄出西方其狀如狐背上有角乘之壽二千歲皂歷也諸北儋耳之國莫不獻其貢職昔北極之夷國　史記封禪書曰黄帝已僊上天羣臣葬其衣冠　帝王世紀曰黄帝有熊氏少典之子姬姓也生壽丘長于姬水龍顔有聖

德受國於有熊居軒轅之丘故因以爲號治五氣設五量及神農氏衰黄帝脩德撫民諸侯咸去神農而歸之黄帝於是乃擾馴猛獸與神農氏戰于阪泉之野三戰而克之又徵諸侯使力牧神皇直討蚩尤氏擒之于涿鹿之野使應龍殺之于凶黎之丘凡五十二戰而天下大服有妃生二十五子黄帝在位百年而崩年百一十歲矣或傳以爲仙或言壽三百歲葬于上郡陽周之橋山　抱朴子曰黄帝生而能言役使百靈可謂天授自然體之者猶復不敢端坐而得道故陟王屋而受丹經到鼎湖而飛流珠登崆峒而問廣成之具茨而事大隗適東岱而奉中黄入金谷而諮子心論導養而質玄素二女精推步則訪山稽力牧講占候則詢風后著體診則受雷岐　審攻戰則納五音之策窮神姦則記譯之辭相地理則書青烏之説救傷殘則綴金冶之術故能畢記秘要窮盡道真遂勒外龍以高濟與天地罔極

頌

晉摯虞黄帝頌曰邈矣黄軒應天載靈通幽遠覽觀象設形誕敷厥訓彝倫攸經德從風流化與雲征皇猷允塞地平天成爰登方岳封禪勒成紛然鳳舉龍騰大請違茲九土陟彼

高宜民斯攸慕諦泗詁纓遐而不墜式頌德聲

贊

魏陳王曹植黄帝贊曰少典之孫神明聖哲土德承火赤帝是滅服牛乘馬衣裳是制氏雲名官功冠五列

又黄帝三鼎贊曰鼎質文精古之神器黄帝是鑄以像太一能輕能重知凶識吉世衰則隱世和則出

晉曹毗黄帝贊曰軒轅應玄期幼能揔百神體練五靈妙氣含雲露津掺石曽城岫鑄鼎荆山濵谿焉天扉闢飄然跨騰鳞儀轡灑長風褰裳躡紫宸

周庾信黄帝見廣成晝贊曰治身崇府問政青丘龍湖鼎設丹竈珠流踈雲即雨落木先秋至道須極長生可求

少昊金天氏

左傳曰郯子曰我高祖少昊摯之立也鳳鳥適至故紀於鳥爲鳥師而鳥名焉

帝王世紀曰少昊帝名摯字青陽姬姓也降居江水有聖德邑于窮桑以登帝位都曲阜故或謂之窮桑即圖讖所謂白帝朱宣者也故稱少昊號金天氏在位百年而崩

贊

陳思王曹植少昊贊曰祖自軒轅青陽之裔金德承土儀鳳帝世官鳥號名殊職別系曲農正扈氏各有制

顓頊高陽氏

史記曰帝顓頊高陽者淵深有謀疏通知事北至幽陵南至交趾西濟流沙東至蟠木動靜之物大小之神日月所照莫不砥屬　帝王世紀曰帝顓頊高陽氏黃帝之孫昌意之子姬姓也母曰景僕蜀山氏女爲昌意正妃謂之女樞金天氏之末女樞生顓頊於若水首戴干戈有聖德父昌意雖黃帝之嫡以德劣降居若水爲諸侯及顓頊生十年而佐少昊二十而登帝位平九黎之亂以水事紀官南正重司天以屬神火正黎司地以屬民於是民神不雜萬物有序始都窮桑徙商丘命飛龍效八風之音作樂五英以祭上帝世有材子八人號八凱顓頊在位七十八年年九十一歲歲在鶉火而崩葬東郡頓丘廣陽里　贊　魏曹植帝顓頊贊昌意之子祖自軒轅始誅九黎水德統天以國爲號風化神宣威暢八極靡不祗虔

帝嚳高辛氏

史記曰帝嚳高辛氏者黃帝之曾孫也父曰蟜極蟜極父曰玄囂玄囂父

曰黃帝自玄囂與蟜極不得在位帝嚳生而神靈自言其名曰月所照風雨所至莫不從助　帝王世紀曰帝嚳高辛氏姬姓也有聖德年十五而佐顓頊四十登位都亳以人事紀官故以句芒爲木正祝融爲火正蓐收爲金正玄冥爲水正后土爲土正是五行之官分職而治諸侯於是化被天下遂作樂六英以康帝位世有材子八人號曰八元亦納四妃卜其子皆有天下元妃有台氏女曰姜嫄生后稷次有娀氏女曰簡翟生卨次陳豐氏女曰慶都生放勛次娵訾氏女曰常儀生帝摯帝嚳在位七十年年百五歲而崩葬東郡頓丘廣陽里　【贊】魏陳王曹植帝嚳贊曰祖自軒轅玄囂之裔生言其名木德帝世無寧于天地神聖靈察教弭四海明並日月

帝堯陶唐氏

尚書堯典曰若稽古帝堯曰放勛欽明文思安安允恭克讓光被四表格于上下克明俊德以親九族九族既睦平章百姓百姓昭明協和萬邦黎民於變時雍　論語曰大哉堯之爲君也巍巍乎唯天爲大唯堯

則之蕩蕩乎民無能名焉巍巍乎其有成功也煥乎其有文章

春秋元命苞曰堯眉八采是謂通明歷象日月璇璣玉衡　尚書中候曰帝堯即政榮光出河休氣四塞龍馬銜甲赤文綠色（龍形像馬甲所以藏圖也其文赤而綠）甲似龜背五色有列星之分斗政之度帝王錄紀興亡之數　大戴禮曰宰我曰請問帝堯孔子曰其仁如天其智如神就之如日望之如雲富而不驕貴而不豫　淮南子曰人之所以樂爲天子者以其窮耳目之欲而適躬體之便也今高臺層榭人之所麗也而堯采椽不斲斤題不枅（言刻柱相枅距不着栟櫨）珍怪奇味人之所美也而堯糲粱之飯藜藿之羹文繡狐白人之所好也而堯布衣掩形鹿裘禦寒養生之具厚不加以增之以大任重之憂故舉天下而傳之舜若釋負然　帝王世紀曰帝堯陶唐氏祁姓也母慶都孕十四月而生堯於丹陵名曰放勛鳥庭河勝或從母姓伊氏年十五而佐帝摯受封於唐爲諸侯身長十尺嘗夢天而上之故二十而登帝位都平陽置敢諫之鼓命羲和四子羲仲羲叔和仲和叔分掌四時方嶽之職故名曰四嶽也諸侯有苗氏處南蠻而不服

堯征而克之于丹水之浦乃以尹壽許由爲師夔放山川谿谷之音作樂大章天下大和百姓無事有五十老人擊壤於道觀者歎曰大哉帝之德也老人曰吾日出而作日入而息鑿井而飲耕田而食帝何力於我哉於是景星曜於天甘露降于地朱草生於郊鳳皇止於庭嘉禾孳於畝醴泉湧於山焦僥民來貢沒羽廚中自生肉脯其薄如翣形搖鼓自生風使食物寒而不臭名曰翣脯又有草夾階而生隨月生死王者以是占日月之數惟盛德之君應和而生故堯有之名曰蓂莢始封稷契咎繇褒進伯禹納舜于大麓後年二月又率群臣刻璧爲書東沉洛水言天命當傳舜之意令中候運衡之篇是也凡堯即位九十八年年百一十八歲乃殂百姓如喪考妣三載四海遏密八音葬于濟陰之成陽西北是爲穀林堯取富宜氏女曰女皇生丹朱又有庶子九人皆不肖故以天下命舜曰咨爾舜天之曆數在爾躬允執其中四海困窮天祿永終及堯三年喪畢舜踐天子位　符子曰堯曰余坐華殿之上森然而松生於棟余立檽扉之內霏霏焉而雲生於牖雖面雙闕無異乎崔巍之冠蓬萊雖

背墉所無異乎迴巒之縈崑崙余安知其所以安　贊　魏陳王曹植帝堯贊曰火德統位父則高辛克于共工萬國同塵調適陰陽其惠如春巍巍巍巍成功配天則神

帝舜有虞氏

尚書舜典曰愼徽五典五典克從納于百揆百揆時叙賓于四門四門穆穆納于大麓烈風雷雨弗迷帝曰咨爾舜詢事考言乃言底可績三載汝陟帝位　禮記曰子曰舜其大智也與好察迩言隱惡而揚善執其兩端用其中於民其斯以爲舜乎　又曰昔舜作五絃之琴以歌南風（事具樂部）論語曰無爲而治者其舜也與夫何爲哉恭己正南面而已矣孝經援神契曰舜龍顏重瞳大口手握褒（重童多精光也大口象斗星也握褒手中有褒字喻從勞苦起受褒飭致大位也）雒書靈准聽曰有人方面日衡重華（日衡衡有骨表如日者也）握石推懷神珠（推讀曰■鎚鎚平輕重者也握石鎚謂知琁璣玉衡之道也懷神珠喻有聖智也）舜受終鳳皇儀黃龍感朱草生蓂莢孳西王母授益地圖（西王母得益地之圖來獻）孟子曰雞初鳴而起孳孳爲善者舜之徒也雞初鳴而起孳孳爲利者蹠之徒也（蹠盜跖）又曰堯之於舜使其子九男事之妻以二

女焉百年牛羊倉廪備以養舜於畎畝之中而後舉加諸上位　又曰
舜聞一善言見一善行若決江河霈然莫之能禦也　尸子曰舜一徙成邑
再徙成都三徙成國堯聞其賢徵之草茅之中與之語禮樂而不逆與
之語政至簡而行與之語道廣大而不窮於是妻之以媓媵之以娥九子事之
而託天下焉　韓子曰歷山農者侵畔舜往耕朞年而耕者讓畔河濱漁
者爭坻舜往漁朞年而漁者讓長東夷之陶者苦窳舜往陶朞年而
器以牢　呂氏春秋曰舜有子九人不予其子而授禹至公也　帝王世
紀曰帝有虞氏姚姓也目重瞳故名重華字都君有聖德始遷於負夏
販於頓丘債於傳虛家本冀州每徙則百姓歸之堯於是見舜於貳宮設
饗禮迭爲賓主南面而問政堯乃試以五典遂舉八凱使佐后土以揆百
事舉八元使布五教于四方舜於是有大功二十故夢眉長與髮等堯乃
賜舜以昭華之玉老而命舜代已攝政舜東巡狩登南山觀河渚受圖書
褒賜群臣尊任伯禹稷契皋繇皆益地有苗氏負固不服禹請征之
舜曰我德不厚而行武非道也吾前教由未也乃脩教三年執干戚而舞

之有苗請服立誹謗之木申命九官十二牧三載一考績三載黜陟幽明禹爲司空功被天下棄爲后稷播時百穀契爲司徒敬敷五教皋繇爲士典刑惟明伾爲共工莫不致力益爲朕虞庶物蕃植伯夷爲秩宗三禮不闕夔爲樂正神人以和龍爲納言出内惟允於是俊乂在官羣后德讓百僚師師以五采章施于五色爲服以六律五聲八音協治治用之和烝民乃粒萬邦作乂庶績咸熙乃作大韶之樂簫韶九成鳳皇來儀擊石拊石百獸率舞故孔子稱韶盡美矣又盡善也景星曜於房羣瑞畢致地出乘黄舜於是德被天下薦於天使禹攝政有苗氏叛南征崩于鳴條殯以瓦棺葬於蒼梧九疑山之陽是爲陵零謂之紀市在今營道下有羣象爲之耕【贊】魏陳王曹植帝舜贊曰顓頊氏族重瞳神聖克協頑嚚應唐治政除凶舉俊以齊七政應曆受禪顯天之命　晉夏侯湛虞舜贊曰有虞偕偕揖讓鼓琴垂拱臨民詠彼南音世隆道玄天下混心熙我王度如玉如金　晉庾闡虞舜像贊并序曰夫至道玄妙非器象所載靈化潛融非軌迹所傳故道資冲樸則謂之三皇德被群

生則號稱堯禹是以先王因其會通制爲准極功格於天則配于上帝法施於民則載在祀典然後名教彰於至治王道煥乎無窮故茲堂之搆也有自來矣然樹寢所以栖神而寢非神之所期立像所以表德而像非德之所存若乃廢昔軌景迥其玄真雖冥照之鑒獨朗天下惡乎注其耳目哉遂乃顯圖靈像廓其廟壇俾天光焜於宇宙南風散乎五絃豈謂神道之妙可寄之於有涯哉蓋亦暢悠悠者之心也其辭曰玄像焜燿萬物含靈飛龍在天陽德文明神道雖寂務由機生摛琴高詠寄和五聲玄風既暢妙盡無名民鑒其朗孰測窈冥　周庾信舜干戚書贊曰平風變律擊石來儀先齊七政更服三危朱干獨舞玉戚空麾南風一曲恭己無爲

【碑】後魏温子昇舜廟碑曰懷山不已龍門未闢大道御世天下爲公感夢長人明敭仄陋釐降二女結友九男執耜歷山耕夫所以謝畔施罟雷澤漁父於是譙川亦既登庸以之納録允官咸事百揆時叙有大功於當世集歷數而在躬受文祖之命致昭華之玉班五瑞於羣后禋六宗於上玄舞干戚而遠夷賓弃金璧而幽靈應青雲浮洛榮光塞河符瑞必

臻休祥咸萃以君人之大德爲帝王之稱首陟方之駕遂往蒼梧之窆不
歸爰自先民實存舊廟既緝葯房遂鎮瑤席龍駕而帝服蓋依俙
於慕舜交鼓亘琴實髣髴於聞韶其辭曰虹氣降靈姚墟誕聖樹
陰末徙帝圖巳定乃闢四門以齊七政天眷功高民歸德盛治既蕩蕩
化亦巍巍南風在詠西環有歸疑山永逝湘水長違靈宮肅肅神館
微微

【文】宋顏延之爲張湘州祭虞帝文曰惟哲化神繼天作聖藏器
漁陶致身愛敬是以二妃嬪德九子觀命在麓不迷御衡以正居歷既
終虞道乃光咨堯授禹素俎釆堂百齡厭世萬里陟方敬詢故老欽
咨聖君職奉西湘虔屬南雲神之聽之匪酒伊薰

帝夏禹

尚書大禹謨曰受命于神宗率百官若帝之初從舜初授帝政事奉行之論語曰子曰
禹吾無間然矣孔子推禹功德之大言不能復間廁其間非飲食而致孝乎鬼神惡衣服而致美
乎黻冕　禮含文嘉曰禹卑宮室垂意於溝洫百穀用成神龍至靈龜
服玉女敬養天賜　春秋元命苞曰禹之時民大樂其駢三聖相繼故夏

者大也　左傳曰禹會諸侯於塗山執玉帛者萬國　尚書中候曰伯禹曰臣觀河伯面長人首魚身出水曰吾河精也授臣河圖　尚書琁璣鈐曰禹開龍門導積石玄圭出刻曰延喜玉受德天賜佩（禹功既成天出玄圭以賜之古者以德佩禹有治水功故天佩以玄圭）　呂氏春秋曰禹南濟乎江黃龍負舟（事具祥瑞部）　淮南子曰禹沐淫雨櫛疾風決江疏河鑿龍門闢伊闕乘四載隨山刊木平治水土定七百國　又曰禹爲水以身解於陽盱之河（解禱也陽盱河在秦）　吳越春秋曰禹案黃帝中經見聖人所記曰在九疑山東南天柱號曰宛委承以文玉覆以盤石其書金簡青玉爲字編以白銀皆瑑其文禹乃東巡登衡山求之赤繡文衣男子自稱玄夷蒼水使者來候禹令齋三月更求之禹乃三日齋登宛委山取得書得通水之理遂周行天下使益疏記之名山海經也　鬻子曰禹投一饋而七起曰吾不恐四海之士留於道路也恐其留吾門也是以四海之士皆至禹當朝廷門可以羅雀　帝王世紀曰伯禹夏后氏姒姓也生於石坳虎鼻大口兩耳參鏤首戴鈎鈐胸有玉斗足文履巳故名文命字高密身長九尺二寸長於西羌西羌夷人也其父鯀放降在疋庶有聖德夢

目洗於河西四嶽師舉之舜進之堯堯命以爲司空繼鯀治水乃勞身涉勤不重徑尺之璧而愛日之寸陰手足胼胝故世傳禹病偏枯足不相過至今巫稱禹步是也又納禮賢人一沐三握髮一食三起堯美其績乃賜姓姒氏封爲夏伯故謂之伯禹天下宗之謂之大禹年百歲崩于會稽因葬會稽山陰縣之南今山上有禹冢井祠下有羣鳥芸田　又曰禹葬衣衾三領桐棺三寸葛以繃之下不及泉上不通臭既葬收餘壤爲壠若參耕之畝　符子曰禹讓天下於奇子奇子曰君言佐舜勞矣鑿山川通河漢首無髮股無毛故舜也以勞報子我生而逸不能爲君之勞矣

【贊】魏陳王曹植夏禹贊曰于嗟夫子拯世濟民克卑宮室致孝鬼神疏食薄服黼冕乃新厥德不回其誠可親疊疊其德溫溫其仁尼稱無閒何德之紕　又曰禹治水贊曰嗟夫夏禹寔勞水功西鑿龍門疏河道江梁岐既闢九州以同天賜玄圭奄有萬邦　又禹渡河贊曰禹濟于河黃龍負舩舟人並懼禹歎仰天予受大運勤功恤民死亡命也龍乃弭身　周庾信渡江贊曰二江初鑿九谷新成風飛鷁

湧水起龍驚樂天知命無待憂生危舟遂靜亂楫還平

藝文類聚卷第十一

藝文類聚卷第十二　帝王部二

殷成湯

春秋元命苞曰湯臂四肘是謂神肘　尚書琁璣鈐曰湯受金符帝籙白狼銜鉤入殷朝　尚書中候曰天乙在亳諸鄰國襁負歸德東觀乎雒降三分璧黃魚雙躍出濟于壇化爲黑玉赤勒曰玄精天乙受神福伐桀克　尚書湯誓言曰伊尹相湯伐桀升自陑遂與桀戰于鳴條之野　春秋元命苞曰湯之時其民大樂其救之於患害故樂名大護護者救也一云扶都感白氣而生湯　周書曰湯放桀而歸於亳三千諸侯大會湯取天子之璽置之於天子之座左復而再拜從諸侯之位湯曰此天子之位有道者可以處之矣夫天下非一家之有也有道者之有也故天下者唯有道者理之唯有道者宜處之湯以此三讓三千諸侯莫敢即位然後

湯即天子之位　孟子曰湯居亳與葛伯爲鄰葛伯不祀湯使人問何爲不祀曰無以供犧牲湯遺之牛羊葛伯得而食之又不祀湯又問之曰無以供粢盛湯使亳民爲之耕老弱饋食葛伯率衆要其酒肉黍稷者遮而奪之不以饗授者則殺之有一童子以黍肉餉殺而奪焉湯乃興師伐葛伯天下聞之皆曰非富天下也爲匹夫匹婦報讎也　呂氏春秋曰成湯之時有穀生於庭昏生至旦而大合拱史請卜其故湯退卜者曰吾聞祥者福之先也見祥而爲不善則福不至妖者禍之先也見妖而爲善則禍不至於是早朝晏退問疾弔喪務鎮撫百姓三日而穀亡　尚書大傳曰夏人飲酒醉者持不醉者不醉者持醉者相和而歌曰盍歸于亳盍歸于亳亳亦大矣故伊尹退而閑居深聽樂聲（思其故也是時伊尹仕桀）更曰覺兮較兮吾大命格兮（覺兮、謂先知者較兮謂直道者也格至也吾語桀也）去不善而就善何樂兮伊尹入告于桀曰大命之亡有日矣桀啞笑曰天之有日猶吾之有民也日亡吾亦亡矣是以伊尹遂去夏適湯　說苑曰湯欲伐桀伊尹請且乏貢職以觀夏動桀怒起九夷之師伊尹曰未可彼尚能起九夷之師是罪在我也湯乃謝請服入貢職明年又乏貢職桀起九夷之師九夷之師不起伊尹曰可矣湯乃興師伐桀殘之遷於南巢　帝王世紀曰成湯一名帝乙豐下鋭上倨身而揚聲長九尺有聖德諸侯有不義者湯從而征之誅其君吊其民天下咸悦故東征則西夷怨南征則北狄怨曰奚爲而後我凡二十七征而德施於諸侯出見羅者方祝曰從天下者從地出者四方來者皆入吾羅湯曰嘻盡之矣非桀其孰能爲此哉乃命解其三面而置其一面更教之祝曰欲左者左欲右者右欲高者高欲下者下吾取其犯命者漢南諸侯聞之咸曰湯之德至矣澤及禽獸況於人乎一時歸者三十六國及夏桀無道辠諫者湯使人哭之桀囚湯使於夏臺而後釋之諸侯由是咸叛桀附湯同日貢職者五百國三年而天下咸服湯自伐桀後大旱七年殷史卜曰當以人禱湯曰吾所爲請雨者民也若必以人禱吾請自當遂齋戒剪髮斷爪以己爲牲禱於桑林之社言未已而大雨方數千里湯踐天子位十三年年百歲而崩

贊　魏陳王曹植殷湯贊曰殷湯伐夏諸侯振仰放桀鳴條南面以王桑林之禱炎災克償伊尹佐治可謂賢相　又湯禱桑林贊曰惟

郼之世炎旱七年湯禱桑林祈福于天剪髮離爪自以爲牲皇靈感應時雨以零　周庾信湯解網賛曰連珠兩起合玉雙沉穀爲祥樹桑成樂林三方落網一面馳禽德以行政仁乎用心

周文王

春秋元命苞曰文王四乳是謂含良蓋法酒旗布恩舒明（酒者乳也能乳天下布恩之謂也）　周書曰文王在鎬召太子發曰我身老矣吾語汝我所保與我所守傳之子孫吾厚德而廣惠不爲驕侈不爲泰靡童牛不服童馬不馳土不失其宜萬物不失其性天下不失時以成萬材萬材已成牧以爲人天下利之而勿德是謂大仁　墨子曰赤鳥銜珪降周之岐社曰命周文王伐郼　韓子曰昔文王請入雒西地赤壤之國方千里以解炮烙之刑天下皆說　仲尼曰大哉文王輕千乘之國而請解炮烙之刑　韓詩外傳曰昔周文王寢疾五日而地動東西南北不出四郊有司請曰臣聞地之動爲人主也今者君王寢疾五日而地動四面不出國郊羣臣皆恐曰請移之文王曰奈何其移之也對曰興事動衆以增國城其可移之文王曰夫天之見妖以伐有罪我必有罪故天以罰我也今

又專興事動衆以增國城是重吾罪也不可請改行重善移之其可以免乎於是遂謹其禮秩皮革以交諸侯飾其辭令幣帛以禮俊士頒其爵列等級田疇以賞羣臣行無幾何而疾止　琴操曰受命者謂文王受天命而王文王以紂時爲岐侯躬脩道德執行仁義百姓附親是時紂爲無道刳胎斮涉廢壞仁人天統易運諸侯瓦解皆歸文王其後有鳳皇銜書於文王之郊文王曰殷帝無道虐亂天下皇命已移不得復久乃作鳳皇之歌其章曰翼翼翔翔彼鸞皇兮銜書來遊以命昌兮瞻天案圖殷將亡兮蒼蒼昊天始有萌兮神連精合謀於房兮又曰文王備修道德百姓親附文王有二子周公武王皆聖是時崇侯虎與文王列爲諸侯德不及文王常嫉妬之乃譖文王於紂曰西伯昌聖人也長子發中子旦皆聖人也三聖合謀君其慮之乃囚文王於羑里將欲殺之於是文王四臣散宜生等周流海內經歷豐土得美女二人水中大貝白馬朱鬛以獻於紂陳於中庭紂立出西伯文王在羑里時演易八卦以六十四作鬱戹之辭困於石據于蒺藜乃申憤以作歌曰殷道溷溷浸濁煩兮朱紫相合不

別分兮迷亂聲色信讒言兮炎炎之虐使我衍愆兮幽閉牢穽由其言兮遘我四人憂勤勤兮 論衡曰文王飲酒千鍾孔子百觚言聖人能以德持酒也如一坐千鍾百觚此酒徒非聖人也 帝王世紀曰文王昌龍顏虎肩身長十尺胷有四乳敬老慈幼晏朝不食以延四方之士是以大顛閎夭散宜生南宮适之屬咸至是爲四臣文王雖在諸侯之位襲父爲西伯紂既囚文王文王之長子曰伯邑考質于殷爲紂御紂烹以爲羹賜文王曰聖人當不食其子羹文王得而食之紂曰誰謂西伯聖者食其子羹尚不知也

【贊】魏陳王曹植文王贊曰於赫聖德寔是惟文王三分有二猶復事商化加虞芮傍既昌四方王業克昭武嗣遂光又文王赤雀贊曰西伯積德天命攸顧赤雀銜書爰集昌戶瑞爲天使和氣所致嗟爾後王昌期而至

周庾信文王見呂尚贊曰言歸養老垂釣西川止盤石溪唯小舩風雨未感意氣怡然有此相望于今幾年

周武王

尚書中候曰太子發以紂存三仁雖即位不稱王（三仁箕子比干微子）樂稽耀嘉曰武王承命興師誅于商萬國咸喜軍渡孟津前歌後舞克殷之後民乃大安家給人足酌酒鬱尉搖（鬱尉搖喜貌）史記曰武王脩文王業東觀兵孟津爲文王木主載以車中軍自稱太子發言奉文王以伐不敢自專遂興師渡于河時諸侯不期而會孟津者八百諸侯皆曰紂可伐武王曰未可也乃還師居二年聞紂昏亂滋甚殺比干囚箕子太師疵少師彊微子抱其祭器而奔周於是武王乃渡孟津伐紂紂師皆倒干戈以戰紂軍潰畔紂死　帝王世紀曰武王見暍人王自左擁而右扇之紂政彌亂殷太史向摯載其圖書而歸周王以告于諸侯四年起師而東至商郊牧野乃作木櫓王韈係解五人御於前莫肯爲王係韈皆曰臣所以事君王非爲係韈也王乃釋旄鉞而係之與紂戰紂師敗績禽費仲惡來紂赴于京自燔于宣室而死二嬖妾與妲己亦自殺乃以大白髦麾諸侯入殷商都百姓咸待于郊王使告曰上天降休商人皆拜王亦荅拜以兵入造紂及妲己尸王親射之三發然後下車以劍擊之周公爲司徒使以黃鉞斬紂頭懸于大白之旗召公爲司空又使

以玄鉞斬妲己頭縣之小白旗置旌於商容之廬命召公釋箕子之囚賜貝千朋命原公釋百姓之囚歸琁臺之珠玉命南宮括散鹿臺之財發巨橋之粟以賑貧民命南宮伯達史逸遷九鼎于洛邑命閎夭封比干之墓命宗祝饗祀于軍微子膠鬲皆委質爲臣邦人咸喜曰王之於人也死猶封其墓況其生者乎王之於賢仁也亡者猶表其廬況其存者乎王之於財也聚者猶散之況其復籍者乎王之於色也在者猶歸其父母況復徵之乎

贊 魏陳王曹植周武王贊曰桓桓武王繼世滅紂咸任尚父且作商臣功加四海救世濟民天下宗周萬國是賓

周成王

春秋元命苞曰文王造之而未遂武王遂之而未成周公旦抱少主而成之故曰成王賈誼書曰周成王問鬻子曰寡人聞聖人在上位使民富且壽若夫富則可爲也若夫壽則在天乎鬻子對曰夫聖王在上位天下無軍兵之事故諸侯不私相攻而民不私相鬪也則民得盡一生矣聖王在上則君積於德化而積於用力故婦人爲其所衣丈夫爲其所食則民無凍餓已得二

生矣聖人在上則君積於仁吏積於愛民積於順則刑罰廢而無夭遏之誅民則得三生矣聖王在上則使人有時而用之有節則民無厲疾民得四生矣 史記曰成王少周公攝行政管叔蔡叔羣弟疑周公與武庚作亂周公奉成王命誅武庚殺叔放蔡叔以微子啓代殷後國於宋周公行政七年成王長周公反政成王北面就羣臣之位成王在豐使召公復營洛邑如武王之意卒營築居九鼎焉曰此天下之中四方入貢道理均 帝王世紀曰成王元年周公爲冢宰攝政王年少未能治事故號曰孺子八年春正月朔王始躬政事以周公爲太師封伯禽于魯父子並命周公拜於前魯公拜於後王以周公有勳勞於天下故加魯以四等之上兼二十四附庸地方七百里既營都洛邑復居酆鎬淮夷徐戎及奄叛王乃大搜於岐陽東伐淮夷

贊 魏陳王曹植周成王贊曰成王繼武賢聖保傅年雖幼稚岐嶷有素初疑周公終焉克寤旦奭佐治遂至刑錯 又周公贊曰成王即位年尚幼稚周公居攝四海慕利罰叛柔服祥應仍至誦長反政達天忠義 周庾信成王刻桐葉封虞叔贊曰虞叔百里居河之汾帝刻桐葉天書掌文

禮以成德樂以歌勳天子無戲唐其有君

漢高帝

河圖提劉曰帝季日角戴勝斗胷龜背龍股長七尺八寸明聖寬仁好任主軫　春秋孔演圖曰其人日角龍顏姓卯金含仁義　史記曰高祖諱邦字季沛豐邑中陽里人為人隆准而龍顏美鬚髯左股有七十二黑子寬仁愛人意豁如也為泗上亭長常從王媼武負貰酒飲醉卧武負王媼見其上常有龍怪之高祖每留飲酒讎數倍呂公者好相人見高祖狀貌因敬重之呂公曰臣少好相人相人多矣無如季相願季自愛臣有息女願為箕帚妾女即呂后也生孝惠帝魯元公主有一老父過請飲老父相呂后曰夫人天下貴人也令相兩子見孝惠帝曰夫人所以貴者乃此男魯元公主亦皆貴老父已去高祖從旁舍來呂后具言高祖乃追及老父老父曰向見者夫人兒子皆似君相君相貴不可言及高祖貴遂不知老父去處高祖以亭長為縣送徒於驪山到豐西澤中亭止飲夜皆解縱所送徒高祖夜經澤中前有大白蛇當徑高祖拔劍斬之事具符命部　秦始皇帝常曰東南有天子氣於是東

遊高祖隱於芒碭山澤間呂后與人俱求常得之高祖怪問呂后呂后曰季所在山居上常有雲氣故往常得季高祖興諸侯兵共擊項羽項羽敗而走使騎將灌嬰追殺羽東城正月諸侯尊漢王爲皇帝　又曰范增說項羽曰沛公居東貪於財貨好美姬今入關財物無所取婦女無所幸此其志不在小吾令人望氣皆爲龍虎成五采此天子氣也　漢書曰漢承堯運德祚已盛斷蛇著符旗幟尚赤協于火德自然之應得天統矣　論衡曰項羽與高祖俱起威力輕重未有所定高祖誅羽難於斬鐵也武王伐紂易於摧木也然則漢力勝周多矣湯武伐桀紂一敵也高祖誅秦殺項羽兼勝二家力倍湯武五代之起皆有因緣力易爲也高祖從亭長提三尺劒取天下光武由白水奮威武帝海內無尺土所因一位所乘直奉天命推動自然此則起高於川汙爲深於丘山也　荀悅漢紀論曰高祖開建大業統畢元功度量規矩不可尚矣天下初定庶事草創故韶夏之音天下未聞焉　帝王世紀曰禮稱至道以王義道以霸觀高祖之取天下也遭秦暴亂不階尺土之資不摧將相之柄發迹泗亭奮其智謀銜勤英

雄鞭駈天下或以德致或以義成事以權斷順逆不常覇王之道雜焉
是以居帝王之位而無一定之制三代之美固難及矣【述】後漢班固高祖紀述
曰皇矣漢祖纂堯之緒實天生德聰明神武秦人不綱綱漏于楚爰茲
發迹斷蛇奮旅神母告符朱旗乃舉粤蹈秦郊嬰來稽首革命創制
三章是紀應天順民五星同晷項氏叛換黜我巴漢西土宅心戰士憤怨
乘釁而運席卷三秦割據河山保此懷民股肱蕭曹社稷是經爪牙
信布腹心良平恭行天罰赫赫明明【贊】魏陳王曹植漢高皇帝贊曰
屯雲斬蛇靈母告祥朱旗既抗九野披攘禽嬰克羽掃滅英雄承機帝
丗功著武湯　晉傅玄漢高祖畫贊曰赫赫漢祖受命龍興五星協象
神母告徵討秦滅項如日之升超從側陋光據萬乘　周庾信漢高祖置
酒沛宮畫贊曰遊子思舊來歸沛宮還迎故老更召歌童雖欣入沛方念
移豐酒酣自舞先歌大風【碑】後漢班固高祖泗水亭碑曰皇皇炎漢兆
自沛豐乾降著符精感赤龍承運流裔襲唐末風寸木尺土無竢斯
亭建號宣基維以沛公楊威斬蛇金精摧傷涉關凌灞受爵漢中勤兵

陳東劉禽三秦陳張畫策蕭勃翼終出爵賤褒賢列土封功炎火之德彌光以明源清流潔本盛末弘序將八十贊述股肱休勳顯祚永永無彊於皇舊亭留嗣是承天之福祐萬年是興

論　後漢孔融周武王漢高祖論曰武王從后稷以來至其身相承積五十世俱有魚烏之瑞至高祖一身修德瑞有四呂公望形而薦女呂后見雲知其處白蛇分神武哭西入關五星聚又武王伐紂斬而刺之高祖入秦赦子嬰而遺之是寬裕又不如高祖也　魏高貴鄉公少康漢高祖論曰上問荀顗等曰有夏既衰后相殄滅少康收輯夏衆復禹之績高祖拔起壟畝芟夷秦項考其功德誰宜爲先顗等曰造之與因難易不同少康功德雖美猶爲中興與漢世祖同流可也至如高祖臣等以爲優上曰少康生於滅亡之後降爲諸侯之詳能布其德而兆有其謀卒滅過戈復禹之績祀夏配天不失舊物非至德弘仁豈濟斯勳漢祖因土崩之勢收一時之權爲人子則數危其親爲人君則因賢相爲人父則不能衛子身歿之後社稷幾傾若與少康易地而處或未能復大禹之績也推此言之宜高夏康而下漢祖矣

漢文帝

史記曰孝文皇帝初立爲代王都中都高后崩呂產等欲爲亂以危劉氏大臣共誅之使人迎代王代王問左右郎中令張武張武等議願大王稱疾以無往觀其變中尉宋昌進曰羣臣之議皆非也今高帝子獨淮南王與大王大王又長賢聖仁孝聞於天下故大臣因天下之心而欲迎立大王大王勿疑也迺命宋昌參乘張武等六人乘傳詣長安馳入代邸代王西鄉讓者再遂即天子位　又曰孝文帝即位二十三年宮室苑囿狗馬服御無所增益有不便輒弛以利民常欲作露臺召匠計之直百金帝曰百金中民十家之產吾奉先帝宮室常恐羞之何以臺爲所幸慎夫人衣不曳地幃帳不得文繡以示敦朴先與匈奴和親匈奴背約入盜然令邊備守不得發兵深入惡煩苦百姓羣臣如袁盎等稱說雖切常假借用之羣臣如張武受賂遺金錢覺上常發御府金錢賜之以愧其心專務以德化民是以海內殷富興於禮義　又曰孔子言必世而後仁善人爲邦百年亦可以勝殘去殺矣誠哉是言漢興至孝文四十有餘載德至盛也　漢書曰孝文皇帝諱恒高帝中

子也母曰薄皇后　又曰文帝斷獄四百幾致刑措　又曰武帝問東方朔曰吾欲化民豈有道乎朔對曰願近述孝文皇帝之時當世耆老皆聞見之貴爲天子富有四海身衣弋綈足履革舄以韋帶劍莞蒲爲席集上書囊爲殿帷【述】後漢班固文帝述曰太宗穆穆允恭玄默化民以躬帥下以德農不共貢罪不收帑宮不新館陵不崇墓我德如風民應如草國富刑清登我漢道【贊】魏陳王曹植漢文帝贊曰孝文即位愛物儉身驕吳撫越匈奴和親納諫赦罪以德讓民殆至刑錯萬國化淳

漢景帝

史記曰漢興孝文施德天下懷安至孝景不復憂異姓而鼂錯刻削諸侯遂使七國俱起合從而西鄉以諸侯大盛而錯爲之不以漸也及主父偃言之而諸侯以弱卒以安漢安危之幾豈不以謀哉　漢書曰孝景帝諱啓文帝太子也母曰竇皇后　又曰孔子稱斯民三代之所以直道而行也信哉周秦之弊網密文峻而姦宄不勝漢興拂除煩苛與民休息至孝文加之以恭儉孝景遵業五六十載之間至於移風易俗黎民醇厚周云成康漢言文景美矣

【述】後漢班固景帝述曰孝景莅政諸侯方命剋伐七國王室以定非怠
非荒務在農桑著于甲令民用寧康【贊】魏陳王曹植漢景帝贊曰
景帝明德繼文之則肅清王室克滅七國省役薄賦百姓殷昌風移俗易
齊美成康

漢武帝

漢書曰孝武皇帝諱徹景帝中子也元封元年行自雲陽北歷上郡西河五原出長城登單于臺臨北河勒兵十八萬騎旌旗千餘里威震匈奴還登封泰山又自潯陽浮江親射蛟江中獲之舳艫千里又登之罘（東來有之罘山祠）浮大海山稱萬歲　又曰漢承百王之弊高祖撥亂反正文景務在養民至于稽古禮文之事猶多闕焉孝武初立卓然罷黜百家表章六經遂疇咨海內舉其俊民與之立功興太學修郊祀改正朔定曆數協音律作詩樂建封禪祀百神號令文章煥焉可述後嗣得遵洪業而有三代之風如武帝之雄材大略不改文景之恭儉以濟斯民雖詩書所稱何有加焉　荀悅漢紀曰武皇帝恢萬世業內脩文學外曜武威延天下之士濟濟盈朝興事

創制無所不施先王之風粲然存矣然猶好其文未盡其實發其始不克其終奢侈無限窮兵極武百姓空竭萬民罷弊當此之時天下騷然海內无聊而孝文之業衰矣　劉歆七略曰孝武皇帝勑丞相公孫弘廣開獻書之路百年之間書積如丘山故外則有太常太史博士之藏內則有延閣廣內祕室之府　桓子新論曰漢武帝材質高妙有崇先廣統之規故即位而開發大志考合古今模獲前聖故事建正朔定制度招選俊傑奮揚威怒武義四加所征者服興起六藝廣進儒術自開闢以來唯漢家最爲盛焉故顯爲世宗可謂卓爾絶世之主矣然上多過差既欲斥境廣土又乃貪利爭物之無益者聞西夷大宛國有名馬即大發軍兵攻取歷年士衆多死但得數十疋耳又歌兒衛子夫因幸愛重乃陰求陳皇后過惡而廢退之即立子夫更其男爲太子後聽邪臣之譖衛后以憂死太子出走滅亡不知其處信其巫蠱多徵會邪僻求不急之方大起宮室內竭府庫外罷天下百姓之死亡不可勝數此可謂通而蔽者也　典論曰孝武承四世之遺業遇中國之殷阜府庫餘金錢倉廩畜腐粟因此有意乎滅匈奴而得清邊境矣故即位之初從

王恢之畫設馬邑之謀自元光以迄征和四五十載之間征匈奴四十餘舉威餘踰廣漢絶梓嶺封狼居禪姑幕梁北河觀兵瀚海刈單于之旗剿闕氏之首探符離之窟掃五王之庭納休屠昆耶之附獲祭天金人之寶斬名王以千數馘酋虜以萬計既窮追其散亡又摧破其積聚虜不暇於救死扶傷疲困於孕重墮殞元封初躬執武節告以天子自將懼以兩越之誅彼時號爲威震匈奴矣

【述】後漢班固武帝述曰世宗曄曄思弘祖業疇咨熙載髦俊並作厥作伊何百蠻是攘恢我疆宇薄于四荒武功既抗亦迪斯文憲章六學統一聖眞封禪郊祀祭旅百神協律改正饗兹永年

【贊】魏陳王曹植漢武帝贊曰世宗光光文武是攘威震百蠻恢拓土疆簡定律曆辨脩舊章封天禪土功越百王　周庾信漢武帝聚書贊曰獻書路廣藏書府開秦儒出谷漢簡吹灰芝泥印上玉匣封來坐觀風俗不出蘭臺

漢昭帝

漢書曰昭皇帝諱弗武帝子也母曰趙婕妤本以有奇異得幸（婕好有奇謂手指不申及有奇氣）及生帝亦奇異（十四月乃生）又曰昔周成以孺子繼統而有管蔡四國流言之變孝昭幼

年即位亦有燕蓋上官逆謀之亂成王不疑周公孝昭委任霍光各因其時以成名大矣哉承孝武奢侈餘弊師旅之後海內虛耗戶口減半知時務之要輕傜薄賦與民休息至始元元鳳之間匈奴和親百姓充實舉賢良文學問民所疾苦議鹽鐵而罷榷酤尊號曰昭不亦宜乎

述 後漢班固昭帝述曰孝昭幼沖冢宰惟忠燕蓋譸張實叡實聰罪人斯得邦家和同

論 魏文帝周成漢昭論曰或方周成王於漢昭帝僉高成而下昭余以爲周成王體上聖之休氣稟賢妣之貽誨周召爲保傅呂尚爲太師口能言則行人稱辭足能履則相者導儀目厭威容之美耳飽仁義之聲所謂沉漬玄流而沐浴清風者矣猶有咎悔聆二叔之謗使周公東遷皇天赫怒顯明厥咎猶啓諸金縢稽諸國史然後乃悟不亮周公之聖德而信金縢之教言豈不暗哉夫孝昭父非武王母非邑姜養惟蓋主相則桀光體不承聖化不胎育保無仁孝之質佐無隆平之治所謂生於深宮之中長於婦人之手然而德與性成行與體并年在二七早智夙達發燕書之詐亮霍光之誠豈將有啓金縢信國史而後乃寤哉使夫昭成均年而立易世而化貿臣而治換樂而歌則漢

不獨少周不獨多也　魏丁儀周成漢昭論曰成王昭帝俱以襁褓之幼託於冢宰流言讒與此其艱險相似者也夫以發金縢然後垂泣與計男便覺詐書明之遲速既有差矣且叔父兄子非相嫌之處異姓君臣非相信之地霍光罹入謗而不出周公賴天變而得入推此數者齊本而論末計重而況輕漢昭之優周成甚明者也成王秀而獲實其美在終昭帝苗而未秀其得在始必不得已而論二主余與夫始者

漢宣帝

漢書曰孝宣皇帝諱詢字次卿武帝曾孫戾太子孫也太子納史良娣生皇孫皇孫納王夫人生皇帝号曰皇曾孫生數月遭巫蠱事太子良娣皇孫王夫人皆遇害曾孫坐繫郡邸獄邴吉為廷尉監治巫蠱憐曾孫之無辜使女徒乳養私給衣食至後望氣者言長安獄有天子氣上遣使皆殺之內者令郭穰夜至郡邸獄吉拒閉不得入曾孫賴吉得全因遭赦高才好學然亦喜遊俠鬬雞走馬具知閭里姦邪吏治得失時會朝請舍長安尚冠里身足下有毛臥居數有光耀昭帝崩無嗣霍光徵昌邑王賀賀淫亂廢

光奏遣宗正德至尚冠里舍洗沐賜御府大僕以軨轎車奉迎曾孫就齊宗正府封爲陽武侯羣臣上璽綬即皇帝位　又曰宣帝始立謁見高廟大將軍光叅乘上内嚴憚之若芒刺在背後張安世代光叅乘天子從容肆意甚安　又曰孝宣之治信賞必罰綜覈名實政事文學法理之士咸精其能至于技巧工匠器械自元成間鮮能及之者亦足以知吏稱其職民安其業也遭值匈奴乖亂推亡固存信威北夷單于慕義稽首稱藩功光宗祖業垂後嗣可謂中興侔德殷宗周宣矣　荀悦漢紀曰孝宣任法審刑綜覈名實聽斷精明事業修理下無隱情是以功光前世号爲中宗然不甚用儒術是以德化不能純備

述　後漢班固宣帝述曰中宗明明寅用刑名時舉博納聽斷惟精柔遠能邇燀燿威靈龍荒幕朔莫不來庭丕顯祖烈尚於有成

後漢光武帝

東觀漢記曰世祖光武皇帝高祖九世孫出自長沙定王定王生舂陵節侯舂陵本在零陵郡節侯孫孝侯以土地下濕元帝時求封南陽蔡陽

白水鄉因故國名曰舂陵上隆准日角大口美鬚眉身長七尺三寸仁智明達多權略樂施愛人在家重慎畏事勤於稼穡兄伯升好俠笑上事田作比之高祖兄仲上歸舊廬望見廬南有火光以爲人持火呼之光遂赫然屬天有頃不見上異之初伯升之起也諸家子弟皆亡逃自匿曰伯升殺我及聞上至絳衣大冠乃驚以爲獨伯升如此謹厚者亦爲之　又曰王莽遣大司徒王尋大司空王邑將兵來征莽欲盛威武王齊則虎豹犀象奇偉猛獸以長人巨無霸爲壘挍尉秦漢以來師出未嘗有也時漢兵八九千人公兵以五六十萬到遂環昆陽城作營且圍之數百重有流星墜尋營營中正晝有雲氣如壞山直下營而不及地尺而散吏士皆厭伏上選精兵三千人與戰大破之殺司徒王尋赴水溺死者以萬數滍水爲之不流更始以上爲大司馬遣之河北安集百姓破邯鄲誅王郎入宮收文書尋得吏民謗毀上言可擊者數千章上會諸將燒之曰令反側子自安也更始遣使者立上爲蕭王又擊破銅馬受降適畢賊亦兩心上敕降賊各歸勒兵待上輕騎入按行賊營賊曰蕭王推赤心置人腹中安得不投死由是皆自安　又曰諸將

請上尊號初王莽時上與伯叔及姊聟鄧晨穰人蔡少公坐語少公道讖言劉秀當爲天子或曰是國師劉子駿也上戲曰何用知僕非也坐者皆大笑時傳聞赤伏符不見文章軍中所上来信到鄗上所與長安同舍諸生彊華自長安奉赤伏符詣鄗與上會羣臣復伏固乃命有司設壇鄗之千秋亭六月即皇帝位　袁宏漢紀曰南頓令欽生光武皇帝諱秀字文叔　帝王世紀曰春秋興夏少康之起有田一成有衆一旅若漢之策命世祖不階成旅之資平暴反正遂建中興夏少康同美矣　續漢書曰昔羿寒浞篡夏數十年少康生爲牧人能修德復夏厥勲大矣然尚有虞思及靡有鬲內外之助至於光武承王莽之篡起自疋庶一民尺土靡有凴焉發迹於昆陽以數千屠百萬非膽智之至孰能堪之討賊平亂克復漢業号稱中興雖初興者無以加之矣中國既定柔遠以德愛慎人命下及至賤武功既抗文德術修勲績弘矣　薛瑩漢紀曰王莽之際天下雲亂英雄並發其跨州據郡僭制者多矣人皆有異於非望然考其聰明仁勇自無光武儔也加以寬博容納計慮如神是以任光竇融望風景附馬援一見覩顏識奇故能以十數年間

掃除羣凶清復海内豈非天人之所輔賛哉古者師不内御而光武命將皆授以方略使奉圖而進其有違失無不折傷意豈文史之過乎不然雖聖人其猶病諸　袁山松後漢書曰前漢自成哀已下天地縱横巨猾竊命劉氏舊澤猶存而瞻烏之望殆絶世祖以眇眇之胄起白水之濵身屈無妄之力位卑羣賢並列于時懷璽者十餘建旗者數百高才者居南面疾足者爲王公茫茫九州瓜分臠切涽涽蒼生塵消鼎沸我扇之以仁風駈之以大威雪霜被而茨棘枯横綱振而逆鱗掃羣材畢湊人鬼與能數年之閒廓清四海雖曰中興與夫始創業者庸有異乎誠哉馬生之言固已寥廓大度同符高祖又等太宗之仁兼孝宣之明人之體其殆于周故能享有神器據乎萬乘之上矣

碑　後漢蔡邕光武濟陽宫碑曰王室中微哀平短祚姦臣王莽偷有神器十有八年罪盈惡熟天人致誅帝乃龍見白水淵躍昆滍破前隊之衆殄二公之師收兵略地經營河朔於是羣公諸將據河洛之文協符瑞之徵僉曰歷數在帝踐祚允宜乃以建武元年六月即位于鄗縣之陽五成之陌祀漢配天罔失舊物享國三十有三年　方内乂安蠻夷率服巡狩太山禪梁父皇代之

遐迹帝者之上儀罔不畢舉道德餘慶延于無窮先民有言曰樂樂其所自生而禮不忘其本是以虞稱嬀汭姬美周原皇天乃眷神宮實始于此厥路藐哉所謂神麗顯融越不可尚小白河尹瑋來在濟陽顧見神宮追惟桑梓褒述之義用敢作頌其辭曰赫赫炎天受曜其暉篤生聖皇貳漢之微稽度虔則誕育靈姿黃蘖作慝篡握天機帝赫斯怒受整其師應期潛見扶陽而飛禍亂克定羣凶殄夷匡復帝載萬國以綏巡于四岳展義省方登封降禪升于中皇受茲初基天命孔彰子子孫孫保之無疆

論 魏陳王曹植漢二祖優劣論曰客有問余曰夫漢二帝高祖光武俱爲受命撥亂之君此時事之難易論其人之優劣孰者爲先余應之曰昔漢之初興高祖因暴秦而起遂誅強楚先有天下功齊湯武業流後嗣誠帝王之元勳人君之盛事也然而名不繼德行不純道身沒之後崩亡之際果令凶婦肆酖酷之心嬖妾被人豕之刑亡趙幽囚禍殃骨肉諸呂專權社稷幾移凡此諸事豈非高祖寡計淺慮以致然彼之雄才大略俶儻之節信當世至豪健壯傑士也又其梟將畫臣皆古今之鮮有歷世之希覩彼能任其

才而用之聽其言而察之故兼天下有帝位流巨勳而遺元功也世祖體乾靈之休德稟貞和之純精通黃中之妙理韜亞聖之懿才　其爲德也聰達而多識仁智而明恕重愼而周密樂施而愛人值陽九無妄之世遭炎光厄會之運殷爾雷發赫然神舉用武略以攘暴興義兵以掃殘神光前驅威風先逝軍未出於南京莽已斃于西都夫其盪滌凶穢剿除醜類若順迅風而縱烈火曬白日而掃朝雲也爾乃廟勝而後動衆計定而後行師故攻無不陷之壘戰無奔北之卒是以羣下欣欣歸心聖德宣之以和衆邁德以來遠故竇融聞聲而影附馬援一見而歎息股肱有濟濟之美元首有穆穆之容敦睦九族有唐虞之稱高尚純朴有羲皇之素謙虛納下有吐握之勞留心庶事有日昃之勤乃規弘跡而造皇極創帝道而立德基是以計功則業殊比隆則事異旌德則靡愆言行則無穢量力則勢微論輔則力劣卒能握乾圖之休徵應五百之顯期立不刊之遐迹建不朽之元功金石播其休烈詩書載其勳懿故曰光武其優也

漢明帝

東觀漢記曰孝明皇帝世祖中子也母光烈皇后初讓尊位爲貴人故帝年十二以皇子立爲東海公三歲進爵爲王幼而聰明叡智容皃壯麗世祖異焉數問以政議應對敏達謀慮甚深溫恭好學敬愛師傅所以承事兄弟親密九族內外周洽世祖愈珍上德以爲宜承先序詔廢郭皇后立陰貴人以爲皇后上以東海王立爲皇太子治尚書備師法兼通四經略舉大義博觀羣書以助術學 又曰建武四年皇子陽生豐下銳上顏赤色有似堯上以赤色名之曰陽年十三通春秋上循其頸曰吳季子 袁山松後漢書曰皇帝諱陽一名莊字子麗華嶠後漢書曰世祖既以吏事自嬰明帝尤任文法總攬威柄權不借下值天下初定四民樂業戶口滋殖中興以來追蹤宣帝以鍾離意之廉淳諫爭懇懇常以寬和爲首以此推之難得而言也 薛瑩漢紀曰明帝自在儲宮而聰允之德著矣及臨萬機以身率禮恭奉遺業一以貫之雖夏啓周成繼體持統無以加焉是以海內乂安四夷賓服斷獄希少有治平之風號曰顯宗不亦宜乎 范曄後漢書曰帝善刑理法令分明日晏坐朝幽枉必達外內無倖曲之私在上無矜大之色斷獄得情號居前世十二故後之言事者莫不先建

武永平之政然而鍾離意宋均之徒常以察惠爲言夫豈弘仁之度未優乎

贊晉傅玄漢明帝贊曰肅矣孝明杖法任刑勤綜萬機察下以情未弘道治用致太平專信俗儒非禮之經

誄漢傅毅明帝誄曰惟此永平其德不回恢廓鴻績遐方是懷明明肅肅四國順威赫赫盛漢功德巍巍躬履聖德以臨萬國仁風弘惠雲布雨集武伏蚩尤文騰孔墨下制九州上係皇極豐美中世垂華億載冠堯佩舜踐履五代三雍既洽帝道繼備七經宣暢孔業淑著明德慎罰尊上師傅薄刑厚賞惠慈仁恕明並日月無有偏照譬言如北辰與天同曜發號施令方國震懼庠序設陳禮樂宣布琁璣所建靡不奄有貢篚納賦如歸父母正朔永昌冠帶儋耳四方共貫八極同軌

漢和帝

東觀漢記曰孝和皇帝章帝中子也上自岐嶷至於總角孝順聰明寬和仁孝帝由是深珍之以爲宜承天位年四歲立爲太子初治尚書遂兼覽書傳好古樂道無所不照上以五經義異書傳意殊親幸東觀覽書林閱

篇籍朝無寵族惠澤沾儒外戞庶績內勤經藝自左右近臣皆誦詩書德教在寬仁恕並洽是以黎元寧康萬國協和符瑞八十餘品帝讓而不宣故靡得而紀　帝王世紀曰孝和之嗣世正身履道以奉大業賓禮耆老動式舊典宮無嬪嬙鄭衛之燕囿無般樂遊畋之豫躬履至德虛靜自損是以屢獲豐年遠近承風　范曄後漢書曰自中興以後逮于永元雖頗有施張而俱存不擾是以齊民歲增闢土世廣偏師出塞則漢北地空都護西指則通譯四萬豈其道遠三代術長前世將服叛懷來自有數也

誄

後漢蘇順和帝誄曰天王徂登率土奄傷如何昊穹奪我聖皇恩德累代乃作銘章其辭曰恭惟大行配天建德陶元二化風流萬國立我蒸民宜此儀則厥初生民三五作剛載籍之盛著於虞唐恭惟大行爰同其光自昔何爲欽明允塞恭惟大行天覆地載無爲而治冠斯往代往代崎嶇諸夏擅命爰兹發號民樂其政奄有萬國民臣咸祑大孝備矣閟宫有侐由昔姜嫄祖妣之室本枝百世神契惟一彌留不豫道揚末命勞謙有終實惟其性衣不制新犀玉遠屏履和而行威稜上古洪澤滂流茂化沾溥不憖少留民斯何怙歔欷成雲泣

悌成雨昊天不弔喪我慈父　後漢崔瑗和帝誄曰玄景寖曜雲物見
徵馮相考妖遂當帝躬三載四海遏密八音如喪考妣擗踊號吟大遂既
啓乃祖玄宮永背神器升遐皇穹長夜冥冥曷云其窮

藝文類聚卷第十二

藝文類聚卷第十三

帝王部三

魏武帝

魏志曰太祖武皇帝沛國譙人諱操字孟德漢相曹參之後也時曹騰爲中常侍大長秋養子嵩嗣父嵩官至太尉太祖少機警有權數而任俠放蕩不治行業故世人未之竒也唯梁國喬玄南陽何顒謂太祖曰天下將亂非命世之才不能濟也能安之者其在君乎初桓帝時有黄星見於楚宋之分遼東殷馗善天文言後五十歲當有真人起於梁沛之間其鋒不可當也至是凡五十年而公破袁紹天下莫敵矣【誄】魏陳王曹植武帝誄曰於惟我王承運之衰神武震發群雄殄夷拯民于下登帝太微德美旦奭功越彭韋九德光備萬國作師寢疾不興聖體長歸華夏飲淚黎庶含悲神翳功顯身沉名飛敢揚聖德表之素旗

乃作誄曰於穆我王胄稷胤周贊聖是紹元懿允休先侯佐漢實惟平
陽功成績著德昭二皇民以寧一興詠有章我王承統天姿時生年在志
學謀過老成奮臂舊邦翻身上京表與我王兵交若神張陳背誓傲
帝虐民擁徒百萬虎視朔濵我王赫怒戎車列陳武卒虓闞如雷如震
攙搶北掃舉不浹辰紹遂奔北河朔是賓振旅京室帝嘉厥庸乃位
承相惣攝三公光受上爵臨君魏邦九錫昭備大路火龍玄監靈蔡探幽
洞微下無僞情姦不容非敦儉尚古不玩珠玉以身先下民以純樸聖性
嚴毅平修清一唯善是嘉靡䟽靡昵怒過雷霆喜踰春日萬國肅虔
望風震慄既總庶政兼覽儒林躬著雅頌被之瑟琴茫茫四海我王
康之微微漢嗣我王匡之群桀扇動我王服之喁喁黎庶我王育之光
有天下萬國作君虔奉本朝德美周文以寬克衆每征必舉四夷賓服
功踰聖武翼帝王世神武鷹揚左鉞右旄威淩伊吕年踰耳順體愉志
肅乾乾庶事氣過方叔宜並南嶽君國無窮如何不吊禍鍾聖躬弃
離臣子背世長終兆民號咷仰愬上穹既以約終令節不衰既即梓宫

躬御綴衣璽不存身唯絺是荷明器無飾陶素是嘉旣次西陵幽闥啓路群臣奉迎我王安厝窈窈玄宇三光不入潛闥一扃尊靈永蟄聖上臨穴哀號靡及群臣陪臨佇立以泣去此昭昭於彼冥冥永弃兆民下君百靈千代萬葉曷時復形

策文 魏文帝爲武帝策文曰痛神曜之幽潛哀鼎俎之虛置舒皇德而詠思遂韜聽以莅事矧乃小子夙遭不造煢煢在疚嗚呼皇考産我曷晚弃我曷早群臣子輔奪我哀願猥抑奄墓俯就權變卜葬旣從大隧旣通漫漫長夜窈窈玄宮有晦無明曷有所窮卤簿旣整三官騈羅前驅建旗方相執戈弃此宮庭陟彼山阿

魏文帝

魏志曰文皇帝諱丕字子桓武帝太子也爲五官中郎將嗣丞相爲魏太子太祖崩繼位爲丞相魏王延康元年受禪于漢爲帝初帝自許昌南征諸軍兵並進孫權臨江拒守帝幸廣陵收城臨江觀兵戎卒十餘萬旌旗數百里　江表傳曰魏文帝出廣陵欲伐吳臨大江歎曰吳據洪流且多糧穀魏雖武騎千隊無所用之乃還　吳錄曰魏文帝至廣陵臨江觀兵

見波濤洶涌歎曰此固天之所以隔南北也遂歸

誄

魏陳王曹植文帝誄曰天震地駭崩山隕霜陽精薄景五緯錯行哀殊喪考思慕過唐擗踴郊野仰愬穹蒼考諸先紀尋之哲言生若浮寄德貴長傳朝聞夕逝死志所存皇雖殪沒天祿永延何以述德表之素旃何以詠功宣之管絃乃作誄曰元光幽昧道究運遷乾廻曆數簡聖授賢乃眷大行屬以黎元龍飛踐祚合契上玄五行定紀改號革年明明赫赫授命自天風偃物化德以禮宣詳惟聖質岐嶷幼齡研機六典學不過庭潛心無內抗志高明才秀藻朗如玉如瑩聽察無響視覩未形其剛如金其勁如瓊如冰之絜如砥之平爵功無重戮違無輕心鏡萬機鑒照下情宅土之中率民以漸道義是圖弗營厥險六合通同齊契共檢導下以純民由樸儉絣冕崇麗衡統惟新尊肅禮容瞻之若神方牧妙舉欽於恤民虎將荷節鎮彼四鄰朱旗所勦九壤披震疇克不若孰敢不臣懸旌海表萬里無塵回回凱風祁祁甘雨稼惟歲豐登我稷黍家佩惠君戶蒙慈父在位七載九功仍舉將承太和絶跡三五宜作物師長爲神主壽終金石等筭東父如何奄忽

摧身后土俾我煢煢靡瞻靡顧嗟嗟皇穹胡寧忍予明鑒吉凶體達存亡深垂典制申之嗣皇聖上虔奉是順是將乃啓玄宇基于首陽擬跡穀林追堯慕唐合山同阪不樹不疆塗車芻靈珠玉靡藏百神警侍賓于幽堂於是俟大隧之致功陳元辰之紏禎潛華體於梓宫憑正殿以居靈悼晏駕之既俟感容車之速征浮飛魂於輕霄就黃墟以藏形背三光之昭晰歸窀穸之冥冥嗟一往之不返痛閟闈之長扃

【章】魏陳王曹植慶文帝受禪章曰陛下以聖德龍飛順天革命允荅神符誕作民主乃祖先后積德累仁世濟其美以暨于先王王勤恤民隱劬勞戮力以除其害經營四方不遑啓處是用隆茲福慶光啓于魏陛下承統纘戎前緒克廣德音綏靜內外紹先周之舊跡襲文武之懿德保大定功海內爲一豈不休哉　又慶文帝受禪上禮章曰陛下以明聖之德受天顯命良辰即祚以臨天下洪化宣流洋溢宇內是以溥天率土莫不承風欣慶執贄奔走奉賀闕下況臣親體至戚懷歡踴躍

【表】魏文帝讓授禪表曰臣聞堯禪重華舉其克諧之德舜授文命采其齊聖之美猶下咨四岳上觀琁璣今臣德

非虞夏行非二后而承曆數之詔應選授之命內自揆撫無德以稱且許由疋夫猶拒帝位善卷布衣而逆虞詔臣雖鄙蔽敢忘守節　魏辛毗等勸進表曰古先聖王所以受天命而不辭者誠急於荅皇天之意副四海之望不得已也　魏桓階等勸進表曰臣等以爲天命不可稽神器不可瀆昔周公中流有白魚之應不待濟而大號以建舜受禪大麓桑陰未移而已陟帝位所以祗承天命者若此之速也故無固讓之義不以守節爲貴必信於神靈而符合於天地也

吴大帝

吴志曰孫權字仲謀漢以孫策遠修貢職遣使者劉琬加錫命琬語人曰吾觀孫氏兄弟雖各才秀明達然皆祿祚不終唯中弟孝廉形皃奇偉骨幹不恒有大貴之表又最壽策薨以事授權　江表傳曰堅爲下邳丞時權生方頤大口目有精光堅異之以爲貴象及堅亡策起事江東權常隨從性度弘朗仁而多斷好俠養士吴曆曰曹公出濡須權數挑戰乃自乘舡從濡口而入公見舟舡器仗徒伍整肅喟然歎曰生子當如孫權爲劉景升

子君猶犬耳　吳志孫權屈伸忍辱任才尚計有勾踐之英奇人之傑矣故能自擅江表鼎峙之業性嫌忌果於殺戮既於末年彌以滋甚至于讒說殄行胤嗣廢斃豈所以貽厥孫謀以燕翼子者哉其後葉陵遲遂致覆國未必不由此也

【誄】晉陸機吳大帝誄曰我皇明明固天寔生體和二合以察三精濯暉育慶懷祥載柔率性而和因心則靈厥靈伊何克聖克仁茂對四象克配乾坤齊明日月考祥鬼神誕自幼冲叡哲宿照甄化無形探景絕曜巍巍聖姿文武既俊有覺德徽兆民欣順將燕景命經營九圍登跡岱宗班瑞舊旨圻上玄匪惠早零聖暉神廬既考史臣獻貞龍輴啓殯霄載紫庭辰旒飛藻凶旗舉銘崇華熠爍翠蓋繁纓千乘結駟萬騎重營簫鼓振響和鑾流聲動軼閶闔永背承明顯步萬官幽駐百靈隨化太素即宮杳冥億兆同慕泣血如零

晉武帝

王隱晉書曰世祖武皇帝文帝太子也文帝初開晉國立爲世子拜撫軍大將軍嗣相國文帝崩魏帝命上爲相國晉王十一月受禪于魏有獻雉

頭裘者上曰異服奇伎典制所禁也宜於殿前燒裘上與羊祜張華謀伐吳朝士莫知也濬乃籌量虛實爲戰備孫皓面縛輿櫬降有司奏晉德隆茂光被四表吳會既平六合爲一宜勒封岳以彰聖德詔曰此盛德之事所宜未議 帝譜曰世祖武皇帝諱炎字安世

【誄】晉潘岳世祖武皇帝誄曰粤若稽古帝皇誕受休命作我晉室赫赫文皇配天並日大行龍飛創制政物況恩汪濊淲澤洋溢上齊七政下綏萬邦四門穆穆五典克從惟清緝熙於變時雍愛盡事親敎加百姓于喪過哀在祭餘哀后蠶冕服躬籍粢盛六代畢奏九功咸詠行敦醇樸思貫玄妙莅政端位臨朝光曜胄子入學辟雍宗禮國老恂恂貴遊濟濟莫孝匪子莫悌匪弟化自外明訓法以禮獷彼吳楚稱亂三代世歷五僞年幾百載邊垂虔劉王化阻閡羽檄星馳鉦鼓日戒帝御群師奉辭奮旅覆心庭爭爪牙疑沮天監獨照聖策乃舉朝服濟江止戈曜武野無交兵役不淹月僭号歸命稽顙晉闕邪界蠻流傍紛百越表閭旌善德音爰發虞人獻箴周書垂誥酒懼其彝獸戒其冒于我大行縱心所好動不

踰矩性與道與厭厭厭酣飲樂不辨顏桓桓振旅田無遊盤我德如風民應如蘭靡不夙夜無敢宴安務農望歲時或不稔小心翼翼恤民以甚御坐不怡撤膳振廩西流垂精南金仰施詠言孝思天經地義問誰贊事英彥髦士問誰翼侍博物君子潛明神鑒從衆屈巳道濟群生爲而不恃先天弗違後天降時萬物漑漑懷而慕思顒顒搢紳不謀同辭巖巖岱宗想望翠旗恭惟大行功成不居議寢封禪心栖冲虛策告不足太平有餘七十二君方之蔑如思樂天德等壽嵩華如何寢疾背世登遐遷幸梓宮孤我邦家龜筮既襲吉日惟良永拍太極寧神峻陽岧启擗踊長訣轀輬聖靈斯顧豈伊不傷家無遠邇邦靡小大四海供職同軌畢會茫茫原野亭亭素蓋縞軩解駕驚白虎弭旆龍輴即定玄闥載扃如天斯崩如地斯傾哀哀庶寮煢煢自愍彼蒼者天胡寧斯忍聖君不返我獨旋軫

哀策文　晉張華武帝哀策文曰咸大饗之無戲哀鐏俎之虛設叩龍輴以長叫痛靈暉之潛逝其辭曰欽惟皇考體道之眞德侔乾坤齊曜三辰應期登禪協于

天人上虔郊祀下惠兆民憲章唐虞允得其津搜揚仄陋故老是賓百揆時序盛業日新恩從雲翔威猶霆震江海靜波岷岳無塵四夷率服莫不來臣肅慎奉貢越裳効珍化此弊俗歸之至淳昔在上聖咸享百年哀哀皇考用不是臻遘厲彌侵景命殞顛含此昭晰即彼幽玄仰瞻靡怙顧若無天終制尚儉率由典度華幕弗陳器必陶素不封不樹所在惟固貽法來世是則是慕大隧既啓吉日將征鍾鼓雷震白虎抗旌龍螭驤首良駟悲鳴倡者振鐸挽夫齊聲背此崇殿將適下庭玄宮窈窕脩夜冥冥光燈永戢幽闥長扃仰訴皇穹零淚屏營云誰能忍寄之我情結心墳隴永憑聖靈

論

晉干寶晉武革命論曰帝王之興必俟天命苟或代謝非人事也文質異時興建不同故古之有天下者柏皇栗陸以前爲而不有應而不求執大象也羲黃世及以民也堯舜内禪體文德也漢魏外禪順大名也湯武革命應天人也高光爭伐定功業也各因其運而天下隨時隨時之義大矣哉古者敬其事則命以始今帝王受命而用其終豈人事乎其天意乎

晉元帝

晉中興書曰：中宗元皇帝諱睿，字景文，世祖咸寧二年生于洛陽。初誕，有神光之異，一室盡明，所藉藁如始刈。及長，白豪生日角之左，眼有精曜。唯侍中譙國嵇紹少而異之，謂其友曰：琅琊王毛骨非常，殆非人臣之相。惠帝幸臨漳，中宗從駕。是時中宗叔父東安王繇爲成都王穎所害，懼禍及，謀出奔。其夜月明，禁衛甚嚴，不能得去。有頃，天暴風雨晦暝，繳者四散，中宗間得脫。及遷鎮建鄴，以顧榮爲軍司馬，禮接名豪，設官分職，隱恤士庶，百姓歸心焉。初性好酒，王導深以爲誡，乃命左右進觴，躬引覆之，自是不復飲也。愍帝爲胡賊劉粲所沒，中宗素服出次，舉哀三日。於是百僚稱上尊号，帝固讓。百僚又固請，中宗慨然流涕曰：吾本琅琊王，諸賢見逼不已。乃呼私奴命駕，將反國。群臣不敢復逼，乃求依魏晉故事爲晉王，許之。愍帝崩于平陽，百僚更上尊号，是日即皇帝位。　晉陽秋曰：太安中童謠曰：五馬浮渡江，一馬化爲龍。永嘉大亂，王室淪覆，唯琅琊、西陽、汝南、南頓、彭

城五王獲濟至是中宗登祚先是五鐸見于晉陵靈數玄感若合符契

策文

晉郭璞元皇帝哀策文曰永惟殿宇之廓寂悲彛奠之莫歆感鸞輅之晏安駕哀衮裳之委衿痛聖躬之遐往長淪景於太陰乃作策曰王之不極百六作艱鵶集瓊林鯨躍神淵懷愍失據海覆岳巔蠢蠢六合罔不倒懸靈慶有底見龍在田誰其極哉我后先天大人承運重明繼作撫征淮海駿命再廓仁風旁靡神化潛鑠處沖思挹居簡行約聖敬日邁玄心逾漠用物與能總攬群略林無滯才山無遺錯恩靡不懷化靡不被茫茫海域欻寒慕義萬里同塵罔匪王猷濊濊遺黎莫知其寄括終宇宙混同天地曰功永年曰德慶隆奈何氛厲奄集聖躬大業未恢皇齡未中天惛其景崐頹其崇煢煢小子藐藐孤沖靡天何戴靡地何憑恍惚極慕若存若終蔑焉無聞廓焉長寂聆音靡晞瞻顏失覿窮號曷訴叩心誰告何悲之哀何痛之酷嗚呼我皇逢天之戚嗚呼哀哉眇然升遐即安玄室煌煌火龍赫赫朱韠終焉永潛曷其有出明訓長絕小子何述望皐

增欷臨崩慟慄哀摧陟方痛過遏密靈爽安之反眞復質永
合元漢終始得一 令 旨元帝荅劉琨等令曰今方岳牧伯之任股肱腹
心之臣萬邦之內九服之外咸見翼戴以隆天威是用辭不獲已而居王位
尋覽所陳弘旨僶俛以遠孤方當匡復帝祚豈可猥居極位昔有夏克
復賴靡艾之勳周宣中興由申邵之佐二公鎭御幽朔忠以衛上建功
極難實懋遠略古之難雪恥於是乎在

表 晉劉琨勸進元帝表曰

否泰之運古今迭有宗子有明德曷常不由多難以隆中興故玁狁殘
周以啓宣王巨猾窺漢乃發光武陛下天授至德聰明神武勞謙恭巳卑
以自牧體伯禽經營之誠行公旦吐握之事上崇勤王之義下垂庇民
之量收羅俊乂任賢以能綏爰陝東化流無外戎狄荒服請事率職
重譯納貢不遠萬里功高德邵遐邇歸心況陛下道邁大宗勳莫與
二且以親以賢義貫兼之是以琨敢緣天文人事徵祥之應昧死上事以奉
尊號願陛下無常心以群心爲心忘其身以萬物爲公則宗廟蒸嘗不替
於今逆虜遁寇討而滅無負於天下無愧於七后矣 又表曰臣聞台宿

在天實承宸極股肱雖卑同體元首臣忝負乘前朝過充三吏國之崇替有與憂喜臣聞德合兩儀者固以四海爲公智周萬物者不以一身爲私舜禹揖讓以陟帝位湯武征伐以濟時難彼四王者逝會不同登受有異至夫外已存物憂責遺躬其致一也斯於愛民治國應變合道以爲天下利而已矣況宗庿是陛下之宗庿百姓是大晉之百姓耶陛下若忽七廟之重距天人之心絶而不繼困而不拯則宗廟不歆其禋祀群生無所措其手足矣況臣班具臣之列荷累世之恩上懷國家之統俯絶烏鳥之情者哉昔伍員發怒手撻平王之墓灌夫慷慨身搴吳漢之旗皆能宜其臣節攄其私忿戮尸斬將存亡同恨臣誠無若人之才實有此人之憤苟得上憑天威展其微効雖隕九泉猶以明白 又表曰陛下之躬執謙光允恭克讓俯從吏議示總萬機布曠蕩之詔開自新之路海隅漸惠朔南暨聲有生之倫咸被嘉慶陛下量包宇宙明侔三辰靈祇稽應華戎同戴加以王室中微邦基將絶遺民元元屬命陛下陛下以德則無所與讓言事固所負荷誠宜遺小禮存大務援據圖録

居正宸極，上副祖宗之心，下一兆庶之望。臣聞必也正名，前聖大之；春秋傳曰名以出信，名苟不正則事有不從，信苟不立則禮義或愆，乃載籍之明誡，開塞之所由也。　又表曰：臣聞天生蒸民，樹之以君，所以對越天地，司牧黎元。聖帝明王鑒其若此，知天地不可以無饗，故屈其身以奉之；知黎元不可以無主，故不得已而臨之。社稷時難，則戚藩定其傾；郊廟或替，則宗哲纂其祀。所以弘振遐風，式固萬世。自元康已來，艱禍繁興，永嘉之際，氛厲彌昏，宸極失御，登遐醜裔，國家之危，有若綴旒。天不悔禍，大災荐臻，國未亡難，寇害尋興，逆胡劉曜縱逸西都，主上幽劫，復沉虜庭，神器流離，再辱荒逆。臣每覽史籍，觀之前載，厄運之極，古今未有。在食土之毛，含氣之類，莫不叩心絕氣，行號巷哭。況臣荷寵三世，位厠鼎司，承問震惶，精爽飛越。臣聞昏明迭用，否泰相濟，天命無改，曆數有歸，或多難以固邦國，或隱憂以啓聖明。是以齊有無知之禍，而小白爲五伯之長；晉有驪姬之難，而重耳以主諸侯。陛下玄德通於神明，聖姿合於兩儀，應命世之期，紹千載之運，符瑞之表，天人有徵，中興之兆，圖讖垂典自京畿殞喪九服崩離陛下撫寧江左奄有舊吳柔服以德伐叛以刑抗明威以懾不類杖大順以肅宇内純化既敷則率土宅心義風既暢則遐方企踵昔少康之隆夏訓以爲美談宣王之興周詩以爲休詠況茂勳格于皇天清暉光于四海蒼生顒顒莫不欣戴聲教所加願爲臣妾者哉且宣皇之胤惟有陛下億兆攸歸曾無與二天祚大晉必將有主主晉祀者非陛下而誰是以邇無異言遠無異望謳歌者無不吟詠徽猷獄訟者無不思于聖德天地之際既交華裔之情允合一角之獸連理之木以爲休徵者蓋有百數冠帶之倫要荒之衆不謀而同辭者動以萬計是以臣等敢考天地之心因函夏之趣昧死上尊號願陛下存舜禹至公之情狹巢由矯抗之節以社稷爲務不以小行爲先以黔首爲憂不以克讓爲事上以慰宗廟乃顧之懷下以釋普天頸首之望臣聞尊位不可久虛萬機不可以曠虛之一日則尊位以殆曠之浹辰則萬機以亂陛下雖欲逡巡其若宗廟何其若百姓何

晉成帝

晉中興書曰顯宗成皇帝諱衍字世根肅祖長子也即位後蘇祖約阻兵作逆詔庾亮下壺距之戰于青谿壺等敗績壺死之奔江州共陶侃温嶠率衆下討峻臨陣斬之

【策】文晉成帝哀策文闕撰人姓名曰宸極寥廓聖靈遐之哀備物之虚在痛永往之無期乃命史官述德寄辭其辭曰五德代興素靈啓曜離光疊暉三辰重照明明我皇含貞挺妙玄秀夙達履德罔違鳳栖遐邈神宇凝夷文明外潤仁簡内綏舉無遺中鑒無幽徽韻隆汾陽道侔垂拱靜恭清穆冥功日用亹亹神軌固天攸縱爰在陽九皇綱中替姦豎肆逆窂羅失衛升降艱難協應神契靈祚既保顯揚天命雰霧朝晞兩儀開鏡訓諮阿衡虚已納正九功潛流七德將表方振宏羅稜威電掃芟蕩神衢一我王道昊天不弔降茲大悔天傾其儀地覆其載大業未究神爽遐背哀貫三靈痛流萬代爰初不豫大漸在躬啓手歸全神氣夷冲凝栽達識體正履終衮龍既襲玉容斯幽澄醪虚設觴爵靡酬墳櫝莫啓聖跡誰修冥冥我皇神焉何遊撫膺遐叩迸涕交流

三筮告期將歸陵墟陛殯羽翼異庭納龍輿王輪動運錫鑾鳴鐲銘
旆排徊六驥跼躅輕雲蔭軌流風翼車哀哀同軌嚾嚾輓夫長號永
慕泣涕漣洳大塊獨運終歸其始我后永往寧神千祀悠悠上天煢煢
惟已眇然靡憑廡焉無恃目範令儀徽音在耳

晉康帝

晉中興書曰康皇帝諱岳字世同成皇帝崩上即位憂哀不忍言
政一委中書監庾冰

策文 晉康帝哀策文闕撰人姓名曰感廣廈之空寂
悲俎奠之虛陳痛皇神之邈遠哀靈景之長泯仰瞻宸極俯憑鑾駕
軒五情摧裂號慟煩冤遂命國史述德銘勳事以言顯功以名存其辭
曰昭哲降靈篤生我皇岐嶷妙哲幼有珪璋含貞發曜蘭風載芳厥
初肇建宗國是諭祇承師友執心淑慎徽猷愷悌金質玉潤固天所啓
應茲靈運入繼皇祚龍騰鳳迅因假任物惟精委順穆穆我皇風流凝廣
聰鑒遐照思心內朗應變無方從善如響弁儀可慮法物可象覆燾
群生靡非物不羔民如何一旦神遊靈爽仰攀擗踊觸物咸想卜吉有期

將即玄冥太常既建千乘列庭皓皓輿服翩翩素旌笳簫寥唳輓
夫齊聲六驥躊躇蕭蕭悲鳴是用增哀雨泣霑纓痛貫五內哀切三
情道隆名貴德享彌光灼灼皇猷終然允臧垂美兆祀芳風休揚

晉穆帝

晉中興書曰孝宗穆皇帝諱聃字彭子康帝子也崩時年十九　策文

晉穆帝哀策文（闕撰人姓名）曰欽明文思允恭克讓忽若布衣忘其矜尚體
有示無德充神王冕旒兩楹委政元輔勺湑公旦外仗尚父郁哉惟文赫斯
惟武西廓岷河北清伊渚園陵聿脩舊京式叙方振長慧風掃天宇休牟
歸馬卷旗臥鼓俾我蒸民擊壤容輿昊天不弔奄背率土哀同遏密
痛方劌鉅日月不居神道之幽三辰吉良五謀同休祖載華庭晏駕崇
丘俯執饋奠仰攀龍輀岌岌黼翣飄飄素旂感想平昔人懷崩抽號
聲如震灑涕成流

晉簡文帝

晉中興書曰太宗簡文帝諱昱字道方中宗少子也　晉陽秋曰桓溫始以

雄威入輔丞以廢立帝雖登祚內不自安初熒惑入太微尋廢海西公至是熒惑猶在太微帝惡之謂郗超曰命之脩短本所不計故無復往日事耶超云大司馬溫方內固社稷外布經略非常之事臣以百口保之超假還東帝謂之曰致意尊公家國之事遂至於此由吾不能以道匡樹思患豫防媿歎之深言何能喻又誦庾闡詩云志士痛朝危臣哀主辱泣下沾衣漣如相續　續晉陽秋曰帝弱而惠異中宗深器焉及長美風姿好清言舉心端詳器服簡素與劉惔王蒙等為布衣之遊

哀策文

晉簡文帝哀策文闕撰人姓名曰同軌畢至內外成列素旗宿懸輼輬首轍執祖行於前殿奉靈輿而遷逝悲神宇之長違痛聖儀之幽翳攀龍輴以為慕撫素膺以泣血爰命史臣敘述聖德揚徽音於飛旗寫哀心于翰墨乃作策曰淳曜發暉皇曆攸應聖祖啟運哲王遐承蒸哉元后光我中興天基徙構朝陽再升皇矣聖考合一履中道心玄玄文明內湛湛湛神儀穆穆靈風望之凝秀即之深冲爰在初齡至性自然水鏡一西堂室重玄愔愔素庭翳若丘園遂阿王室婉跡經綸時有汙隆

道無屈伸如彼平流泯矣其津大過之時皇德不競天人革心謳歌徙詠時惟伊霍輔運以政欽若昊天在此明命龍飛九五饗茲萬國居宗舉契允恭玄默綢繆哲輔虛己仗德天明方曜離暉翳朗玄化誰陶蒼生曷仰四運忽其遥邁日月飄以飛沉將寧神於玄宇遷玉輅於中林背華殿之昭晰即幽隧之重深奉神襯以永訣邈終天而莫尋神恍惚其若寄泣攢墜以流襟

晉孝武帝

晉中興書曰烈宗孝武皇帝諱昌明中宗第三子也【策文】晉王珣孝武帝哀策曰同軌畢至百司咸亞法物夕陳輼輬夙駕親執饋奠長號永夜懼鼓刻之遄盡哀良辰之莫借悲宮宇之寥廓痛聖儀之幽化夫至德無名固理絶稱喟然祝史陳辭亦臣子所貴寄窮情於翰墨庶遺塵之髣髴其辭曰惟皇作極五德迭禪康實復夏武亦隆晉亹亹太宗希夷其韻鏡之者玄撫之者順於穆皇考嗣徽絶軌前聖後哲契合一揆心去其伐行遺其美廢華任誠捨塗存盲惟深

通志群方咸秩惟幾成務能事斯畢未若我皇至則不疾恢恢天網疏
而莫失居有以虛宰多以少簡則可從易則不擾信及豚魚澤被億
兆湛然司契坐一八表園陵既衛威靈赫赫子來既構寢廟奕奕武曰
止戈戎不極役文教聿脩有恥且格跡有遠邇感無高深道之所被邑
華裔皓獸馴苑素羽栖林殊柯通理異蔕同根方軌玄液陶鑄斯民
雲韶倏奏比屋思淳積祐莫應天罰奄臻太山頹摧洪瀆竭津何殃
之甚何酷之殷自羅惟旻凶二氣代變霜繁廣除風迴高殿帷幙空張
肴俎虛薦極聽無聞詳視罔見人神道殊吉凶有禮龜筮叅謀埏隧
告啓史臣考吉警者在陛攀援忪忪惟兄及弟龍輿肅以引邁前驤
紛以旆旒城闕儼以整列馳道亘以通脩感平昔之所幸豈斯路之復
由輓哀唱以翼異衡駟悲鳴而顧輈違華宇之晰晰即永夜之悠悠奉
靈櫬而長訣緬終天而莫收訴穹蒼以叫踊洞五內其若抽儻性命之可
贖甘人百於山丘茫茫大運靡始不終哲王遺世貴在道融昭哉我皇
萬代流風良史式述德音永隆

宋武帝

徐爰宋書曰武皇帝彭城縣綏輿里人夜生有神光之異室内盡明是夕甘露降于墓樹少嘗遊下邳遇一沙門于逆旅舍沙門言及中原多故因云江表尋復喪亂能極之者其唯君乎其意甚切至初高祖患手創積年未瘳沙門因出懷中黄散一裹留之沙門既去高祖追而望之倏忽不見以散治創一傅而愈餘散寶録之每被金創輒用有驗高祖舉目瞻眺常見二龍在焉始尚微小及貴龍形漸長光色轉明左右侍者亦數見微異晉陵人韋藪少以占相爲事其言多驗嘗相高祖曰君當位至方伯久之又曰君相轉進貴不可言唯願富貴無相忘焉祖北征至洛陽常有紫雲見於軍上沈約宋書曰帝諱裕字德輿小字寄奴初爲冠軍孫司馬桓玄篡帝位遷天子於潯陽桓脩入朝高祖從至京邑玄見高祖語司徒王謐曰昨見劉裕風骨不恒蓋人傑也上清簡寡欲嚴整有法度未嘗視珠玉輿馬之飾後庭無絲竹之音寧州嘗獻琥珀枕光色甚麗將北征以琥珀治

金創上大悅命擣碎分賦諸將平關中得姚興從女有盛寵以之廢事謝晦諫即時遣出宋臺建有司奏東西堂施局腳牀銀塗釘上不許使用直腳釘用鐵孝武帝大明中壞上所居陰室其處起玉燭殿與群臣觀之牀頭有土障壁上挂葛燈籠麻蠅拂侍中袁顗盛稱上儉素之德故能光有天下克成大業者焉

【誄】宋謝靈運武帝誄曰九有同悲四海等哀矧伊下臣思戀徘徊敢遵前典式述聖徽乃作誄曰舜潛歷山嚴高晦泗渚龍德而隱風積乃舉皇之遒世屯難方阻眷此區㝢閔爾淪胥大元之季權戚攜薄隆安之初主相蒙弱嶽牧糾虔朝庭紛錯姦構乘隙蛟噴鯨躍既擾奧區遂斥帝里亂離斯瘼不後不先寔賴明哲仁投手康旃紀度迴薄餘分成閏舊晉中微僞楚籍釁蹈彼僭機勦此英陣推亡必朽固存斯振盧循負險肆慝遐嶺殄我江豫迫我臺省民既摇蕩國將遷鼎乘駱歸轅式固皇垧弘危濟險弭難釋殆虎騎務鳥隰舟師漲海傾穴尋窠窮幽測昧皆去洛汭息肩江沚世史十君年踰百祀國絕興復家成桑梓荒黙莫恤

頽國誰恥夏典載亡九道是行商誥述湯兼攻是并勤彼周流恊此經
營杖鉞伐鼓赫赫明明乃勑衆師音執戎昭誨以三略恵以六弢雲撤周京
席卷秦郊復禮嵩瑩雪愧舊朝既清西關將旋東道中憩徐豫
兼應燕趙業盛旦襲代惠侔大造澤及四海功格八表悠悠聲教綿
綿川陸北獻氈裘、西貢金竹鬘首冠弁穿匈緞服寘穴欣日巢栖玩屋匪惟
遐譚靈物皆就執及人事自天所祐甘露芝草祥雲瑞宿嘉禾連木素鳥皓
獸昔之所感謳頌同音今之所應幽顯一心宋充虞德晉猶唐欽曰總八紘于
茲三齡四維開張九流昭明敦儉務素欽賢愛萌制規作訓闡校修經礼樂
巳甄雲雨未弘將陟井陘薄掃白登北朔渇望飛旌衡輞東岱靈遟王
牒金縢天地不仁蒼生寡福巳荷一遇弃我何速梁顛太頽甘殞以贖同軌畢
至率土咸哀殊方均服孌孌素縗灑淚成雨嚮音叫如雷吏臣考卜高岡開基
貞龜無遠遷靈有期嗣皇擗摽群后崩悲孰去不戚痛百在茲惟祖之
夕流火始變秋月未永飛漏急箭鳴簫哀嗷金鶴虛奠列駕長隧發
輦華殿華殿既謝長隊是辛雙盖躊躕六開引領攀援容貌眷戀俄

頊哀哀百僚長辭含鯁奉教百朝執鞭王始從履五牧年歷十
祀天光下濟謬忝家眷齒愧微刀筆頗預遊止垂幕侍講接筵飡理脩矚
朝夕登臺泛沼五其月匪日無晏無單如何旦緬邈穹昊微容未遠聖靈超
然收淚即路含戚何言風霜蕭瑟山海蒼茫地苦情矜節速心傷孰是
幽哀實戀我皇情思如環萱蘇豈忘

議

宋顏延之武帝諡議曰以爲
聖哲同風功美殊稱蓋出乎道者無方故刑于物者不一伏惟道塞人神信
通期運愛敬所亶禀因心則遠英粹之照正性自天體苞濬躍慮周卷舒
龍德在陰雖艱貞而不悶因時而惕故有來其必亨在晉之季皇塗荐
阻攙搶干紀琁璣失馭天鑒靈武民屬聖明不假十室之資不籍百乘
之賦首義馳風一鼓靜亂滌除太階消殄薄蝕斯亮登庸之基經綸
之始者也內難將弭外圖未輯河華海岱山負固相望荊濮燕亳侯服
交侵眷言帝畿思康王路戎不再駕遣琛即序斥候之所未羈亭
徼之所不譯莫不飾誠請罪款塞來賓故能洒掃中嶽致廟九山神
道會昌寶命既集損之而益後身愈先謙而儀形帝載揖讓天歷

敭王乎文祖班瑞于神宗貫革寢機文武搢笏故辰居兩楹坐八表國訓成均之學家沾撫卓之仁大美配天必終之以儉德道固萬葉猶申之以話言允所謂教思無窮樹之長世取高上代顧邈前王矣

宋孝武帝

沈約宋書曰帝諱駿字休龍小字道民文帝第三子也元凶殺逆舉義兵克定京邑乃踐帝位年三十五崩在位八年

【策文】宋謝莊孝武帝哀策文曰應門洞望馳道南除葢塗巳撤鬱鬯將虛哀子嗣皇帝擗摽池縡周遑旌軌攀七緯之崩淪慟三靈之徂盡百神慕而行雲沉萬國哀而素霜霣衣冠緬邈弓劒不追敢緝謳頌髣髴希夷其辭曰樞電皇根月瑶國緒胤裔丹陵蟬聯華渚二后在天大行纂武克眷克聖重規襲矩昭昭金式明明玉温望雲其遠就日其尊雨零露湛冬暖春暄聲芳納麓道昭賓門上德無稱至功不器怊悵四始優遊六位綴響晉蘭深緝言瓊秘悠哉梁踐眇焉汾肆敬業開寓離經作翰鴻起荆河鸞鳥遊楚漢泗濱霑明江遟承危陝左清郊棠陰虛館地維不

紐乾綱弛機義庭薄蝕紫路流飛泣血氷淚顧瞻川沂孝貫樞極義
震宸寰匱誓言鉞皇郊詔師牧甸七景締華五雲卷煽雪怨園邑掃耻瀛
縣落聖宸居集寶龍見王室多故國步方蹇淮濟裂衣冠江荊毀冕東
楚亂常西華汨典動筭揮圖爰戡爰翦浹宙斯澄綿區咸鏡脩風曉逸
德星夕映溽露飛甘舒雲結慶禎被動植信洽翔泳軼禮克宣墜章必
揖方堂饗極圜流肆胄南犇郊宮北清靈囿瑶軒春藉翠華冬狩經
緯窮文克定甚盛武鄗上呈祥介丘載佇在盈念冗成功弗處榮鏡中世爲弈
前古眷業初遠鴻化方亭丹雲承日素景騰星玉几去龍袞綴衣在庭辭
重陽之昭昭降大夜之冥冥氣貿炎凉史詔龜筮文物空嚴鑾和虛衛動
蜃輅之逶遲顧壁羽之容裔出國門分天地向幽途異身世龍旌鬱而青槐遠
鸞驚葭亂而白楊翳觀初霜之變條聽秋風之下蔕橋山組雲穀林戲日華
道結寒松庭盡密芝之蓋迫軔上驤眷鑾萬寓肅其北轍靈阿閟其深隧
南維有荊傾離光不常鏡騰英聲與茂實方流華於舞詠

藝文類聚卷第十三

藝文類聚卷第十四　帝王部四

齊高帝

齊書曰諱道成字紹伯蘭陵人受禪于宋在位四年**【哀策文】**齊王儉高帝哀策文曰降階執禮泣血纒心感容臺之罷御哀恭館之不臨仰神儀而邈絶視區物而悽愴俾玆良史敬修舊則敢圖鴻規式揚至德其辭曰靈源遥裔肇惟商丘聖功竊學夏賢識歸周我皇踵武超冠前猷英風允迪德音孔脩月准敷仁日躋表孝則地均和體天合照外弘三至内隆七教水祚將傾乩維晦象韋弁長龔鼓磬屬嚮聲化已淪政刑遂往國圖靡絹民規載爽康世以德撥亂資武威以雷霆潤以風雨六街允留四義克舉自東徂北遐方即序功被河渭化隆江漢帝暮仰式王維佇幹政步藩屏來登翼賛綢繆總章因佐陽館昔在保衡君達斯正爰兹博陸亦鑒靈命放昏以忠登明資敬并我煥金石功昭舞詠蠢爾荆漢悖亂

人經謀連樞禁兵接神堈禦奸以德禦宄以刑獻捷宗寢飲至王庭政教雲行徽猷天造山鑑紫琁苑茂仁草玉檢騰暉金繩薦寶天錇甄穆地維既肅遐邇一體表裏禔福乃御斯民昧旦杼軸興文偃武纘禹舊服所尚惟簡所保惟賢居尊彌約無至不延默座載緝風軌克宣上洞清儀下逹玄泉聽覽閑日應物餘景怡憩以文棲心以靜鴻章晨映徽言夕永迹庇區服情深箕潁萬寓飡和百世受職梁甫欣儀玄亭望式輔德伊何奄捐民極嵩岳長傾宸暉斯冥幾照惟寂逵鑒靡傷愼終敬始如知徽知章立言垂範玉潤金相瞻仰遺式哀結流霜旋玉軑之噭鐼動雲旟之逶迤振哀笳於八極響清蹕於咸池顧應掖而稍遠視機衡而長離風遲遲而懷暮春日愔愔其若垂感衣冠於喬岳追弓劒之在斯悼丁年之薄祐訴窮心於兩儀

表

梁江淹齊高帝讓禪表曰陛下遠視唐虞永揖之典近摹漢魏高謝之禮既鑒金水昏明之數又協雲雷興替之術若乃與能之交禪錫之會豈伊虛薄所可遵擬昔傅巖佐商祑終上公磻溪翼周名極列伯臣才非半古功愧逮聖獄訟不往謳歌寧歸

河之馬圖之寶天無乘龍之錫伏願陛下遺舜禹之心俾臣守巢由之節則道耀日月澤浸飛泳

齊武帝

齊書曰諱績字宣遠在位十一年

議

梁沈約齊武帝謚議曰臣聞天德平分而四時之名或異聖功一揆而皇王之稱不同蓋跡因恩事名由義立堯臣禹佐咸率茲典伏惟盡寂窮微含神獨照德茂始裳衣之主道冠初邦之君含精靈於五緯駕貞明於三象初九勿用英氣凌雲負揭日月抑揚霄漢龍姿鳳彩煥若麗天登庸在試盛績雲舉雖屈景潢汙降情尺木而拯世濟民浚發懷抱昔成湯百家仁被比屋文王十里化先寡妻前聖後賢重規沓矩震雄圖於九江播靈威於夏汭旌旆未麾鯨鯢自殞弗勞羌僰之長無待六事之人義等伐謀功高善陣建有國之符成定鼎之業會朝清明事資於牧野受命作周非止於西伯視膳寢門孝德光備守器宗祧元良載遠嗣大寶以君百辟敷景化以致隆平守在四夷威行海內囹圄寂寞禮讓交興八柄馭下九官咸事臨朝凝默尊嚴若神風行日

烜無思不暢至仁與造化爭流靈威與雷霆齊軌上貫蒼昊下洞深泉春無淒風夏無苦雨時若罔愆多稔如積三華不累五刃不砥庠塾大啓儒雅雲集訓閲得宜蒐狩有序丹徼青丘之野交趾反户之民浮深駕阻迴首革面北夷畏力獻琛内款不藉終軍之使無假絶漠之威嘉祥霧合秘瑞泉涌史不輟文簡無虛日方當垂七曜之旗駕八龍之乘登禮中嶽肆覲群后造化不仁禪卜愆應慕切遺弓哀同遏密晦朔不居殯宫將啓勤茲大名宜盡徽極

齊明帝

齊書曰諱鸞字景栖在位五年【哀策】梁沈約齊明帝哀策文曰龍輴既撤備物已陳殯宫無夜夕燎終晨蹕環轅帷攀摽應路容衛弗啟軒檻如故望東川而不追仰昊天而自訴列聖同軌謚法樹聲爰詔掌牘式播遺英其辭曰五曜在天延作民主赫矣帝高蒸哉嗣武多難固業寶夏憂啓聖時惟我皇功符受命爰始濡足坐運機深鵬逝風舉龍動雲陰之郢南沂即豫西臨體茲大德懷此小心賓于四門四門穆穆納于百揆

百揆肅肅德浸董荼仁被比屋何遠何邇無思不服嗣君喪道不弍
典謨神器業業事等瞻烏民懷奥主后來其蘇皇天眷命授以籙圖
臨朝凝睟昧旦丕顯斟酌前王擇其令典不言斯應不行斯践路臺靡營
離宫弗宴眷言滕塾弘啓上庠軌儀四代祖述三王德暉内動英華外揚
禮行鐏俎義及幽荒仰庶天德降年永久北極齊光南山獻壽滄瀛奄
竭嵩岱皆朽涂非昊穹惟余之咎攀龍詎幾大隧方玄猒世崇陛即宫
下泉殯階巳遠素幕高褰端闈洞啓蜃綍徐前背朱闕以南轉翣
龍而東度經原野之荒凉屬西成之玄暮代金鼓以清道揚悲笳而啓路極
厚地而不追終蒼天而永慕蒼梧瞻遠脊徽不泯紀事寂寞龜書可循
哲王違世克播遺塵猗歟萬古暉光日新

謚策

齊謝朓明皇帝謚策文

曰仰惟早棄萬邦聖列方遠式遵帝世俾壑鴻猷咸以爲無名以化則言繫
莫宣其道有來斯應則影響庶圖其功所以永言配命寄心宗極光昭令德
允樹風聲伏惟合信四時齊光日月創保大於登庸通機神於受命因時惕
藉九萬而輕舉天保既定運四海而高臨及開物成務重維國紐風行草偃化往

如神左賢右戚內樂外禮輯五材以教民申三驅而在宥用能盛德形薦美書斯畢皇矣之業既乎蕭哉之道咸備景化方遠獻世在天龜筮告期遠日無改仰則前王俯詢百辟累德稱眘光極鴻名

【議】梁沈約齊明帝謚議

臣聞君德靡二辟王之名不一聖功無爽堯禹之稱或殊兼以拯世寧亂致平未必同道崇墠增祧嘉號不可相襲伏惟自天誕眘英聖在躬皇矣之符夙著蒸哉之謡早集賔門納揆天平地成自南自北無思不韙任屬負圖道尊揚末命值嗣主狂凶人倫道盡宗社阽危瞻烏靡託國難立長亂極治刑四海樂推三靈以眷東向而讓天下功高代入流涕而膺寶位如就重負日昃劬勞躬親庶事撫辜納隍之念義同於罪已振民厚下之情無廢於終食聰明神武遊聽邇聞萬目備張紘綱靡漏御變不迷寧藉聽於襄野大川可濟不待備於舟檝崢嶸之下澤靡不懷寒廓之上明無不燭包以宇宙潤以風雨霜露所交人跡所至百姓仰之而不知其始萬物用之而罔識其終上庠廢業忽焉已久三載弗爲論弛將及臨朝引領思隆雅訓貴遊胄萃俊造咸群方將監世友本既仁且壽告成東嶽高宴汾陽遷

化不仁猷世玄及拔勳之慕不追負鄉之思空遠殯宮將撤輴軒難留英聲茂實於是乎在　梁任昉齊明帝謚議曰以爲窮神之跡無繼於成名教思所宗言歸於有稱是以則天爲大義盡於翼巽善武功受命理貫於斯文伏惟功高五讓道冠三極愛敬始於揚名孝饗終乎嚴配寒廓大度誕君人之符閨庭小節應軌物之訓歷試允諧納揆時序貽厥之寄義均負圖樸棟惟新壓焉將及於是承制宣德定策公御登嗣后於西鍾亙獨夫於侯服既而主幼時艱仍離屯蹇應當壁之祥洼息肩之願立德以長紹開中興擬度天行取則乾健日昃罷朝幽枉必達官曹寂寞囹圄空虛虎門肆義大足協律巖廊有搢紳之談鄉塾無撗議之士既富而教弘此孝治遂使家無蕩子野有栖畝寘天下於掌握覽八荒於戶牖寵微金穴之家息絕椒風之館天應民和祥符揔暨故能上變雲物下漏深泉若乃青丘舟陵之國黃銀紫玉之瑞幽符遠萃詢德報功方將馳道日觀清宮鳴澤爲而不恃高揖成功百川所以朝宗參辰於焉取正豈所謂中衢均奠懸衡共軌者歟

表

齊謝朓爲百官勸

進齊明帝表曰臣聞時乘在御必待先天之業神化爲皇乃叶應期之運況復湯孫有緒纂祭堯惟德舊邦佇新復禹歸祉大齊之權輿寶曆孕育前古昭假四海克酬三靈而嗣命疾威蕃鄙叛換委裘御寓彝鼎如忽陛下文思體道徇齊作聖剪應龍於冀川戮長蛇於洹水榮光之瑞昭迴延喜之寶潤色天牒爰發人謀咸替伏願陛下仰荅靈祇弘宣景命誕受多方奄宅萬國

啓 梁沈約賀齊明帝登祚啓曰竊惟皇源浚遠帝寶連暉基深慶厚道貫萬葉而鬱林凶德早樹行悖人經逖聽之所未書宗廟之殆如綴白靈聳動九服迴遑結后來之望憲庇民之主日月以冀遐邇翹心伏惟 陛下大聖在躬君德夙表龍章日綵燮若麗天納麓賓門道風遐被春化神行無思不洽獄訟允歸天人戴仰屈飛龍之盼纘紆汾陽之遠情運堯心以臨億兆敷舜烈以膺寶命雖中宗之興邪道宣后之隆漢德異世同符千載一揆刑措之業方遠隆平之基在焉率土合欣懷生戴賴況臣早蒙覆潤夙荷恩靈踊躍外繼心不勝慶謹緝民和式流星澤塗歌里抃戴異懷恩藻

梁武帝

梁書曰武帝諱衍字叔達蘭陵人受禪于齊在位四十九年【議】梁元帝高祖武皇帝謚議曰臣聞翼善傳聖曰堯仁聖盛明曰舜受禪成功曰禹除虐去殘曰湯謚者行之跡號者功之表雖賤不誄貴卑不誄尊而彰乎名者盛德之嘉號也被於物者治定之實錄也斯所以聲明煥乎鍾石昭晰備於絃管者焉伏惟天縱欽明惟睿作聖功超三五聲踰七十仰之彌高就之彌遠載潛躍乃武乃文先是木運告終群后敺屬乾維因攜地坼如崩祧祀阽危公卿旰食九牧有淪胥之悲八表興橫流之歎乃凝威黑水表瑞丹陵雲合景從表裏禔福受終文祖允恭克讓知黔首不可以無歸蒼生不可以無主降汾陽之遠志不得已而臨之於是類帝禋宗革命創制禘郊式展郡薦斯潔臨茲大寶化與和氣俱宣扇此王風政與秋霜並肅言懸日月功格區宇不以紫爲貴不以黃屋爲尊政謐刑措民郡國阜虹旌式卷堡燧載清胥象相因環梏無曠天儆亭泰王道外平南海候風東溟奉賛膏露凝枝慶雲觸石山開蒼璧地出玄珪驃騎

把鉞則休屠款塞太尉抗旌則名王屡角聲教所漸浹靈虵之都威令所行通燭龍之外開庠建序布濩於成均正俗移風氛盈於司樂虛納十亂引諒直之規廣闢四門弘招賢之德青衿知擊壤之性黃髮恣鼓腹之歡加以鑽味微言研精至道文終所收之典史倚所讀之書無輟萬機旦千遍馳郁郁之聲表乹乹之德允所謂皇哉君哉日用而不知者矣方且告成岱嶽鏤外中之玉簡昭事梁甫秘社首之金繩而文王明夷事侔往冊黃帝橋山痛深前典萬有淪傷三辰掩曜人祇軫慕山海含悲慟切陟方哀深遏密煩寃荼毒貫切髓風樹不靜陟岵何期思所以欽若九功仰稽七德

勑 梁沈約武帝踐祚後與諸州郡勑曰欽惟遂古爰及近代雖禪代異時而成功一揆豈惟靜民寧亂實由符運揔集故能啓業垂統光宅區夏齊氏遘茲昏詖斯亡奄及民命蠢蠢倒懸非喻朕大懼四海舟覆二象雲傾偃兆與崖崩並燎搢紳與蘊崇共日永言悽悼發憤經營推鋒援袂電擊風掃籍上天之靈因熊羆之用德未半古功倖前烈齊氏既欽若虞夏高揖萬邦兼以冥符先著樂推攸在幽顯宅忠辭不獲命猥當虛

寡君臨萬國川嶽之懷寤寐忍益慮方欲昧旦丕顯日昃忘勞思與賢能康濟世道卿擁旄萬里共治是寄當求民瘼留念獄市威斷以御强猾仁惠以撫貧孤使遠近幽深咸得其所方虛位欽能懸爵佇効勿令漢代璽書獨行於自古晉世班條靡用於茲日想加克勉副其側席

令 梁任昉齊宣德皇后臨朝答梁王令曰承固茲謙揖未膺大典敬復雅言良有憮然夫至寂難原言象所絕敎思有律感通斯在所以異人者神明同人者用舍王誕茲上睿對越天行德冠二儀化周動生民以來一人而已但達節弘道每儒跡於中庸神照惟幾不抑心於鑽仰范宣既讓其下取則況聖圖睿範歌思是歸廉約雖弘慶賞遂替誠賢者悅義長難進之風不肖者矜功沮竭力之效勸沮之間所差已遠王何得不暫紆雅尚允荅天人使朕夜艾以安早朝有預令遣率茲百辟申薦誠欵萬致一塗煩言可略 又敎勸梁王令曰夫功在不賞故庸勳之典蓋闕施作造物則謝德之塗已寘要不得不强爲之名使銓宰有寄王實天生德齊聖廣淵重攜衆辰而九星仰止不易日月而二儀貞觀在昔晦明隱鱗戢翼

博通群籍而譚齒乎一卷之師劒氣凌雲而屈跡於萬夫之下辯析天口而似不能言文擅彫龍而成輒削稿不要在弱冠首膺弓旌客遊梁朝聲華籍甚隆昌季年勤王始著建武惟新締構斯在功隆賞薄嘉庸莫疇一馬之田介山之志愈厲六百之秩大樹之号斯存及擁旄司部代馬不敢南牧推轂樊鄧胡塵罕嘗夕起惟彼狡童窮凶極虐衣冠泯絶禮樂崩喪既而鞠旅誓衆言謀王室白羽一麾黃馬底定甲既鱗下車亦瓦裂致天之屆拱揖群后豐功厚利無得而稱是以祥光總至休氣四塞五老遊河飛星入昴元功茂勳若斯之盛而地狹乎四履勢卑乎九伯帝有惡焉轄軒莘止今遣率茲百辟人致其誠庶匪席之言不遠而復　重敦勸梁王今日朕聞疋夫好仁義在磨踵君子行道達斯兼濟未有盡器窮神蘊徽章乎天植高莫中樽覦傾罍而弗極惟王德冠往初功無與二四時等契兩曜齊明擬度天行取則乾健而運距艱季道極百王援義而起一戎大定羅山華草罔不率從用使商庭荏蕊周闕樹梓傾宮既散鹿臺靡蓄盛德大業巍巍巍巍若此日者亭歧之號爰發帝言殊物備禮率由寡昧雖

復雲竿載路請蹕啓行昭德懋報功未臻其極而高揖天休遠存克讓俾予未亡興慙日昃今遣率兹百辟人致誠請庶有感眷心霑沛然降志

牋 梁任昉爲百辟勸進梁王牋伏承嘉命佇策明公逡巡盛禮斯實謙尊之旨未窮遠大之致何者嗣君棄常自絶宗社國命民主剪爲仇讎折棟崩榱壓焉自及卿士懷脯斮之痛黔首懼比屋之誅明公亮格天之功拯水火之切再躔日月重綴參辰反龜玉於塗泥濟斯民於坑岸使夫匹婦童兒羞言伊吕鄉校里塾恥談五霸位卑乎阿衡地狹於曲阜明公宜祗奉天人允膺大禮無使後予之歌同彼胥怨兼濟之仁飜爲獨善 又牋曰近以朝命藴 崇旨奏丹誠奉披還令未蒙虛受搢紳顒顒深所未達盖聞受金於府通人之弘致高蹈海隅匹夫之小節是以履乘石而周公不以爲疑增玉璜而太公不以爲讓況世哲繼軌先德在民經綸草昧歎深微管加以朱方之役荆河是依班師振旅大造王室雖復累蹟殺宋重眂存楚居今觀古曾何足云而惑甚盜鍾功疑不賞皇天后土不勝其酷是以玉馬駿奔表微子之去金版出地告龍逢之怨明公據鞍輟哭厲

三軍之志獨居掩涕激義士之心故能使海若登祇磬圖効祉山戎孤竹束馬景從伐罪弔民一匡靖亂匪叨天功實勤濡足且明公本自諸生取樂名教道風素論坐鎮雅俗不習孫吳搆茲神武驅盡誅之氓濟必封之俗龜玉不毀誰之功歟獨為君子將使伊周何地某等不達通變實有愚誠不任悾款棘心重謁伏願特膺典策式副民望

序 梁沈約武帝集序曰文思安安欽明所以光宅日月光華南風所以興詠日角之主出自諸生鋭頂之君少明古學漢高宋武雖闕章句一歌大風以還沛好清談於暮年夫成天地之大功膺樂推之寶運未或不文武兼資能事斯畢者也我皇誕縱自天生知在御清明内發疏通外舉爰始貴遊篤志經術究淹中之雅旨盡曲臺之奧義莫不因流極源披條振藻若前疑往滯舊學空通而超然直詣妙拔終古善發談端精於持論置壘難踰推鋒莫擬有同成誦無假含毫興絶節於高唱振清辭於蘭畹至於春風秋月送別望歸皇王高宴慇期促賞莫不超挌眷興觴發神衷及登庸歷試辭翰繁蔚牋記風動表議雲飛彫蟲小藝無累大道懷君人之大德有事君

之小心爲丁奉上刑於辭言雖密奏忠規遺稿必削而國謨藩政存者猶多逮乎俯應歸運仰修乾録載筆握簡各有司存如綸之言時或涂翰暨於設虡靈囿愷樂在鎬鹿鳴四牡皇華棠棣之歌伐木采薇出車杕杜之讌皆詠志摛藻廣命群臣上與日月爭光下與鍾石比韻事同觀海義等窺天覩之而不測遊之而不知者矣竊惟左史記言右史記事君舉必書無論大小況乎感而後思思而後積積而後滿滿而後言若斯而已哉謹因事立名隨源編次

梁元帝

梁書曰諱繹字世誠武帝第七子也嗣位三年

表

陳沈炯爲羣臣勸進梁元帝初表曰蠢蠢爾羯胡遂憑天邑闇闔受白登之辱象魏致堯城之疑臣聞喪君有君春秋之茂典以德以長先王之通訓少康則牧衆撫職祀夏所以配天平王則居正東遷宗周所以卜世漢光以能補不道故景歷重昌中宗以不違群議故江東可立天其祚梁必將有主軒轅得姓存者二人高祖五王代實居長功高九有道濟生民非奉聖明誰嗣下武日月貞明太陽不

可以闕照天地貞觀乾道不可以久惕寶器存乎至重介石慎於易老黔首豈可以少選無君宗祐豈可以一日無主　又第二表曰紫宸曠位赤縣無主百靈聳動萬國廻遑雖醒醉相扶同歸景亳或謳且誦趨赴唐郊陛下沈首謙然讓德不嗣臣聞星廻日薄擊雷鞭電者之謂天岳立川流吐霧蒸雲者之謂地包天地之混成洞陰陽之不測而以財成萬物者其在聖人乎故云天地之大德曰生聖人之大寶曰位黃屋廟堂之下大非獲已所安明鏡四衢之罇盖由應物取訓陛下稽古文思英雄特達比以周旦則文王之子方之放勛則帝摯之季千年旦暮可不在斯庭闈湮亡鐘鼎淪覆嗣膺景業非陛下而誰豈可使赤眉更立盆子隗囂託置高廟陛下方復從容高讓用執謙尊展其矯行僞書誣罔正朔見機而作斷可識矣不疑何卜無待蓍龜曰者公卿失馭禍纏霄極獯𤞤憑凌姧臣乎起師戎伐顯無處不然勸乎誅晉側足皆爾宗社不墜緊在聖明今也何時而申帝啓之避危若此方陳太伯之辭國有具臣誰敢奉詔　又第三表曰日者百司岳牧仰祈宸鑒以錫珪之功既歸有道當璧之禮允屬聖明

明而優詔謙沖窅然凝邈謳歌載馳是用翹首楚人固執燻丹穴以求君周民樂歸越岐山而事主漢王不即位無以貴功臣光武上蕭王豈謂紹宗廟陛下英威茂略雄圖武算指撝則丹浦不戰顧眄則阪泉自蕩地維絶而重紐天柱傾而更植縱陛下拂衣而遊廣成登箕山而去東土群臣安得仰訴萬物何所歸仁況郊祀配天罍篚禮曠齋宫清廟蘋竹不陳豈可以稽衆議有曠彝典

陳徐陵勸進梁元帝表臣聞封唐有聖還承帝嚳之家居代維賢終纂高皇之祚至如金行重作源出東莞炎運猶昌枝分南頓莫不因時多難俱繼神宗者也陛下握符執鉞將在御天王勝殊衡先章元后神祇所命非惟太室之祥圖書斯歸何止堯門之瑞星躔東井時破崤潼雷震南陽初平尋邑宗王啓霸非勞武德之侯清蹕無虞何事長安之邸正應揚龍旂以饗帝御鳳扆以承天曆數在躬疇與爲讓豈可逡巡固讓方求石户之農高謝君臨徒引箕山之客未知上德之不德唯見聖人之不仁

北齊文宣帝

北齊書曰諱洋字子進受禪于後魏在位五年

哀策 北齊邢子才文宣帝哀策文曰皐路啓扉輴葆弛殯八挍案部六卿且引攀辰蜃輅而雨泣仰穹蒼而撫心悲風發而地駭愁雲興而景沉哲王垂範有訓有則式奉話言光敷令德其辭曰四象更運九天代名道三以王得一爲貞是應玄德實啓蒼精風后之陣師尚之兵三奇六合七變五成授柯推轂稟律龔行野無宁陣邑少堅城經營四海劬勞百姓芝蓋夕臨羽旄晨映地不掩瑞天無愛寶既丹其雀又朱其草莫黑已素莫赤自皓百獸斯蹈五靈載擾甘露瀼瀼青龍蟜蟜武功已暢文教未窮方偃烽候銷戟藏弓齊光日月比祚華嵩而氛祲日下星闇虛中奄損朝市長棄華戎道宣末命義闡餘風六緯已散九旗方卷見容衛之虛歸知平生之日遠同乘雲而[redacted]異騎龍之更反清笳奏兮野風急金鼓震兮日光晚千官悲而雨泣萬國哀而露泫萬事同盡百慮俱汉劒舄永去衣冠自遊音儀已謝神教空留知黃聲與至德當無絕兮千秋

議 北齊邢子才文宣帝謚議曰伏惟聖德光遠神猷弘大初自登庸民與參所集把尺持刀成務斯在百揆載清四門雍穆

及天眷既屬人謀所歸鳥獸遷情士女革面敬順天人拱揖群后處無上之尊居域中之大禮盛樂修時和歲稔海內有截天下泰然猶憂勞億兆經營四國同虞舜之巡省若軒轅之靡寧威武紛紜神功四暢怨西以東化南自北臨瀚海以浴兵登天山而繫馬左縈右拂夷歌成章方朝百神於太華受萬國於稽嶺升中增封高拱垂衣亦天喪黎庶奄捐四海考妣之慕實被含生稱天作誄抑准恒數故以名追實盡物未臻其美屈道從制一日可以成名

陳武帝

陳書曰諱霸先字興國吳興長城人受禪於梁在位三年

哀策 陳沈炯

武帝哀策文曰望三靈而撫目踏九地而崩心哭仍几之將撤慟祖登之虛斟黃屋禝而白日掩紫極淪而浮雲陰其辭曰悠悠嫣水鬱鬱姚墟惟帝之系在唐作虞正卿之後握此靈符雕雲布族祥星結樞負茲天鏡來拾遺珠爰初發跡斬蛇鞠旅大定番禺載戡海渚承釁而運席卷中流王室如燬乃合諸侯負鈇揞眾釋位同謀俱登涿鹿實斷蚩尤道濟一匡功歸四履受爰懋百官訓于天子儻來有運事非獲已翠

龜負字赤雀銜書謳歌適夏禮樂遷虞負扆正位升壇受圖二
儀協序五緯同符門歌麟趾室詠騶虞奉常定日太卜蠲時升中備物
方告雍熙天甘玉露地秀金芝休禎未荅靈貺徒歎吏求穆卜詔絕良醫
羲娥匿失御天街褫蹕夏采升榮宮車晏出洞闈移凶充庭罷吉閉宵
窅之窮燈去昭昭之遊日歸大暮之不晹降幽宮而長畢巫咸筮吉容成
戒期文衛如在葆鐸相悲去畢陌而東顧望橋山而路遲臣攀龍而嘗在菟
過沛而何之侍伍昂之靈毒縣奉寂寂之空帷銅爵没於脩松平陵隱於深
栢節鼗鼓之哀音燎爟火於通夕薤露落而暮田寒玄霜凝而壟草
白銘功德於旗常被徽音於鍾石迴天儀於清廟祔祖考而來格播茂實與
英聲同鬱氛氲於宗祏

表

陳沈炯爲百官勸進陳武帝表曰臣聞春榮
秋落四時所以迭代金行水流五德所以互序昔陶唐告終有虞氏作漢魏禪
讓晉宋以之登庸夫有非常之功有非常之賞能利天下者受天下之利陛下
造化之功日用之德褰裳去之物誰仰訴頌五星夜聚八風通吹豐露呈
甘卿雲舒族白狼遠至素雉朝飛天意顯然靈貺可覩

陳文帝

陳書曰諱蒨字子華嗣位七年

哀策

陳徐陵文帝哀策文曰容車曉駕幄殿晨張旌帷具列綍謁成行辯屋軺於丹陛攀龍帷於紫庭趨過窮於屏闈拜慟感於明靈東京飛其瑞露北陸貢其祥星乃詔雲臺之史稽採咸池之曲叶大雅於鳴金同藏書於群玉其辭曰若水傳帝薰風御民重光所集世載于陳赫矣高祖悠哉上旻蟬聯寶胄暉暎郊禋我皇誕聖膺此家慶道王衛鐏神凝懸鏡洛書天表河紀靈命納揆馳芳賓門流詠稽陰克伐震辰野勤王亳道增搆豳風會昌言瞻少昊奄貫杖高陽駕彼軨轘清宮未央歠覃兆庶德洎遐荒穆齊高寢膳長樂肅肅承顏哀哀薦酌悼園恭儉章陵謙約大寶崇名無聞敢作纂武外歷遺愛寔繁三湘九派彌氣雲昏力折天柱才傾地門甘泉夜照細柳朝屯谷魅山鬼擴流塞源赫赫英謩赳赳雄斷遍行天討無遺神算鬱掃江淮長驅巴漢九夷百越雷隨風渙北瑱昆耶西戡伊軒荷負皇極劬勞無斁勤民聽政昃食宵衣服貴綈皁風移閭閻唐山罷奏濮

采韜徽訪揀狂狷由以敷文徽世感中孚民維大畜外戶無閉高垣奚待降
情儒雅凝懷庠塾御廡爲歡臨雍彌肅禮兼三代樂備九成天資武德
地照文明墨履復斯在幪巾自清連珠合璧曜奕流精獸舞時豫禽歌頌
平帝載維遠玉靈丕維大候雨占風荒中海外憬彼覲譯咸承冠帶是曰君臨
斯爲交泰自環回賁玄珪克禎東河佇揖北狄思征鉞斧將或璁珩未鳴
是遥去楚月沵悲荆億兆何豐穹旻遽傾天禹胼胝重華腒腊仰惟勞務
同斯違懌發夢無徵昭祈奚益聽芮茂陵之鍾鼓抱喬陽之劒舄詎髣
歸於宸儀終經綿於號擗三占以吉四海同奔列賵天宇崩號帝閽千門啓
於閶闔萬乘齊警於靈轀槐風悲於葬道松雨思於郊原鑾旂動而
虛蹕宿衛卻而空尊畢陌亞戎流山蟠固紀無遷帀唐有通樹經白社
之脩塗迴青門之廣路思沛邑以東臨懷周京以西顧機神不測性道難稱
允窮靡宅可孺慕奚馮弗惟封去之與禪肅玉牒之與金繩揚英聲而來
久共日月而俱升

陳宣帝

陳書曰諱頊字紹世在位十四年【哀策】隨江揔陳宣帝哀策文曰望
壓綍而攀摽拜龍蒐而慟絶變五綄而凄涼迴三辰而慘切感川岳而踟
維傾號穹蒼而天柱折千秋茂德萬世鴻名爰詔掌禮式序英聲其
辭曰嫣水樞宿姚墟大虹謳歌承曆揖讓受終重規帝緒踵武王風名山
紀迹清廟傳功我后丕承思弘祖業莅政恭已臨朝凝默爕爛九功蕆蕤七德
憲章昭著威靈允塞爰茲發迹天步艱難連華滕衛比譽應韓羽
儀戚右軒冕朝端祈膺胄當璧縣顯大横延喜授玉告善飛旌神器有奉
性道無名詩頌唐年樂舞姬日仁聲汪濊武義洋溢理訟總衡凝情衢
室巡望如禮幽祇咸秩壇垂叛援閑徼虔劉治兵丹浦獲醜青丘屠鈞
且拔管庫方搜如龍駕鼓獻雉焚裘天必呈祥地寧爰寶神禽奇
獸嘉穀靈草屈軼抽階飛黄伏皂綺雲舒慶珠星照老廣敷丘素
弘啓縢庠書林吐馥文囿含鏘南洽倭衛北暢遐荒郯羅自解周圉無
傷金英掩色玉床弗豫天駟摧鑣王良失御鑄鼎溪矣益綴衣何處湯湯
幽夜冥冥上山長違拜曰天意祈年宓宇神卜兆吊安駕迴天銅騎感泣銀子理

十二

田出德陽之虞殿動繁舩之哀轉疲洛水之浮橋望偃師之近縣皆陌而未遠隱黃山而不見鐸啓挽而依依馬嘶風而戀戀平原欲晦落照將垂鳳蓋飄而水暗鸞驚躍聳而山危曳虵須之舒卷閻羣野之參差鳥哀哀而驚曙松瑟瑟而吟枝異故鄉之絲竹非舊宅之墳箎掃秋葉而無盡薦春櫻而韻知北邙已謝西陵何有遠宿蒼梧便乖仁壽聲合都護道宣戶牖共瀛海而恒流並嵩華而莫朽

藝文類聚卷第十四

藝文類聚卷第十五　　后妃部　　歐陽　詢　撰

后妃

白虎通曰天子之配謂之后后者何也明海内之小君也　禮記曰古者天子立后六宮三夫人九嬪二十七世婦八十一御妻以聽天下之内治以明章婦道故天下内和而家理婦順不脩陰事不得謫見於天月爲之食月食則后素服而脩六宮之職蕩天下之陰事　又曰舜葬蒼梧蓋三妃未之從也[舜納三妃生九子娥皇無子女英生商均益比生三女宵明燭光舜不告而娶不立正妃故但稱三妃焉]　周官曰仲春詔后帥内外命婦始蠶于北郊以爲祭服上春詔王后帥六宮之人生種而獻之於王　毛詩曰關雎后妃之德也風之始也所以風天下而正夫婦也　又曰葛覃后妃之本也后妃在父母家則志在於女功之事躬儉節用服澣濯之衣尊敬師傅則可以歸安父母化天下以婦道也　又卷耳后妃之志也又當輔佐君子求賢審官知臣下之勤勞内有進賢之志而無險詖私謁之心朝夕思念至於憂勤者也　又樛木后妃逮下也言能逮下而無疾妬之心焉[木下曲曰樛木枝下垂故葛藟得而蔓之諭后妃能下逮衆妾使得其序衆妾上附事之也]　又螽斯后妃子孫衆多也言若螽斯不妬忌則子孫衆多也[凡物有陰陽欲者無不妬忌唯螽斯不妬忌各得天氣而生子]　又曰兎罝后妃之化也關雎之化行則莫不好德

賢人衆多也　又曰芣苢后妃之美也天下和平則婦人樂有子矣　尚書曰釐降二女于嬀汭嬪于虞嬪嫁也　尚書大傳古者后夫人將侍君前息燭至于房中釋朝服襲燕服然後入御于君雞鳴太師奏雞鳴于階夫人鳴佩玉于房中告去也然后應門擊柝告闢也　史記曰自古受命帝王及繼體守文之君非獨内德茂也蓋亦有外戚助焉故易基乾坤詩首關雎書叙釐降春秋譏不親迎夫妻之際人道之大倫也　漢書曰漢興因秦之稱號帝母皇太后祖母稱太皇太后正適稱皇后妾稱夫人又有美人良人八子七子之號至武帝制婕妤娙娥容華充容各有爵位而元帝加昭儀之號凡十四等　又曰黄帝妃方雷氏生玄囂爲青陽妃累祖生昌意妃彤魚氏生夷鼓妃嫫母生蒼林　應劭漢官儀曰皇后稱椒房取其實蔓延盈升以椒塗室取温煖除惡氣也猶天子朱泥殿上曰丹墀　漢舊儀曰皇后婕妤乘共輦餘皆以茵四人輿以行皇后玉璽文與帝同皇后春桑皆衣青手採桑以繰三盆璽示群臣妾從春桑生而皇后親桑於苑中蠶室養蠶千箔以上群臣妾從桑還獻璽於館　又曰皇帝賜后黄金萬斤　又曰皇后食二十縣曰湯沐邑　五經要義曰古者后

夫人必有女史彤管之法后妃群妾以禮御于君所女史書其環以進退之生子月辰則以金環退之當御者著于左手既御著于右手左手陽也以當就男故著左手右手陰也御而復故　世本曰帝嚳卜其四妃之子皆有天下元妃有邰氏之女曰姜嫄生后稷次妃有娀氏之女曰簡狄生契次妃陳酆氏慶都生帝堯次妃娵訾氏生帝摯　論語武王曰予有亂臣十人孔子曰才難不其然乎有婦人焉九人而已婦人文母也列女傳曰黃帝妃嫫母於四妃之班居下貌甚醜而最賢心每自退又曰啓母塗山之女者夏禹之妃塗山女也曰女嬌禹取四日而去治水啓既生呱呱而泣禹三過其門不入子之塗山獨明教訓啓化其德卒致令名禹爲天子啓嗣而立能繼禹之道　又曰湯妃有莘之女也德高而名訓正後宮嬪御有序伊尹爲之媵臣佐湯致王　又曰太姜者太王之妃有台氏之女也賢而有色生太伯仲雍季歷化導三子皆成賢德太王有事必諮謀焉詩曰爰及姜女聿來胥宇此之謂也又曰太任者王季之妃摯任之女也端一誠莊惟德之行及其有身也目不視惡色耳不聽惡聲口不出放言傅于豕牢而生文王文王生而明聖太任

敎以一而知其百卒爲周宗君子謂太任爲能胎敎 又曰太姒者文王之妃莘姒之女也號曰文母亦思媚太姜太任旦夕勤勞以進婦道文王治外文母治內生十子太姒敎誨十子自少及長常以正道押持之卒成武王周公之德 帝王世紀曰武王妃太公之女曰邑姜脩敎于內生太子誦 瑣語曰周宣王夜卧而晏起后夫人不出於房姜后既出乃脫簪珥待罪於永巷使其傅母通言於宣王曰妾之淫心見矣至使君王失禮而晏起以見君王之樂色而忘德也亂之興從婢子起敢請罪王曰寡人不德寔自生過非夫人之罪也遂復姜后而勤於政事早朝晏退卒成中興之名 續漢書曰明德皇后馬氏伏波將軍馬援之女也后年十歲幹治家事勑制僮御出入計校一以貫之年十三以選入太子宮接侍同列而承至尊先人後己發於至誠由是見寵是時後宮未有任育者常言繼嗣當以時立薦達左右恐不及身衣大帛御者禿凡帬不緣諸王親家朝請望見后裙極麁踈以爲綺就視乃笑后曰此繒染色好故用之耳老人知者無不歎息性不喜出入遊觀又不好音樂上時幸苑囿離宫以故希從誦易經習詩論春秋

略記大義后志在克己輔上不以私家干朝庭兄爲虎賁中郎將兩弟黃門郎訖永平世不遷

詩 晉成公綏詩曰天地不獨立造化由陰陽乾坤垂覆載日月耀重光治國先家道立教起閨房二妃濟有虞三母隆周王塗山興大禹有莘佐成湯齊晉覇諸侯皆賴姬與姜關雎思賢妃此言安可忘　又曰殷湯令妃有莘之女仁教內脩度義以處清謐後宮九嬪有序伊尹爲媵臣遂作元輔　又賢明頌曰於鑠姜后光配周宣非義不動非禮不言晏起早朝永巷告愆王用勤政萬國以虔

頌 晉劉柔妻王氏姜嫄頌曰英英姜嫄寔德之純肇承靈瑞武敏是遵誕育岐嶷眡賛皇綸播殖之訓萬葉攸循　又啓母塗山頌曰塗山靜居玄即悟機大禹至公過門不歸明此道訓孩胤是綏仁哲以成永繫天瞬　魏韋誕皇后親蠶頌曰于時明庶扇物鳥祭昏正躬耕帝藉邁德班令嘉柔桑之肇敷思郊廟之至敬命皇后以親蠶俾躬桑于外垌考時日於亟咸詔不以獻禎御坤德之大輅翳翠葆以揚旌爾乃皇英參乘塗山奉輿總姜任於後陳載奬衛於貳車千乘隱其雷動萬騎粲以星敷啓前路於三

官命蚩尤而清衢遊青虬於左角步素螭於右隅登崇壇 而正位覿
休氣於朝陽步雕輦而下降手柔條於公桑嬪妾肅以蒞事職蠶植
而承筐供副褘之六服昭孝敬於蒸嘗盛華禮於中宇神化馳於八方乃
延群妾宴賜于前降至貴以逮下布愷悌之渥恩禮儀備序巾車迴轅班
中黄之禁財散束帛之戔戔神澤霈沛以雨施洪惠播於無原同頌慶於
生民發三靈之永歡苞繁祐於萬國卷福釐以言旋美休祚於億載豈
百世之曾玄 晉左九嬪武帝納皇后頌曰巍巍華山峻極太清巨靈導
流河瀆是經惟瀆之神惟岳之靈鍾于揚族載育盛明我后穆穆應
期挺生含聰躰喆岐嶷夙成如蘭之茂如玉之瑩越在幼沖休有令名飛聲
八極翕習紫庭超任邈姒比德皇英京室是嘉備禮致聘令月吉辰百僚
奉迎登位太微明德日盛群黎欣戴函夏同慶翼翼聖皇叡哲孔純
愍茲狂戾闡惠播仁蠲釁滌穢與時惟新霈然洪赦恩詔遐震后之
踐祚囹圄虛陳萬國齊歡六合同欣坤神抃舞天人載悅興瑞降祥表
精日月和氣烟熅三光朗烈既獲嘉時尋播甘雪玄雲掩靄靈液霏

霏既儲既積待陽而晞長享豐年福祿永綏【贊】曹植姜嫄簡狄贊曰嚳有四妃子皆爲王帝摯早崩堯承天綱玄鳥大跡邦周美祥禝契既生功顯虞唐　又禹妻贊曰禹娶塗山土功是急聞啓之生過門不入女嬌達義明勳是執成長聖嗣天祿以襲　晉傅玄班婕妤畫贊曰斌斌婕妤履正脩文進辭同輦以禮匡君納侍顯德讜對解紛退身避害志邈浮雲　又明德馬皇后贊曰明德馬后執貞履素光崇六行動遵禮度作后作毋帝諮厥謀國賴內訓家應顯祚　晉左九嬪虞舜二妃贊曰妙矣二妃體靈應符奉嬪于嬀光有此虞沅湘示教靈德永敷　又周宣王姜后贊曰昭昭宣王克復前制亹亹姜后乃激乃厲執心至公以恢明世　又納楊后贊曰清和協極二儀降靈啓茲揚族仁哲誕生徽音內發有馥其聲玄符表運作合聖明文定厥祥考卜惟貞良辰納幣三光朗清元公執摯于嘉禮告成卿士庶僚爛其充庭赫赫華宗弈世載榮謙光其尊在滿戒盈受茲介福垂祚億齡　晉庾闡二妃像贊曰二妃玄達含靈體妙協德坤元配虞齊耀明兩既麗重光作照有

邈其微神風遐劭

箴

後漢皇甫規女師箴曰觀象制教肇經乾坤家有王義室有嚴君各有定位陰陽是分昔在軒轅陶化正刑刑于壺闈以臨百官煌煌后妃玄統是閑穆穆夫人爰採潔蘩師禮莫違而神罔時怨關雎首化萬國承流實有淑女允作好逑唐媛興嬀武盛周德音不回弘濟大艱咨爾庶妃鑾路斯邁戰戰兢兢厲省鞶帀漸進不形變起無外行難著而易喪事易失而難退動若順流應發機奉上惟敬撫下惟慈怨豈在明患生不思

後漢傅幹皇后箴曰煌煌四星著天垂曜赫赫后妃是則是效舜納二女對揚茂教正位于內賈罝輟恭辛亂妲己共則情悅牝雞亂晨邦祀用絕孝成寬柔縱弛紀綱王擅朝權趙專椒房巨猾是緣竊弄神器故禍不出所憎常出所愛是以在昔明后日新其化匪惟訓外亦訓于內

晉張華女史箴曰茫茫造化兩儀始分散氣流形既陶既甄在帝庖羲肇經天人爰始夫婦以及君臣家道以正而王猷有倫婦德尚柔含章貞一婉娩淑慎正位居室樊姬感莊不食鮮禽衛女矯桓耳忘和音志厲義高而二主易心玄熊攀檻馮媛趍

進夫豈無畏知死不忝班女有辭割歡同輦夫豈無懷防微慮遠人咸知飾其容莫知飾其性性之不飾或愆禮正出其言善千里應之苟違斯義同衾以疑懽不可以瀆寵不可以專專實生慢慢愛極則遷致盈必損理有固然　晉裴頠女史箴曰膏不厭鮮水不厭清玉不厭潔蘭不厭馨爾形信直影亦不曲爾聲信清響亦不濁綠衣雖多無貴於色邪徑雖利無尚於直春華雖美期於秋實冰璧雖澤期於見日浴者振衣沐者彈冠人知正服莫知行端敗美動目行美動神天道祐順常與吉人

【誄】漢楊雄皇后誄曰沙麓之靈太陰之精天生聖姿豫有祥禎作合于漢配元生成孝順皇姑聖敬齊莊內則純備後烈丕光肇初配元天命是將志在黎元是勞是勤寅賓出日東秩陽谷鳴鳩拂羽勝降桑木蠶于繭館躬執筐曲帥道群妾咸修蠶族分繭理絲女工是勑遐邇歸家祉中外提福自京逮海靡不仰德去此昭昭就彼冥冥忽兮不見超兮西征既作下宮不復故庭　後漢崔瑗竇貴人誄曰若夫貴人天地之所留神造化之所殷勲華光曜乎日月才志出乎浮雲然

猶退讓未嘗專寵樂慶雲之普覆悼時雨之不廣憂國念主不敢怠遑嗚呼哀哉惟以永傷重曰積善之家福慶長脩身以壽道之常聖人之言義不虛脩身獲報効莫跡令問不忘身猶存貴人雖沒遺德尊著于金石垂後昆　曹植卞太后誄曰率土噴薄三光改度陵頹谷踊五行乎錯皇室蕭條羽檄四布百姓歔欷嬰兒號慕若喪考妣天下縞素聖者知命殉道寶名義之攸在亦弃厥生敢揚后德表之旐旌光垂罔極以慰我情乃作誄曰我皇之生坤靈是輔作合于魏亦光聖武篤生帝文紹虞之緒龍飛紫宸奄有九土詳惟聖善岐嶷秀出德配姜嫄不忝先哲玄覽萬機兼才備藝沉納容衆含垢藏疾仰奉諸姑降接儔列陰處陽觀潛明內察及踐大位母養萬國溫溫其仁不替明德悼彼邊氓未遑宴息恒勞庶事兢兢翼翼親桑蚕館爲天下式樊姬霸楚書載其庸武王有亂孔歎其功我后齊聖克暢丹聰不出房闥心照萬邦年踰耳順乾乾匪倦珠玉不玩躬御綈練日昃忘飢臨樂勿讌去奢即儉曠世作顯慎終如始蹈和履貞恭事神祇昭奉百靈跼天蹐地祇畏神明敬微慎

獨執禮幽冥虔肅宗廟蠲薦三牲降福無疆祝去其誠宜享斯祐蒙祉自天河圖凶咎不免斯年嘗禱盡禮有禱無痊豈命有終神食其言遺孤在疚承諱東藩擗踴郊畤灑淚中原追號皇妣弃我何遷昔垂顧復今何不然空宫寥廓棟宇無烟巡省階塗髣髴欞軒仰瞻帷幄俯察几筵物不毀故而人不存痛莫酷斯彼蒼者天遂臻魏都遊魂舊邑大隧開塗靈將斯戢歎息雾興揮淚雨集徘徊輤柩號咷弗及神光既幽佇立以泣　晉張華章懷皇后誄曰自天陶靈必有徽祥誕在初載亦曜神光顯應天祿聿嬪聖皇受氣自然寔聽清和內含茂質外發英華身處宸極敬恭惟夙窈窕淑媚柔順婉穆宣慈內政流化太微六宫變雅清我壼闈經綸庶屬積思萬機既臻緝熙玄澤流衍將翼我后登封降禪氛祲告妖沉結彌留奄忽外遐弃世高遊聖上哀懷感切悼心率土縞素遏密八音眇眇遊靈將焉所之容光幽邁豈有反期杳杳新宫下絕三泉茫茫陵域合體中原委弃暉章即安太清　晉左九嬪元皇后楊氏誄曰昔有莘適殷姜姒歸周宣德中

闡徽音永流樊衛二姬匡齊翼楚馬鄧兩妃亦毗漢主峨峨元后光嬪
晉宇伉儷聖皇比蹤往古遭命不永北陽即陰六宮號咷四海動心嗟余
鄙妾銜恩特深追慕三良甘心自沉何用存思不忘德音何用紀述託辭
翰林乃作誄曰惟嶽降神顯茲禎祥篤生英媛休有烈光和暢春日操
厲秋霜率由四教容德匪荒行周六親徽音顯揚皇英佐舜塗山翼禹
明明我后與世同矩云胡不造丁茲禍殃寢疾彌留寤寐不康祈禱無
應嘗藥無良有始有終天地之經自非三光誰能不零存播令德沒圖
丹青溫溫元后寔宜慈焉撫育群生恩惠滋焉懸名日月垂萬春焉宋
謝莊孝武帝宣貴妃誄曰律谷罷煊龍鄉輟曉照車去魏聯城辭
趙皇帝痛掖殿之既闃悼泉塗之已空巡步檐而臨蕙路集重陽而
望椒風國軫喪淑之傷家疑賓妣之怨敢撰德於旂旒庶圖芳於鍾
萬其辭曰玄丘烟煴瑶臺降芬高唐泄雨巫山鬱雲誕發蘭儀光啓
玉度望月方娥瞻星比婺毓德素里棲景霞軒處麗絺綌出懋蘋
蘩脩詩賁道稱圖昭言翼訓姒幄贊軌堯門展如之華寔邦之媛

哿勤顯陽肅恭崇憲奉榮惟約承茲以遜逮下延和瞻朝違怨祚靈集祉慶藹迎祥皇胤璲式帝女金相聯附齊穎接蕚均芳以蕃以牧燭代暉粲視朔書氣觀臺告祲璁衡藏容翬翟毁衽掩采瑶光收華紫禁移氣朔兮變羅紈白霜凝兮歲將闌庭樹驚兮中雎響晉金釭曖兮玉座寒仲昊天之莫報怨凱風之徒攀經建春而右轉循閶闔而徑度旌委鬱於飛飛龍逶遲於步步鏘楚挽於槐風唱邊簫於松霧涉姑射而環迴望樂池而顧慕晨轀解鳳晩蓋俄今山庭寢白隧露抽陰重扃閉兮燈以翳中泉寂兮此夜深銷神躬於壤末散靈魄於天淩

【哀策】晉潘岳景獻皇后哀策文曰於穆先后儷皇協運世宗之胤德博化先用儉禮峻任姒隆周后亦母晉終溫且惠其儀淑慎既慎其儀克明禮教撫翼齊藩訓成弘操　其慈有威不舒不暴乃家乃邦是則是効嗟余艱乜仍遭不造靡恃惟妣景命弗保心之云痛痛貫穹昊襲龜筮之良辰啓幽房之潛邃整武駕之隆壯結龍輴之縞駟望旂常而崩摧披轀輬以增欷口嗚咽以失聲目擯迸以灑淚

邈兩絕於宮闈長無覿於髣髴晉張華元皇后哀策文曰天地配享化成兩儀王假有道義在伉儷姜嫄佐嚳二妃興嬀仰觀古籍覬亦同規今胡不然景命夙戲我膺曆運臨統萬方正位于內寔在嬪嬙天作之合駿發其祥河嶽降靈啓祚華陽奕世豐衍朱紱斯皇來翼家邦憲度是常緝熙陰教德聲顯揚如何不弔背世隕喪瑶齊無住長去蒸嘗追懷永悼率土摧傷陵兆既宅將遷幽都宵陳夙駕元妃其徂宮闈遏密階庭永虛設祖屬紼告駕啓途法服翬褕寄象容車金輅晻藹帷裳不舒千乘動軔六驥踟躕銘旌樹表翣柳雲敷祁祁同軌岌岌烝徒孰云不懷哀感萬夫寧神虞旃安體玄廬　宋顏延之元皇后哀策文曰龍轜纚綍容翟結驂皇塗昭曠神路幽嚴皇帝親臨祖饋躬瞻宵載飾遺儀於組旒綸徂音乎珩佩悲黼　之役御痛翬褕之重晦降輦容位徹奠殯階乃命史臣累德述懷其辭曰倫昭儷昪有憖有憑圓精初鑠方祇始凝昭哉世族祥發慶膺秘儀景胄圓光玉繩昌暉在陰柔明將進率禮蹈和稱詩納順友自待年金聲夙

振亦既有行素章增絢象服是加言觀維則俾我王風始基嬪德蕙
問川流芳猷允塞方江泳漢冊謠南國伊昔不造鴻化中微用集寶命仰
陟天機撣位公宮登曜紫闈欽若皇姑允迪前徽孝達寧親敬行宗
祀進思才淑傍宗圖史降音在詠動容成紀坤則順成皇軒潤飭下節
震騰上倩睨側有來斯雍無思不極象物方臻視祲告沴太和既變依
華委世蘭殿長陰椒塗弛衛戒涼在律杪秋即穸霜夜流唱曉月外
魄入神警引五輅遷跡嗷嗷儲嗣哀哀列辟灑零玉墀雨泗丹掖
撫存悼亡感今懷昔南背國門北首山園遥酸紫蓋眇泣素軒滅采清
都夷體壽原邑野論藹戎夏悲歡來方可述往駕弗援　齊謝朓
敬皇后哀策文曰翬帝舒阜玄堂啓扉俎徹三獻筵卷六衣懷壓
衛而延首想鷖輅而撫心痛椒塗之先廓哀長信之莫臨身隔兩起時
無三宸旋詔左言光敷聖善其辭曰帝唐遠胄御龍遥緒在秦作劉
在漢開楚肇惟淑聖克柔克令倩漢表靈曽沙膺慶要定厥祥
徽音允穆光華沼沚榮曜中谷敬始絺綌敎先穜稑耆問川流神襟

蘭郁先德韜光君道方披輔佐永賢在謁無陂顧史弘式陳詩展義厚下日仁藏往伊智十亂斯倏四教罔式思媚諸姑貽我嬪則化自公宮遠被南國軒曜懷光素爵佇德閔予不祐慈訓早違方年冲藐懷袖靡依家臻寶業身嗣昌曜壽宮寂遠清廟虛歸帝遷明命民神胥悅乾景外臨陰儀內歎空悲故國徒嗟金穴馮相告祲宸駕長往蹕巖遠圖末命是將懷豐沛之綢繆背神京之弘敞陋蒼梧之不從遵鮒隅以同壤陳象設於園寢映輿鍐於松楸望承明而不入度清洛而南遊繼池綍於通軏接龍帷於造舟迴塘寂其已暮東川澹而不流藉閟宮之遠烈閒纘女之遐慶始協德於蘋蘩終配祇而表命慕方纏於賜衣悲日隆於撫鏡思寒泉之罔極託彤管於遺詠　梁任昉王貴嬪哀策文曰游衣戒節輀車命服永去椒華長辭嘉福筍緘遺組筵委塵鞠將命啓期寔惟嘉數珮空響音其何節娒下當其誰傳旁宮既毀祖饋斯撤爰命史臣宣美來裔坤載既厚內德云助軒五有弘姬十斯豫誕洛邦淑選自良家爰登六列象服委蛇青絇丹繶展衣

素紗肅雍婦職僉曰俞往贊景望舒方娀明兩心前軌慶軒中增郎
與栝不愆朏魄無爽式陪璽觀有事蠶宮降輿訪道基我王風宜
禮撤豆絹樂房中居貴能降在盈思冲乍者必壽彼蒼者穹如何
不淑萬化齊終薦車告殯安既辨黼翣擁以陸離帷帨紛其舒卷
出桂宮而北徂經未央以西轉池紼顧而徐前服馬嘶而不踐霜霏微而初
被野空籠而始彫促虞泉於薤露撫悲翁於短簫爾毋以子貴義乎
前哲申前齊削以從疑華麻緦之輕殺達副君之天至賦白華之無
斁庶清廟之徽徽非壽原之永翳

諡策

宋謝莊郡貴妃諡策曰

維年月日皇帝曰咨故淑儀郡氏惟爾合徽挺懋要光素里友琴
流芳行實華紫掖奉軒景以柔明發迹廣椒風以婉孌外名幽閑之
範勒曰藹層闈繫祉之慶方隆蕃世而當春掩藻中波滅源朕用
震悼傷于厥心松區已前芳泉宜將遂宜旌德第行式衍聲芳魂而有
靈尚茲寵渥嗚呼哀哉

詔

梁沈約梁武帝立內職詔曰刑于垂
訓周文所以表德壼闈失序漢氏所以喪邦並被諸方策式昭戒勸魏

晉以來雖去簡薄而內職名號參差不同在宋太始位置繁縟遂設九品宜擬外朝塡委掖掖御費無已自此相仍踵以成舊昭陽九華千門萬戶朕受命自天始基七百思所以立房自邇貽厥方來前代職品所宜因革外可詳議務令該允

陳徐陵陳文帝登祚尊皇太后詔曰朕以虛薄才非弘濟竊守蕃維常懼盈蒲豈圖蒼昊不弔國步艱難皇嗣元良藐在峭渭二臣奉迎川塗靡從六傳還朝淹留未白令國圖無主家業事隆上奉父母之嚴覲下逼群公之庭諍遂以庸質升纂帝基對揚大化彌增號懼今宜式遵舊則奉上皇后尊號爲皇太后御慈訓宮一依前典若中流靜晏皇嗣歸來輯當解紱於箕山之陽歸老於瑯琊之國復子明辟還承寶圖若問與吏無媿園寢

章

梁江淹爲建平皇慶王后正位章曰伏承以嘉月惠時膺躍宸正翬珩昭品褕組在飾休徧函夏譽郡靈昧伏惟岳曜靜德式懷謙順升降圖傳左右詩史夙鏡茂資早摛芳訓衍教紫庭麗軌華屋聲徽綺組風偃家邦

梁沈約爲六宮拜章白蓬闈菲質嘉淑無箅越自

幽衡登軀宸漢奉日月之華侍巾屐之末何以厠鴛鸞之盛序奉屬車之清塵　隨江摠爲陳六宮謝章曰恭膺禮命愧集丹縷之顏拜奉曲私愁縈翬羽之色冒宫夜火伯媛匪驚駕楚謝奔濤貞姜何懼豈期日月騰影風雲寫潤遂復位崇九御聲高六列象服增華丹軿耀采何以弼佐王風克柔陰化兢惶並集追想流荇之詩荷據相并遂失鳴環之節

表

魏傅嘏請立貴嬪爲皇后表曰有虞始德觀化嬀汭夏后創業啓祚塗山咸以淑哲垂文曲頌伏惟貴嬪誕秀令族禀貞高胄膺昭明之量兼聖善之行金璽未授而玉瑞先顯表贊天休昭隆后祚貞侔先典告踰往訓而猶潛光未即皇統進違二儀烟熅之德退闕懸象兼曜之儀群僚百辟所以延佇陛下欽若天秩祗贊帝祉夙崇盛禮俾君萬國則六合承風天下幸甚　魏陳王曹植上下太后誄表曰大行皇太后資坤元之性體載物之仁齊美姜嫄等德任姒佐政內朝惠加四海草木荷恩含氣受潤庶鍾元吉永膺萬祚何圖一旦早弃明朝背絶臣庶悲痛靡告臣聞銘以述德誄尚及哀是以

冒越諒闇之禮作誄一篇知不足讚揚明明貴以展臣慕莪之思直爰荒情散不足觀采晉左九嬪上元皇后誄表曰伏惟聖善宣慈仁洽六宮含弘光大德潤四海妾聞之前志早不誄尊少不誄長楊雄臣也而誄漢后班固子也而誄其父皆以述揚景行顯之竹帛豈所謂三代不同禮隨時而作者乎 後魏温子昇魏帝納皇后群臣上禮文曰臣聞軒轅乃神西陵以之作合夏后至聖塗山於是來嬪伏惟陛下龍飛纘曆大明理運長秋既建陰敎有主景命無窮靈基長世普天之下莫不欣躍 隋江揔爲陳六宮謝表曰鶴籥晨啓雀釵曉映恭承盛典肅荷徽章步動雲桂香飄霧縠媿纏艷粉無情拂鏡愁縈巧代巢息意臨牕妾聞漢水贈珠人間絶世落川拾翠仙處無雙或有風流行雨窈窕初日聲高一笑價起兩環乃可桂殿迎春蘭房侍寵借班姬之扇未掩驚羞假蔡琰之文寧披慱戴

【論】宋范曄皇后紀論曰周禮后正位宮闈同體天王夫人坐論婦禮九嬪掌敎四德世婦知喪祭賓客女御序于王之燕寢頒官分務各有典司女史彤管記功書過居有保阿之訓動有環珮之響進賢

才以輔佐君子哀窈窕而不淫其色所以能宣述陰化脩成內則秦并天下多自驕大官備七國爵列八品漢興因循而婦制莫釐高祖帷箔不修孝文衽席無辨而選納尚簡飾玩少華自武元之後世增淫費至乃掖庭三千增級十四及光武中興斲彫為朴六宮稱號唯后貴人貴人金印紫綬又置美人宮人采女三等 明帝事遵先旨宮教頗修登建嬪后必先令德內無出閫之言權無私溺之授可謂矯其敝矣孝章以下漸用色授恩隆好合遂忘災蠹自古雖主幼時艱王家多釁委成冢宰未有專任婦人斷割重器唯秦芊太后始攝政事故穰侯權重於昭王家富於嬴國漢仍其謬知患莫改東京皇統屢絕權歸女主外立者四帝臨朝者六后莫不定策帷帟委事父兄貪孩童以久其政抑明賢以專其威任重道悠利深禍速身犯霧露於雲臺之上家嬰縲紲於圄犴之下 湮滅連踵傾輈繼路而赴蹈不息燋爛為期終乃陵夷大運淪亡神寶詩書所歎略同一揆

行狀 梁江淹宋建平王建太妃周氏行狀曰竊聞侯服之譽非黃冕所敷三食之門寧皁衣所述諒畏裒虛美於君后

披空名於鼎貴然昔有漢臣誄行晉史書德者亦云實而已焉太姒誕巽離之正和函雲露之中氣凝采髻吉歲貢章笄年若乃彤管女圖之學纂組綺縞之工升降虔謙之儀柔靜嘉順之節莫不中道若性不嚴而成故譽滿帷闈聲播軒殿

藝文類聚卷第十五

藝文類聚卷第十六　　渤海歐陽　詢　撰

儲宮部　　太子妃附　公主

儲宮

周易曰黄離元吉象曰明兩作離大人以繼明照于四方　尚書曰惟四月太子發上祭于畢下至於盟津之上乃告司馬司徒司空又曰太子發升于舟中流白魚入于舟王跪取出涘以燎群公咸曰休哉　尚書大傳曰天子太子年十八曰孟侯孟侯者於四方諸侯來朝迎於郊者問其所不知也　尚書洪範五行傳曰心之大星天皇也其前星太子也後星庶子也　禮記曰王太子王子群后之太子卿大夫元士之適子凡入學以齒　又曰文王之爲世子朝於王季日三雞初鳴而衣服至於寢門外問内豎之御者曰今日安否何如内豎曰安文王乃喜及日中又至亦如之及暮又至亦如之其有不安則内豎以告文王文王色憂行不能正履王季復膳然後亦復初食上必在視寒煖之節　又曰國君世子生告于君接以大牢宰掌具又曰行一物而三善皆得者唯世子而已其齒於學之謂其一知父子之禮其二

知君臣之義其三知長幼之節故學之父子焉君臣焉長幼焉一人元良萬國以貞世子之謂也　左傳曰九月丁卯子同生以太子之禮舉之接以太牢卜士負之士妻食之公與文姜宗婦命之　白虎通曰天子之太子諸侯之世子皆就於外者尊師重先王之道也故曲禮曰禮聞來學不聞往教也　賈誼書曰文王使太公望傅太子發發嗜鮑魚公不與曰鮑魚不登俎豈有非禮而可養太子哉　春秋外傳曰靈王二十二年穀洛龍鬬將毀王宮王欲壅之太子晉諫曰晉聞古之長民者不墮山不崇藪不防川不竭澤靈王不從　又曰師曠見太子晉晉曰吾聞太子之語高於太山願聞一言太子曰吾聞太師之來喜而又懼汝知人年長短吉凶也師曠曰君色赤君聲清火色不壽太子曰然却後三年吾上賓于帝汝慎無言殃將及汝太子時年十五後三年而卒　史記曰厲王出奔彘太子靜匿召公之家國人聞乃圍之召公以其子代太子太子得脫召公周公二相行政号曰共和十四年厲王死太子靜長於召公家二相乃共立之是爲宣王也　又曰上欲廢太子立趙王如意大臣諫爭未得堅決張良爲畫計曰顧上不能致者商

山四人今能無愛金玉使太子卑辭厚禮迎此四人則一助也於是四人至侍
太子入謙年皆八十餘眉鬚皓白衣冠甚偉上怪問之四人各以名對帝
大驚曰吾求公數歲常避逃我今何從吾兒遊四人去上目送之指示戚
夫人曰彼四人輔之羽翼已成難可動矣 漢書曰孝景王皇后武帝母也
内太子宮太子幸愛之生三女一男男方在身時王夫人夢日入其懷以告
太子曰此貴徵也未生而文帝崩景帝 即位王夫人生男是爲武帝
又曰孝元皇帝宣帝太子也母曰許皇后宣帝微時生民間年二歲
宣帝即位八歲立爲太子壯大柔仁好儒 又曰孝成皇帝元帝太子母
曰王皇后元帝在太子宮生甲觀畫堂爲世嫡皇孫宣帝愛之字曰太
孫常置左右年三歲而宣帝崩元帝 即位帝爲太子壯好經書寬博
謹慎初居桂宮上嘗急召太子出龍樓門不敢絶馳道西至直城門得
絶乃度還入作室門上遲之問其故以狀對上大悦乃著令太子得絶馳
道東觀漢記曰建武時天下墾田不實詔下州郡撿其事帝見陳留
牘上有書曰潁川弘農可問河南南陽不可問帝詰吏由趣吏不服抵言

於長安街得之帝怒時明帝年十二在幄後曰吏受郡務當欲以墾田相方耳帝曰即如此河南南陽不可問對曰河南帝城多近臣南陽帝鄉多近親田宅踰制不可爲准帝令詰問乃首服如顯宗言魏略曰太祖不時立太子太子自疑是時高元吕者善相人乃呼問之對曰其貴不可言因問壽幾何元吕曰其壽至四十當有小苦過是無憂後無幾而立爲太子魏志曰明帝文帝太子生而愛之常令在左右數歲而有岐嶷之姿武帝異之曰我基於爾三世矣每朝讌會同與近臣並列帷幄好學多識特留意法理吳志曰孫登權長子也立爲太子選置師傅詮簡秀士以爲賓友諸葛恪爲左輔張休爲右弼顧譚爲輔正陳表爲翼正爲四友於東宮號爲多士登鎮武昌或時獵常由徑道常避遠良田不踐苗稼至所憩止又擇空閑之地不欲煩民 王隱晉書曰初武帝未爲世子文帝問裴秀人有相否秀曰中撫軍立髮至地手過于膝人望既茂天表如此非人臣之相 又曰愍懷太子名遹少而聰惠帝愛之六七歲時帝夜望火太子牽上衣裾使入闇中上問其故太子對曰暮夜倉卒宜備非常不當親

近火光令人照見世說曰晉明帝數歲在元帝膝坐時有人從長安來帝謂曰爾言長安遠日遠明帝曰只聞人從長安來不聞從日邊來日固宜遠帝大嗟賞明日群僚並集帝更問之答云日近帝失色乃謂曰何以昨語異荅曰出門見日不見長安衆莫不嗟歎【詩】梁劉孝威重光詩曰重光儲后宣制義也赫赫重光明明二聖帝作儲述禮和樂正中儷置樽高堂懸鐏其酌不窮其明逾盛德晉孔昭民胥攸詠明明二聖赫赫重光風神灑落容止汪洋瞻彼談扇識抑載揚何斯天辯如珪如璋顏閔函席游夏升堂以鄉以士惟公惟王思媚儲后顧哉樂康芃芃黍苗陰雨膏之詵詵纓冕儲王道之道之以禮齊之以理則探聖言則窮神訓于四國覃于萬民又奉和簡文帝太子詩曰太子天下本元良萬國貞周朝推上嗣漢世懋重明前星涵瑞采洊雷揚遠聲三善傳樂正日行紀司成九流遍已辯七經咸所精博聞強子政高才凌長卿禮尊逾屈已德盛益卑情仙氣貽鍾相儒道推栢榮延賢博望苑視膳乞安城園綺隨金輅浮丘侍玉笙智囊裹前殿笏端士後垂纓九仙良以重四海更東傾班輸

同舉秉甲觀齊蓬行

賦

魏卞蘭贊述太子賦曰竊見古人之遐迹崇先聖之弘基躭八索之秘奧遵二儀於大猷正往昔之常弊定當世之舊儀稟休和之上性應五百之運期著典憲之高論作叙懽之麗詩越文章之常檢揚不學之妙辭蹈布衣之所難闡善道而廣之道無深而不測術無細不敷論古賢以歎息覩懿德以歡娛歷精思於訓籍忽日移而忘劬雖明略而無上猶博納以自扶賓故老以勸俗諷六經以[illegible]不儒嘉通人之達節矣俗士之守株匿天威之嚴厲揚愷悌之和舒惟凡百之詠德感恩惠之有餘信清風之休著非臣下之敢虛乃作頌曰明明太子既叡且聰博聞強記聖思無雙猗之左右如虎如龍入俊在側旁無諛[illegible]富不忘施尊而益恭研精書籍留思異同建計立議廓然發蒙天下延頸歌頌德音聞之於古見之於今深不可測高不可尋創法萬載垂此休風

箴

晉溫嶠侍臣箴曰勿謂其微覆簣成高勿謂其細巨由纖[illegible]故曰善不積不足以成名話言如絲而萬里來享無以處極而利在永貞[illegible]以太子之在東宮均士抗禮以申厥情入學齊齒言稱先生不以富貴自[illegible]不以貴為榮思有

虞之蒸蒸尊周文之翼翼晨昏靡違夙興晏息師傅是瞻正人在側屏彼倿諛納此亮直故傅欲德義臣愚盡忠或稽古訓導惟道之不融或造厥詭辭懼咎之蘊崇惴惴兢兢思二雅之遺風鑒乎九三天祿永終近臣司規敢告常從　周王褒皇太子箴曰臣聞教化爰始詠歌不足政俗既移風雅斯變伏惟皇明御宇功均造物敢文爲質斵雕成素皇太子洊雷居震明兩作離春夏干戈秋冬羽籥叔譽言懿五稱之對師曠降四馬之恩竊以太史官箴虞書百所誡永樹芳烈丞相所以垂文深覩安危太傅以之陳訓敢自斯義戲爲箴云爾　天生蒸民司牧斯樹咸凞庶績式昭王度惠民垂統元良繼體麗正離暉惟幾天啓令問令望聞詩聞禮從曰撫軍守曰監國秋坊通夢春宮養德柏榮獻書苟依觀則元子爲士齒卿命秩朝能寢侵門迴車作室正陽君位喬枝父道王子所崇忠孝爲寶勿謂居尊禍福無門勿謂親賢王道無偏無爲慮始無爲事先損之又損而全之亦全無往不復無乙乙彼美疢甘言鮮不爲累則哲惟難知人未易居室爲善分陰無棄士

保其存危安其位神聽不惑天姣斯忌文昌若於前星秬邑由於守器庶僚司箴敢告閽寺　隋戴逵皇太子箴曰無謂父子無間江充掘蠱無謂兄弟無携勇倡優起舞

誄

晉陸機愍懷太子誄曰明明皇子成命既駿保文皇家載生淑胤茂德克齊仁姿即儁當克無疆光紹有晉如何不弔暴離咎釁曾是遺愍匪降自天肇傾運祚遂喪華年嗚呼哀哉沉雲既祛日月增暉靈寵可贈冤魂難追舊物東反靈樞西歸傷我惠后宸焉翳滅銜哀駿奔凶服就列追慕徽塵典言斷絶敢誄遺風庶存芳烈其辭曰　巍巍皇基弈弈紫微有命既集天禄永綏篤生太子纂德承茂平紹大烈時惟洪胄奇嶷發翹清藻在秀誕自幼蒙逮事武皇展矣太子播此瓊芳允矣聖祖無言不感婉孌乘輿名裕德昌龍集庚六日月改度赫赫明明我皇登祚厥登伊何皇統是荷華緌重采翠蓋垂葩鸞旗阿那玉衡吐和聿來在宮體亮而誠肅雍皇極思媚紫庭亦既涉學遵師感道何年之妙而察之早讜言必復乖義則考惟天有命太子膺之惟

皇有慶太子承之當究遐年登兹胡者緭㵵有晉克搆帝宇如何晨牝𢧐我朝聽仰索皇家惟塵明聖惴惴太子終温且敬衛辭即罪掩浚極命顯加放流潛肆鴆毒痛矣太子乃離斯酷謂天蓋高訴哀靡告鞠躬引分顧景摧剥嗚呼哀哉凡民之喪有戚有姻太子之殁傍無昵親跼蹐嚴宫絶命禁闈幽柩偏寄孤魂曷歸嗚呼太子生寃殁悲疋夫有怨尚或殞霜矧乃太子萬邦攸望普天扼腕率土懷傷精感六沴咎徵紫房爰兹元輔啓我令聞王赫斯怒天誅靡逋攙搶吒掃元凶服辜仁詔引咎哀策東徂光復寵祚紹建藐孤於時暉服粲焉畢陳庭旅舊物堂有故臣孰去太子不見其人嗚呼哀哉既濟洛川靈旆左迴三軍悽裂哀都邑如隤慨矣寤歎念我憗懷

哀策

齊王融皇太子哀策文曰繡幕啓塗銅池從殯䄙鐸既行枚綍且引皇帝痛棄盛之闕奉哀匕鬯之有亡憫含咷乎崇正顧掩欷於承光式睠元良永懷人寶俾兹史策載餘風道其辭曰居辰北極在日重離　誕惟妙善克自生知資神爲契合聖如規地維歁位月紀褰期哀纆晦朔燧改歲時糧粥不

謚薑桂無滋俛終心禮昌我帝基思皇下武纘戎上德將叶人神永貽家國用稽嗣典寔貫弘儲則庸器敃物徽号崇名往辭綠蓋來馭朱纓旂旗旖旎鑾鳶轟囂聲明守器宣華訪安永福上漏騶軒初晨戒服慶色伊滿夤儀載肅至誠莫感遐福空辭氛程月志祲動年司素娀祀列青雲失滋中楹軜夢當戶陳詩楚藥毀方秦醫反轍高議虛演奇文徒說遠寘上靈長違昭世痛結宸慈哀震華棣嗚呼哀哉軒惟高寂庭帳深陰鶴關書掩烏燈夜沉仍龍衣未敃容饌如臨暖徽儀而可慕摽嗣子之紼心嗚呼哀哉韋弁告期麻衣請日辯域展圖楊龜獻吉文物充階具僚在位捴葭挽之哀淒視風煙之駿瑟嗚呼哀哉飾麾輅而南指轉旌羽而北徂車結軜於雕轂馬緩節於金蘇寄靈心於萬象增戀戀於國都嗚呼哀哉光徒靡而欲沉山荒涼而遂晚城闕緬而何期平原忽而超遠情有望而弗追顧如疑於將反嗚呼哀哉梁王筠昭明太子哀策文曰轝輅峩峩龍驂蹻步羽翿前驅雲旗北僚皇帝哀繼明之寢曜痛嗣德之徂芳御武帳而悽慟臨甲觀而增傷式稽令典載揚鴻烈詔撰

德於旌旂求傳徽於舞綴其辭曰式載明兩實惟陽儀天比峻儷景
騰光眷哲膺期旦暮斯在識洞機深量苞瀛海立德不器至功弗宰
寬綽居懸漚恭成性脩襟孝友率由嚴敬咸有種德惠和齊聖括囊
流略包舉藝文徧該緗素殫極丘墳騰褰充積儒墨區分瞻河闡訓
望魯曾揚芬雲物告徵祲沴褰象星霾恒曜山頹朽壞威儀上賓德音
長往具僚無廕諮承安仰鳴呼哀哉首夏司開麥秋紀節容衛徒警菁
華茇絕書幌空張談筵罷設虛饋鐻鐻孤燈翳翳鳴呼哀哉簡辰
請日筮合龜貞幽埏夙啓玄宮獻成武校齊列文物增明昔遊漳水賓從
無聲今歸郊郭徒御相驚鳴呼哀哉背絳闕以遠徂轥青門而徐轉
顧馳道而詎前望國都而不踐凌脩坂之威夷遡平原之悠緬驥踸足以
酸嘶挽悽鏘而流泫鳴呼哀哉混哀音於蕭籟變愁容於天日雖夏木之
森陰反寒林之蕭瑟既將反而復疑如有求而遂失謂天地其無心遂永
潛於容質鳴呼哀哉

詔

梁武帝立皇太子詔曰非至公無以主天下非博
愛無以臨四海所以堯禪舜讓惟德是與文王舍伯邑考而立武王格于上下

光被四表今岱宗牢落天步艱難淳風猶鬱黎民未乂自非克明克哲允文允武豈能荷神器之重嗣龍圖之尊晉安王綱德行内敏威惠外宣群后歸美率土宅心可立綱爲太子庶百年勝殘方流餘慶畢世後仁永固洪業　梁沈約立太子詔曰朕屬當期運係迹前王思所以長蒙祚垂之萬葉百辟咸以元良之寄有國莫先自昔哲后降及近代莫不立儲樹嫡守器承祧乃旁挹群議遠惟七百建茲蒙稚仰副宗祊承華肇開崇基克永無疆之慶非獨在余思霑渥澤被之遐邇可賜天下爲父後者爵一級王侯以下量錫幣帛　後魏温子昇魏莊帝生皇太子赦詔曰有國三善事屬元良本枝百世義鍾繼體朕應天纂命握圖受籙景祚唯新十年以永今月吉辰皇子誕育月彩雲映日神光照殿方開博望將起龍樓遠近同歡人神共悅便可大赦天下

【教】魏文帝荅卞蘭教曰賦者言事類之所附也頌者美盛德之形容故作者不虛其辭受者必當其實蘭此賦豈吾實哉昔吾丘壽王一陳寶鼎何武等徒以歌頌猶受金帛之賜蘭事雖不諒義足壽也今賜牛一頭

【表】吳張儼請立太子師傅表

昔賈誼爲漢文帝陳周成王爲太子以周公爲傅召公爲太保呂望爲太師又立三少皆上大夫使與太子居處左右前後皆正人也明禮義以道習之故能光濟文武興隆周室伏惟陛下命世應期順乾作主皇太子以天然之姿爲國上嗣朝廷以四海未定國家多事師傅之官闕而未備且愚以爲高祖初基天下造創引張良叔孫通出爲師保入與朝政宜博采周漢依舊儀用將相名官輔弼太子於是以濟贊洪業暉日月實爲光大也

魏卞蘭贊述太子表曰伏惟太子研精典籍留思篇章覽照幽微才不世出稟聰叡之絕性體明達之殊風慈孝發於自然仁恕洽於無外是以武夫懷息文士歸德竊見所作典論及諸賦頌逸句爛然沈思泉涌華藻雲浮聽之忘味正使聖人復存猶稱善不暇所不能間也昔舜以蒸蒸顯其德周旦不驕成其名豈曰南面之尊以發假稱鼎足之威以取譽哉夫至尊至貴能令人畏不能令人譽故桀不能變龍逢之心紂不能易三人之意懷近服遠非德無施今太子博納多容海渟岳峙學無常師唯德所在思無所思唯德所親觀士察人毫毛無失望色則知其情覽始則達其終追僞辯

於未言絕讒巧於未形其所以包羅殊類鑑觀成敗德生於性明出自然太子所行晏然休著皆群下所常吟咏誠不復須臣贊揚懿美褒稱盛行然後令夜光之璧顯於金匱隋侯之珠彰於韞櫝者也今相鍾繇大理王朗海内英儒國家柱臣博物多識通洽君子年耆德茂所更多矣若游海者難與論水覩前世者不可為言然咸歸太子巍巍之美叙述清風言之有味聽者忻忻忘日之夕流景燿於無窮布芳陰於四遠譬言若麟龍發足羣獸追蹤鸞鳳舉翼衆鳥隨風小臣區區嘉樂無已竊怡綿綿之屬忘愚戇之言謹觸冒上賦一篇以攄狂狷之思　宋謝莊慶皇太子元服上至尊表曰伏惟皇太子殿下明兩承乾元良作貳抗法迂身英華自遠樂以脩中禮以治外三善克懋德成教尊今日昭辰顯加元服對靈祇之望儔上庠之歡率天墍世莫不載躍　又皇太子元服上皇太后表曰離景承宸樞光陪極毓問東華飛英上序樂正歌風司成頌德清明神鎮　四文在躬練日簡辰顯備元服懋三王之教爥少陽之重　梁簡文帝謝為皇太子表曰伏見詔書以臣為皇太子有命自天寶策爲物聽鴻名咸典爰萃庸薄勢舉千

鈞方茲未重高搏九萬比此非遥以今九蔽賓實無取特以緜慶雲霄憑暉瓊極鳴玉内侍指麾外蕃猶懼不任尚疑廢職況復監撫守從道著前經恭敬温文義彰昔記震維禮絶離晷事尊養德北宫贊業東序魏平非擬漢莊靡繼以牧拙樊漢始獲言歸遂以下才屬當上嗣事異定陶之舉有類膠東之册將何以著三善之德延四皓之遊屈叔譽之辭下蘭之頌又拜皇太子臨軒竟謝表曰臣聞園暉麗天游雷居震必資令德寔建賢明以今空薄器業無取巳懃好儒之志且之豐下之姿叨逢慈弈事出希世方將問安寢門視膳天幄察陳奏之示嚴敬言之書出龍樓而祗召息車馳道侍鑾輿而巡幸説經孔庭足踐門闈風雲之勢斯近飛陵倒景神仙之舉超然何以允副元良和茲守器逢師曠之褒值史丹之述　又上昭明太子集别傳等表曰若夫正少陽之位主承祧之則口實爲美唯稱啓誦自茲厥後罕或聞焉昭明太子禀仁聖之姿縱生知之量孝敬兼極温恭在躬明月西流幼有文章之敏羽籥東序長備元良之德非假二疏寧勞四皓虎賁惡其經學智囊懃

兵調護豈止傳望延賓壽春能賦問疑　釆據書戒懸陵而已哉王折
何追星類靡續地尊鄰嗣外陽之術無徵伍比周儲緱山之駕不反臣以
不肖妄作明離出入銅龍瞻仰故實思所以揄揚盛軌宜記德音謹撰昭
明太子別傳文集請備之延閣藏諸廣內未彰茂實式表洪徽　梁任昉
爲皇太子求一日入朝表曰臣聞內豎告安媚昌怡色鳴雞戒旦周發冠履
或以涼燠之候晨昏異宜膳羞之和鼎飪殊節一辰三朝稱情猶簡終日
承顏在理斯愜且長壽之對撫循無已馳道未窮顧懷不輟豈直下動天
至固亦上結慈衷自須半旬乃朝遂爲通制事踰信次義乖晨省一日萬
機不敢三壓御省每且改宿特乞一至寢門　梁沈約爲皇太子謝初表曰
臣實蒙稚溫文以闕不閑三善之訓未習四學之議唯問安內豎因心自發而
親膳寢門未任每至乃降皇慈夙膺盛典貳體宸極守器宗祧顧循幼志
如臨氷壑　梁蕭子範求撰昭明太子集表曰臣聞姬旦云亡播禮樂於百代
宣尼既殁傳雅頌於千祀夏啓之風載傳樂野周晉之迹止在洛濱入侍四
公西京見美長壽一察東漢流名魏毀手之悟籢衣事開戰國孫登之愛田苗

義屬偏霸各稱小善靡擅雕蟲子桓雖詩賦可嘉規範頓闕貽譏良史取誚前載備而爲論僉輿允歸自少陽濳位震方滅采神儀長往銅龍毀播音顏緬邈舟壑遷移若乃緣情體物繁絃縟錦縱橫艷思籠蓋辭林積練累素盈車滿笈金石有銷斯文方遠既異陳王之躬撰又非當陽之自集臣蟬翼輕身未從塵露而班輪屬駕永輟騑驂戀主懷茲伏深涕慕冒乞銓次遺藻勒成卷軸 梁陸倕爲豫章王慶太子出宮表曰臣聞周固本枝寔資明兩漢啓盤石必係元良所以闡弘祚鼎光崇守器伏惟皇太子道契生知照均天縱不藉審諭之功無待温文之輔而冬書秋記夙表春資春誦夏絃幼彰神度雖復直門守令長壽察微魏贊多容漢稱寬博不足以連輝茂則疋景令圖甲觀進新桂宮告始朱班徙次翠盖移陰華裔式瞻人祇蹈舞 周王褒代爲百僚請立皇太子表曰臣聞洊雷居震春方應守器之禮明兩作離少陽纂重暉之業是以三善昭德載祀之祚克隆一人元良貞國之基永固至於軒轅得姓高陽才子上嗣佇賢前星虚位魯國公臣贇親居元子

屬當儲貳具僚仰則列辟式瞻臣等參議請立爲皇太子事隆監撫
教資審諭問安寢門視膳天幄 周庾信慶傳位於皇太子表曰臣者
降居若水登庸有優劣之殊來朝櫟陽繼體有君臣之異不得與夫天
之兩日一日之冊中並曜聯輝重明之雙照同年而語矣欲令百工相和先闇
揖讓之風天下無爲早識吾君之子皇帝藐然姑射正當乘雲馭龍
問道崆峒豈復先秋木落

太子妃

漢書曰漢景薄皇后孝文薄太后家女也景帝爲太子時太后爲太子
取以爲妃 又曰武帝陳皇后長公主嫖女也初武帝得立爲太子公主有力
焉故欲以女納太子 又曰武成許皇后平恩侯嘉女也元帝選配太子上令
中常侍黃門親近者侍送還白帝稱太子欣悅元帝喜謂左右曰酌酒
賀我左右皆稱萬歲 漢武故事曰初武帝爲太子時長公主欲以女配帝
時帝尚小長公主指女問帝曰得阿嬌好不帝曰若得阿嬌以金屋貯之夫
喜乃以配帝是曰陳皇后阿嬌后字也 王隱晉書曰武帝欲爲太子取

妃久而不决上欲娶衞瓘女揚后欲娶賈充女上曰衞公女有五可賈公女有五不可衞家種賢而多子端正而長白賈家種妬而少子醜而短黑揚后既納賓物固欲娶賈氏因乃納之　又曰愍懷太子妃王衍女也劉曜等入洛盡將諸后妃去妃獨拔刀向賊曰我司徒公女皇太子妃死則巳終不爲賊婦賊害之　晉孝武起居注曰上臨軒設懸而不樂遣兼司空謝琰納太子妃王氏賜文武布絹百官詣上東門上禮　甲辰儀注曰皇太子妃公主夫人逢持節使者高車使者佳車相揖　東宮舊事曰皇太子妃給織成衮帶白玉佩四望車羽葆前後部鼓吹各一部　又曰太子納妃有七綵杯文綺被長命杯文綺袴

【哀策】

宋謝莊皇太子妃哀策文曰攝凝桂酒庭肅龍輼風吹國路雲起郊門皇帝傷緫繐之掩綵悼副禕之滅華行光既晏長河又斜顧而言曰琁瑶有毀郁烈無湮翦素裁簡授之史臣其辭曰　霍岫齊天潏流凝漢祥發桐珪慶昭金筭毓景帝出飛芳戚閈秘儀施谷升音集灌月晷幾望娣袂維良釋幃春宮承篚少陽五葉衍藻四訓抽光葳蕤蕙振婉孌瓊相清徽就遠祲洊方搏臨

華罷翠帟當韡收蘭複殿生響昔長廡結寒節移虛鐀氣變容衣中庭草蔓階上螢飛傷榮里第痛溢朝闈霜侵燭昧風寄帷凄驚葭夕轉龍驂夜嘶延既訣兮奠既撤背青闕兮去神闈旌掩鬱而還泛蓋逶遲而顧征素紼綴維華輤解馭山隧恒陰松阿不曙離天渥兮就銷沉委白日兮即冥暮菊有秀兮蘅有芬德方遠兮聲彌樹

齊王儉皇太子妃哀策文曰肇惟初識芳猷夙就翩禮園徘徊樂圃視秋齊明方春等茂伊宋之季天衢荐阻洛我儲貳締緝江滸衛女事齊樊姬賛楚美著嬪嗣徽音踵武數盈則反否極斯昌肅膺靈命經緯三光往儀衡館來式椒堂糾組咸事象服有章八演仰則六幽望景悠悠草昧如何不永方中委曜先秋落穎世有遺塵庭無餘影嗚呼哀哉遵三兆之嘉日追九筮之靈期澄金波而映鑾旂命飛廉而拂瓊輜湯清笳於漢表動嘶挽於雲基

公主

公羊傳曰天子嫁女于諸侯必使諸侯同姓者主之　史記曰李斯長男由

爲三川守諸男皆尚秦公主女悉嫁諸公子由告歸咸陽斯置酒于家百官長皆前爲壽門庭車騎以千數　漢書曰周勃下廷尉吏侵辱之勃以千金與獄吏獄吏迺書牘背示之曰以公主爲證公主孝文女也勃子勝尚之故獄吏教引爲證　又曰宣平侯張敖尚惠帝姊魯元公主有女惠帝既立呂太后欲爲重親以公主女配帝　又曰孝武衛皇后字子夫爲平陽主謳者武帝即位數年無子過平陽主既飲謳者進帝獨說子夫帝起更衣子夫侍尚衣軒中得幸還坐甚忻賜平陽主金千斤子夫上車主拊其背曰行矣強飯勉之即貴願無相忘也　又曰烏孫以馬千疋娉漢女元封中遣江都王建女細君爲公主以妻焉賜乘輿服御物爲備官屬侍御數百人贈送甚盛烏孫昆莫以爲右夫人公主至其國自治宫室歲時再過昆莫年老言語不通公主悲愁自爲作歌天子聞而憐之　范曄後漢書曰制皇女皆封縣公主儀服同列侯其尊崇者加號長公主儀服同蕃王諸王女皆封鄉亭侯公主儀服同鄉亭侯　又曰光武姊湖陽公主新寡帝與共論朝臣微觀其意公主曰宋公威容德器群臣莫及帝曰方且圖之後宋弘被引見

帝令公主坐屏風後因謂弘曰諺言貴易交富易妻人情乎弘曰臣聞
貧賤之知不可忘糟糠之妻不下堂帝顧謂主曰事不諧矣　又曰董宣
爲洛陽令湖陽公主蒼頭白日殺人因匿主家吏不能得及主出行而以奴
驂乘宣於夏門亭候之乃駐車叩馬以刀畫地大言數主之失叱奴下車
格殺之主即還宮訴帝帝大怒召宣欲箠殺宣叩頭曰願乞一言而死
帝曰欲何言宣曰陛下聖德中興而縱奴殺良民將何以治天下乎臣不須箠
請得自殺即以頭擊楹流血被面帝令小黃門持之使宣叩頭謝主宣
不從帝強使頓之宣兩手據地終不肯俯主曰文叔爲白衣時藏亡匿死
吏不敢至門今爲天子威不能行一令乎帝大笑曰天子不與白衣同　又曰
竇融長子穆尚內黃公主子勳尚東海王強女沘陽公主又子固亦尚世祖
女沮陽公主竇氏一公兩侯三公主親戚功臣中莫與爲比　又曰館陶公主爲
子求郎明帝不許而賜錢千萬謂群臣曰郎官上應列宿出宰百里苟
非其人則民受其殃是以難之矣　魏末傳曰何晏婦金鄉公主即晏同母
妹公主賢明謂其母沛王太妃曰晏爲惡日甚將不保身母笑曰汝得無妬晏

耶俄而晏死有一男年五六歲宣王遣人録之晏婦藏其子王宮中尙使者慱頰乞所活之使者具以白宣王宣王亦聞晏婦有先見之言必常嘉之且爲沛王故特原不煞　晉中興書曰臨海公主惠帝第四女羊皇后所生初封淸河公主未出適值永嘉亂■賣長城民錢温温以送女女遇主甚酷主自告吳興太守周禮以聞於是殺温及女適譙國曹統

藏榮緒晉書曰賈后二女宣華女彦封宣華弘農郡公主女彦年八歲聰明岐嶷便能書學諷誦詩論病困賈后欲議封女以長公主彦語后曰我尙小未及成人禮不用公主及薨謚哀獻皇女以長公主禮葬送

列仙傳曰朱仲會稽販珠人也高后時獻三寸珠魯元公主私以七百金從仲求珠仲獻珠四寸事具寶部

【碑】魏温子昇常山公主碑曰啓恭徽之層構闢閶闔之重扉據天下以爲家苞率土而光宅然則昆山西時爰有夜光漢水東流是生明月公主禀靈宸極資和天地芬芳有性温潤成質自然秘遠若上元之隅絳河直置淸高類姮娥之依桂樹令淑之至比光明於宵燭幽閒之盛匹穠華於桃李託體宮闈而執心撝順婉然左辟率禮如

賔舉華燭以宵征動鳴佩而晨去致肅雍於車乘成好合於琴瑟立行潔於清氷抗志高於黃鵠停輪表信闔門示禮終能成其子姓貽厥孫謀而鍾漏相催日夜不息川有急流風無靜樹奄辭身世從宓妃於伊洛遷蹤舘舍追帝子於瀟湘銘曰　龍轜莫援日車遂往奄離形神忽歸丘壤祖歌薤露出奏至山永厝中野終掩窮泉蕭瑟神道荒涼墓田松檟徒列琬琰空傳

墓誌　宋謝莊豫章長公主墓誌銘曰典中樞之照體星軒之華肅恭在國掩庭欽其風恪勤衡舘廡族仰其德神葉靈條爰自帝堯文信啓魯肇京于楚宵燭載照娥英是從婉娩絺綌優柔肅雍蘅蕙有寶金碧不居泉庭一夜里舘長蕪　齊王融永嘉長公主墓誌銘曰作儀阿媛取儷漢妃挹金漏質穠李敷暉肅穆婦容靜恭女德顧史求箴披圖問則慶善郁矣與仁冥默宵燧亡明曉挽已聲松門嚴閟泉帳寒兮清悠哉白日攢轡彼佳城　齊謝朓臨海公主墓誌銘曰長發有祥瑶臺乃構玄鳥歸飛北音斯奏聿來徐土禎符爰授帝體靈柯穠華以秀飾館東魯言歸景族有教公宮無斁褰車服

旣肅鼎簪珥亦崇湯沐率禮衡門降情雲屋彼月斯望在鈞維縉瞻須配景望燭齊神霾華崐岫滅釆上春慈纁雲陛悲動外姻欝彼崇丘睠然城輦輜翟按轡龍旂徐轉　又新安長公主墓誌銘曰氛氳長發時惟春文誕茲明淑玉振蘭芬譽宣女師德侔高行肅穆嬪風優遊閫正撫事成箴臨圖作鏡如何冥默方春委臧

【誄】魏陳王曹植平原懿公主誄曰俯振地紀仰錯天文悲風激興霜飇雪雰凋蘭芟蕙良幹以泯於惟懿　主瑛瑶其質恊策應期侔英秀出岐嶷之姿宴是朗貴生在十旬察人識物儀同聖表聲恊音律驤眉識往俛瞳知來求顏必笑和音則孩阿保接手侍御充傍常在襁抱不停笫牀尊愛一宮取玩聖皇何圖奄忽罹天之殃魂神遷移精爽翱翔號之不應聽之莫聆帝用吁嗟嗚呼失聲嗚呼哀哉憐爾早殁不逮陰光啟封大郡惟帝舊疆建土開家邑移蕃王組珮惟鮮朱紱斯煌國号旣崇哀爾孤獨配爾名子華宗貴族爵以列侯銀艾優渥成禮于宮靈轜交轂生雖異室殁同山岳要帶玄宮玉石交連朱房皓壁鳴曜電

鮮飾終備衛法生象存長埏繕脩神闈掩扉二柩並降雙魂孰依人誰不殁憐爾尚微阿保激聖上傷悲城闕之詩以日喻歳況我愛子神兆長滅傛開一闔曷其復晣　晉潘岳南陽長公主誄曰昔唐女嬪媯書敘釐降之美周姬適齊詩詠肅雍之歌漢之新野以節義垂号千載伊晉之獻王以聰明叡智考終定謚茲可謂毋儀純備邁蹤古烈者已惜乎不永背世湮沉爰託素旂式章徽音王之誕育既慕洪胄德之休明亦固天授思心婉孌淑質純茂毋儀不忒内則靡疚成肇自弱笄有馥其芬言告言歸作合于荀在貴思降處逸能勤上虔諸姑傍接支嬪内諧閨閫外和族姻終温且惠淑慎其身積善餘慶啟茲名胤厲以惠肅誨以柔順主寔貫體化不言而信二子遵式服一嚴而峻於穆獻后亦代淵咸重作夫司黎牧火正國之仁姑家之慈毋天消逝輔賢宜享遐壽如何短命曾不華首寢疾弗興繁纍榮摧朽鳴呼哀哉容車戒路祖奠在庭騑驂躊躇服馬悲鳴皇輿親臨望旗失聲列辟咸起灑淚霑纓鳴呼哀哉既窆墓門降柩升輴靈衣從風素幕生塵明燎守夜竦紼候晨噭噭遺嗣

煢煢孤目號無廢音涕不輟中又皇女誄曰厥初在鞠玉質貞華繁玄髮妄僬曜娥眉連娟清顱橫流明眸朗鮮迎時夙智望歲能言亦既免懷提携紫庭聰惠機警授色應聲亹亹其進好日之經辭合容止閑于幼齡猗猗春蘭柔條含芳落英彫矣從風飄颻妙妙弱媛窈窕淑良孰是人斯而離斯殃靈殯既祖次此暴廬披覽遺物徘徊舊居手澤未改領藏如初孤魂遐逝存亡永殊嗚呼哀哉　晉左九嬪萬年公主誄曰昔滿奓章智周晉夙成咸以岐嶷名存典經猗歟公主在幼克哲方德比齒有邈先烈何德之盛而年或闕何華之繁而實不結雨墜風逝形影長戚赫赫京室河洛所經陰精發曜降茲淑靈篤生公主誕膺休禎秀生紫微曄月明既睇艷姿徽音孔昭盼蒨其媚婉㝵其嬌寵玩軒陛如瓊如瑶雖則弱齒雙德兼苞五福所集閭之先民積善鍾慶祜德輔仁宜終淑美光曜日新云何降変景命不振暐華暐榮曜英蕤始芳何辜于天猥遇降霜煢煢稚䰟飄颻遐翔於戲何辜痛茲不福生而何晚殁而何速酷矣皇靈謀哉司祿嗚呼哀哉日月載馳白露凝結自主薨殂奄離時節吉凶乖邈

存亡異制將遷幽都潛神永翳嗚呼公主魂豈是綏岌岌靈輀駭駟
騑騑挽僮齊唱悲音激摧士女歔欷高風增哀一日不見採蕭作歌況義
公主形滅軀訛精靈遷逝幽此中阿言思言念涕淚滂沲嗚呼哀哉

表 宋江斅當尚世祖女表讓婚曰伏承詔旨當以臨海公主降嬪榮出望
表恩加典外顧審輶蔽𨒫處憂遑臣寒門悴族人凡質陋閭閻有對
本隔天姻年近將冠皆已有室荆釵布裙足得成禮自晉氏以來配尚王姬
者雖累經美胄亟有名才至如王敦懾氣桓溫斂迹王偃無仲都之質
而裸雪於北階何瑀闕龍工之姿而見投於深井謝莊殆自同於矇膄殷
仲幾不免於強鋤制勒甚於僕隸防閑過於婢妾行來出入人理之常
當待賓客朋從之義而令掃轍息駕無窺門之期廢筵抽席絕接
對之理非惟交友離異仍乃兄弟疏闊姆妳爭媚相勸以急尼媼競說
相謟以嚴其閒又有應荅問訊止至師母乃至殘餘飲食詰辨與誰衣
被故弊必責顯領或進不獲前或入不聽出不入則嫌於欲疏求出則疑於
有別意召必以三更為期遣必以日出為限夕不見晚魄朝不識曙星至於

夜步月而弄琴晝拱袂而被卷一生之内與此乖矣又聲影表聞則必雍奔逬裾袂向席而醜老蓁來左右整刷以疑寵見嫌賓客未冠必容致斤如臣門介代荷殊榮足定家聲便預提拂青宮美官或由于升一切婚戚戚成恩侵是以仰目非宜披露丹款非唯上陳一己規全身願覓乃廣申諸門受患之切昔恩詔難降扱請不申便當刑膚翦髮投山竄海

藝文類聚卷第十六

藝文類聚卷十七　人部一

頭　目　耳　口　舌　髮　髑髏　膽

頭

說文曰首頭也　釋名曰頭獨也體高而獨也首始也　黃帝素問曰頭者精明之主也　易說卦曰乾爲首　毛詩曰螓首蛾眉　禮斗威儀曰君乘火而王其民銳頭君乘水而王其民大頭　春秋元命苞曰頭者神所居上圓象天　晏子曰湯長頭而髯鬚　史記曰藺相如爲趙使秦持璧却立倚柱謂秦王曰趙王齋戒五日使臣奉璧今大王見臣禮節甚倨得璧傳之美人以戲弄臣故臣復取璧大王必欲急臣臣頭今與璧俱碎於柱矣　漢書曰陳遵長八尺餘長頭大鼻容貌甚偉　帝系譜曰神農牛首結繩而治伏羲人頭蛇身　嚴尤三將叙曰趙孝成王曰誰能當武安君平原君曰澠池之會臣察武安君小頭而銳瞳子白黑分明視瞻不轉小頭而銳斷敢行也目黑白分見事明也視瞻不轉執志強也可與持久難與爭鋒廉頗足以當之　東觀漢記曰彭寵與吳漢圍隗囂於西城

勑彭書曰西城若下便可將兵南擊蜀虜人若不知足旣平隴復望蜀每一發兵頭鬢爲白　魏志曰辰韓國兒生以石押其頭欲其扁扁今辰韓人皆扁頭　搜神記曰南方有落民吴時將軍朱桓一婢每夜卧後頭輙飛去或從狗竇或從天窻中出入以耳爲翼將曉復還數數如此傍人怪之夜照視唯有身無頭其體微冷乃蒙之以被至曉頭還礙被不得安再三墮地而其體氣急疾若將死者乃去被頭復起附得安復瞑如常人　神仙傳曰曹公捕左慈數日得之便斷頭以白曹公公大喜曰果慈頭定視是一束茅爾　洞林曰郭璞爲左尉周恭卜云君且墮馬傷頭尉後乘馬行黃昏坂下犢車觸馬馬驚頭打石上流血殆死　秦記曰符堅祖洪見堅狀皃欲令頭代堅腹軟字之曰堅頭　幽明錄曰河東賈弼之義熙中爲瑯琊府參軍夜夢有一人面査齙防老反甚多鬚大鼻䁥目請之曰愛君之皃欲易頭可乎乃於夢中許易明朝起自不覺而人悉驚走藏云那漢何處來弼取鏡自看方知怪異因還家家人悉驚入內婦女走藏云那得男子弼坐自陳說後能半面笑兩足手口各捉一筆俱

書辭意皆美此爲異也餘並姣先

文 晉張敏頭責子羽文曰太原溫長仁潁川荀景伯范陽張茂先上郡劉文生南陽鄒潤甫河南鄭詡余友有秦生者雖有姊夫之尊少而狎之同時昵好張荀之徒繼踵登朝而此賢身處陋巷屢沽而無善價爲之慨然又惟諸賢身已既在位曾無伐木嚶鳴之聲又違王貢彈冠之義故因秦生容貌之盛爲頭責之文以戲之并嘲六子頭責子羽曰吾託爲子頭万有餘日矣大塊稟我以精造我以形我爲子蒔髮膚置鼻耳安眉鬚插牙齒眸子摛光雙顴隆起每至出入閭遨遊而里行者僻易坐者悚跽如此者故我形之足偉也子冠冕弗戴金銀弗佩旨味弗嘗食粟茹菜子遇我如讎我視子如仇居常不樂兩者俱憂何其鄙哉子欲爲仁賢耶當如皐陶后稷巫咸伊陟保乂王家永見封殖子欲爲名高耶則當如許由子臧卞隨務光洗耳逃祿千載流芳子欲爲遊說耶則當如陳軫蒯通陸生鄧公轉禍爲福含辭從容子欲爲恬淡耶則當如老聃之守一莊周之自逸廓然離俗志凌雲日子欲爲隱遯耶則當如榮期之帶索漁父之儻

濳捿遟神丘垂餌巨螯今子上不希道德中不效儒墨塊然窮賤守此愚惑察子之情觀子之志退不能為處士進無望乎三事而徒晳勞形習為常人之所喜對曰吾以天幸為子所寄今子欲使吾為忠耶則當如子胥屈平欲使吾為信耶則當殺身而成名欲使吾為介節耶赴水火以全貞此四者子之所忌故吾不敢造意頭曰吾欲告尒以養性誨尒以優遊而與蠛蠓同性不聽我謀悲哉俱御人體而獨為子頭且擬人其倫諭子儕偶子曾不如太原溫顒潁川荀禹范陽張華上郡劉許南陽鄧湛河南鄭詡此數子或謇吃無宮或尪陋希言語或淹伊多姿態或驒騃上阤下奚少智諝或口如含膠飴或頭如巾虀杵而猶以文采可觀意思詳序攀龍附鳳並登天府昔若夫子徒令脣口腐爛手足霑濡哉居有事之世而耻為權謀譬猶鑿地抱甕難以求富嗟乎子羽何異牢檻之熊深穽之虎石間餓蟹窐醯中之鼠事力雖多而見功甚少宜長蹉踞煎蹙至老無所希也

目

易説卦曰離爲目　山海經曰一臂國爲人一目中其面而居　毛詩曰美目盼兮　左傳曰宋華父督見孔父之妻目逆而送之　又曰睅其目皤其腹（事具謳謠篇）　春秋孔演圖曰蒼頡四目是謂並明　又舜重瞳子是謂重明　孫卿子曰堯舜三眸子　孝經援神契曰伏犧大目　老子曰五色令人目盲　胡非子曰目見百步之外而不能見其睫　莊子曰溫伯雪適齊舍於魯仲尼見之而不言子路問焉仲尼曰若夫人者目擊而道存矣　又曰孔子見老聃而語仁義老聃曰夫播糠眯目則天地四方易位矣夫仁義翻然乃憒吾心亂莫大焉　孟子曰伯夷目不視惡色　慎子曰離朱之明察毫末於百步之外下水尺不能見淺深非目不明其勢難覩也　尸子曰使目在足下則不可以視　楚辭曰娭光眇視目增波　又曰蛾眉曼睩目騰光　又曰帝子降兮北渚目眇眇兮愁予　又曰滿堂兮美人忽獨與余兮目成　孫卿子曰厭目而視者視一以爲兩也　韓子曰田駟欺鄒君鄒君將殺之田駟恐告惠子惠子見鄒君曰有人見君則眱其一目奚如君曰我必殺之惠子曰瞽眱兩目君奚弗殺駟東欺齊侯南欺荆王駟之於欺人瞽也君奚怨乃弗殺

淮南子曰夫目察秋毫之末而耳不聞雷霆之音耳調玉石之聲而不見太山之高何則小有所志而大有所忘也　孔叢子曰夫子適周見萇弘言終退萇弘語劉文公曰吾觀仲尼有聖人之表其狀河目而隆顙是黃帝之形貌也　史記曰吳王賜子胥屬鏤之劒以死子胥仰天歎曰抉吾眼着吳東門上以觀越冦之滅吳也乃自剄　漢書曰東方朔上書臣朔目若懸珠齒如編貝　東觀漢記曰馬援眉目如畫　鄭玄別傳曰玄秀眉明目　竹林七賢論曰王戎眸子洞徹視日而眼明不虧　瀨鄉記曰老子大目

詩　梁劉孝綽詠眼詩曰含嬌眄巳合離怨動還開欲知密中意浮光逐笑廻

箴　宋謝惠連目箴曰氣之清明雙眸善識唯道是視瞻彼正直

銘　齊竟陵王蕭子良眼銘曰惟正是視玄黃匪惑非禮不覩儀形是則愼爾所覿無愆斯德

耳

樊氏相法曰耳門不容麥百歲　相書曰耳門小富而怯　淮南子曰禹耳三漏是謂大通興利除害决江疏河　老子曰五音令人耳聾　孟子曰伯夷

耳不聽惡聲　史記曰韓信使人言於漢王齊反覆之國不爲假王鎮
之其勢不定漢王大怒張良陳平躡漢王之足附耳語曰漢方不利寧
能禁信王乎因立之　范曄後漢書曰珠崖儋耳其渠帥耳垂肩三寸
列仙傳曰務光夏時人耳長七寸陽都女耳細而長衆皆言此天人也　列士傳
曰燕丹使田光往候荆軻值其醉乘其耳中軻覺曰此出口入耳之言必大事
也則往見光　蜀志曰先主長七尺五寸垂臂下膝顧自見其耳　英雄記曰
曹公擒吕布布顧劉備曰玄德卿爲上坐客我爲降虜繩縛我急獨
不可一言耶操曰縛虎不得不急曹公欲緩之備曰不可公不見布事丁建
陽董太師乎操憾之布目備曰大耳兒最叵信　魏書荀攸年七八歲父
衢曾醉誤傷攸耳而攸出入遊戲常避護不欲令衢見也衢後聞之乃
驚焉其夙智如此　抱朴子曰老君耳長七寸　瀨鄉記曰老子耳有三門
楚辭曰曾頰倚耳曲眉規　樊氏相法曰人耳困長寸三分壽百二十歲
一寸壽百歲如豆生即死耳門前有仙人杖四理一百歲三理八十二理六十　賦　晉
祖台之荀子耳賦曰昊天惡勞而希逸寔萬物之至誠何斯耳之不辰詬

荀子而宅形在瘠土而長勤無須臾之閑寧預清談而閉塞開鄙穢而聰明竭微聽於門閣採羣下之風聲

【銘】齊竟陵王蕭子良耳銘曰惟耳是聽仁愛是聞詳察巧言離辯異羣無迷邪諂炫惑莫分

口

易說卦曰兌爲口　禮記曰數諮無爲口容　又曰口容止　又曰負劍辟咡詔之則掩口而對　又曰趙文子其言呐呐然如不出諸其口　孝經曰無擇言　孝經援神契曰舜大口　又曰孔子海口含海　老子曰五味令人口爽　莊子曰公孫龍問於魏牟曰吾聞莊子之言芒焉異之牟曰子獨不聞坎井之鼃謂東海之鼈曰坎井之樂亦至矣子奚不來入觀乎鼈左足未入而右膝已縶矣公孫龍口呿而不合舌舉而不下　史記曰秦始皇遊於會稽渡浙江項梁與籍俱觀籍曰彼可取而代也梁掩其口曰無妄言誅族矣　又曰鄧公見景帝曰吳王爲反數十年矣發怒削地以誅錯爲名其意非在錯也且臣恐天下之士噤口不敢復言　鬼谷子曰口者機關也所以開閉情意也　又曰口可以食不可以言　說苑曰常摐有疾老子

曰先生疾甚無遺教語弟子乎 常樅乃張其口示老子曰舌存乎曰存豈非以軟耶齒亡乎曰亡豈非以剛耶 常樅曰天下事盡矣 又曰惡言不過口苛言不留耳口者關也舌者機也出言不審駟馬不能追也 漢書曰漢王擊魏豹問酈食其曰魏大將誰也 曰柏直 漢王曰是口尚乳臭 又曰周昌曰臣口不能言心知其不可 又曰揚雄口吃不能戲談 應劭漢官曰侍中刁存年老口臭帝賜雞舌香令含之 杜恕體論曰束脩之業其上在於不言其次莫如宗身知也故諺曰使口如鼻至老不失 養生經曰軍營之中有甘泉 軍營口也 甘泉唾也 養生要尹氏内解曰口爲華池 相書曰欲知人多口舌當視其口如鳥喙言而皆聚此多舌人也 相書雜要曰口大容手亦如朱丹貴且壽也 潁鄉記曰老子方口 吴録曰孫權方頤大口目有精光

箴 宋謝惠連口箴曰宣納之由寔伊樞機唯舌是出駟駟安追差毫釐千里君子愼微何用口爽信在甘肥

誡 晉傅玄口誡曰勿謂何有積怨致咎勿曰不傳伏流成川蟻孔潰河流穴傾山

銘 齊竟陵王蕭子良口銘曰惟口是愼愼乎語笑三緘是戒事重周廟戒之戒之

無貽厥詒

舌

山海經曰反舌國其人反舌　呂氏春秋曰善爲君者蠻夷反舌殊俗異習皆服德厚也　莊子曰公孫龍口呿而不合舌舉而不下　燕丹子曰荊軻之燕太子曰田先生今無恙乎軻曰光臨送軻之時言太子戒以國事恥以丈夫而不見信向軻吞舌而死矣　史記曰平原君已定從而歸至於趙曰毛先生以三寸之舌強於百万之師　又曰留侯曰家世相韓韓滅不愛万金之資爲韓報讎強秦天下振動今以三寸舌爲帝者之師封万戶位列侯此布衣之極於良足矣　又曰張儀嘗從楚相飲已而楚相亡璧門下意儀盜璧共執儀掠笞數百不服釋之其妻曰子無讀書游說安得此辱乎儀張口曰視吾舌尚在否妻曰在也儀曰足矣　說苑曰韓平子問叔向曰剛與軟孰堅對曰臣年八十矣齒再墮而舌尚在　神異經曰東荒山中有大石室東王公居之長一丈頭髮皓白鳥面人形而虎尾恒與一玉女更投壺　漢書蒯通謂韓信曰酈生一士伏軾掉三寸舌下齊七十城　英雄記曰

曹操與劉備密言備泄之於袁紹紹知操有圖己之意操自咋其舌流血以失言戒後世　搜神記曰永嘉中有天竺胡人能斷舌先吐舌示賓客然後刀截血流覆地乃取置器中傳示人取舌還含有頃如故

郭子曰郝仲堪去三日不讀道德經便覺舌本間強　沈約宋書曰南郭王義宣生而舌短澁言　相書曰舌如絳赤者賢人也　相書雜要曰吐舌及鼻三公

賦 梁簡文帝舌賦曰有八慈先生問於何斯逸士曰夫三端所貴三寸著名故徵言傳乎往記妙說表乎丹青魯談笑而軍却言詠而瑞隆陸有千金之富周爲一說之功信設有搆扇之端讒諛之迹艷紫凌朱飛黃妬白吾將欲廢便辟之交遠巧佞之友殄張儀之餘殲蘇秦之後粉虞卿之白璧碎　漢王之玉斗然後浮僞可息淳風不朽

論 晉張韓不用舌論曰論者以爲心氣相驗因舌而言卷舌翕氣安得暢理余以留意於言不如留意於不言徒知無舌之通心未盡有舌之必通心也仲尼去天何言哉四時行焉夫子之文章可得而聞也夫子之言性與天道不可得而聞是謂至精愈不可聞　樞機之發主乎榮辱禍言相

尋召福甚希喪元滅族没有餘哀三緘告愼銘在金人留侯不得已而掉三寸亦反初服而効神仙靈龜啓兆於有識前却可通於千年鸚鵡徑裎鼓弄於籠羅財無一介之存普天地之與人物亦何屑於有言哉

髮

歸藏啓筮曰共工人面蛇身朱髮　左傳曰齊侯田于莒盧蒲嫳見泣且請曰余之髮如此種種余奚能爲種種短也公曰吾告二子子尾欲復之子雅不可曰彼其髮短而心甚長其或寢處我矣子雅放盧蒲嫳于北燕　又曰昔有仍氏女生髮黰黑美髮爲黰而甚美光可以鑑名曰玄妻樂正后夔取之　禮斗威儀曰君乘木而王爲人美髮　呂氏春秋曰昔者湯旱五年湯乃以身禱翦髮自以爲犧用祈福於上帝　韓子曰文公之時宰人上炙而髮繞之文公召宰人而譙之宰人曰臣有死罪三援礪砥刀利猶干將切肉斷而髮不絶臣之罪一也援錐貫臠而不見髮臣之罪二也奉炙鑪炭肉盡赤紅炙熟而髮不焦臣之罪三也堂下得微有嫉臣者乎公乃召其下而譙之果然乃誅之　又曰燕李季好遠出其妻有士季至士在内妻

惠之妾曰令公子倮而解髮直出門吾屬詳不見也公子從其計疾走出門季曰是何人也家室皆曰無有季曰吾見鬼爲之奈何婦曰取五姓之水浴之季曰諾乃浴　家語曰顏回二十髮白　史記曰藺相如持璧却立倚柱怒髮上衝冠　漢書曰蘇武留匈奴十九年始以強壯出及還鬚髮髮盡白　淮南萬畢術曰理髮竈前婦安夫家　又曰用麻子中人桐葉米汁煑之沐二十日髮長　東觀漢記曰明德后美髮爲四起大髻但以髮成尚有餘繞髻三匝　又曰和熹皇后六歲諸兄持后髮后曰身體髮膚受之父母不敢毀傷孝之始也奈何弄人髮乎　曹瞞傳曰太祖嘗行經麥中令卒士無敗麥犯者死騎士皆下馬持麥以相付時太祖馬騰入麥中太祖曰制法而自犯之何以帥下然孤爲軍帥不可殺請自刑因援劒割髮以置地　王隱晉書曰陶侃爲吏鄱陽孝廉與親友過侃宿毋截髮以供賓諸客歎曰非此毋不生此子也

詩

梁何遜白髮詩曰緫白不難染蓬生本易扶唯此星星髮獨與衆中殊

賦

晉左思白髮賦曰星星白髮生於鬢垂雖非青蠅穢我光儀策名觀國以此見疵將拔將

鑷好爵是糜白髮將拔惄然自訴稟命不幸值君年暮逼迫秋霜生而皓素始覽明鏡惕然見惡朝生晝拔何罪之故予觀橘柚一暠一曄貴其素華匪尚綠葉願戢子之手攝子之鑷咨爾白髮觀世之途靡不追榮貴華賤枯赫赫閶闔藹藹紫廬弱冠來仕童髫獻謨甘羅乘軒子奇剖符英英終賈高論雲衢拔白就黑此自在吾白髮臨欲拔瞋目號呼何我之冤何子之誤甘羅自以辯惠見稱不以髮黑而名著賈生自以良才見異不以烏鬢而後舉聞之先民國用老成二老歸周周道肅清四皓佐漢漢德光明何必去我然後要榮咨爾白髮事故有以爾之所言非不有理曩貴耆老今薄舊齒皤皤榮期皓首田里雖有二毛河清難俟隨時之變見歎孔子髮乃辭盡誓以固窮昔臨玉顏今從飛蓬髮膚至昵尚不克終聊用擬辭比之國風

序 晉潘岳白首賦序曰余年二十七始有白髮生於左鬢斯乃衰悴之標證棄捐之大漸也蒲衣幼齒作弼夏后漢之賈鄧弱冠從政獨以垂立之年白首無聞壯志屻於蕪塗忠貞抗於棘路覩將衰而有川上

之感觀趣舍高抱慷慨之歎

髑髏

說文曰髑髏頂也　廣雅曰顭顱謂之髑髏　莊子曰莊子使楚見空髑髏擊以馬捶而問曰夫子貪生失理而爲此乎將有凍餒之患而爲此乎語卒援髑髏枕而卧髑髏見夢曰夫死無君於上無臣於下亦無四時之事與天地爲春秋雖南面帝王樂不能過也　魏略曰王忠先因飢噉人五官將與共從駕出行過冢間無何令取道邊死人髑髏繫著忠馬鞍上以爲戲笑　盛弘之荆州記曰長沙蒲圻縣有呂蒙冢冢中有髑髏極大蒙家形既長偉疑即蒙髑髏也　廣州記曰盧循襲廣州風火夜發奔免者數千而已循除諸燒骨數得髑髏三万餘於江南洲上作大坑瘞之今名共冢　南州異物志曰烏滸人髑髏破之以飲酒　續搜神記曰永嘉五年張榮爲高平戍邏主時遭曹嶷賊寇亂人[illegible]皆塢壘自保固見山中火起飛埃絶爛十餘丈樹顛大焱響動山谷久聞人馬鎧甲聲謂嶷賊上人皆惶恐並嚴出將欲擊之引騎到山下無有人但見碎火

來𩚃人袍鎧馬毛鬛皆燒於是軍人走還明日往視山中無燃火處唯見髑髏百頭布散在山中

賦

後漢張衡髑髏賦曰張平子將遊目於九野觀化於八方顧見髑髏委於路旁平子悵然而問之子將并粮推命娛逝乎本喪此土流遷來乎爲是上知爲是下愚答曰吾宋人也姓莊名周遊心方外不能自修云云何以問之對曰我欲告之於五嶽禱之於神祇起子素骨反子四支髑髏曰死爲休息生爲役勞冬之氷凝何如春冰之消況我已化與道遊遊與陰陽同其流元氣合其朴雲漢爲川池星宿爲珠玉雷電爲鼓扇日月爲燈燭合體自然無情無欲不行而至不疾而速　晉呂安髑髏賦曰躊躇增愁言遊舊鄉惟遇髑髏在彼路傍余乃俯仰咜歎告于昊蒼此獨何人命不永長身銷原野骨曝大荒余將殯子時髑與子嚴其裝𣫵以棺槨遷彼幽堂於是髑髏蠢如精靈感應若在若無斐然見形溫色素膚昔以無良行違皇乾來遊此土天奪我年令我全膚消滅自骨連翩四支摧藏於草莽孤魂悲悼乎黃泉余迺感其苦酸哂其所說念爾荼毒形神斷絕今宅子后土以爲永列相與異路於是便別

說

魏陳王曹植髑髏說曰曹子遊乎陂塘之濱步乎蓁穢之藪蕭條潛虛經幽踐阻顧見髑髏塊然獨居於是伏軾而問之曰子將結纓首劍殉國君乎將被堅執銳斃三軍乎將嬰茲固疾命殞傾乎將壽終數極歸幽冥乎叩遺骸而歎息哀白骨之無靈慕嚴周之適楚儻託夢以通情於是伻若有來怳若有存影見容隱厲響而言曰子何國之君子乎既枉輿駕愍其枯朽不惜咳唾之音慰以苦言子則辯於辭矣然未達幽冥之情識死生之說也夫死之為言歸也歸也者歸於道也道也者身以無形為主故能與化推移陰陽不能更四節不能虧是故洞於纖微之域通於怳惚之庭望之不見其象聽之不聞其聲挹之不沖滿之不盈吹之不凋噓之不榮激之不流凝之不停寥落冥漠與道相拘偃然長寢樂莫是踰曹子曰子將請之上帝求諸神靈使司命輟籍反子骸形於是髑髏長呻廓眥曰甚矣何子之難語也昔文素氏不仁無故勞我以形苦我以生今也幸變而之死是反吾真也何子之好勞而我之好逸子則行矣余將歸於太虛於是言卒響絕神光霧除顧將旋軫

乃命僕夫拂以玄麈覆以縞巾爰將藏彼路濵瘞以丹土翳以緑榛夫存亡之異埶乃宜居之所陳何神憑之虛對云死生之必均

膽

黄帝素問曰膽者中正之官斷決出焉　吴越春秋曰越王欲報怨懸膽於户出入甞之事具水部水篇　魏志曰樂進字文謙容貌短小以膽烈從太祖　又曰袁紹在黎陽將南度程昱守甄城太祖欲益其兵昱不肯曰袁紹擁十万衆見昱兵少必輕易不攻若益昱兵過則不可攻之必克徒兩損其勢願公無疑太祖從之紹聞昱兵少果不往太祖曰程昱之膽過於賁育　吴志曰吕蒙病篤孫權問曰卿如不起誰可代者對曰朱然膽守有餘愚以為可任　管輅别傳曰輅年十五瑯琊太守單子春雅有才度欲見輅輅造之客百餘人有能言之士輅謂子春曰府君名士加有雄貴之資輅既年少膽未堅剛若欲相觀懼失精神請先飲酒三斗然後而言子春大喜酌三斗獨使飲之於是輅以人荅對言皆有餘　劉琨書曰膽識堅定臨難無苟免之意　世說曰姜維死時見剖膽大如斗

【論】魏嵇康明膽論

曰有呂子春者精義味道研覈是非以爲人有膽可無明有明便有膽矣嵇先生以爲明膽殊用不能相生論曰夫元氣陶鑠衆生禀焉賦受有多少故才性有昏明惟至人特鍾純美兼周外內無不畢備降此已往蓋闕如也或明於見物或勇於決斷人情貪廉各有所止譬諸草木區以别矣兼之者博於物偏受者守其分故吾謂明膽異氣不能相生明以見事膽以決斷專明無膽雖見不斷專膽無明則違理失機

藝文類聚卷第十七

藝文類聚卷第十八 人部二

美婦人 賢婦人 老

美婦人

方言曰秦晉之間美貌謂之娥美狀爲窕美色爲豔美心爲窈毛詩曰窈窕淑女君子好逑 又曰碩人其頎衣錦褧衣手如柔荑膚如凝脂領如蝤蠐齒如瓠犀螓首娥眉又曰有美一人婉如清陽 左傳曰宋華父督見孔父之妻于路曰美而豔又曰昔有仍氏生女黰黑而甚美光可鑒名曰玄妻禮含文嘉曰禹卑宮室垂意溝洫則玉女敬養 穆天子傳曰赤烏之人甚好獻二女于天子以爲嬖人赤烏美人之地 韓子曰魏王遺楚王美女甚悅之 莊子曰毛嬙驪姬人之所以天也魚見之深潛鳥見之高飛 尹文子曰齊有黃公者二女皆國色以其美也常謙辭毀之爲醜惡醜惡之名遠布而一國之人無敢娉者 愼子曰毛嬙西施天下之至姣胡茅反也衣以皮褐倛欺魌反則見者走易以玄緆則行者皆止 楚辭曰姱容修態絙洞房蛾眉曼綠目騰光 又曰粉白黛黑施芳澤長袂拂面善留客 又曰美人旣醉朱

頰醢　淮南子曰曼容皓齒形姱骨佳不待傳粉芳澤而美者西施陽文也　戰國策曰張儀曰鄭周之女粉白黛黑非知而見之者以爲神　又曰司馬喜謂趙王曰趙佳麗之所出也　史記曰紂囚西伯而閎夭之徒以有莘氏美女獻紂紂大悅乃放西伯　又曰尹夫人邢夫人同時並幸武帝有詔不得相見尹夫人自請武帝願見邢夫人帝令他夫人飾從者數十人來前尹夫人見之曰非邢夫人帝曰何以言之對曰視其體形狀不足以當人主有詔邢夫人衣故衣獨身來尹夫人望見之曰眞是矣於是乃低頭俛而泣自痛其不如也　喭曰美女入室惡女之仇也　漢書曰李延年善歌侍武帝歌曰北方有佳人絕世而獨立一顧傾人城再顧傾人國寧不知傾城國佳人不可再得上歎曰善豈有此人乎平陽主因言延年有女弟上乃召見之實妙麗善舞以爲夫人事具樂部舞篇　漢武故事曰起明光宮發燕趙美女二千人充之率取十五以上二十以下凡諸宮美人可有七八千與上同輦者十六人員數恒使滿皆自然美麗不使粉白黛黑　東觀漢記曰初光武聞陰麗華美心悅之歎曰娶妻當得陰麗華後爲皇后事具叙志篇　華嶠漢書曰梁冀妻孫壽色美能作愁

眉帝粉墮馬髻折要步齲齒笑以爲媚惑也　妬記曰桓大司馬以李勢女爲妾桓妻南郡主拔刃率數十婢往李所因欲斫之見李在窗前梳頭髮垂委地姿貌絶麗乃徐下地結髮斂手向主曰國破家亡無心以至今日若能見殺實猶生之年神色閑正辭氣悽婉主乃擲刀前抱之曰阿子見汝不能不憐何況老奴遂善遇之　干寶晉紀曰石崇有妓人曰緑珠美而工舞孫秀乃使人求焉崇方登凉觀臨清水婦人侍側使者以告崇崇出妓妾數十人皆藴蘭麝而被羅縠曰在所擇使者曰君侯服御麗則麗矣然本受旨索緑珠崇勃然曰緑珠吾所愛重不可得也使者還以告故秀勸趙王倫殺之　桓譚新論曰陳平説單于閼氏言漢有好麗美女其容貌天下無雙急以進單于單于見此必大愛之則閼氏疎矣　典論曰司隸馮方女國色也袁術登城見悦之遂納焉甚愛幸諸姬害其寵殺之　魏略曰初袁紹子熙納甄后熙出幽州后留侍姑及鄴破紹妻及后坐堂皇上紹妻自縛文帝曰袁夫人令新婦舉頭姑乃捧后令仰帝■視見其顔色非凡稱歎之太祖爲迎取

吳志曰孫權步夫人以美麗得幸寵冠後庭　又曰周瑜從孫策攻皖城得橋公兩女國色也策自納大橋瑜納小橋　俗說曰宋禕是石崇妓綠珠弟子有國色善吹笛後入晉明帝宫事具樂部笛篇　鄴中記曰陳逵妹才色甚美髮長七尺石季龍以爲夫人

詩　古詩曰燕趙多佳人美者顏如玉被服羅裳衣當戶理清曲音響一何悲弦急知柱促願爲雙飛鷰銜泥巢君屋　魏陳王曹植詩曰有美一人被服纖羅妖姿豔麗蓊若春花紅顏韡曄雲髻嵯峨彈琴撫節爲我弦歌清濁齊均既亮且和取樂今日遑恤其他　又雜詩曰南國有佳人容華若桃李朝遊江海岸夕宿瀟湘沚時俗薄朱顏誰爲發皓齒俛仰歲將暮榮曜寧久恃　又美女篇曰美女妖且閑採桑岐路間攘袖見素手皓腕約金環頭上金爵釵腰佩翠琅玕明珠交玉體珊瑚閒木難羅衣何飄飄輕裾隨風還顧眄遺光采長笑氣若蘭行徒用息駕休首以忘飡借問女何居乃在城南端青樓臨大路高門結重關容華曜朝日誰不希令顏　魏阮籍詩曰西方有佳人皎若白日光被服纖羅衣

左右佩雙璫　又詩曰周鄭天下郊衛衢當三河妖冶閑都子英曜何芬葩玄髮發朱顏睇眄有光華傾城思一顧遺視來相過願爲三春遊朝陽忽蹉跎　又詩曰二妃遊江濱逍遥從風翔交甫懷環珮婉娩有芬芳綺靡情歡愛千歲不相忘傾城迷下蔡容華結中腸感激生憂思萱草樹蘭房　晉傅玄詩曰有女懷芬芳媞媞步東廂蛾眉若雙翠明眸發清陽丹脣翳皓齒秀頰若珪璋令儀希世出無乃古毛嬙首戴金步摇耳繫明月璫　珠環約素腕翠羽垂鮮光容華既豔志節擬秋霜　梁簡文帝晚景出行詩曰細樹含殘影春閨散晚香輕花鬢邊墮微汗粉中光飛鳧初罷曲啼鳥忽度行羞令白日暮車馬轡相望　又詩曰麗且與妖嬙共拂可憐粧同安鬟裏撥異作額間黄羅裙宜細簡畫屧重高牆含羞未上砌微笑出長廊取花争寳鑷攀枝念蕊香但歌聊一曲鳴絃未肯張自矜心所愛三十侍中郎　又詠内人晝眠詩曰北窓聊就枕南檐日未斜攀鉤落倚障插捩舉琵琶夢笑開嬌靨眠鬟壓落花簟文生玉腕香汗浸紅紗

夫聟恒相伴莫誤是倡家　又詠美人看畫詩曰殿上圖神女殿裏出
佳人可憐俱是畫誰能辯寫真分明淨眉眼一種細腰身所可持爲異
長有好精神　梁元帝古意詩曰妾在成都縣願作高唐雲樽中石
榴酒機上蒲萄紋停梭還斂色何時勸使君　梁昭明太子詠照流看
落釵詩曰相隨照綠水意是重涼風流摇粧影壞釵落鬢花空佳
期在何許徒傷心不同　又名士悅傾城詩曰美人稱絶世麗色譬花
叢經居李城北來往宋家東教歌公主第學舞漢城宮多遊淇水
曲好在鳳樓中履高疑上砌裾開特畏風袖輕見跳脫珠概雜青蟲垂
絲繞帷幔落日度房櫳粧窻隔柳色井水照桃紅非憐交甫珮羞使
春閨空　又美人晨粧詩曰北窻朝向鏡錦障復斜縈嬌羞不肯出猶
言粧未成散黛隨眉廣煙支逐臉生試將持出衆定得可憐名　梁邵
陵王蕭綸見姬人詩曰春來不復賒入苑駐行車比來粧點異今世撥鬟斜
却扇承枝影舒衫受落花狂夫不妬妾隨意晚還家　梁蕭子顯美
女篇曰章丹暫輟舞巴姬請罷弦佳人淇洧出艷趙復傾燕繁穠

既爲李照水亦成蓮朝酤成都酒暝數河間錢餘光幸未惜蘭膏空自煎　梁庾肩吾詠美人看畫詩曰欲知畫能巧喚取眞來映並出似分身相看如照鏡安釵等踈密着領俱周正不解平城圍誰與丹青競　又詩曰絳樹及西施俱是好容儀非關能結束本自細腰肢鏡前難並照相將映淥池看粧畏水動斂袖避風吹轉手齊裾亂橫簪曆鬢垂曲中人未取誰堪白日移不分他相識唯聽使君知　又南苑看人還詩曰春花競玉顏俱折復俱攀細腰宜窄衣長釵巧挾鬟洛橋初度燭青門欲上關中人應有望上客莫前還　梁徐君蒨初春攜內人行戲詩曰梳飾多今世衣着一時新草短猶通屧梅香未著人樹斜牽錦帔風橫入紅綸滿酌蘭英酒對此得娛神　梁劉孝綽愛姬贈主人詩曰臥久疑粧脫鏡中私自看薄黛銷將盡凝朱半有殘垂釵繞落鬢微汗染輕紈同羞不相難對笑更成懽妾心君自解挂玉豈留冠　又爲人贈美人詩曰巫山薦枕日洛浦獻珠時一遇便如此寧關有期幸非使君問莫作羅敷辭夜長眠復坐誰知闇斂眉欲寄同花

燭爲照遥相思　又詠姬人未肯出詩曰帷開見釵影簾動聞釧聲
徘徊定不出常羞華燭明　又見鄰舟人投一物衆姬爭之詩曰河流既浼
浼河鳥復關關落花浮浦出飛雉度洲還是日倡家女競嬌桃李顔
良人惜美珥欲以代芳菅新縑疑故素盛趙蔑衰班曳綃爭掩縠揺
珮奮鳴璫客心空振蕩喬枝不可攀　又淇上戲蕩子婦詩曰桑中始
弈弈淇上未湯湯美人要雜佩上客誘明璫日暗人聲靜微步上蘭房
露葵不待勸鳴琴無暇張翠釵挂已落羅衣拂更香如何嫁蕩子
春夜守空牀未見青絲騎徒勞紅粉粧　梁吴筠擬古詩曰豔裔陽
之春攜手清洛濱雞鳴上林苑薄暮小平津長裾藻白日廣袖帶
芳塵故交一如此新知詎憶人　又古意詩曰妾家横塘北發豔小長安
花釵玉宛轉珠繩金絡紈羃歷懸青鳳逶迤揺白團誰能分見此含
恨不相看　梁王僧孺陳南康新納詩曰二八人如花三五月如鏡開簾
一種色還將兩相映梁何思澄南苑逢美人詩曰洛浦疑迴雪巫山似旦雲
傾城今始見傾國昔曾聞媚眼隨羞合丹脣逐笑分風卷蒲萄帶日

照石榴裙自有狂夫在空持勞使君　梁費昶春郊望美人詩曰芳郊拾翠人迴袖採芳春金輝起步搖紅采發吹綸陽陽蓋傾日飄飄馬足塵薄暮高樓下當知妾姓秦　梁劉緩詠傾城人詩曰不信巫山女不信洛川神何關別有物還是傾城人經共陳王戲曾與宋家鄰未嫁先名玉來時本姓秦粉光猶假面朱色不勝脣遙望疑花發聞香知異春夜夜言嬌盡日日態還新已傾荀奉倩能迷石季倫上客徒留目不見正橫陳　梁鮑泉落日看還詩曰妖姬競早春上苑逐名臣昔輕變水色霞濃掩日輪雕甍斜落景畫扇拂遊塵衣香遙已度衫紅遠更新誰家蕩舟妾何處織縑人　梁徐悱妻劉

詩曰花庭麗景斜蘭牖輕風度落日更新粧開簾對芳樹

又詩曰東家挺奇麗南國擅容輝夜月方神女朝霞喻洛妃　梁范靜妻沈戲蕭孃　詩曰明珠翠羽帳金薄綠綃帷因風時暫舉想像見芳姿清晨插步搖薄晚解羅衣託意風流子佳情肯自私

陳伏知道詠人娉妾仍逐琴心詩曰春色轉相催佳人心自迴長卿琴已

弄秦嘉書未來挂冠易分綬薦枕䮕因媒染香風即度登垣花正開
貞樓君高下何如上陽臺　陳徐陵春情詩曰風光今旦動雪色故年
殘薄衣迎新節當鑪却晚寒故香分細煙石炭擣輕紈竹葉裁衣
帶梅花奠酒盤年芳袖裏出春色黛中安欲知迷下蔡先將過上蘭
隋江總秋日新寵美人應令詩曰後宮唯聞莫瓊樹絕世後有宋容
華皆自爭名進女弟定覺雙飛勝蕩家願並迎春比翼鸞長作照
日同心花聞道艷歌時易調忖許新恩那久要翠眉未畫自生愁玉臉含
啼還似笑甬枕千嬌薦芬香若使琴心一曲奏幽蘭度曲不可終陽
臺夢裏自應通秋樹相思一枝綠為插戢妾兩鬟中　又新入姬人應令
詩曰洛浦流風漾淇水奏樓初日度陽臺玉軑輕輪五香散金燈夜火
百光開非是妖姬渡江日定言神女隔河來來時向月別姮娥別時清吹悲
蕭俯史數錢拾翠爭佳麗拂紅黛何相似本持纖腰惑楚宮暫迴
舞袖驚吳市新入羽帳挂流蘇故人網戶織蜘蛛梅花柳色春難遍情
來春去在須臾不用庭中賦綠草但願思着弄明珠　【賦】楚宋玉登徒子

好色賦曰登徒子侍於楚王短宋玉曰玉爲人體貌閑麗口多微辭又性好色願王勿與出入後宮王以登徒子之言問宋玉玉曰天下之佳人莫若臣東家子增之一分則太長减之一分則太短著粉太白施朱太赤眉如翠羽肌如白雪要如束素齒如含貝嫣然一笑惑陽城迷下蔡然此女登牆闚臣三年至今未許也登徒子則不然其妻蓬頭攣耳齞脣歷齒旁行踽僂又疥且痔登徒子悅之使有五子王孰察之誰爲好色者矣秦章華大夫在側因進而稱曰臣周覽九土足歷五都從容鄭衛溱洧之間是時向春之末迎夏之陽鶬鶊喈喈羣女出桑此郊之姝華色含光體美容冶不待飾粧於是處子怳若有望而不來忽若有來而不見意密體疎俯仰異觀含喜微笑竊視流眄因遷延而辭避目欲其顔心顧其義揚詩守禮終不過差故不足稱也　漢司馬相如美人賦曰司馬相如美麗閑都遊於梁梁王悅之鄒陽譖之於王曰相如美則美矣然服色容冶妖麗不忠將欲媚辭取悅遊王後宮相如曰古之避色孔墨之徒聞齊饋女而遐逝望朝歌而迴車譬猶防火水中避溺山隅此乃未見其

可欲何以明不好色乎若臣者少長西土鰥處獨居室宇遼廓莫與爲娛臣之東鄰有一女子玄髮豐豔蛾眉皓齒登垣而望臣三年於茲矣臣棄而不許聞大王之高義命駕來東途出鄭衛道由桑中朝發溱洧暮宿上宮上宮閑館寂寞重虛門閤晝掩曖若神居芳香芬烈黼帳高張有女獨處婉若在牀臣遂撫弦爲幽蘭之曲女乃歌曰獨處室兮廓無依有美人兮來何遲玉釵挂臣冠羅袖拂臣衣茵褥重陳角枕横施女乃弛其上服表其中衣皓體呈露弱骨豐肌時來親臣柔滑如脂臣脉定於內心正于懷翻然高舉與彼長辭　後漢張衡定情賦曰夫何妖女之淑麗光華豔而秀容斷當時而呈美冠朋匹而無雙歎曰大火流兮草蟲鳴繁霜降兮草木零秋爲期兮時已征思美人兮愁屏營　後漢蔡邕恊初賦曰其在近也若神龍采鱗翼將舉其既遠也若披雲緣漢見織女立若碧山亭亭竪動若翡翠奮其羽衆色燎照視之無主面若明月輝似朝日色若蓮葩肌如凝蜜　又撿逸賦曰夫何姝妖之媛女顏煒燁而含榮普天壤其無儷曠千載而特生余心

悦於淑麗愛獨結而未并情罔象而無主意徙倚而左傾晝騁情
以舒愛夜託夢以交靈　魏陳琳止欲賦曰媛哉逸女在余東濱色
曜春華豔過碩人乃遂古其寡儔固當世之無鄰允宜國而寧家
寔君子之攸嬪伊余情之是悦志荒溢而傾移宵炯炯以不寐晝舍
食而忘飢歎北風之好我美攜手之同歸忽日月之徐邁庶枯楊之
生稊道攸長而路阻河廣瀁而無梁雖企予而欲往非一葦之可航展
余轡以言歸含憯瘁而就牀忽假瞑其若寐夢所懽之來征魂翩翩
以遥懷若交好而通靈　魏阮瑀止欲賦曰夫何淑女之佳麗顏炯炯以
流光歷千代其無匹超古今而特章執妙年之方盛性聦惠以和良禀
純潔之明節後申禮以自防重行義以輕身志高尚乎貞姜予情
悦其美麗無須臾而有忘思桃夭之所宜願無衣之同裳懷紆結而不暢
兮魂一夕而九翔出房户以躑躅覩天漢之無津傷匏瓜之無偶悲織女
之獨勤還伏枕以求寐庶通夢而交神神惚怳而難遇思交錯以繽紛
遂終夜而靡見東方旭以既晨知所思之不得乃抑情以自信　魏王粲閑

邪賦曰夫何英媛之麗女貌洵美而豔逸横四海而無仇超遐世而秀出發唐棣之春華當盛年而處室恨年歲之方暮哀獨立而無依情紛挐以交横意慘悽而增悲何性命之奇薄愛兩絶而俱違排空房而就衽將取夢以通靈目烱烱而不寐心忉怛而惕驚　魏應瑒正情賦曰夫何媛女之殊麗兮姿温惠而明哲應靈和以挺質體蘭茂而瓊潔方往載其鮮雙曜來今而無列發朝陽之鴻暉流精睇而傾泄既榮麗而冠時援中女而比節余心嘉夫淑美願結歡而靡因承窈窕之芳美情踊躍乎若人魂翩翩而夕遊甘同夢而交神晝彷徨于路側宵耿耿而達晨清風厲於玄序因飈逝於中唐聽雲鴈之翰鳴察列宿之華輝南星晃而電隕偏雄肅而特飛冀騰言以俯音嗟激迅而難追傷住禽之無偶悼流光之不歸愍伏辰之方逝哀吾願之多違步便旋以永思情憀慄而傷悲還幽室以假寐固展轉而不安神眇眇以潛翔恒存遊乎所覲仰崇夏而長息動哀響而餘歎氣浮踊而雲館腸一夕而九煩　魏陳思王曹植靜思賦曰夫何美女之嫺妖紅顔韡而流光

卓特出而無匹呈才好其莫當性通暢以聰惠行嫺密而妍詳蔭高
岑以翳日臨淥水之清流秋風起於中林離鳥鳴而相求愁慘慘以增
傷悲予安能乎淹流　晉張華永懷賦曰美淑人之妖豔因盼睞而傾
城揚綽約之麗姿懷婉娩之柔情超六列於往古邁來今之清英既
惠余以至懽又結我以同心交恩好之款固接情愛之分深誓中誠於曒
日要執契以斷金嗟夫天道幽昧差錯謬於參差怨祿運之不遺雖
義結而絕離執纏綿之篤趣守德音以終始邀幸會於有期異容
華之我俟儻皇靈之垂仁長收懽於永已　梁江淹麗色賦曰夫絕
世獨立者信東鄰之佳人既翠眉而瑤質亦顱瞳而赬脣灑金花及
珠履颯綺袂與錦紳色練練而欲奪光炎炎而若神非氣象之可譬
焉影響而能陳故仙藻靈葩冰華玉儀其始見也若紅蓮鏡池其
少進也如綵雲出崖五光徘徊十色陸離寶過珊瑚價直瓊草
共枝於是雕臺繡戺當衢橫術椒庭承月碧戶延日架虬柱之巖
麗豆虹梁之峻密錦幔垂而香寂桂煙起而清謐女乃曜邯鄲之躧

步媚北里之鳴瑟若夫紅華舒春黃鳥飛時紺蕙初軟頳蘭始滋不擘蘅帶無倚桂旗摘芳拾蘂涵詠吐辭笑月出於陳歌感蔓章於衛詩氣炎日永離明火中東紫任露蓮華勝風後欄丹柰前軒碧桐笙歌晼右琴舞池東至乃西陸始秋白道月弦金波照戶玉露曖天氣以濕兮曉未半星雖流兮夜何央憶雜佩兮且一念憐錦衾兮以九傷於是帳必藍田之寶席必蒲萄之文館圖明月室畫浮雲言必入媚動必應規有光有豔如合如離氣柔色靡神凝骨奇經秦歷趙既無其雙尋楚訪蔡一不覿其容非天下之至麗孰能與於此哉

梁沈約麗人賦曰有客弱冠未仕締交戚里馳騖王室遨遊許史歸而稱曰狹斜才女銅街麗人亭亭似月嬿婉如春凝情待價思尚衣巾芳逾散麝色茂開蓮陸離羽珥雜錯花鈿響羅衣而不進隱明燈而未前中步檐而一息順長廊而迴歸池翻荷而納影風動竹而吹衣薄暮延佇宵分乃至出闇入光含羞隱媚垂羅曳錦鳴瑤動翠來脫薄粧去留餘膩霑粧委露理鬢清渠落花入領微風動裾

賢婦人

毛詩曰柏舟共姜自誓也衛世子共伯蚤死其妻守義父母欲奪而嫁之誓而弗許　故作是詩以絶之也　列女傳曰楚昭貞姜齊侯之女楚昭王之夫人也昭王出遊留夫人漸臺之上而去王聞江水大至使使者迎夫人忘持符使者至請夫人出夫人曰大王與宮人約令召宮必以符今使者不持符妾不敢從使者去而行妾聞之貞女之義不犯約勇者不畏死守節而已妾知從使者必生留必死也然妾不敢弃約越義而求生大水至而死乃號曰貞姜　又曰楚白貞姬者楚白勝之妻也白公早死其妻紡績不嫁吳王聞其美使大夫操金百鎰白璧一雙以聘焉因以輜軿三十乘迎之將以爲夫人夫人辭曰白公無恙時妾幸得充後宮執箕箒今白公不幸而死妾願守其墳墓以終天年今王賜金璧之聘夫人之位非愚妾之所聞也吳王賢其守節而有義號曰楚貞姬　又曰魯秋胡潔婦者魯秋胡之妻也秋胡子既納之五日而去官於陳五年乃歸未至家見路傍有一美婦人方採桑秋胡子下車謂曰若曝獨採桑吾行道

遠願託桑陰下一食婦人採桑不輟秋胡子謂曰力田不如逢少年力桑不如見公卿今吾有金願與夫人婦人曰採桑力作紡織經織以供衣食奉二親養夫子而已矣吾不願人之金也秋胡子還家奉金遺母母使人呼其婦婦乃向採桑婦婦乃自投於河而死　又曰梁寡高行者梁之寡婦早寡不嫁梁貴人爭欲取之不能得梁王聞之使相聘之高行曰妾之夫不幸先犬馬填溝壑妾宜以身薦棺槨守養幼孤不得專意妾聞婦人之義一往不改以全貞信之節弃義而從利無以爲人乃援鏡操刀以割其鼻曰妾已刑餘之人殆可釋矣王高其節號曰高行　又曰漢中趙高妻者同郡張氏之女也字禮脩姑嚴酷無道小怒則罵大怒則罰禮脩恭承初無愠色引過自咎姑後知之乃變意厚加愛敬後姑疾病其女來視臨困謂女曰我困矣絕命當在賢婦之手婦前抱持乃絕後郡內遭賊高死君難禮脩以碧塗面亂頭稱痛懷刀在身意氣烈决賊不迫也叔父矜其年壯欲更嫁之禮脩慷慨至死爲誓　又曰丹陽羅靜者廣德羅勤之女也爲同縣朱曠所聘昏禮未成勤遇病喪設鄰比

斷絕曠觸目經營尋復病亡靜感其義遂誓不嫁有楊祚者多
將人衆自往納幣靜乃逃竄祚劫其弟妹靜懼爲祚所害乃出見之
曰實感朱曠爲妾父而死是以託身亡者自誓不貳辛苦之人願君哀
而舍之如其不然請守之以死乃舍之　又曰蜀景奇妻者羅氏之女字
貢羅奇亡無嗣貢羅專心供養父青以許同郡宰詩貢羅與父書陳
其情志歷年不歸後青受遠使詩白州告縣發遣貢羅貢羅乃由
徑道詣州自訴言意慷慨請死不從州嘉而許焉　又曰犍爲相登
妻者名度適登一年而寡守令吳厚因入問度度引刀截髮縣長吏
復遣媒介度曰前已斷髮謂之表心何候復有斯言哉欲取刀割鼻
左右救止　又曰沛郡劉長卿妻者生一男字玉玉五歲而長卿卒懼見
諺嫁既不歸寧兄弟時往防漸遠疑言不及外玉年十五死乃援刀割
耳明己不二在喪側者無不感傷　又曰吳孫奇妻者廣陵范愼女名姬
年十八配奇一年而奇亡愼以姬少寡無子迎還其家姬不肯歸迎者
以父母命追之姬遂操刀割耳及鼻曰父迎我者不過以我年少而色美今已

殘矣行將焉如於是迎者空反　又曰廣漢廖伯妻者同郡段氏之女名紀配性聰敏達於詩書進退閑暇父母將有所許紀配曰梁高行割鼻告誠以全其節求生害仁仁者不爲紀配生見禮義豈獨使古人擅名哉作詩三章以諷父母乃援刀斷指　又曰吴許升妻者吕氏之女名榮升遊誕博戲不治操行榮躬勤家業以養其姑勸升學問未嘗不垂涙而言榮父疾升呼榮欲改嫁之榮曰命之所遭義無離貳終不肯歸升後感悔尋師遠學四年乃歸遂致名譽爲州所辟過刼被害榮手刃殺升者以首還祭　又曰河南貞義者樂羊子之妻羊子出學貞義截髮賣以供其費後羊子得遺金一餅以與貞義貞義曰妾聞君子不以利汚行羊子慙而弃之鄰人欲犯貞義而刼其姑貞義操刀而出鄰人曰從者可不從者殺汝姑貞義仰天而歎以刀刎頸而死太守以大夫禮葬之號曰貞義　又曰留子直妻者漢末擾攘隨夫之從父客居豫章從父與賊交通郡收族之妻年少有色太守客請以爲妻守死不從以還太守付吏付吏殺之臨死顏色不變各無怨言郡吏及客憐更還救請免既得活

乃自割耳以之太守聞其夫在遂還其妻　又見會稽翟素者翟氏之女也受聘未及配適遭亂賊欲犯之臨之以刃曰不從者今即死矣素曰我可得而殺不可得而辱賊遂殺素

【詩】晉傅玄秋胡詩曰秋胡納令室三日宦他鄉皎皎潔婦姿泠泠守空房嬿婉不終夕别如參與商精誠馳萬里既至兩相忘行人悦令顏借息此樹傍言以逢卿喻遂下黄金裝　宋顏延之秋胡詩曰燕居未及好良人顧有違脱巾千里外結綬登王畿戒徒左昧旦左右來相依蠶月觀時暇桑野多經過佳人從所務窈窕援高柯傾城誰不顧弭節停中阿南金豈不重聊自意所輕義愆多苦諷密此金玉聲如何久爲别百行愆諸己愧彼行露詩甘之長川涘

【贊】晉左九嬪班婕妤贊曰恂恂班女恭讓謙虚辭輦進賢辯祝理誣形圖丹青名侔樊虞　又孟軻母贊曰鄒母善導三徙成教鄰止庠序俎豆是效斷織激子廣以墳典聰達知禮敷述聖道　又狂接輿妻贊曰接輿高潔懷道行謡妻亦冰清同味玄昭遺俗榮津志遠神遼　又荆武王夫人鄧曼贊曰天道惡盈極數則微邈哉鄧曼恐

暎禍幾覿兆歎亡考德知衰賢智卓殊逸哉難追　又齊杞梁妻贊曰遭命不改逢時險屯夫卒莒埸郊弔不賓哀崩高城訴情穹旻遂赴淄川託軀清津　又齊義繼母贊曰聖教玄化禮貴信誠至哉繼母行合典經一不遺宿諾義割私情表德來裔垂則後生　又魯敬姜贊曰邈矣敬姜含德之英于行則高于理斯明垂訓于宗厲發奇聲宣尼三歎萬代遺馨　晉滔鈕母孫氏公孫夫人序贊曰夫人姓公孫氏會稽剡人也夫人資三靈之淳懿誕華宗之澄粹奇朗照於齠齔四教成於弱笄慈恩温恭行有秋霜之潔祗心制節性同青春之和敬悅憲章動遵禮規居室則道齊師氏有行則德配女儀禮服有盈簋邊豆無闕猗歟夫人天姿特挺行高冰絜操與霜整性揚蘭芳德振玉穎猗彼瓊林奇翰有集展彼碩媛含德來緝動與禮遊靜以義立

碑

晉張林陳夫人碑曰夫人姓徐吳郡嘉興人也夫人少膺靈粹誕茲淑貞聰哲明敏温恭柔順體仁足以長人嘉德足以合禮恭順不僭其志明烈寔備其體若夫柔惠清順寧和聖善婦德既脩毋道亦踐志厲

冰玉厥德靡顯靡靡其操翼翼其仁明景內暎朗節外新芳徽風邁淑慎其身

書

晉鈞滔母與虞定夫人薦環夫人書曰瓊聞興賢崇德聖主令典旌善表操有邦盛務伏見族祖吳國亡民富春孫彥妻環少厲令節服膺道教逮適孫氏恪居婦職宗姻有聲奉禮未周彥母喪殯喪殯半年彥奄亡沒環率禮奉終抗義明節傾竭私產以供葬送禮服既終前無立子家欲改醮誓而不許

解

晉湛方生上貞女解曰伏見西道縣治下里龍憐年始弱笄出適皮氏未逾半年胥京殯沒京兄弟三人相尋凋落外靡朞功之親內絕胤嗣之繼憐貨其父母之資躬親機杼之勤數年之間三喪俱舉四節蒸嘗于今不輟志存匪石之固行無片言之玷賢良屢娉誓而弗許守節窮居於今五十餘年矣詳觀之遺烈書于記傳者或毀髮膚之體以絕求者之望或自經溝中苟全不奪之志雖操存而身亡行立而形虧寡能兼全其道始終若斯者也憐蓋草萊之婦人耳生於幽谷之中長於荒榛之下目不見尺素之文耳不聞今古之說帥心率已蹈茲四德

抑可謂亶禀靈山岳自然天知者矣而形管未摽令問不彰非所以表賢崇善激揚貞風也

老

說文曰老考也七十曰耆八十曰耋九十曰耄　釋名曰九十曰鮐背或曰黄耉或曰凍梨或曰鯢齒或曰眉壽　易曰枯楊生荑老夫得其女妻　尚書曰五福一曰壽　禮記曰百年曰期頤　又曰凡養老有虞氏以燕禮夏后氏以饗禮殷人以食禮周人脩而兼用之　又曰六十養於國七十養於學八十拜君命一坐再至　又曰五十始衰六十非肉不飽七十非帛不煖又曰五十杖於家六十杖於鄉七十杖於國八十杖於朝　毛詩曰執子之手與子偕老　又曰酌以大斗以祈黄耉黄耉鮐背以引以翼　左傳曰燭之武對鄭伯曰臣之壯也猶不如人今老矣無能爲（事具遊說篇）　又曰晉悼大夫食輿人絳縣人或年長矣使問之年曰臣小人也不知紀年臣生之歲正月甲子朔四百有四十五甲子矣其年於今三之一也使問諸師曠曰七十三矣　論語讖曰堯舜遊首山觀河渚乃有五老遊河渚曰河圖將浮五老飛爲流星

上入界　國語曰昔衛武公年九十有五警於國曰苟在朝者無謂我老耄而舍我也必恭恪於朝朝夕以警箴我聞一二之言必誦志而納之以訓導我　周書曰文王召太子發曰嗚呼我身老矣吾語汝我所保與守守之哉傳之子孫事具帝王部　尚書中候曰齊桓公封禪謂管仲曰寡人日暮仲父年艾　尸子曰湯問伊尹曰壽可爲耶伊尹曰王欲之則可爲弗欲則不可爲也　孟子曰伯夷避紂居北海之濱聞文王作興曰盍歸乎來吾聞西伯善養老者太公避紂居東海之濱聞文王作興曰盍歸乎來吾聞西伯善養老者二老者天下之大老也　戰國策曰昔者秦魏爲與國齊楚約攻魏魏使人求救於秦冠蓋相望秦救不出魏人有唐且者年九十餘謂魏王曰老臣請西說秦令兵出可乎曰敬諾遂約車遣之且說秦王秦王遂發兵救之　史記曰秦始王謂王翦曰將軍老矣何怯也　又曰武帝使使束帛加璧安車駟馬迎申公至見天子天子問治亂事申公時已年八十餘矣　又曰伏生秦博士孝文欲求治尚書天下無有聞伏生能治欲召之是時伏生老不能行詔晁錯往受之　韓詩外傳曰齊桓公見畝丘人曰叟年

幾何對曰臣年八十三矣公曰美哉壽也　又曰楚丘先生被蓑帶索見孟
嘗君孟嘗君曰先生老矣春秋高矣多遺忘矣何以教文先生曰惡
將我使而老哉使我投石拔距乎追車赴馬乎吾則將死何暇老哉將使
我深計而遠謀乎設精神而決嫌疑吾乃始壯矣何老之有　說苑曰楚
文王伐鄭使王子革子露車二子出遊老人載畚從乞焉不與搏而奪之
畚　漢書曰馮唐以老爲郎文帝輦過問曰父老何自爲郎　又曰張
蒼口中無齒飲乳妻妾以百數嘗孕者不復幸年百餘歲乃卒
又曰張安世薦蘇武明習故事奉使不辱宣帝以武著節老臣令朝
朔望號稱祭酒　東觀漢記曰馬援年六十二請擊五溪蠻帝愍
其老未許援曰臣尚能被甲上馬帝令試之援據鞍顧眄以示可用帝
笑曰矍鑠哉是翁遂遣援事具武部將帥篇續漢書曰民年七十者授之以
玉杖餔之以糜粥玉杖長九尺端鳩飾鳩不噎之鳥也欲老人不噎也
又曰仲秋祠老人星于國南郊　神仙傳曰淮南王安好道術八公詣門
門者見垂白不進八公皆化成童子色如桃花門吏白王王迎之登思仙之臺

公還成老人授之要道　世說曰顧悅與簡文同年而早白簡文問曰卿
何以先老荅曰蒲柳之姿望秋而落松栢之姿隆冬轉茂　瀨鄉記曰
老聃計其年　紀時已二百餘聃無老耄之貌也　述異記曰尹雄年九十
左鬢生角長寸半　詩　魏應璩詩曰古有行道人陌上見三叟年各百
餘歲相與鋤禾莠住車問三叟何以得此壽　又新詩曰少壯面目澤長
老顏色麤麤麤醜人所惡拔白自洗蘇　魏阮瑀詩曰白髮隨櫛墮
未寒思厚衣四支易懈倦行步益疏遲常恐時歲盡魂魄忽高飛
自知百年後堂上生旅葵　晉張載詩曰氣力漸衰損鬢髮終以皓昔
爲春月華今爲秋日草　晉陸機詩曰軟顏收紅蕊玄鬢吐素華
冉冉逝將老咄咄奈老何　梁范泰詩曰在生竟何豫未云倏已老華
髮飄悴容苦慮栖懷抱疇昔少年時皆以歸大造　梁簡文帝詩
曰昔類紅蓮草自阮渌池邊今如白華樹還悲明鏡前　梁孔壽老
詩曰盛年歌吹日顧步惜容儀一朝衰朽至星星白髮垂　表　梁沈
約致仕表曰徒以桑榆無幾時制行及不朝之禮忽在今辰使反身幣廬

待終窮巷旦又聞之懸車散髮其來舊矣昔廣德請骸義在量力二疏知止懼貽後悔數年以來稍就盡竭氣力衰耗不自支持若蒙天地大恩造物洪施拯其隆蒲之切救其害盈之災譬彼日昃假榮終朝踟蹰夕景少覲盛化宅壤歸泉自無云幾祈仁仰澤事止寸陰　梁王僧孺爲韋雍州致仕表曰且攀附遂無涯限排雲矯漢飛待翼陸離蟬組照灼藩旗受脤推轂執珪奉酎變狹室於高門改小冠於侯服況復還遝周紐其六印歸齊列其五鼎常懼輪輕載積甚薄墉高器覆危傾人指鬼瞰老與年并疾隨衰及塗遥齒截漏迫鐘鳴高春之景一斜不周之風忽至菌蟪夕陰倏腴無幾堇蕣朝采飄零已及仰朱闕而掩涕向濛谷而自悲豈復式瞻拱默仰接鐘鼓儻帷蓋未親東岳稍駐擊壤鼓腹其賜猶多　周王裒爲庫狄峙致仕表曰俛音赴曲操終則外傾身舉重力殫斯斃何者日暮途遠前哲所以告歸漏盡載馳昔賢以之知退　陳徐陵爲王儀同致仕表曰尺波歸海恒歎不居爝火爲薪猶悲假續況復星迴日薄通人有乞老之言鐘

嗚漏盡前史有夜行之誠五陵鼎族家傳軒冕四姓鄉侯榮由恩澤雖虛名靡實世官非才年力方彊雖不能辭退今三元肇慶六呂司春得奉萬壽之盃豫參百辟之禮便釋朝衣謹遵初服方同孔光之杖載戢遊戶庭廣德之車方懸私館

跡 後漢班超上跡曰蠻夷之俗畏壯侮老臣超犬馬齒耋常恐年衰奄忽僵仆孤魂棄捐自以壽終屯部誠無所恨但願生入玉門關不敢望封酒泉郡

又曰其誠無御名實賦以言行具可揚倫上方委我朝傑搜村儒門若取火于燧求玉于崑且知人則哲永矢不諼詢乎譽則汝察乎德撫其實則明試以言夫名實之賓實者名立正先修名以責實亦徵言而考行假使賢愚紛糺是非交競用捨不雜於薰蕕妍蚩豈逃乎龜鑑若疇離祉馴致其令則傳說感於夢聰驩兜迷於堯聖原夫未分陶壁尚混齊竽議沓人口聲喧路隅作好丹以非素罕惡紫之奪朱爭覔容於磻木指徹瑕於瑾瑜及夫舉直措枉削繁省蕪轉衡用心既不畏於狂絜取賢

厦求智又佯於炙輠信垂拱而仰

成亦奚爲而不可懿其恭樹桃李假翼鵷鸞仰春夏而延陰面挾

而遂轉然後實無所蔽其迹名無所匿其端是二物也坦然可觀

藝文類聚卷第十八

藝文類聚卷第十九

人部三

言語 謳謡 吟 嘯 笑

言語

釋名曰言宣也宣彼此之意也語敘也敘己所欲説述也 説文曰直言曰言論議曰語 易曰君子出其言善則千里之外應之出其言不善則千里之外違之 又曰言行君子之樞機 毛詩曰哿矣能言巧言如流 又曰無易由言又曰斯言之玷不可爲也 又曰于時言言于時語語 左傳曰晉叔向適鄭鬷蔑惡從收器者立於堂下一言而善叔向聞之曰必鬷明也 又曰鄭子大叔卒趙簡子爲之臨甚哀曰黄父之會夫子語我九言曰無始亂無怙富無恃寵無違同無傲禮無驕能無復怒無謀非德無犯非義 禮記曰事君大言入則望大利小言入則望小利故君子不以小言受大禄不以大言受小禄 又曰王言如絲其出如綸王言如綸其出如綍 又曰言不危行行不危言又曰五方之人言語不通 大戴禮曰黄帝弱而能言事具帝王部 孝經曰言滿天下無口過行滿天下無怨惡 論語曰定公問一言可以興邦有諸子曰言不可以若

是其幾也一言可以喪邦有諸子曰言不可以若是其幾也　又曰君子欲訥於言而敏於行　又曰法語之言能無從乎繹之爲貴　鄧析書曰一言而非駟馬不能追一言不急駟馬不能及故惡言不出口苟聲不入耳　尸子曰言美則響美言惡則響惡　申子曰一言正天下定一言倚天下靡　莊子曰言者所以在意得意而忘言吾安得忘言之人與之言哉　又曰凡交近則必相靡以信遠則必忠之以言　鶡冠子曰趙武靈王問龐煖曰寡人聞飛語流傳曰戰百勝非善之善者也　淮南子曰得萬人之兵不若聞一言之當　漢書曰漢王與項羽臨廣武閒而語　又曰太尉周勃迎代王請閒宋昌曰所言公公之所言私王者無私　又曰韓信當斬視滕公曰不欲就天下乎而斬壯士滕公奇其言壯其貌弗斬與語大悅之　孫卿子曰贈人以言重於珠玉傷人以言甚於劒戟　吳志曰張尚孫晧時爲侍郎以言語辯捷見知　括地圖曰太極山采華之草服之通萬里之語　衞玠別傳曰太尉王君見阮千里而問曰老莊與聖教異同阮曰將無同太尉善其言辟之爲掾世号阮瞻三語掾王君見而嘲之曰一言可以辟何假於三阮曰苟是天下民望亦可無言而辟復何假

於一　神仙傳曰老子生而能言

詩

梁昭明太子大言詩曰觀修鯤其若鱗鮒視滄海之如濫觴經二儀而跼蹐跨六合以翱翔　又細言詩曰坐卧鄰空塵憑附蟭螟翼越咫尺而三秋度毫釐而九息　梁殷鈞大言應令詩曰噫氣爲風揮汗成雨聊灼戴山龜欲垤探遂古　又細言應令詩曰汎舟毛滴海爲政蝸牛國逍遥輕塵上指辰問南北　梁王規大言應令詩曰俯身望日入下視見星羅嘘八風而爲氣吹四海而揚波　又細言應令詩曰針鋒於焉止息髮杪可以翱翔蚊眉深而易阻蟻目曠而難航　梁王錫大言應令詩曰欲遊五岳迫不得申杖千里之木鱠横海之鱗　又細言應令詩曰冥冥藹藹離朱不辯其實步蝸角而三伏經針孔而千日　梁張纘大言應令詩曰河流既渴日月俱騰罝羅微物動落雲鵬　又細言應令詩曰遨遊綺目辯輕塵蚊睫成宇蝨如輪　梁沈約大言應令詩曰隘此大汎庭方知九陔局窮天豈彌指盡地不容足　又細言應令詩曰開館尺捶餘築榭微塵裏蝸角列州縣毫端建朝市

賦

楚宋玉大言賦曰楚襄王與唐勒景差宋玉遊於陽雲之臺王曰能爲寡人大言者上座

王因稱曰操是太阿戮一世流血沖天車不可以厲至唐勒曰壯士難兮絕天維北斗戾兮太山夷至宋玉曰方地爲車圓天爲蓋長劒耿介倚天外王曰未可也玉曰并吞四夷飲枯河海跂越九州無所容止 又小言賦曰楚襄王既登陽雲之觀命諸大夫景差唐勒宋玉等並進大言賦賦卒而宋玉受賞 又曰有能爲小言賦者賜之雲夢之田景差曰載氛埃兮垂漂塵體輕蚊翼形微蚤鱗經由鍼孔出入羅巾唐勒曰折飛糠以爲輿剖粃糟以爲舟憑蝸背以顧盼附蠛蠓而遐遊又曰館于蠅鬚宴于毫端烹虱脳切蟣肝會九族而同嚌猶委餘而不彌宋玉曰無內之中微物潛生比之無象言之無名蒙蒙景滅昧昧遺形纖於毳末之微蔑陋於茸毛之方生視之則眇眇望之則冥冥離朱爲之歎悶神明不能察其情二子之言磊磊皆不小何如此之爲精王曰善賜雲夢之田晉傅咸小語賦曰楚襄王登陽雲之臺景差唐勒宋玉侍王曰能爲小語者處上位景差曰幺麼之子形難爲象晨登蟻埃薄暮不上朝炊半粒晝復得釀烹一小虱飽於鄉黨唐勒曰攀蚊鬚附蚋翼我自謂重彼不極邂逅有急相切逼竄亂於針孔以自匿宋玉曰折薛足以爲擢舫粒

㯻而爲舟將遠遊以遐覽越蟬溺以橫浮若涉海之無涯懼湮没於洪流彌數旬而汔濟陟蟣蟻之崇丘未升半而九息何時達乎杪頭 魏陳暄應詔語賦曰要敫生民之要拔實言語以爲前樞機誠爲急務筆札乃是次焉擬金人於右階稱石人於左邊鄭僑我服而無媿張儀舌存而理痊唯諾唯辯何者是與故知乎時言言于時語語若乃遼城嶮峻齊陣交加燕將恐懼漢帝咄嗟魯連纔吐數句酈子直御單車息十重之縈帶賢百萬之諠譁至於蘭臺靜祕華燭高明徐斟桂醑緩奏秦聲三朋好數四方英既說前言之往行重覩生死之交情扼腕抵掌攘袂盱衡當斯時也何者爲榮欲同吃如鄧士載欲作辯似婁君卿爲守爲相並如此少意少事不成名

贊 魏王粲反金人贊曰君子亮直行不柔辟友賊不恥誨焉是益我能發蹤彼用遠迹一言之賜過乎璵璧末世不敦義與茲易而言匪忠退有其譎

箴 晉蘇彥語箴曰孔子曰余欲無言又曰天何言哉赫胥之世大庭之治玄風陶哉率直放志熙熙君舉動無欲無事逮于三季奔競茲彰雷動風駭飛辯雲翔戰國紛擾爭霸稱彊爾乃遊說縱橫騁技時王銜刃懷

毒吐膏肓示芳利動春露害重冬霜四紀若馳七都翦亡爰兹末俗扇風皷颺先意承旨原情察鄉壙爾簋籩豆和樂且康

【銘】周太廟金人銘曰孔子觀周入后稷廟廟堂右階之前有金人焉三緘其口而銘其背曰我古之慎言人也戒之哉戒之哉無多言無多言多言多敗多事多患安樂必戒無行所悔勿謂何傷其禍將長勿謂何害其禍將大勿謂不聞神將伺人燄燄弗滅炎炎若何涓涓不壅終爲江河綿綿不絶或成網羅毫末不札將尋斧柯

晉孫楚反金人銘曰晉太廟有石人焉大張其口而書其胷曰我古之多言人也無少言無少事少言少事則後生何述焉夫唯立言名乃長久胡爲塊然生鉗其口凡夫貪財烈士殉名盜跖爲濁夷柳爲清鮑肆爲臭蘭圃爲馨莫貴澄清莫賤滓穢二者言異歸於一會堯懸諫鼓舜立謗木聽采風謡惟日不足簡潤羣生化隆比屋末葉陵遲禮教彌衰承旨則順忤意則違時好細腰宮中皆飢時悅廣額下作細眉逆龍之鱗必陷斯機括囊無咎乃免誅夷顚覆厥德可爲傷悲斯可用戒無妄之時假説周廟於言爲蚩是以君子追而正之

【論】晉歐陽建言盡意論曰有雷同君子問於違衆先生曰世之論者以

爲言不盡意由來尚矣至乎通才達識咸以爲然若夫蔣公之論眸子鍾傅之言才性莫不引此爲談證而先生以爲不然何哉先生曰夫天不言而四時行焉聖人不言而鑒識存焉形不待名而方圓已著色不俟稱而黑白以彰然則名之於物無施者也言之於理無爲者也而古今務於正名聖賢不能去言其故何也誠以理得於心非言不暢物定於彼非言不辯言不暢志則無以相接名不辯物則鑒識不顯鑒識顯而名品殊言稱接而情志暢原其所以本其所由非物有自然之名理有必定之稱也欲辯其實則殊其名欲宣其志則立其稱名逐物而遷言因理而變此猶聲發響應形存影附不得相與爲二苟其不二則無不盡吾故以爲盡矣

謳謡

爾雅曰徒歌謂之謡　毛詩曰心之憂矣我歌且謡　左傳曰宋城華元爲植巡功城者謳曰睅其目皤其腹弃甲而復于思于思弃甲復來　家語曰孔子相魯齊人歸女樂魯君淫荒孔子遂行師乙送孔子曰吾欲歌可乎歌曰彼婦人之口可以出走彼婦人之謁可以死敗優哉游哉聊以卒歲

列子曰堯微服遊康衢童兒謡曰立我蒸民莫匪爾極不識不知順帝之則事具雜文部詩篇　韓子曰齊桓公飲酒醉遺其冠恥之管仲曰公不雪之以政公曰善因發倉賜貧窮三日而民歌之曰公胡不復遺其冠乎　呂氏春秋曰魏襄王使史起爲鄴令引漳水灌田民大得利相與歌曰鄴有聖令爲史公決漳水灌鄴旁終古斥鹵生稻粱　史記曰曹參爲漢相國百姓歌之曰蕭何爲法講若畫一曹參代之守而勿失載其清靜民以寧一　又曰衛子夫爲皇后弟青貴震天下天下歌之曰生男無喜生女無怒獨不見衛子夫霸天下　漢書曰趙中大夫白公奏川渠引涇水民得其饒歌之曰田於何所池陽谷口鄭國在前白渠起後舉鍤爲雲決渠爲雨涇水一石其泥數斗事具産業部田篇　又曰馮立爲西河上郡在職公廉與野王相代治行相似而多恩吏民乃歌曰大馮君小馮君兄弟繼踵相因循聰明聖智惠吏民政如魯衛德化均周公康叔猶二君　東觀漢記曰張堪爲漁陽太守開田八千餘頃勸民耕種以致殷富百姓歌曰桑無附枝麥秀兩岐張君爲政樂不可支事具職官部刺史篇　又曰廉范字叔度爲蜀郡太守舊制禁民夜作以防火範乃毀削先令但嚴儲水而已

百姓歌之曰廉叔度來何暮不禁火民安堵昔無一襦今有五袴（事具職官部刺史篇）新序曰延陵季子以劍帶徐君墓樹徐人歌之曰延陵季子兮不忘舊故脫千金之劍以帶丘墓（事具懷舊篇）謝承後漢書曰岑晊遷魏郡太守人歌之曰我有枳棘岑君伐之我有蟊賊岑君遏之狗吠不驚足下生氂含哺鼓腹焉知凶災我嘉我生獨丁斯時美哉岑君於戲在茲　又曰皇甫嵩請冀州一年田租以贍飢民百姓歌曰天下亂兮市爲墟母不保子妻失夫賴得皇甫復安居（事具職官部刺史篇）又曰劉騊駼除擬陽長以病免吏民思而歌之曰悒然不樂思我劉君何時復來安此下民（事具職官部縣令篇）又曰郭賀字喬卿爲荊州刺史到官有殊政百姓歌曰厥德仁明郭喬卿忠正朝廷上下平（事具職官部刺史篇）續漢書曰張霸爲會稽郡越賊歸附童謠曰弃我戟捐我矛盜賊盡吏皆休　又曰李燮拜京兆詔發西園錢君上封事遂止不發吏民愛敬乃謠曰我府君道教舉恩如春威如虎剛不吐弱不茹愛如母訓如父　吳志曰周瑜少精意於音樂三爵之後其有闕誤瑜必知之知之必顧時人謠曰曲有誤周郎顧　吳錄曰王譚字世容爲

成武令民服德化宿惡奔迸父老歌曰王世容治無雙省徭役盜賊空
王隱晉書曰王祥爲本州別駕時人歌曰海沂之康實賴王祥邦國不
空別駕之功　又曰裴秀年十歲餘時人謡曰後進領袖有裴秀　又曰諸
葛恢字道明荀闓字道明蔡謨字道明有名譽號曰中興三明時人歌
之曰京師三明各有名蔡氏儒雅荀葛清　續安帝紀曰司馬休之兄尚
爲桓玄所敗休之奔淮泗頗得彼之人心從者爲之歌曰可憐司馬公作
性甚溫良憶昔水邊戲使我不能忘　會稽典録曰徐弘字聖通爲汝
陰令誅鋤姦桀道不拾遺民歌之曰徐聖通政無雙平刑罰姦宄空　文
士傳曰束晳太康中大旱晳乃令邑人躬共請雨三日水三尺百姓爲之歌曰束
先生通神明請天三日甘雨零我黍以育我稷以生何以酬之報束長生
那氏世傳曰那褒爲榮陽令廣築學館會集朋徒民知禮讓乃歌曰榮
陽令有異政脩立學校人易性令我子弟恥訟爭　車頻秦書曰符堅時
閔隴百姓豊樂民歌之曰長安大街兩邊種槐下走朱輪上有鸞鳥栖　趙
書曰劉曜討陳安於隴城安死乃謡曰隴城健兒曰陳安軀幹雖小腹中

寬愛養將士同心肝（事具軍器矟篇）趙書曰汲桑六月盛暑重裘累茵使人扇患不清涼斬扇者時軍中爲之謡曰士爲將軍何可羞六月重茵被豹裘不識寒暑斬他頭　襄陽耆舊記曰山季倫每臨習池未曾不大醉而還恒曰我高陽池中也襄陽城中小兒歌之曰山公何所去往至高陽池日夕倒載歸酩酊無所知時時能騎馬倒着白接䍦舉鞭向葛彊何如并州兒　世說曰郗超王珣並以俊才爲桓大司馬所眷珣爲主簿超爲記室參軍超爲人多鬚珣形狀短小時人爲之歌曰髯參軍短主簿能令公喜能令公怒　晉夏侯湛長夜謡曰日暮兮初晴天灼灼兮遐清披雲兮歸山垂景兮照庭列宿兮皎皎星稀兮月明亭檐隅以逍遥兮盻大虛以仰觀望閶闔之昭晰兮麗紫微之暉煥　晉湛方生懷歸謡曰辭衡門兮至歡懷生離兮苦辛豈羈旅兮一慨亦代謝兮感人四運兮道盡化新兮歲故氣慘慘兮凝晨風悽悽兮薄暮雨雪兮交紛重雲兮四布天地兮一色六合兮同素山木兮摧披津壑兮凝沍感羈旅兮苦心懷桑梓兮增慕胡馬兮戀北越鳥兮依陽彼禽獸兮尚然況君子兮去故鄉望

歸塗兮漫漫盼江流兮洋洋思涉路兮莫由欲越津兮無梁 陳沈炯
獨酌謠曰獨酌謠獨酌獨 長謠智者不我顧愚夫余未要不愚復不智誰當
余見招所以成獨酌一酌傾一瓢生涯本漫漫神理暫超超二酌矜許史再酌
傲松喬頻煩四五酌不覺凌丹霄倏忽厭五鼎俄然賤九韶彭殤無異葬
夷跖可同朝龍蠖非不屈鵬鷃但逍遙寄語號呶侶無乃大塵囂

吟

說文曰吟歎也 釋名曰吟嚴也其聲本出於憂愁故聲嚴肅使聽之悽
歎也 毛詩序曰吟詠情性以風其上 鹽鐵論曰曾子傍山而吟山鳥下翔
東觀漢記曰梁鴻常閉戶吟詠書記 魏志曰管輅隨軍西行過毋丘儉
墓下倚松樹哀吟精神不樂人問其故輅曰林木雖茂無形可久碑誄雖美
無後可守 陳武別傳曰陳武字國本休屠胡人常騎驢牧羊諸家牧豎十
數人或有知歌謠者武遂學太山梁父吟幽州馬客吟及行路難之屬 文士傳
曰李康清廉有志節不能和俗為鄉里豪右所共害故官塗不進作遊山
九吟 蜀志諸葛亮梁父吟曰步出齊城門遙望蕩陰里里中有三墳纍纍

正相似問是誰家冢田強古冶子力能排南山文能絕地理一朝被讒言二桃殺
三士誰能爲此謀國相齊晏子　晉潘尼逸民吟曰我願傲世自遺舒志六合
由巢是追沐浴池洪迅羽衣陟彼名山採此芝薇朝雲靉靆行露未晞遊
魚羣戲翔鳥雙飛逍遥博觀日晏忘歸嗟哉世士從我者誰

嘯

雜字解詁曰嘯吹聲　毛詩曰有女仳離條其嘯矣遇人之不淑矣　列女
傳曰魯漆室邑之女過時未適人倚柱而嘯傍人聞之莫不爲之慘者鄰
婦從之遊曰何嘯之悲也子欲嫁乎吾爲子求偶漆室女曰吾豈爲不嫁之故
而悲哉憂吾君老太子少也　莊子曰童子夜嘯鬼數若齒　吳越春秋曰
吳王闔閭將欲伐楚登臺向南風而嘯有頃而歎羣臣莫有曉王意者
伍子胥深知王憂乃薦孫武善爲兵法人莫知其能　魏略曰諸葛亮在
荆州遊學每晨夜常抱膝長嘯　竹林七賢論曰阮籍性樂酒善嘯聲聞
數百步　又曰籍常箕踞嘯歌酣放自若時蘇門山中忽有眞人在焉籍
親往尋其人擁膝巖嚴巔遂登嶺從之箕坐相對籍乃商略終古以問之

仡然不應籍因對之長嘯有間彼乃齗然笑曰可更作籍乃爲嘯意
盡退還半嶺嶺巓唒然有聲若數部鼓吹觀瞻乃向人之嘯也　孫
登別傳曰孫登魏末處邛北山中以石室爲宇編草自覆阮嗣宗聞登
而往造焉適見苫蓋被髮端坐巖下鼓琴嗣宗自下趍之既坐莫得
与言嗣宗乃嘲嘈長嘯与鼓琴音諧會雍雍然登乃逌爾而笑因
嘯和之妙響音動林壑事具樂府部琴篇　晉陽秋曰嵇康見孫登登對之嘯時
不言　郭子曰劉道眞少時善歌嘯有一老姥識其非常之人甚樂其
歌嘯乃殺㹠進之道眞食㹠不謝　潯陽記曰桓宣穆使人尋廬山見一人
謂之曰君過前嶺必逢二年少相隨長嘯試要問之若不與言者可速去
此人過嶺果見二年少以袂掩鼻長嘯狀如惡鼻呼不與言　世說曰晉文
王德盛功大坐席嚴敬擬於王者唯阮籍箕踞嘯歌酣放自若　又曰劉
越石爲胡騎所圍城中窘迫劉乘月登樓清嘯胡賊聞之皆悽然長歎
搜神記曰趙炳嘗臨水從船人乞渡船人不許炳乃張蓋坐其中長嘯呼風
亂流而濟漢　晉春秋曰桓帝幸樊城百姓莫不觀之有一老父獨耕不輟

議郎張温使問焉父嘯而不荅　王廙別傳曰王導與庾亮遊于石頭會遇廙至爾日迅風飛帆廙倚樓而長嘯神氣甚逸　神境記曰滎陽郡西有靈源山有石髓紫芝昔者有採藥此山聞林谷閒有長嘯者今樵人往往猶聞焉　異苑曰尋陽姑石在江之坻初桓玄至西下令人登之中嶺便聞長嘯聲甚清澈至峯見一人箕踞石上　夢書曰夢吹嘯者欲有求

詩

晉陸雲詩曰逍遥近南畔長嘯作悲歎　晉郭璞詩曰緑羅結高林蒙籠蓋一山中有冥寂士静嘯撫清絃

賦

晉成公綏嘯賦曰逸羣公子體奇好異傲世忘榮絶弃人事於是延友生集同好精性命之至機研道德之玄奥邈跨俗而遺身乃慷慨而長嘯發妙聲於丹脣激哀音於皓齒響抑揚而潛轉氣衝鬱而熛起協黃宫於清角雜商羽於流徵飄遊雲於泰清集長風乎萬里諒自然之至音非絲竹之所擬是故聲不假器用不借物近取諸身役心御氣動脣有曲發口成音觸類感物因歌隨吟清激切於竽笙優潤和於琴瑟列列飈揚啾啾響作奏胡馬之長思向寒風乎北朔又似鴻鴈之揚鶵羣鳴號乎沙漠故能因形創聲隨事

造曲應物無窮機發響速乃吟詠而發散聲繹繹而響連綿蕩而無累志離俗而飄然晉郭仲堪將離詠曰爾乃理轡杖策或乘或步行悲歌以諧歡即長嘯以啓路【晉】晉桓玄與袁宜都書論嘯曰讀卿歌賦序詠音聲皆有清味然以嘯爲髣髴有限不足以致幽旨將未至耶夫契神之音既不俟多贍而通其致苟一音足以究清和之極阮公之言不動蘇門之聽而微嘯一鼓玄默爲之解顔若人之興逸響惟深也哉　袁山松答桓南郡書曰嘯有清浮之美而無控引之深歌窮測根之致用之彌覺其遠至乎吐辭送意曲究其奥豈脣吻之切發一往之清泠而已哉若夫阮公之嘯蘇門之和蓋感其一奇何爲徵此一至大疑嘯歌所拘耶

笑

說文曰欣笑喜也　易曰同人先號咷而後笑　又曰旅人先笑而後號咷　又曰笑言啞啞　毛詩曰終風且暴顧我則笑謔浪笑傲中心是悼　又曰兄弟不知咥其笑矣　又曰載笑載言　又曰宴笑語兮　左傳曰晉侯使郤克徵會于齊齊頃公帷婦人使觀之郤子登婦人笑於房　又曰晉士彌牟送叔孫

于箕叔孫使梁其踁待于門內曰余左顧而欬乃殺之右顧而笑乃止
穀梁傳曰季孫行父禿晉郤克跛衛孫良夫眇曹公子首僂同聘於齊
齊使禿者御禿者跛者御跛者僂者御僂者蕭同叔子處臺而笑
之客不悅事具治政部論語曰子問公叔文子於公明賈曰信乎夫子不言不笑不取
乎公明賈對曰夫子時然後言人不厭其言樂然後笑人不厭其笑義然
後取人不厭其取　又曰子游爲武城宰子之武城聞弦歌之聲夫子莞
爾而笑曰割雞焉用牛刀禮斗威儀曰君乘土而王其民人好大笑　樂聲
儀曰人情喜則笑矣　老子曰下士聞道大笑之不笑不足以爲道　晏子曰齊
景公置酒泰山公四望喟然歎泣數行曰寡人將去此堂國者而死耶左右
泣者三人晏子搏髀仰天大笑曰樂哉今之飲也公怒曰子笑何也對曰臣見怯
君一諛臣三是以大笑公慙　瑣語曰師曠御晉平公鼓瑟輟而笑曰齊君與
其嬖人戲墜於牀而傷其臂平公命人書之曰某月某日齊君戲而傷問
之於齊侯笑曰然有之　楚辭曰若有人兮山之阿被薜荔兮帶女蘿既含
睇兮又宜笑子慕予兮善窈窕　又曰行不群以巔越兮又衆兆之所咍　呂

氏春秋曰戎常寇周幽王擊鼓諸侯皆至褒姒大悅而笑王欲褒姒之笑數擊鼓而諸侯至無寇及見寇至擊鼓而諸侯不來遂爲戎所滅　史記曰孫子試兵以宮寵姬二人以爲軍隊長三鼓宮女皆掩口而笑　又曰孟嘗君過趙平原君客之趙人聞孟嘗君賢出觀之皆大笑曰始以薛公爲魁梧也然今視之乃眇小丈夫耳　又曰高祖奉玉巵爲太上皇壽曰始大人常以臣無賴不能治產業不如仲力今某之業所就孰與仲多殿上羣臣皆呼万歲大笑爲樂　漢書曰匡衡能解詩諸儒爲之語曰無說詩匡鼎來匡說詩解人頤事具雜部詩篇　蜀志曰馬忠爲人寬濟有度量但大笑而已忿怒不形於色　晉中興書曰石勒與李陽相近陽性剛愎每爭漚麻池共相撲打互有勝負勒旣貴召陽至引入言及平生酒酣宣陽肘曰卿年老臂中故有力不頗復與人鬪耶孤往數得卿拳卿亦快得孤毒手因大笑　又曰勒治門閤至峻有醉胡乘馬徑入府門勒問門吏馮翥翥向走馬入門爲是何人翥惶遽誤對忘諱向有醉胡乘馬馳來即已訶問胡人難與語非小吏所制勒笑曰胡正自難可與言　蜀記曰譙周字允南體皃素朴無造次辯論之才諸葛亮領益州

牧州爲勸學從事初見左右皆笑既出有司請推笑者亮曰孤欲不能忍況左右乎　世説曰張華問陸機曰雲何以不來機曰雲有笑疾恐公未悉故未敢俄而雲詣華華爲人多姿制又好帛纏鬚雲見而大笑不能自已又曰陸雲好笑嘗著縗幘上船水中自見其影便大笑不已幾落水　又曰桓南郡與道曜講老子王侍中爲主簿在坐桓公曰王主簿可顧名思義王未有荅且大笑桓公曰王思道故能作大家兒笑

【賦】晉孫楚笑賦曰有度俗之公子悲万物之細故忽髣髴乎巢由以得意爲至樂不拘戀乎凡流會親戚於高宇結宗盟於綢繆所以交頸偃仰排匈指掌冗哄聲於通谷順長風以流響音氣參譚以相屬若將頹而復往或嚬蹙俛首狀似悲愁怫欝唯轉呻吟郁伊或攜手悲嘯嘘天長叫遲重則如陸沉輕疾則如水漂徐疾任其口頰員合得乎機要或中路背叛更相毀賊傾何巨我彫聲迄乎日晏信天下之笑林調謔之巨觀也

藝文類聚卷第十九

藝卷十九

藝文類聚卷第二十　人部四

聖　賢　忠　孝

聖

尚書曰睿作聖　又曰聖作則　莊子曰以德分人謂之聖　白虎通曰于稱万人曰傑倍傑曰聖風俗通曰聖者聲也通也言其聞聲知情通於天地條暢万物也　家語曰聖者德合天地變通無方也　易曰備物致用立成器以爲天下利莫大乎聖人知進退存亡而不失其正者其唯聖人乎　禮記曰大哉聖人之道洋洋乎發育万物峻極于天譬如天地之無不持載無不覆幬辟如四時之錯行如日月之代明　又曰唯天下至聖爲能聰明叡智足以有臨也發強剛毅足以有執也齊莊中正足以有敬也文理密察足以有別也　毛詩曰周公攝政遠則四國流言近則王不知周大夫美不失其聖也　又曰思齊文王所以聖也　大戴禮曰聖人有國則日月不食星辰不孛　又曰哀公問曰何謂聖人孔子對曰所謂聖人者智通乎大道應變而不窮測物之情性者也　論語曰太宰問於子貢曰夫子聖與何其多能也子貢曰固天縱之

將聖又多能也　禮記曰聖人能以天下爲一家中國爲一人者非意之也必知其利達於其患然後能爲之　家語曰有聖人而不能用欲以求治是猶卻步而求及前人也　六韜曰聖人與天下之人皆安樂　又曰聖人守無窮之府用無窮之才天下仰之而治　管子曰聖人若天然無私覆若地然無私載也私者亂天下也　老子曰聖人無常心以百姓心爲心善者吾善之不善者吾亦善之　文子曰聖人同死生愚人亦同死生聖人之同死生明於分理也愚人之同死生不知利害所在也　又曰聖人以仁義爲準繩中繩之謂君子不中繩之謂小人　列子曰龍叔謂文摯曰吾有疾子能巳乎文摯即命龍叔背明而立文摯從後向明而望之既而曰嘻吾見子之心矣方寸之地虛矣幾聖人也子心六孔流通一孔不達今聖智爲病者或由此乎　又曰商太宰見孔子曰丘聖者與荅曰聖則丘何敢曰三王聖者與荅曰三王善任智勇者聖則丘弗知曰五帝聖者與荅曰五帝善任仁義者聖則丘弗知曰三皇聖者與荅曰三皇善因時者聖則丘弗知商曰然則孰者爲聖孔子曰西方聖者不治而不亂不言而自信不化而自行蕩蕩乎民無能名焉　又曰庖犧女媧神農夏后虵身人面牛首此

非人之狀而有大聖之德（事其帝王部女媧篇）孟子曰觀於海者難爲水遊於聖人之門者難爲言　莊子曰夫卜梁倚有聖人之才而無聖人之道我有聖人之道而無聖人之才吾教之其果爲聖人乎　又曰堯辭封人曰我以汝爲聖人耶夫聖人鶉居而鷇食鳥行而無迹天下有道則與物皆昌天下無道則修德就閒千歲厭世去而上僊乘彼白雲至于帝鄉三患莫至身常無殃則何辱之有　孫卿子曰神固謂之聖人聖人者道之管也天下之道管此矣　又曰天下無二道聖人無兩心神人無功聖人無名聖人者天下利器　淮南子曰聖人不貴尺璧而重寸陰故禹之趨時也履遺而弗取冠挂而弗顧　又曰唯聖人爲能知權言而必信期而必當天下之高行也　又曰孔子不黔突墨子不暖席是故聖人蒙恥辱以干世主者非以貪禄慕位欲事天下之利除万民之害也神農憔悴堯瘦臞舜黴黑禹胼胝由此觀之則聖人之憂勞百姓亦甚矣　又曰古者聖人勞形盡慮爲民興利除害呈䐝天下之憂而任海内之事聖人之憂民如此其明也　揚子法言曰或問孔子之時諸侯有知孔子聖者與曰知之若知之則曷爲不用曰不能曰知聖而不能用可得聞乎曰用之則弃其所習逆其所從彊其

所劣揹其所能非天下之至孰能用之　韓詩外傳曰辟土殖穀者后稷也決
江疏河者禹也聽獄執中者皋陶也然而有聖名者堯也神異經曰西南大荒
中人身長十丈其腹圍九丈踐龜蛇戴朱鳥左手憑青龍右手憑白虎知河
海斗斛識山石多少知天下鳥獸言語識土上人所道知百穀可食識草木
鹹苦名曰聖一曰哲一名通一名無不達　尚書大傳曰天無別風淮雨中國有聖
人　姚信士緯曰聖人高不可極深不可測窮神知化獨見先識仁若春陽信
若影響此所禀於天也　說苑曰聖人之於百姓也其猶赤子乎飢者食之
寒者衣之將之養之育之長之唯恐其不至於大也　**頌**　後漢張超尼父頌曰巖
巖孔聖異世稱傑量合乾坤明參日月德被八荒名充遐外終於獲麟遺
歌魯衛　晉孫楚尼父頌曰皇矣尼父聖哲之傑德比天地明齊日月周室陵
遲大道蕪穢禮樂崩阻姦雄因世乃養門徒廣延俊乂垂訓列國頌聲魯
衛威震夾谷義厭陳蔡德之休明幽而弥泰超美三代風馳雲邁　**贊**　晉
陸機孔子贊曰孔子叡聖配天弘道風扇玄流思探神寶明發懷周興言謨
老靈魄有行言觀蒼昊清歌先誠丹書有造　晉湛方生孔公贊曰文王

既没微言將墜邈哉孔公龍見九二闡化繫象素王洙泗發揮中葉道映周季

碑 後漢禰衡魯夫子碑曰受天至精純粹睿哲崇高足以長世寬容足以廣包幽明足以測神文藻足以辯物然而敏學以求之下問以諏之虛心以受之深思以詠之愍周道之迴遹悼九疇之乖悖故發憤忘食應聘四方魯以大夫之位任以國政之權譬若飛鴻鸞鳥於中庭騁騏驥於閭巷也是以期月之頃五教克諧移風易俗邦國肅焉無思不服懿文德以紆餘綴三五之紀綱流洪耀之休赫曠万世而揚光夫大明以動天則也廣大無疆地德也六經混成洪式也備此三者聖極也合吉凶於鬼神遂殂落於夢寐是以風烈流行無所不通故立石銘勛以示昭明辭曰煌煌上天篤降若人邈矣悠哉千祀一鄰明德弘鑑情性存存弈弈純嘏稽憲乾坤曜彼靈祇以訓黎元終日乾乾配天之行在險而正在困而亨窮達之運委諸穹蒼日月則隂天地不光聖叡殂崩大猷不綱

論 後漢孔融聖人優劣論曰荀愔等以爲聖人俱受乾坤之醇靈稟造化之和氣該百行之高善備九德之淑懿極鴻源之深閭窮品物之情類曠蕩出於無外沉微淪於無内器不是周不充

聖極苟以爲孔子稱大哉堯之爲君也唯天爲大唯堯則之是爲覆蓋衆聖冣優之明文也孔以堯作天子九十餘年政化洽於民心雅頌流於衆聽是以聲德發聞遂爲稱首則易所謂聖久於其道而天下化成百年然後勝殘去殺必世而後仁者也故曰大哉堯之爲君也堯之爲聖也明其聖與諸聖同但以人見稱爲君爾　梁沈約辯聖論曰聖人蓋人中之含明德盡照精粹凝玄者或三聖並時或千載寂蔑聖人遺情忘己常以兼濟爲念若不登九五之位則其道不行非以黄屋玉璽爲尊貴也文王造周而未集武王集之而未成周公雖無王録而父兄二聖之烈不可以終若夫表以聖功制禮作樂則太平之基不著二聖之美不彰孔子當無録之運值自晦之時而云河不出圖洛不出書吾已矣夫欲以聖德示天下垂來世當仲尼在世之時世人不言爲聖人也伐樹削迹干七十君而不一值或以東家丘或以爲喪家犬若不高歎鳳鳥稱夢周公樂正雅頌各得其所則當世安知其聖人乎

賢

毛詩曰丘中有麻思賢也　又曰南山有臺樂得賢也得賢則能爲邦家立太平之基矣　春秋繁露曰氣之清者爲精人之清者爲賢治身者以積精爲寶治國者以積賢爲道　尚書曰所寶惟賢則邇人安　又曰野無遺賢　論語曰賢者避世其次避地其次避色其次避言　又曰見賢思齊焉見不賢而内自省者也　又曰賢哉回也一簞食一瓢飲回也不改其樂　又曰臧文仲其知柳下惠之賢而不與立也　又曰賢賢易色　京房易飛候曰視四方常有大雲五色具而不雨其下有聖賢人隱　家語曰孔子讀史至楚復陳喟然曰賢哉楚莊王輕千乘之國而重一言之信非申叔時之忠弗能見其義非莊王賢弗能受其訓　又曰哀公問孔子曰當今之君孰者最賢孔子曰有衛靈公乎公曰吾聞其閨門無別而子賢之何也對曰靈公之弟曰公子渠牟其智足以治千乘靈公任之有大夫史鰌以道去衛而靈公郤舍琴瑟不御以此賢之不亦可乎　國語曰臼季使於冀野見冀缺耨其妻饁之敬相待如賓歸而進之曰得賢人敢以告文公曰子何以知其賢也對曰見其不忘敬也使爲下軍大夫　列子曰治國之難在於知賢而不在自賢　尹文子曰尹文

子見齊宣王宣王歎國寡賢尹文子曰使國悉賢孰處王下吾國悉不肖孰理王朝王曰賢與不肖皆無可乎文子曰不然有賢有不肖故王尊於上臣卑於下賢賢退不肖所以有上下也　申子曰千里有賢者是比肩而立也　孫卿子曰古之賢人食則饘粥不足衣則短褐不完然而非禮不進非義不受　呂氏春秋曰公孫枝獻百里奚於繆公三月請屬事焉公曰買之五羊之皮而屬事無乃爲天下笑乎枝曰信賢而任之君之明也讓賢而下之臣之忠也夫誰笑哉　又曰賢者遺人以仁　又曰得地千里不如得一賢也　又曰魏文侯過段干木之閭而式其僕曰君胡式曰干木賢者也吾安敢不式　韓子曰晉平公問叔向曰吾羣臣孰賢對曰趙武賢武立如不勝衣言如不出口然其所舉者數十人皆令德也　黃石公三略曰傷賢者殃及三世蔽賢者身當其害達賢者福流子孫嫉賢者名不存　韓詩外傳曰聖人求賢者以自輔　又曰魏文侯問孤卷子曰父子兄弟臣賢足恃乎對曰父賢不過堯而丹朱放子賢不過舜而瞽瞍拘兄賢不過舜而象傲弟賢不過周公而管叔誅臣賢不過湯武而桀紂伐君欲治亦從身始人何可恃　物理論曰賢人爲德體

自然也故語曰黃金累千不如一賢**頌**漢王褒聖主得賢臣頌曰夫賢者國家之器用也所任賢則趨舍省而功施普器用利則用力少而就效衆故工人之用鈍器也勞筋苦骨終日矻矻及巧冶鑄干將之樸清水淬其鋒越砥斂其鍔水斷蛟龍陸剸犀革使離婁督繩公輸削墨雖崇臺五層延袤百丈而不溷者工用相得也故服絺綌之涼者不苦盛暑之鬱燠襲狐貉之煖者不憂至寒之淒滄何則有其具者易其備有賢人君子亦聖王之所以易海內也君人者勤於求賢而逸於得人臣亦然昔賢者之未遭遇也圖事揆策則君不用其謀陳見悃誠則上不然其信進仕不得施効斥逐又非其愆是故伊尹勤於鼎俎太公困於鼓刀百里自鬻甯子飯牛及其遇明君遭聖主也運籌合上意諫爭則見聽進退得関其忠任職得行其術剖符錫壤而光祖考傳之子孫以資說士故世必有聖智之君而後有賢明之臣詩曰思皇多士生此王國故世平主聖俊乂將自至若堯舜禹湯文武之君獲稷契臯陶伊尹呂望之臣明明在朝穆穆列布故聖主必待賢臣而弘功業俊士亦俟明主以顯其德上下俱欲歡然交欣千載一

會論說無疑翼異乎如鴻毛遇順風沛乎若巨魚縱大壑其得意如此則胡禁不止曷令不行化溢四表橫被無窮遐夷貢獻万祥必臻是以聖王不偏窺望而視已明不殫傾耳而聽已聰

【贊】晉夏侯湛顏子贊曰知彰知微體深研機明象介石量同聖師探賾罔滯在言靡遺仰諸惟高瞻之彷希　又左丘明贊曰世亂讒勝君子道憂丘明達聖致志春秋微言逃難旁行不流庶幾斯文希志訓猷　晉戴逵顏回贊曰神道天絕理非語象亦有伊人誰憐誰仰際盡一時照無二朗契彼玄迹冥若影響　晉孫楚顏回贊曰束身勵行宗事聖道鑽仰孜孜視予猶考

【碑】後漢禰衡顏子碑曰稟天地之純和鍾岳瀆之休靈睿哲之姿誕自初育月英絕之才顯乎嬰孩在束脩之齒入宣尼之室德行邁於三千仁風橫於万國知微知章聞一覽十用行舍藏與聖合契名爲四友之冠寔盡跡附之益爾乃安陋巷挹清流甘簞瓢以充飢雖屢空而不憂于時河不出圖周祚未訖仲尼無舜禹之功先生包元凱之烈其辭曰亞聖德蹈高蹤遊洙泗肅禮容備懿體心彌沖秀不實振芳風配聖饋圖辟雍紀德行昭罔窮

【論】魏

高貴鄉公顏子論曰心不違仁行無二過用行舍藏與同進退聽承聖言罔有不喻叙之於易以章殊異死則悲慟謂天喪已所以懇懃至於此者聖人嘉美良才之効也設使天假之年後孔子没焉知其不光明聖道闡揚師業有卓爾之美乎百慮之所得愚者有焉願後之君子詳覽之焉爾

忠

説苑曰逆命利君謂之忠　孝經曰進思盡忠退思補過將順其美匡救其惡　左傳曰晉獻公使荀息傅奚齊對曰臣竭其股肱之力加之以忠貞其濟君之靈也不濟則以死繼之公曰何謂忠貞對曰公家之利知無不為忠也送往事居耦俱無猜貞也　又曰晉懷公命無從亡人狐突之子毛及偃從重耳在秦弗召懷公執突曰子來則免對曰子之能仕父教之忠策名委質貳乃辟也父教子貳何以事君乃殺之　又曰楚子滅若敖氏其孫箴尹克黄使於齊聞亂其人曰不可以入矣箴尹曰君天也天可逃乎遂歸復命自拘司敗　又曰季文子卒無衣帛之妾無食粟之馬無藏金玉無重器備君子是以知季文子之忠於公室也相三君矣而無積可不謂忠乎　又曰楚子

囊將死遺言謂子庚曰必城郢君子謂子囊忠將死不忘衛社稷可
不謂忠乎忠民之望也　家語曰孔子曰晏子於君爲忠臣於行爲恭敏
晏子曰梁丘據問晏子曰子事三君君不同心而子俱從焉仁人固多心乎對
曰一心可以事百君百心不可以事一君　韓詩外傳曰有大忠有次忠有下忠若
周公於成王可謂大忠管仲於桓公可謂次忠子胥於夫差可謂下忠矣　又
曰狄人殺衛懿公盡食其肉獨舍其肝弘演使還哭畢呼天因自出其肝
内懿公之肝齊桓公聞之曰弘演可謂忠矣　史記曰項籍圍漢王於滎陽
漢將紀信曰事已急請爲王王可間出紀信乘黄屋左纛曰城中食盡
漢王降楚軍皆呼万歲漢王與數十騎出項王燒殺紀信　説苑曰楚莊王
立三年不聽朝令於國曰諫者死蘇從曰處君之高爵食君之厚禄愛
死不諫非忠也乃諫（事具諫篇）　又曰卑身賤體進賢不解數稱往古之行事
以厲王意庶幾有益以安國家如此者忠臣也　漢書曰非劉氏不王高祖制
詔御史長沙王吴芮忠其定著令　又曰王莽遣使者即拜龔勝以印綬
就加勝身勝輟推不受曰吾受漢家厚恩無以報豈以一身事二姓哉語

畢遂不復飲食積十四日死　東觀漢記曰光武指王常謂羣臣曰此家率下江諸將輔翼漢室心如金石真忠臣也是日遷常爲漢忠將軍　續漢記曰陰識拜特進極言正議至與賓客語不及國事常慕仲山甫夙夜匪解　又曰温序爲護軍校尉行部至隴西爲隗囂別將苟宇等所劫欲生降序序大怒以節撾殺人賊趍欲殺序宇止之曰義士欲死節賜劒令自裁序受劒銜鬚著口中歎曰無令鬚汙土遂伏劒　謝承後漢書曰漢安元年選遣八使巡行風俗餘人受命之部而張綱獨埋輪於洛陽都亭曰豺狼當路安問狐狸遂奏大將軍梁冀無君之心十五事皆臣子所切齒者也　魏志曰王脩爲大農郎中令時嚴才反攻掖門脩聞變將官屬出至宮門太祖在銅雀臺望見之曰彼來者必王叔治也相國鍾繇謂脩曰舊京城有變九卿各居其府脩曰居府雖舊非赴難之義也　又曰典韋拜都尉太祖引置左右將親兵數百人常繞帳韋性忠至謹重常晝立侍終日夜宿帳左右稀歸私寢　蜀志曰初諸葛亮自表後主成都有桑八百株薄田十五頃子孫衣食自有餘至於臣在外任隨身衣食

悉仰於官若臣死之日不使內有餘帛外有贏財及卒如其所言　周處別傳曰氐賊爲亂以處爲建威將軍以兵五千受夏侯駿節度處遂進軍大戰仰天歎曰古者良將受命鑿凶門以出蓋有進無退我爲大臣以身殉國不亦可乎遂戰死

【贊】梁元帝忠臣傳記託篇贊曰太尉英挺投袂勤王伯猷蹈節身殞名揚豈疑景倩主亡與亡嗟乎尚矣惟國之良　又忠臣傳陳爭篇贊曰子政鏗鏗誠存社稷朱游折檻遂其婞直

又忠臣傳執法篇贊曰設官分職咸曰師師彼己之子邦之直司豺狼當路安問狐狸昏明有世直道無時

【表】梁元帝上忠臣傳表曰資父事君寔曰嚴敬求忠出孝義兼臣子是以冬溫夏凊盡事君之節進思將美懷出奉之義羲軒改物郡周受命三能十亂九棘五臣靡不夙夜在公忠爲令德若使縉雲得姓之子媯昌魯衛之臣是知理合君親孝忠一體性與率由因心致極臣連華霄漢憑暉日月三握再吐夙奉紫庭之慈春詩秋禮早蒙丹扆之訓宣帝褒德麟閣畫充國之形顯宗念功雲臺圖仲華之象

【箴】梁王筠答湘東王示忠臣傳箴曰竊以孝實天經忠爲令

德百行攸先一心靡貳或昔淮南鴻烈事無的准沛王通論義止儒術東平獲譽言爲片言臨淄見稱文人辭小道孰若理冠君親義兼臣子謹當宣示遐邇光揚德音

序 梁元帝忠臣傳序曰夫天地之大德曰生聖人之大寶曰位因生所以盡孝因位所以立忠事君事父資敬之理寧異爲臣爲子率由之道斯一忠爲令德竊所景行且孝子烈女逸民咸有別傳至於忠臣曾無述製今將發篋陳書備加論討 又忠臣傳死節篇序曰自非識君臣之大體鑒生死之弘分何以能滅七尺之軀殉一顧之感然平路康衢從容之道進危塗險徑忠貞之節興登平路者易爲功涉險塗者難爲力從容之用世不乏人忠貞之概時難屢有

孝

爾雅曰善事父母曰孝 孝經曰夫孝天之經也地之義也民之行也 又曰夫孝始於事親中於事君終於立身 又曰愛親者不敢惡於人敬親者不敢慢於人愛敬盡於事親而德教加於百姓刑于四海蓋天子之孝也

禮記曰曾子曰孝有三大孝尊親其次弗辱其下能養 又曰公明儀問於曾

子曰夫子可以爲孝乎曾子曰孝者先意承志諭父母於道參直養者也安能爲孝乎　又曰先王之孝也色不忘乎目聲不絶乎耳心志嗜欲不忘乎心　又曰生則敬養死則敬享　毛詩曰哀哀父母生我劬勞無父何怙無母何恃出則銜恤入則靡至父兮生我母兮鞠我撫我育我長我畜我顧我復我出入腹我欲報之德昊天罔極　論語曰三年無改於父之道可謂孝矣又曰孟懿子問孝子曰無違樊遲曰何謂也子曰生事之以禮死葬之以禮祭之以禮　子游問孝子曰父母唯其疾之憂　尸子曰曾子每讀喪禮泣下霑襟者以一夕五起視衣之厚薄枕之高卑　韓詩外傳曰曾子曰往而不可還者親也故孝欲養而親不待是故椎牛而葬不如雞豚之逮親存也初吾爲吏祿不及釜尚欣欣而喜者非以爲多也樂其逮親也既没之後吾嘗南遊於楚得尊官焉堂高九尺轉轂百乘然猶北鄉而泣涕者非爲賤也悲不逮吾親也故家貧親老不擇官而仕　說苑曰曾子嘗有爲不中曾晳怒援木擊之曾子有頃乃蘇退鼓瑟而歌孔子聞之告門人曰參來勿內也昔舜事瞽瞍索而使之未嘗不在側索而殺之未嘗

可得而小箠則受大箠則走今曾子委身待暴怒以陷父不義不孝孰大乎　又曰韓伯瑜有過其母笞之泣母曰他日未嘗泣今何泣對曰他日得笞嘗痛今母之力不能痛是以泣也　又曰閔子騫兄弟二人母死其父更娶復有二子子騫爲其父御車失轡父持其手衣甚單父則歸呼其後母兒持其手衣甚厚溫即謂其婦曰吾所以娶汝乃爲吾子今汝欺我去無留子騫前曰母在一子單母去四子寒其父默然故曰孝哉閔子騫一言其母還再言三子溫　列女傳曰老萊子孝養二親行年七十嬰兒自娛著五色采衣嘗取漿上堂跌仆因臥地爲小兒啼或弄烏鳥於親側　漢書曰淳于緹縈齊人淳于意五女無男坐事當刑緹縈最小涕泣隨父到長安上書曰妾父爲監齊中皆稱廉平今坐事當刑妾乞没爲官婢以贖父罪文帝詔免意罪并除肉刑　又曰文帝母薄太后疾文帝侍養數年衣不解帶親供粢盛坐罪不及父母下哀矜之詔　又曰金日磾母教誨兩子甚有法度上聞而嘉之母病死詔圖畫於甘泉宮署曰休屠王閼氏日磾每見畫常拜之涕泣東觀

漢記曰長沙義士古初父喪未葬鄰人火起及初舍下棺不可移初冒火伏棺上俄而火滅　又曰趙咨至孝躬率子孫耕農爲養盜嘗夜往劫之咨恐母驚懼乃先至門迎盜因請爲設食謝曰老母八十疾病須養居貧乞置衣糧妻子餘物無所惜諸盜皆慙歎跪曰所犯無狀干暴賢者言畢犇走　又曰黃香父爲郡五官入貧无奴僕香躬執勤苦盡心供養冬無被袴而親極滋味暑即扇牀枕寒即以身溫席　續漢書曰申徒蟠九歲喪父孝毀過禮服除不進肉十餘年每忌日輒三日不食　郭林宗别傳曰茅容耕於野避雨樹下衆皆夷踞相對獨容危坐愈恭林宗行見而奇之與言因請寓宿旣而日夕容殺雞爲饌林宗謂爲已設旣而以供其母自以菜蔬供客同飯林宗起拜曰卿賢乎我哉　汝南先賢傳曰薛苞好學篤行喪母以至孝聞父娶後妻而憎苞分之令出苞日夜號泣不能去至被敺杖不得已廬於舍外旦入而掃父怒又逐之乃廬於里門昏晨不廢積歲餘父母慙而還之　蜀志曰先主在樊率其衆南行諸葛亮與徐庶並從爲曹公所追破獲庶母庶辭先主而指其心曰本欲與將軍共圖

王霸之業以此方寸心今已失母方寸亂矣無益於事請於此別遂詣曹公　吴書曰顧悌以孝悌廉正聞於鄉黨每得父母書洒埽整衣服設几案舒書其上拜跪讀之每句應諾畢復再拜父有疾耗之問臨書垂泣哽噎至父終水漿不入口五日孫權爲作布衣一襲強令悌釋服悌雖以公義自割猶以爲不見父喪常畫壁作棺象設神坐於下每對之哭泣服未闋而卒　晋中興書曰吴隱之少有孝行遭母憂哀毀過禮太常韓康伯鄰居隱之每哭康伯母輒輟事流淚悲不自勝　蕭廣濟孝子傳曰嬀皓父昆被劾入重皓年十六髡頭詣闕通章不省皓不飲食懷石腰中詣公卿輒出石置地叩頭流血覆面莫不傷懷遂奏理昆罪　師覺授孝子傳曰程曾年七歲喪母哀號哭泣不異成人祖母憐之嚼肉食之覺有味便吐去　宗躬孝子傳曰吴坦之隱之兄也母葬夕設九飯祭坦之每臨一祭輒號慟斷絶至七祭吐血而死　又曰張景胤六歲喪母母遺物悉散施唯留一畫扇每感思輒開匣流涕父邵爲吴興太守暴疾報至天雪水涸便徒跣上岸左右捉覆鞦遂發都夜晝三日半至郡入郭奉諱氣絶吐血久乃蘇　又曰

華寶八歲義熙中父從軍語寶曰吾還當營婚冠值咸陽喪亂音
兩絕寶年六十遂不冠娶舉言流涕　又曰何子平事母至孝為楊州從事
月俸得白米輒貨市粟麥人或問之荅曰尊老在東不辦常得米何容
獨食白粲母喪年將六十有孺子之慕晝夜號叫暑避清涼冬不衣
絮　又曰桑虞喪父年十四毀瘠過禮日食百粒以糝藜藿　續搜神
記曰吳猛性至孝小兒時在父母邊臥時夏月多蚊虻而終不搖扇云懼
蚊虻去我及父母父母終行服墓次蜀賊縱暴焚燒邑屋發掘丘隴民人
迸竄猛在墓側號慟不去賊為之感愴遂不犯　荀氏家傳曰荀顗年
踰耳順而母年九十色養烝烝以孝聞在喪憔悴貌不可識若嬰孺之
號哀慟傍人【詩】魏王粲思親詩曰穆穆顯妣德音徽止思齊先姑志侔
姜姒躬此勞瘁鞠予小子小子之生遭世罔寧烈考勤時從之于征奄
遘不造隱憂是嬰咨予靡及退守祧祊　晉孫綽表哀詩曰天地之
德曰生生之所恃者親親存則歡泰情盡親亡則哀悴理極故老萊嬰
娭於膝下曾閔泣血於終年哀悼之思至矣自然之性篤矣余以薄祜夙

遭閔凶越在九齡嚴考即世未及志學過庭無聞天覆既淪俯憑坤厚殖根外氏賴以成訓然以不才不能負荷仁妣弘母儀之德邁煢褰之操雕琢固頑勉以道義庶幾砥礪犬馬之報豈悟一朝復見孤弃上天極禍怨痛莫訴皆由愚積咎深不能通感自丁荼毒毋載離寒暑茵帷塵寂棟宇寥怳仰悲軌迹長自矜悼不勝哀號作詩一首敢冒諒闇之譏以申罔極之痛詩曰茫茫太極賦授理殊咨生不辰仁考夙徂微微仲弱眇眇偏孤叩心昊蒼痛貫黃墟肅我以義鞠我以仁嚴邁商風恩洽陽春昔聞鄒母勤教善分懿矣慈妣曠世齊運嗟予小子譬彼土蕡俯愧陋質仰忝高訓悠悠玄運四氣錯序自我酷痛載離寒暑寥寥空堂寂寂響尸塵蒙几筵風生棟宇感昔有恃望晨遑顏婉孌懷袖極願盡歡奈何茲妣歸體幽埏酷矣痛深剖髓摧肝

晉夏侯湛離親詠曰剖符兮南荆辭親遐征發軔兮皇京夕臻兮泉亭撫首兮內顧按轡兮安步仰戀兮後塗俯歎兮前路既感物以永思兮且歸身乎懷抱苟違親以從利兮乖曾閔之攸寶視微榮之

瑣瑣兮知吾志之忽小獨申愧於一心兮歎執德之彌少

賦 魏陳思王書植懷親賦曰濟陽南澤有先帝故營遂停馬住駕造斯賦焉獦平原而南騖覩先帝之舊營營步壁壘之常制識旌麾之所停在官曹之典列心髣髴於平生迴驥首而永逝赴脩塗以尋遠情眷眷而顧懷魂須臾而九反 晉陸機祖德賦曰咨時文之懿祖膺降神之靈曜棲九德以弘道振風烈以增劭彼劉公之矯矯固雲網之逸禽旣憑形以傲物諒傳翼而棲林伊我公之秀武思無幽而弗昶形鮮烈於懷霜澤温惠乎挾纊妝希世之洪捷固山谷而爲量西夏坦其無塵帝命赫而大壯登具瞻於太階濯長纓乎天漢解戎衣以高揖正端冕而大觀戢靈武於旣曜恢時文於未煥騰絶風以逸騖庶遐蹤于公旦 又述先賦曰仰先后之顯烈懿暉祚之允輯應遠期於已曠昭前光於未戢抱朗節以遐慕振奇迹而峻立在虐臣之貪禍據西山而作違招長轂於河畔飲輿馬乎江湄頓雲網而潛泳揮神戈而外臨敵罔隆而弗夷逆無微而不禽茂德韡其旣休元勲曄而莽舉龍衮衮服於太階配三台乎其所是故其生也榮

雖萬物咸被其仁其亡也哀雖天網猶失其綱嬰國命以逝止亮身沒而吴亡 又思親賦曰悲桑梓之悠曠愧蒸嘗之弗營指南雲以寄款望歸風而効誠年歲俄其聿暮明星爛而將清迴飈肅以長赴零雪紛其下頹羨纖枝之在榦悼落葉之去枝在顧復之遺忘感明發之所懷居靡安而厭苦養引約而權豐忘天命之晚暮願鞠子之速馳兄瓊芳而蕙茂弟蘭發而玉暉感瑰姿之晚就痛慈景之先違天步悠長人道短矣異途同歸無早晚矣 晉劉柔妻王氏懷思賦曰超離親而獨寄與憂憤而長俱雖亮分以自勉曾無聞乎須臾思遥遥而忡惙疾結滯乎肌膚憶昔日之懽侍奉膝下而怡裕集同生而從容常欣泰以逸豫何運遇之偏否獨遼隔於脩路何恒鳥之將分猶哀鳴以告離況遊子之眷慕孰鄙思之可靡於是仲秋蕭索蓐收西御寒露宵零落葉晨布羨歸鴻之提提振輕翼而高舉志眇眇而遠馳悲離思而鳴咽彼邁物而推移何予思之難泄聊擧翰以寄懷悵辭鄙而增結 宋謝靈運孝感賦曰擧高檣於楊潭眇投迹於炎州貫廬江之長

路出彭蠡而南浮于時月孟節季歲亦告暨離鄉眷壤改時懷氣戀丘墳而縈心憶桑梓而零淚孟積雪而抽筍王斲冰以鱠鮮莫萊葉於枯木起春波於寒川顧微心之庸褊謝精靈於昭晰擁永慕而莫從曾遐感而靡徹　梁武帝孝思賦曰念過隙之倏忽悲逝川之不停踐霜露而悽愴懷燧穀而涕零仲由念枯魚而永慕吾丘感風樹而長悲雖一志而捨生奉二親而何期至如獻歲發揮春日載陽木散百華草列衆芳對樂時而無歡乃觸目而感傷朱明啓節白日朝臨木低甘果樹接清陰不娛悅於懷抱唯罔極而纏心寒冰已結寒條已折旅鴈鳴而哀哀朔風鼓而烈烈無一息而緩念與四時而長切蒹葭蒼蒼白露爲霜涼氣入衣淒風動裳心無追而自切情不觸而獨傷靈蚰銜珠以酬志慈烏反哺以報親在蟲鳥其猶爾況三才之令人

【頌】後漢蔡邕祖德頌曰昔文王始受命武王定禍亂至于成王太平乃洽祥瑞必降夫豈后德隆漸浸之所通也是以易嘉積善有餘慶詩稱子孫其保之非特王道然也賢人君子脩仁履德者亦其有焉昔我

烈祖暨于予考世載孝友重以明德率禮莫違是以靈祇降之休瑞兔擾馴以昭其仁木連理以象其義斯乃祖禰之遺靈盛德之所貺也豈是童蒙孤稚所克任哉穆穆我祖世篤其仁其德克明惟懿惟醇宣慈惠和無競伊人巖巖我考莅之以莊增崇丕顯克構其堂是用祚之休徵惟光厥徵伊何於昭于今園有甘棠別榦同心墳有擾兔宅我柏林神不可誣僞不可加析薪之業畏不克荷矧負靈貺以爲己華惟予小子豈不是欲予有先功匪榮伊辱　晉庾峻　祖德頌曰思文我祖降茲嶽靈綿綿之迹時惟初生天難忱斯駿命靡常世祚中衰官族消亡念昔厎績惟乃舊章烈祖勤止其德允荒漢后不辟公族剥亂難起蕭牆政由閹官監彼天眚我不干時縱德遺寵顯志遁思均樂公侯逸豫無期烈祖厎戒營茲垣墉曾孫篤之永世攸同

【贊】晉夏侯湛閔子騫贊曰聖既擬天賢亦希聖蒸蒸子騫豎體忠正干禄辭親事親盡敬勉心景迹擢辭流詠　梁元帝孝德傳皇王篇贊曰天子之孝曰聖與仁重瞳表德參漏通神皇矣高祖連鑣

舜禹天經地義重規沓矩道踰七十聲超三五　孝德傳天性篇贊曰生之云月之長之畜之顧我復我荅施何時欲報之德不可方思消塵之孝河海之慈廢書歎息泣下漣洏

【序】梁元帝孝德傳序曰夫天經地義聖人不加原始要終莫踰孝道能使甘泉自涌鄰火不焚地出黃金天降神女感通之至良有可稱

藝文類聚卷第二十

藝文類聚卷第二十一

渤海歐陽　詢　撰

德　讓　智　性命　友悌　交友　絕交

德

易曰君子進德脩業　又曰見龍在田德施普也尚書曰惟德動天無遠不届　又曰皐陶邁種德德乃降　左傳曰君人者將昭德塞違以臨照百官　又曰故昭令德以示子孫　又曰官之失德寵賂彰也　又曰夫德儉而有度　又曰楚子問鼎大小輕重焉王孫滿對曰德之休明雖小重也　又曰德以柔中國　毛詩曰德輶如毛民鮮克舉之　孝經曰先王有至德要道　又曰聖人之德無以加於孝乎　論語曰爲政以德譬如北辰　又曰德行顔淵閔子騫　又曰有德者必有言有言者不必有德　又曰君子之德風小人之德草　又曰驥不稱其力稱其德也　老子曰上德不德是以有德下德不失德是以無德　文子曰川廣者魚大地廣者德厚　鹽鐵論曰以道德爲城以仁義爲郭　又曰以道德爲胄以仁義爲劒　呂氏春秋曰宋景公時熒惑在心公問子韋對曰禍在君可移宰相公曰

宰相所與治國也曰移於民公曰民死誰與爲君曰移於歲曰歲飢民必
死子韋曰天處高而聽卑君有至德之言三天必賞君熒惑果徙三舍祀具天部星篇
漢書曰有陰德者天報以福漢雜事曰太史言有德星見當有
英才賢德同遊者詔下諸郡縣問潁川郡上事曰有陳太丘父子三人俱
共會社 東觀漢記曰張堪爲馮翊見府寺門即下主簿進曰位尊
德重不宜自輕堪曰禮下公門何謂輕哉 荀氏家傳曰荀彧德行
周備其所規摹以聖人爲度 海内先賢傳曰黃憲動則蹈規矩
言則發德音

【頌】晉左九嬪德柔頌曰邈邈德柔越天之剛神以
知來智以藏往含純博生允矣君子展也大成執德純粹岳峻川渟
履行高厲蕩蕩乎其平敦興聖道率正不傾令問不已載路歐聲

【贊】又德剛贊曰温温德剛寔秉道純履此聖義體此敦仁篤物
博好靡踈靡親九族懷附邦邑望塵貴寳賤華尚素安貧雖
在崇高必若平民匪道之榮譬之生民褒飾之譽謂之誘身惟義
是存惟道是遵

【序】梁元帝全德志序曰老子言全德歸厚莊周

云全德不刑呂覽稱全德之人故以全德創其名也。志隆大夫爲首伊人有學有辯不夭不貧寶劍在前鼓瑟從後迎環炙輠雍容卒歲駟馬高車優遊宴喜既令公侯踞掌復使要荒蹶角入室生光豈非盛矣若乃河宗九策事等神鉤陽雍雙璧理歸玄感南陽樊重高閣連雲北海公沙珂人成市咨此八龍各傳一藝夾河兩郡家有万石人生行樂上足爲先但使樽酒不空坐客恒滿寧與孟嘗問琴承睫淚下中山聽息悲不自禁同年而語也

論 梁元帝全德志論曰物我俱忘無貶廊廟之器動寂同遣何累經綸之才雖坐三槐不妨家有三徑接五侯不妨門垂五柳但使良園廣宅面水帶山饒甘菓而足花卉蔭筠篁而玩魚鳥九月肅霜時饗田畯三春捧璽作酬蚕妾酌升而而歌南山烹羔豚而擊西缶或出或處並以全身爲貴優之游之咸以忘懷自逸若此衆君子可謂得之矣

讓

尚書曰舜帝曰俞咨爾汝平水土惟時懋哉禹拜稽首讓于稷卨暨

皐陶周官大司徒職曰以陽禮教讓則民不爭　禮記曰君子恭敬樽節退讓以明禮　又曰子云觴酒豆肉讓而受惡民猶犯齒衽席之上讓而坐下民猶犯貴朝庭之位讓而就賤民猶犯忠　又曰君子貴人而賤己先人而後己則民作讓　又曰天子有善讓德於天諸侯有善歸諸天子　左傳曰宋穆公疾召大司馬孔父而屬殤公曰先君舍與夷而立寡人若弃德不讓是廢先君之舉也豈曰能賢　又曰齊侯使管夷吾平戎于晉王使隰朋平戎于晉王以上卿之禮饗管仲辭曰臣賤有司也有天子之守國高在若節春秋來承王命何以禮焉陪臣敢辭王曰舅氏余嘉乃勳應乃懿德謂督不忘往踐乃職管仲受下卿之禮而還君子曰管氏之世祀也宜哉讓不忘其上　又曰讓禮之主也范宣子讓其下皆讓　論語曰子曰太伯三以天下讓民無得而稱焉　孝經曰先之以敬讓而民不爭　家語曰虞芮二國爭田而訟連年不決相謂曰西伯仁人也盍往質焉入其境則耕者讓畔行者讓路入其朝則士讓為大夫大夫讓為卿虞芮之君曰吾儕小人不可以入君子之朝事具產業部田篇　周書曰湯放桀

於苙三千諸侯大會湯取天子之璽置之天子之坐再拜從諸侯之位湯曰此天子之位有道者可以處之三讓三千諸侯諸侯莫敢即位然後湯即天子之位　愼子曰堯讓許由舜讓善卷皆辭爲天子而退爲疋夫　列子曰昔堯舜僞以天下讓許由善卷而不失天下伯夷叔齊實以孤竹讓而終忘其國　莊子曰堯以天下讓許由曰日月出矣而爝火不息其於光也不亦難乎時雨降矣而猶浸灌其於澤也不亦勞乎　山海經曰君子國民衣冠帶劔土方千里多薰華之草好讓故爲君子國史記曰太伯虞仲知古公欲立季歷以傳昌乃亡如荆蠻文身斷髮以讓季歷　又曰太尉周勃立代王代王曰奉高帝宗廟事重寡人不佞不足以稱寡人不敢當羣臣皆伏固請代王西向讓者三南向讓者再（事具帝王部）　又曰魯連既說秦軍秦軍爲却平原君欲封魯連魯連辭謝者三終不肯受平原乃置酒酒酣起前以千金爲魯連壽魯連歎曰所貴天下之士者爲人排患釋難解紛而無所取也即有取者是商賈之事連不忍爲也遂辭而去終身不復見（事具隱逸部）　又曰董偃與舘陶主家兒博戲

殿下主伏檻觀之偃負財饒人勝則有讓主益奇之　又曰伯夷叔齊孤竹君之子也父欲立叔齊及卒齊乃讓伯夷伯夷曰父命也遂逃去　又曰吳王諸樊元年已除喪讓位季札季札棄室而耕乃舍之事具隱逸篇　漢書曰金日磾在武帝左右屬霍光以輔少主光讓日磾日磾曰臣外國人且使匈奴輕漢於是遂爲光副　又曰文帝初立以陳平爲相太尉周勃親以兵誅呂氏功多平欲讓勃位迺謝病文帝恠平曰高帝時勃功不如臣及誅諸呂臣功亦不如勃願以相讓勃　又曰韋賢薨子玄成當爲嗣玄成心知其非賢即陽爲病狂臥便利妄笑語既葬當襲爵以病狂不應大鴻臚奏狀章下承相御史案驗玄成素有名聲士大夫多疑其欲讓爵於兄承相御史遂以玄成實不病劾奏之有詔勿劾引拜玄成不得已受侯爵事具封爵部　又曰龔遂爲渤海太守數年上遣使者徵遂議曹王生願從太守會遂引入宮王生醉從呼曰願有所白遂問其故王生曰天子即問君何以治渤海君不可有所陳宜曰皆聖主之德非小臣之力也上果問以治狀遂對如王生言天子悅其有讓歎曰君安得長者之言而稱之遂因

前日臣非有知此乃臣議曹教戒臣也　東觀漢記曰承宫遭王莽篡位天下擾攘盜賊並起宫遂避世漢中建武四年將妻子之華陰山谷耕種禾黍臨熟人就認之宫悉推與而去由是顯名　又曰上封朱祐祐自陳功薄而國大願受南陽五百户足矣上不許　又曰竇融光武時數辭爵位因上疏曰臣融年五十三有一子年十五質性頑鈍臣融朝夕教導以經藝不得令觀天文見讖記誠欲令恭肅畏事恂恂循道不顯其有才能何況乃當傳以連城廣土享侯國哉又曰鄧騭永初元年封騭等以定策增三千户讓不獲遂逃避使者閉關上疏自陳　又曰歐陽尚書博士缺上欲用桓榮榮叩頭讓曰臣經術淺薄不如同門生郎中彭宏揚州從事皐弘帝曰俞往汝諧因拜榮爲博士　又曰淳于恭以謙儉推讓爲節家有山田橡樹人有盜取之者恭助爲收拾載之歸乃知是恭其盜還橡恭不受人又有盜刈恭禾者恭見之念其愧因伏草中至去乃起　續漢書曰張堪讓先人餘財數百万與兄子　謝承後漢書曰雷義舉茂才讓於

陳重刺史不聽義遂佯狂不應命鄉里爲之語曰膠漆自謂堅不如雷與陳　魏武令曰讓禮一寸得禮一尺　魏武帝雜事曰辭爵逃祿不以利累名不以位虧德之謂讓　魏志曰太祖署邴原爲丞相徵事崔琰爲東曹掾記讓曰徵事邴原議郎張範皆秉德純壹志行忠方清淨足以厲俗貞固足以幹事所謂龍翰鳳翼國之重寶舉而用之不仁者遠　吳志曰魯肅卒孫權以嚴畯代肅畯前後固辭曰僕素書生不閑軍事非才而據咎悔必至發言慷慨至于流涕權乃聽焉世嘉其能以實讓　又曰薛綜爲選曹尚書固讓顧譚曰譚心精體密貫道達微才照人物德服衆望誠非愚誠所可越先　又曰郄悟字方回拜給事黃門侍郎悟苦求外出時吳郡缺朝議用悟悟以資輕而年少不宜超登大郡辭讓切至朝廷嘉之　江表傳曰程普頗以年長陵侮周瑜瑜折節下之亍亻與計普後自敬而親重之乃告人曰吾與周公瑾交若飲醇醪不覺醉時也　許遜別傳曰遜年七歲無父躬耕負薪以養母盡孝敬之道與寡嫂共田桑推讓好者自取其荒不

營棨利毋常譴之如此當乞食無處居笑應毋旨但願老毋壽耳
郹翻别傳曰翻經水隊刀於水路人有爲取者翻因與之路人不取至於
三四路人固辭翻曰爾向不取我豈能得乎路人曰吾若取此物爲天地鬼
神所責矣翻知其終不受乃沉刀於向所失處路人悵然乃復没爲
取之翻於是不逆其意十倍刀價與之　符子曰太伯將讓其國於季
歷謂其傅曰太王欲以國之事而以嗣我我其羞之吾聞至人也不君二
世而萬世以之君不貴一代而萬代以之貴吾焉能貴乎一國而賤乎
万代哉【碑】梁陸雲太伯碑曰夫至仁至德垂風垂化內脩訓範外陶氓
俗百年之教淳道載凝而百年既終遺愛斯軌莫不肅虔寢廟著
名金石貽其後昆聿遵前典是以禹堂既毁增飾丹青堯碑載焚重
覩刊勒太伯膺慶二儀協靈七耀志輊天下慈深万物脱屣岐周克
讓之風斯舉端委揚越衣冠之俗載成重以仲雍揚波延陵蹈節民
習敦厚俗懷忠信憂深思遠千載遺風美哉洋洋致足觀也昔蒼
洲遁迹箕山辭位志守幽僊不越鐏俎猶以稱首高節摽名往代豈

若吾君之子義結民心獄訟載歸謳歌屢請能捨玉輿之貴永襲皮冠之迹悠然獨往信無德而稱焉吾啓金車晉遷紫蓋寔号帝鄉爰是天邑若乃忠人入國悽愴生悲殉義希風懦夫立志

論 晉劉寔崇讓論曰古之聖王之治天下所以貴讓者欲以出賢才而息爭也夫人情莫不皆欲已之賢也故勸令讓賢以自明賢豈假讓不賢哉故讓道興賢能之人不求而自出矣至公之舉而自立矣一官缺擇衆官所讓最多者而用之審才之道也在朝之人相讓於上草廬之人咸皆化之推能讓賢之風從此生矣爲一國所讓一國士也天下所共則天下才也推讓之風行賢與不肖灼然殊矣此道之行在上者無所用其心故曰蕩蕩乎堯之爲君莫之能名言天下自治不見堯所以治之故不能名也又曰舜禹之有天下而不與焉無爲而治者其舜也歟賢人相讓於朝大才之人恒在大官小人不爭於野則天下無事矣以賢才治無事至治興矣已抑其戎復何所與故可歌南風之詩彈五弦之琴也 晉孫盛周泰伯三讓論曰孔子曰太伯其可謂至德也已矣三以天下讓民無得而稱焉

鄭玄以爲託採藥而行一讓也不奔喪二讓也斷髮文身三讓也三者之美皆蔽隱不著王肅曰其讓隱故民無得而稱焉盛謂玄旣失之而肅亦未爲得也玄之所云三迹顯然天下所共見也何得云隱而未著乎三迹苟著則高讓可知亦復不得云其讓隱也蓋太伯之出讓迹巳露不奔喪故一事耳斷髮之言與左傳明文相背又不經也然則稱三讓者其在古公至文王乎周之王業顯於亶父受命於昌太伯玄覽弃周太子之位一讓也假託遜遁受不赴喪之譏潛推大美二讓也無亂嗣而不養仲雍之子以爲己後是其深思遠防令周嫡在昌天人叶從四海悠悠無復纖芥疑惑三讓也凡此三者帝王之業故孔子曰三以天下讓言非其常讓若咸札之倫者也

智

爾雅曰距齊州以南戴日爲丹穴丹穴之人智 易曰智周萬物道濟天下 論語曰智者樂水 又曰智者動 又曰甯武子邦有道則知 又曰若臧武仲之智 又曰智者不惑 禮記曰舜其大智歟（事具帝王部） 周書曰智與

衆同者非人師也且成事必在大智家語曰孔子曰好學則智 商君
書曰愚者闇於成事而智者見於未萌 莊子曰巧者勞而智者憂
又曰大智閑閑小智閒閒 孫卿子曰言而當智也嘿而當亦智也 又曰
是是非非謂之智 戰國策曰今六國相伐適足以強秦天下爲秦相亨
秦曾不出新何秦之智而山東之愚耶 淮南子曰夫聖人之智固已多
矣愚人之智固已少矣 又曰裨諶出郊而智 又曰文公種米曾子枷羊猶
爲智也 唐子曰命相在天才智由人由人可學致在天無可冀 符子曰堯
舜之智桀紂以爲不智堯舜以爲智惡知堯舜之非桀紂桀紂之非
堯舜乎 史記曰樗里子名疾滑稽多智秦人号曰智囊 又曰陳平
智有餘亦難獨任 漢書曰劉德少脩黃老術有智略武帝謂之千里
駒 諸葛亮集曰曹操智計殊絶於人 魏志曰賈詡自以非太祖舊
臣懼見猜嫌闔門自守退無私交婚嫁不結高門天下之論智計者
歸之 魏略曰司馬宣王聞諸葛恪死曰張敬仲懸論恪以爲必見殺
今果然張仲之智爲勝恪也 王隱晉書曰石季倫少多意智敏捷

有計略 華陽國志曰任文公聞武檐石折曰噫方智者死吾其應之遂卒益部爲之謠曰任文公智無雙

【賦】楚荀況智賦曰皇天隆物以施下民或厚或薄常弗齊均桀紂以亂湯武以賢昬愚 弗識願聞其名曰外 勝敵者邪法禹舜而能弇迹者邪行 爲動静待之而後適者邪血氣之精也志意之榮也百姓待之而後寧也天下待之而後平也明遠純粹而無疵夫是謂君子之智

性命

易曰乾道變化各正性命 又曰樂天知命而不憂 毛詩曰文王受命有此武功 又曰文王受命以作周 尚書曰無墜天之降寶命 又曰用集大命於厥躬 又云天其永我命于茲新邑 春秋曰劉子曰人受天地之中以生所謂命也 禮記曰天命之謂性率性之謂道修道之謂教 論語子夏曰死生有命富貴在天 又曰子罕言利與命與仁 又曰五十而知天命 又曰道之將行也歟命也道之將廢也歟命也 楚辭曰哀時命者屈原之所作也 家語曰魯哀公問於孔子曰人之命與性何謂孔子對曰分

於道謂之命形於一謂之性 史記曰孟嘗君五月五日生其父靜郭君曰五月子長至戶則害父孟嘗君曰人受命於天豈受命於戶 漢書曰高祖曰吾起自布衣提三尺劒以取天下豈非命也事具軍器部劒篇 范曄後漢書曰藝可學而行天爵高懸得之者命也

【賦】晉仲長敖覈性賦曰趙荀卿著書言人性之惡弟子李斯韓非顧而相謂曰夫子之言性惡當矣未詳才之善否何如願聞其說荀卿曰天地之間兆族羅列同稟氣質無有區別裸虫三百人最爲劣爪牙皮毛不足自衛唯賴詐僞迭相嚼齧總而言之少堯多桀但見商鞅不聞稷契父子兄弟殊情異計君臣朋友志乖怨結鄰國鄉黨務相吞噬臺隸僮豎唯盜唯竊面從背違意與口戾言如飴蜜心如蠆厲未知勝負便相凌蔑正路莫踐竟赴邪轍利害交爭豈顧憲制懷仁抱義祇受其斃周孔徒勞名教虛設蠢爾一槩智不相絕推此而談孰癡孰黠法術之士能不噤齘仰則扼腕俯則攘袂荀卿之言未終韓非越席起舞李斯擊節長歌其辭曰形生有極嗜欲莫限達鼻耳開口眼納衆惡距羣善方寸

地九折坂爲人作喻易俄頃成此蹇多謝悠悠子悟之不亦晚　論　晉李康運命論曰夫治亂運也窮達命也貴賤時也故運之所降必生聖明之君聖明之君必有忠賢之臣其所以相遇也不求而自合其所以相親也不介而自親唱之而必和謀之而必從得失不能疑其志讒搆不能離其交然後得成功也其所以得然者豈徒人事哉授之者天也告之神也成之者運也張良誦三略之説以遊於群雄其言也如以水投石莫之受也及其遭漢祖其言也如以石投水莫之逆也非張良之拙説於陳項而巧言於沛公也然則聖人所以爲聖者蓋在乎樂天知命故遇之而不怨居之而不疑是以聖人處窮達如一也子夏曰死生有命富貴在天故道之將行也命之將貴也則伊尹呂尚興於那周百里子房用於秦漢矣道之將廢也豈獨君子恥之而弗爲乎蓋亦知爲之而弗得矣　晉袁准才性論曰凡萬物生於天地之間有美有惡物何故美清氣之所生也物何故惡濁氣之所施也夫金石絲竹中天地之氣黼黻玄黃應五方之色有五君子以此得曲直者木

之性也曲者中鉤者繩輪桷之材也賢不肖者人之性也賢者爲師不肖者爲資師資之材也然則性言其質才名其用明矣 宋何承天達性論曰夫兩儀既位帝王參之宇中莫尊焉天以陰陽分地以剛柔用人以仁義立人非天地不生天地非人不靈三材同體相須而成者也故能稟氣清和神明特達情綜古今智周萬物妙思窮幽賾制作侔造化歸仁與能是爲君長撫養黎元助天宣德日月淑清四靈來格祥風協律玉燭揚暉酸鹹百品備其膳羞絲紵玄黄供其器服文以禮度娛以八音夫物用儉則易足易足則力有餘有餘則情志泰樂治之心於是生焉事簡則不擾不擾則神明靈神明靈則謀慮審濟治之務於是成焉故天地以儉素訓民乾坤以易簡示物懇懃若此之篤也安得與夫飛沉喘蠕並爲衆生者取之有時用之有道行火俟風暴田漁候豺獺祭所以順天時也大夫不麛卵庶人不數罟行葦作歌宵魚垂化所以愛人用也庖廚不邇五犯是翼殷后改祝孔釣不綱所以明仁道也 梁劉孝標辨命論曰臣觀管輅天才英偉珪璋特秀實海内

之名傑而官止少府丞年終四十八天之報施何其寡歟然則高才而無
貴仕饕餮而居大位自古所歎焉獨公明而已哉故性命之道窮
通之數天閼紛綸莫知其辨仲任蔽其源子長闡其惑至於禍冠
甕牖必以玄天有期鼎貴高門則曰唯人所召蕭遠論其本而不
暢其流子玄語其流而未詳其本嘗言之曰夫道生万物則謂之道生
而無主謂之自然自然者物見其然不知所以然同焉皆得不知所以
得鼓動陶鑄而不爲功庶類混成而非其力蕩乎大乎萬寶以之
化確乎純乎一化而不易化而不易則謂之命命也者自天之命也定
於冥兆終然不變鬼神莫可預聖哲不能謀觸山之力無以抗倒日
之誠弗能感短則不可緩之於寸陰長則不可急之於箭漏至乃伍
負浮尸於江流三閭沉骸於湘渚賈大夫沮志於長沙馮都尉皓髮
於郎署君山鴻漸鎩羽儀於高雲敬通鳳起摧迅翮於風穴此豈才
不足而行有遺哉近世有沛國劉瓛瓛弟璡並一時之秀士也瓛則
關西孔子通涉六經循循善誘服膺儒行璡則志烈秋霜心貞崐

王亭亭高聳不雜風塵皆稱德於衡門並馳聲於天地而官有微於侍郎位不登於執戟相次殂落宗祀無饗因斯兩賢以言古則昔之玉質金相英髦秀達擯斥於當年韞奇才而莫用侯草木以共凋與麋鹿而同死膏塗平原骨塡川谷堙滅而無聞者豈可勝道哉故曰死生有命富貴在天其斯之謂矣或者覩湯武之龍躍謂戡亂在神功聞孔墨之挺生謂英睿擅奇響視韓彭之豹變謂鷙猛致人爵見張桓之朱紱謂明經拾青紫豈知有力者運之而趍乎然則君子居正體道樂天知命其無可奈何識其由不智力逝而不召來而不拒生而不喜死而不慼不充詘於富貴不遑遑於所欲豈有史公董相不遇之文乎

友悌

爾雅曰善兄弟爲友　尚書曰惟孝友于兄弟　毛詩曰陟彼岡兮瞻望兄兮　又曰棠棣之華鄂不韡韡凡今之人莫如兄弟死喪之威兄弟孔懷原隰裒矣兄弟求矣鶺鴒在原兄弟急難　又曰兄弟既翕和樂

且湛 又曰衛宣公之三子爭相爲死 孝經曰孝悌之至通於神明禮記曰兄弟親戚稱其慈也寮友稱其悌也 又曰兄良弟悌夫義婦聽家之肥也 論語曰兄弟怡怡如也 列女傳曰任延壽之妻字季兒有三子季兒兄季宗 延壽與其友殺季宗後會赦乃以告季兒季兒曰嘻乃今語我乎季兒曰殺夫不義事兄之讎亦不義何面目以生而戴天履地乎延壽慙自經 又曰古師安妻呂君少寡無子其兄犯法君乃泣曰少遭家不造兄弟單尠門宗唯兄存而復此禍我有一計猶足免難爲辭乞代兄命自經縣門縣官嘉其義乃捨之 又曰齊宣王時有人鬬死道者被一創齊義二子立其傍吏問之兄曰我煞之弟曰非兄乃我煞之朞年相推不決召其母問所欲殺活母泣對曰煞少者相曰少子人之所愛欲煞之何也對曰少者妾之子長者前妻之子子雖痛謂明義何宣王美其義皆赦之 漢書曰卜式以田畜爲事有少弟弟壯式脫身出獨取畜羊百餘田宅財物盡與弟式牧十餘年羊致千餘頭買田宅而弟盡破其産又分財

與弟者數矣又曰王商父薨無嗣推財以分異母諸弟商無所受
東觀漢記曰魏覇為長史妻子不到官舍念兄嫂在家勤苦而獨
尊樂故常服麁不食魚肉與子躬耕與兄弟子同苦樂鄉里皆
慕其化 又曰王琳年十餘喪父母遭大亂百姓奔逃唯琳兄弟獨守
家廬弟季出遇赤眉賊將爲餔琳自縛請先季死賊矜而放之
又曰趙孝兄弟怡怡鄉黨歸德天下亂人相食弟禮爲賊所得孝
詣賊曰禮羸瘦不如孝肥賊並放之 續漢書曰姜肱兄弟二人皆
以孝行著與弟仲同被卧慈親相友及長相愛不能相離 吴書
曰劉繇與君羣弟居常夜卧早起妻妾希見其面 【詩】魏陳王曹植
贈弟白馬王彪詩曰謁帝承明廬逝將歸舊疆清晨發皇邑日
夕過首陽伊洛曠且深欲濟川無梁汎舟越洪濤怨彼東路長脩
阪造雲日我馬玄以黄鴟梟鳴衡軛豺狼當路衢蒼蠅間白黒讒
巧合親疎欲還絶無蹊攬轡止踟蹰秋風發微凉寒蟬鳴我側原野
何蕭條白日忽西匿感物傷我懷撫心長太息丈夫志四海万里猶比鄰

何必同衾幬然後展慇懃倉卒骨肉情能不懷苦辛　晉陸機與弟雲詩曰有命自天崇替靡常王師乗運席卷江湘俯慙堂構仰惟先靈孰云忍愧寄之我情昔我斯逝族有餘榮今我來思堂有哀聲我行其道鞠為茂草我履其房物存人亡撫膺泣血灑淚彷徨　晉陸雲荅兄詩曰昔我昆弟如鸞如龍今我友生凋俊墜雄華堂傾構廣宅頹墉高門降衡脩庭樹蓬　宋謝瞻荅靈運詩曰華萼相光飾嚶鳴悅同響親親子敦余賢賢吾爾賞此景後鮮暉云當一日長萋葉受榮條洄流好河廣　梁簡文帝應令詩曰微軀多幸接萼嘉運紫幄承慈青襟稟訓傍王流溫依蘭染薰百氏既洽六義乃摛辭河瀉潤高論忘疲翠幕晨宇朱花夜池窻恖斜八綺燈懸百支　梁昭明太子示徐州弟詩曰宴君書室晴眺銅池三墳既覽四始兼摛高宇既清虛堂復靜義府載陳玄言斯逞　梁劉孝綽與虞昊弟詩曰下邑非上郡徒然想二馮余慙野王德爾昴聖鄉風望望餘塗盡悽悽良宴終詔蹤一不共夜被何由同　梁劉孝

勝冬曰家園別陽羨始興詩曰四鳥兜離羣三荆悦同處如今腰艾綬東南各殊舉且欣棠棣集彌惜光陰遽黠吏本須裁豪民亦難御願勗千金水思聞五湖舉

【賦】魏陳王曹植建安十六年大軍西討馬超太子留監國植時從焉意有懷戀遂作離思之賦在肇秋之嘉月將曜師而西旗余抱疾以賔從扶衡軫而不怡慮征期之方至傷無階以告辭念慈君之光恵庶没命而不疑欲畢力於旌麾將何忠而遠之願我君之自愛爲皇朝而寳巳水重深而魚悦林循茂而鳥喜

又釋思賦曰家弟出養族父郎中伊以兄弟之愛心有戀然作此賦以贈之彼朋友之離別猶求思乎白駒況同生之義絶重背親而爲疎樂鴛鴦之同池羨比翼之共林亮根異其何戚痛別榦之傷心

晉陸機述思賦曰情易感於已覽思難戢於心不忘嗟伊思之且爾夫何往而弗臧駭中心於同氣分戚貌於異方寒鳥悲而饒音衰林愁而寡色嗟余情之屢傷負大悲之無力苟彼塗之信險恐此日之行昃亮相見之幾何又離居而別域覩尺景以傷悲撫寸心而悽惻

【文】晉潘岳哭弟文曰視

不見兮聽不聞逝日遠兮憂彌殷終皓首兮何時忘情楚惻兮
常苦辛　**祭文**　宋陶潛祭從弟文曰仁者壽竊獨信之如何斯言徒
能見斯年甫過立奄與世辭長歸蒿里邈無還期庭樹如故齋宇
廓然孰云敬遠何時復旋　宋顏延之祖祭弟文曰闔棺窮野啓殯中
荒靈影夙滅筵寢虛張々往運來自秋徂陽蕃蘭落色宿草滋
長孰云不痛辭家去鄉爾之于役爰適茲邑上秋告來方春佇立如何
不弔上違凶集六親慬心姻朋涪泣我雖載奔伊何云及求懷在昔追亡
悼存惟兄及弟瞻毋望昆生無榮樂沒望歸魂今龜吉兆祖櫬東旋
靈轜次路嚴舟在川廓然何及痛矣終天　**啓**　梁簡文帝欽南康
簡王薨上東宮啓曰方當逸延長衢克固藩屏而峯摧壁毀一朝
云及綱兄弟各從王役東守西撫常願陪承甲館同奉書堂頃得西
苑賦文北場旋食豈謂不幸獨隔昭世異林有悲飛鳴斯切伏惟殿
下愛睦思深常棣天篤北海云亡騎傳餘慕東平告盡驛問留書
嗚呼此恨復在茲日　梁劉孝儀從弟喪上東宮啓曰亡從弟遵百行

無點千里立志同氣三荆之友寂寢十起之慈皆體之於自然行之如俛拾自碣宮陪宴釣臺從幸攀附鱗翼三十餘載茫昧與善且長辭劒匿光芒璧碎符采躬搖神筆親動妙思雖毎想南皮書憶阮瑀行經北館歌悼子侯不足輩此深仁齊茲舊愛

書

吳陸景與兄書曰向訣不知所言追惟銜恨恨結胷懷懷此戀恨何時可言望路則尚近別已千里其爲思結纏在心膂於是離折路人悲之況處此戚兼之懿好情之感咽何時可勝念兄始出既當勞思嚴寒向隆經塗轗軻既宜保德爲世作資厚自珍愛又與兄書曰自尋外役出入三年緣兄之篤睦必時存之寶録兄書具積之盈笥不得新命無以自慰時輒溫故以繹其思有信勿忘心數字毎見手迹如復蹔會又荅從兄安成王書曰奉告清言溢目眷逮周委炎光已盛願比勝宜仰承發止已次新林引邁務郡無妨怡賞三湘奧區九疑形勝浮淵動浪聞眠鷗之舊說安流洞浦憶採若之遺風昔景伯出蕃高風振古叔英之部清約見稱兄政譽平宣惢和兼濟加以夏石竒雲秋江迴月

翰飛紙落理豐辭賦賞未興忽斷時希逮憶睽離方遠川塗脩曠炎涼方改願加珍昂綠字可傳自雲終間心傷淚灑投筆無宣　梁元帝荅晉安王敘南康簡王薨書

昔南康兄器宇沖貴風神英挺魏之中山徒聞退讓晉之扶風雖号好□範用今方昔豈若吞夢雲及尋陽私疾孝感神明殆不勝喪扶而後起猶異天道可期豈謂福善虛說且分違易久嘉會難逢綢繆宮闈不過紈綺之歲離羣作鎮動迴星紀之曆志異雙鸞之集遽切四鳥之悲松茂栢悅夙昔歡於芝焚蕙歎今用嗚咽

交友

周易曰二人同心其義斷金同心之言其臭如蘭　又曰上交不諂下交不瀆　毛詩曰伐木燕朋友故舊也自天子至于庶人未有不須友以成者也　又曰雖有兄弟不如友生　又曰伐木丁丁鳥鳴嚶嚶出自幽谷遷于喬木　又曰嚶其鳴矣求其友聲　又曰朋友攸攝攝以威儀　禮記曰君子之交淡如水小人之交甘如醴君子淡以成小人甘以壞　又曰寡婦之子

非有見焉弗與爲友　又曰君子不盡人之歡以全交也　又曰儒有合志
同方營道同術久不相見聞流言不信義同而進不同退其交友有如此者
大戴禮曰與君子遊苾乎如入蘭芷之室久而不聞其香則與之化矣
孝經曰士有爭友則身不離於令名　論語曰與朋友交言而有信雖曰
未學吾必謂之學矣　又曰朋友數斯疏矣　又曰朋友切切偲偲兄弟怡
怡　又曰願車馬衣輕裘與朋友共敝之而無憾（事具叙志篇）　又曰益者三友損者
三友友直友諒友多聞益矣友便辟友善柔友便佞損矣　又曰君子
以文會友以友輔仁　家語曰行循而名不彰友之罪也故君子入則篤行
出則友賢　莊子曰魚相造乎水人相造乎道故魚相忘於江湖人相忘
於道術　又曰凡交近則必相靡以信　孟子曰舜見帝帝館于貳室迭
爲賓主是天子友匹夫也　列子曰管夷吾鮑叔牙二人相友管仲曰吾與
鮑叔賈分財多自與鮑叔不以我爲貪知吾有親也吾嘗爲鮑叔謀
事大窮困鮑叔不以我爲愚知時有不利也吾嘗三仕三見逐鮑叔不
以我爲不肖知不遭時也知我者鮑叔也生我者父母　孔叢子曰昔虢叔

閎天太顛散宜生南宮适五臣同寮比德賛文武及虢叔死四人爲服
朋友之服　劉歆新議曰夫交接者人道之本始紀綱之大要名由之
成事由之立又曰交之於人也猶脣齒之相濟又曰士非交不用名非
交不發義非交不立　譙子曰夫交之道猶素之白也染之以朱則赤
染之以藍則青又曰交得其人千里同好固於膠漆堅於金石貢公之
於王吉可謂推賢矣漢書曰翟公署門一貴一賤交情乃見一死一生
乃知交情一貧一富乃知交態（事具職官部廷尉篇）賈覽曰勢利之交難以經遠
士之相知溫不增華寒不改葉貫四時而不衰歷夷險而益固　謝
承後漢書曰張元伯范巨卿二人友元伯卒巨卿夢見元伯死當葬
曰卿子未我忘當奔葬巨卿往赴之（事具夢部）晉中興書曰郄超所交皆
一時秀美雖寒門後進亦拔而友之　竹林七賢傳曰山濤與阮籍嵇康
皆一面契若金蘭濤語妻曰吾當年可爲交者唯此二人耳　世記曰
荀巨伯遠看友人疾值胡賊攻郡巨伯不忍去賊既至謂巨伯曰大軍至
一郡並空汝何男子敢獨止此巨伯曰有友人疾不忍委之寧以我身代友

人之命賦知其賢疾旋軍而還【詩】魏陳王曹植離友詩曰鄉人有夏侯威者少有成人之風余尚其爲人與之昵好王師振旅送余于魏邦心有眷然爲之隕涕乃作離友之詩其辭曰王旅遊兮背故鄉彼君子兮篤人綱勝子行兮歸朔方馳原隰兮尋舊壇車載奔兮馬繁驤涉浮濟兮汎輕航迄魏都兮息蘭房展宴好兮惟樂康晉郭璞贈溫嶠詩曰人亦有言松竹有林及爾臭味異苔同岑言以忘得交以淡成同匪伊和惟我與生爾神余契我懷子情攜手一豁安知塵冥齊謝朓贈友人詩曰芳洲有杜若可以贈佳期望望忽超遠何由見所思我行未千里山川以間之離居方歲月故人不在茲清風動簾夜孤月照窗時安得同攜手酌酒賦新詩梁陸倕贈京邑僚友詩曰余本水鄉士閑門江海隅時逢道世泰蹇足出高衢江中寒事早夜露傷秋草心屬姑蘇臺目送邯鄲道追惟疇昔時朝府多歡暇薄暮埃塵靜飛蓋相追逐李郭或同舟潘夏時方駕娛歡追美景敷文永清夜促膝豈異人戚戚皆姻婭【賦】梁丘遲思賢賦曰豈顧問哉相然

信死斯則結深念於撫翼異跂雄飛而但起知我於財利之間何足多於鮑子曰擊而道存至味其如水未見其人吾聞其理矣夫子長之託意甘執鞭於異世在茲明之慕義聊慙馭而追悅況至德之可師無兼裘以共弊有樂安之任子偉羣才而稱傑備百行之高致該九流之洪藝諒可雜而非染迹每同而常別墻易入而難窺閑無鍵而有閈思若神而泉涌翰如雲而積秩沉潛於懷抱之間蕭散于天人之際日下愧其未雙閑西慙於上哲紛吾既有此固陋荷君子之遲惠塵非府而分深葉未秾而好結尋宿草之宴處歷三紀於茲旨性有同於杞梓心獲變於丹漆文何屬而不辯理何疑而匪質問不休而鍾扣荅無窮而座謐

贊

晉夏侯湛管仲像贊曰堂堂管生忘存興仁仁道在已唯患無身苞辱遠害思濟彝倫心寄鮑子動成生民　又鮑叔像贊曰鮑子惜惜式昭德音綢繆歆叔二人同心厥芳猶蘭其堅如金遥遥景迹君子攸欽

箴

宋周祇執友箴曰四輔揚輝伐木幽林無喬爾鸞飛爰逮姬衰俗遂凋成交緣利昵用因僞情谷風興哀繁霜夏零道之未盡弘焉由人自室有迴

過門則親微言綿邈遣清談 輟響晉金雖能照塵積翳朗西河感離口悟投杖慊慊文侯友賢好學英英燕昭禮郭致樂推誠歲寒功摽松竹落落高札遼遼莊惠解帶一愚道映萬世人亦有言貴賤易交利重太山道輕鴻毛久而致敬見之晏平霜雪既至勁栢冬青

絕交

毛詩曰天下俗薄朋友道絕焉習習谷風維風及雨將恐將懼惟予與汝將安將樂汝轉弃予 又曰伐木廢則朋友缺矣 漢書曰張耳陳餘始居約時相然信死豈顧問哉及據國爭權卒相滅亡勢利之交古人羞之 又曰蕭育少與朱博為友著聞當世故長安語曰蕭朱結綬王貢彈冠始育公卿子顯博尚為杜陵亭長為育進舉遂至丞相與博有隙 世記曰王恭王都二人素相友善恭父曰恐非子之後遂不終 【書】魏應璩報龐惠恭書曰夫蕭艾之歌發於信宿子衿之思起不嗣音況實三載能不有懷雖萱草樹背皐蘇在側悒憒不遑秖以增毒朝隱之官賓不往來喬木之下曠無休息抱勞而已足下剖符南面振威千里行人子羽朝夕

相繼曾不枉咫尺之路問蓬室之舊過意賜書辭不半紙慰藉輕於繒縞識望重於丘山是角弓之詩所以為刺也值鷺羽於死丘騁駿足於株林發明月之輝光照妖人之窈窕斯亦所以眩耳目之視聽亡聲命於知友者也　晉嵇康與山濤絕交書曰柳下惠東方朔達人也安乎卑位吾豈敢短之哉仲尼兼愛不羞執鞭子文無欲卿相而三登令尹是延陵高子臧之風長卿慕相如之節志氣所託亦不可奪也吾每讀尚子平臺孝威傳慨然慕之想其為人又縱逸來久情意傲散簡與禮相背嬾與漫相成而為儕類見寬不攻其過故使榮進之心日頹任實之情轉篤此由禽鹿少見馴育則服從教制長而見羈則狂顧頓纓赴蹈湯火雖飾以金鑣饗以嘉肴愈思長林而志在豐草也又人倫有禮朝廷有法自惟至熟有必不堪者七甚不可者二臥喜晚起而當關呼之不置一不堪也抱琴行吟弋釣草野而吏卒守之不得妄動二不堪也危坐一時痺不得搖性復多虱把搔無已而當裹以章服揖拜上官三不堪也素不便書又不喜作書而人間多事堆案盈几不相酬荅則犯教傷

義欲自勉強則不能及四不堪也不喜吊喪而人道以此爲重已爲未見恕者所怨至欲見中傷者雖懼然自責然不可化終不能獲无咎無譽如此五不堪也不喜俗人而當與之共事或賓客盈坐鳴聲聒耳囂塵臭處千變百伎在人目前六不堪也心不耐煩而官事鞅掌機務纏其心世故繁其慮七不堪也又每非湯武而薄周孔人間不止此事會顯世教所不容此甚不可一也剛腸疾惡輕肆直言遇事便發此甚不可二也以促中心之性統此九患不有外難當有內病寧可久處人間邪又聞道士遺言餌术黃精令人益壽意甚信之遊山澤觀魚鳥心甚樂之一行作吏此事便廢足下見直木必不可以爲輪曲者必不可以爲桷蓋不欲以枉其天才令得其所也不可自見好章甫強越人以文冕也今但願守陋巷教子孫時時與親舊叙闊陳說平生濁酒一杯彈琴一曲志願畢矣

【論】後漢朱穆絶交論曰世之務交遊也甚矣不敢于業不忌于君犯祀以追之背公以從之事替義退公輕私重　魏徐幹中論曰大夫州郡牧守王事不卹賓客爲務冠蓋闐門服膺盈道郡郡法伝俾夜作晝

星言夙駕送往迎來停傳常滿吏卒侍門炬火夜行閽寺不闕文書委於官曹繫囚積於囹圄爲師無以教訓弟子亦不受業或身役他邦而不歸父母懷煢獨之思室人抱東山之哀嗟乎王教之敗乃至於此林宗之時所謂交遊者也輕位不仕者則有巢許之高廢職待客者則有仲尼之稱委親遠學者則有優遊之美是以各眩其名而忘天下之亂也 梁劉孝標廣絶交論曰若夫組織仁義琢磨道德驩其愉樂恤其陵夷寄通靈臺之下遺迹江湖之上風雨急而不輟其音霜雪零而不渝其色斯則賢達之素交歷萬古而一遇逮叔世民訛狙詐飈起谿谷不能踰其險鬼神無以究其變競羽毛之輕趨錐刀之末於是素交盡利交興天下蚩蚩鳥驚雷駭然利交同源派流則異較言其略有五術焉若其寵均董石權壓梁竇彫刻百工鑪錘萬物九域聳其風塵四海疊其燻灼靡不望影星奔藉響川鶩約同要離焚妻子誓殉荊卿湛七族曰勢交其流一也富均陶白貲巨程羅山擅銅陵家藏金穴則有窮巷之賓繩樞之士冀宵燭之末光邀潤屋之微澤衙

恩遇進款誠援青松以示心指白水而旌信是曰賄交其流二也陸大
夫宴喜西都郭有道人倫東國公卿貴其藉甚搢紳羨其登仙加
以頷頤蹙頞涕唾流沫騁黄馬之劇談縱碧雞之雄辯於是有弱
冠王孫綺紈公子道不挂於通人聲未適於雲閣攀其鱗翼丐其
餘論附騏驥之髦端軼歸鴻於碣石是曰談交其流三也陽舒陰慘
生民大情憂合驩離品物恒性故魚以泉涸而呴沫鳥因將死而鳴
哀同病相憐綴河上之悲曲恐懼寘懷昭谷風之盛典斯則斷金由於湫
隘刎頸起於苫蓋是以伍員濯溉於宰嚭張王撫翼於陳相是曰窮
交其流四也馳騖之俗澆薄之倫無不操權衡秉纖纊衡所以量其
輕重纊所以屬其鼻息若衡不能舉纊不能飛雖顏冉龍翰鳳
雛曾史蘭薰雪白視若遊塵遇如斷梗莫肯費其半菽罕有落其
一毛若衡重錙銖纊微彯撇雖共工之蒐慝驩兜之掩義南荆之跋
扈東陵之巨猾皆爲匍匐委虵折支䑛痔金膏翠羽將其意脂韋便
辟導其誠謀而後動芒毫寡忒是曰量交其流五也凡斯五交義均

賈鬻南故桓談譬之於闤闠，林回諭之於甘醴。近世有樂安任昉，海內髦傑，早綰銀黃，夙昭民譽，遒文麗藻，方駕曹王，英特俊邁，聯橫許郭。類田文之愛士，同鄭莊之好賢。見一善則盱衡扼腕，遇一才則揚眉抵掌。至顧眄增其倍價，剪拂使其長鳴，彯組雲臺者摩肩，趍走丹墀者疊迹，莫不締恩狎，結綢繆，想莊惠之清塵，庶羊左之徽烈。及瞑目東越，歸骸洛浦，繐帳猶懸，門罕漬酒之彥；賁未宿草，野絕動輪之賓。藐爾諸孤，朝不謀夕，流離大海之南，寄命瘴癘之地。自昔把臂之英，金蘭之友，曾無羊舌下泣之仁，寧慕郈成分宅之德。嗚呼！世路嶮巇，一至於此！太行孟門，豈云嶄絕。是以耿介之士，疾其若斯，裂裳裹足，弃之長騖，獨立高山之頂，驩與麋鹿同羣，皦皦然絕其雰濁，誠恥之也，誠畏之也。

藝文類聚卷第二十一

藝文類聚卷第二十二

人部六　　渤海歐陽　詢　撰

公平　品藻　質文

公平

尚書曰無偏無黨王道蕩蕩無黨無偏王道平平　左傳曰賈季奔狄宣子使臾駢送其帑夷之蒐賈季戮臾駢臾駢之人欲盡殺賈氏以報焉臾駢曰不可吾聞前志有之曰敵惠敵怨不在後嗣忠之道也夫子禮於賈季我以其寵報私怨無乃不可乎又曰祁奚請老晉侯問嗣焉稱解狐其讎也將立之而卒又問焉對曰午也可於是羊舌職死矣晉侯曰孰可以代之對曰赤也可於是使祁午爲中軍尉羊舌赤佐之君子謂祁奚能舉善矣稱其讎不爲諂立其子不爲比舉其偏不爲黨　禮記曰昔衛獻公出奔反國及郊將頒邑於從者而後入柳莊曰如皆守社稷則孰執羈靮而從如皆從則孰守社稷君反國而有私也無

乃不可乎於是弗果頌　又曰天無私覆地無私載日月無私照奉三無私以勞天下　韓子曰解狐薦其讎以爲相其讎往拜謝解狐引弓迎而射之　又曰解狐與荆伯柳爲怨趙簡王問於解狐曰孰可以爲上黨守對曰荆伯柳可趙簡王曰非子之讎乎對曰臣聞忠臣舉賢不避仇讎　説苑曰晉文公問於咎犯誰可使爲西河守者對曰虞子羔曰子羔非汝之仇歟曰君問可爲守者非問臣之仇也子羔見咎犯謝之曰君幸赦臣之過薦之於君得爲西河守咎犯曰薦子者公也吾不以私事害公義子其去矣顧吾射子矣　家語曰澹臺滅明爲人公正無私　慎子曰夫投鉤分財投策分馬非以鉤策爲均使得美者不知所以德得惡者不知所以怨此所以塞怨望也故蓍龜所以立公言也權衡所以立公正也書契所以立公信也法制禮籍所以立公義也凡立公所以弃私也　呂氏春秋曰荆人有遺弓者弗肯索曰荆人遺之荆人得之又何求焉孔子聞之曰去其荆而可矣老聃聞之曰去其人而可矣故老聃則至公矣　又曰昔先聖

王之治天下必先公公則天下平矣有得天下者衆矣其得之必以公其失之必以偏　史記曰邑中人民俱出獵任安常分麋鹿雉兎衆人皆喜曰任少卿分則平　又曰陳平爲社宰分肉甚均里父老曰善陳孺子之爲宰平曰嗟乎使平得宰天下亦如肉矣　韓詩外傳曰楚白公之難有社之善者辭其母將死君難其母曰弃母死君可乎社之善曰聞事君者内其禄而外其身今之所養母者君之禄也請往死之比至朝三廢車中其僕曰子懼何不反也社之善曰懼吾私也死君吾公也吾聞君子不以私害公遂死之　漢書曰蕭何不與曹參相能及何病惠帝自臨視因問曰君即百歲後誰可代君對曰知臣莫如主帝曰曹參何如何頓首曰帝得之矣臣死不恨矣又曰義縱少時與張次公俱攻剽爲群盜縱姊以醫幸王太后太后問子有兄弟欲爲官者乎姊曰有弟無行不可太后乃告上拜縱爲中郎又曰朱邑惇篤於故舊然性公正不可交以私天子器之　東觀漢記曰耿嵩履清高之節齠齔童介然特立不隨於俗鄉黨士大夫莫不敬

異之王莽敗賊盜起宗族在草中穀食貴人民相食宗家數百升合分糧時嵩年十二三宗人長少咸共推令主稟給莫不稱平　魏武令曰今壽春漢中長安先欲使一兒各往詣領之欲擇慈孝不違吾今兒亦未知用誰也雖兒小時見愛而長大能善必用之吾非有二言也不但不私臣吏兒子亦不欲有所私　周生烈曰天下所以平者政平也政所以平者人平也人所以平者心平也　燕書曰梁琛使秦琛從兄弈先在秦爲尚書郎會罷秦主欲令琛止弈舍琛語有司曰昔諸葛亮兄弟各處三國及其聘集公朝相見退無私面君子之志余敢忘乎竟不止弈舍弈數就邸舍因問東國起居琛曰今二方鼎據兄弟並蒙附寵論心各有所在今欲以東國事語君恐非西國之所欲聞何以見問

論　魏曹羲至公論曰夫世人所謂掩惡揚善者君子之大義保明同好朋友之至交斯言之作蓋閭閻之日談所以救愛憎之相謗崇居厚之大分耳非篤正文至理折中之公議也世士不斷其數而係其言故善惡不分以覆過爲弘朋友忽義以雷同爲美善惡不分亂實

由之明友雷同敗必從焉談論以當實爲清不以過難爲貴相知者以等分爲交不以雷同爲固是以達者存其義不察於交識其心不求於言且在私論猶行之有等　明勲公議則無所固之矣凡智者之勲世咸欲興化致治者也興化致嚴不崇公抑割情以順理厲清議以督俗明是非以宣教者吾未見其功也清議非臧否不顯是非非賞罰不明故臧否不可以遠實賞罰一公可以失中若乃背清議違是非雖堯不能一日以治審臧否詳賞罰故中主可以万世安是以君子知私情之難統至公之易行故季友鴆兄而不疑叔向戮弟而不悔斯二士者皆並削世之通士晉魯之忠臣也亦豈無慈愛骨肉之心慇恤同生之仁哉夫至公者天之經也地之義也理之要也人之用也昔鯀者親禹之父也舜則殛鯀而興禹禹知舜之殛其父無私故受命而不辭舜明禹知已之至公故用之而無疑無私者雖父鯀而子不言況用之於他哉　晉嵇康釋私論曰不知冒陰之可以無景而患景之不匿不知無惜之可以無患而恨惜之不巧豈不哀哉未有抱僞懷姦而身立清世匿非藏情而

信著明君者也是以君子既有其質又覩其鑒貴夫亮達希而存之惡夫務黍弃而遠之言無苟諱而行無苟德不以愛之而苟善不以惡之而苟非心無所矜而情無所繫體清神正而是非允當忠感明於天子而信篤乎萬民寄胷懷於八荒垂坦蕩以永日斯非賢人君子高行之美異者乎

品藻

家語曰子貢曰陳靈公君臣宣淫於朝泄冶諫而殺之是與比干同也可謂仁乎子曰比干於紂親則叔父官則少師忠款之心在於宗廟而已固以必死爭之冀身死之後紂當悔悟本其情志在乎仁者也泄冶位下大夫無骨肉之親懷寵不去以區區之身欲止一國之淫昏死而益亡可謂懷矣詩曰民之多辟無自立辟其泄冶之謂也　又曰子路曰澹臺子羽有君子之容而行不勝其貌宰我有文雅之辭而智不充其辯孔子曰相馬以輿相士以居弗可廢已以容取人則失之子羽以言取人則失之宰予　又曰子夏三年喪畢見於孔子與之琴使之弦侃侃而樂

作而曰先王制禮不敢不及子曰君子也閔子三年喪畢見於孔子與之琴使之弦切切而悲作而曰先王制禮不敢過焉子曰君子也子貢曰二者殊情而俱曰君子賜也惑之敢問孔子曰閔子哀未盡能斷之以禮子夏哀已盡能引之及禮雖鈞謂之君子不亦可乎

孔藂子曰魏安釐王問子從曰馬回梗梗亮直有大丈夫之節吾欲以爲相可乎荅曰亮直之節臣未明也王曰何故荅曰長目而豕視者必體方而心圓每以其法相人千百不失一臣見回非不偉其體幹也然甚疑其目王卒用之三月果以謟言得罪

漢書曰高帝置酒洛陽南宫上曰吾所以有天下者何項氏之所以失天下者何王陵對曰陛下慢而侮人項羽仁而敬人然陛下使人攻城略地所降者因以與之與天下同其利也項羽妬賢嫉能有功者害之賢者疑之戰勝而不與人功得地而不與人利此其所以失天下也上曰公知其一未知其二夫運籌[illegible]帷幄之中決勝千里之外吾不如子房鎮國家撫百姓給餉饋不絕糧道吾不如蕭何連百万之衆戰必

勝攻必取吾不如韓信此三者皆人傑也吾能用之此吾所以有天下也項羽唯有一范曾不能用此其所以為我擒也羣臣悦服　袁山松漢書曰王允字子師世仕州郡為冠蓋同郡郭林宗見而奇之曰王生一日千里王佐才也遂與之友善允仕至司徒　青州先賢傳曰京師号曰陳仲舉昂昂如千里驥周孟玉瀏瀏如松下風范曄後漢書曰許劭嘗到潁川多長者之遊唯不詣陳寔又陳蕃喪妻還葬鄉人畢至而劭獨不往或問其故劭曰太丘道廣廣則難周仲舉性峻峻則少通故不造也其多所裁量若此曹操微時嘗卑辭厚禮求為己助劭鄙其人而不肯對操乃伺隙脅劭劭不得已曰君清平之姧賊亂世之英雄操大悦而去初劭與從兄靖俱有高名好共覈論鄉黨人物每月輒更其品題故汝南俗有月旦評焉　郭泰別傳曰泰字林宗少遊汝南先過袁閬不宿而退遂往從黃憲累日方還或問林宗林宗曰奉高之器譬諸汎濫雖清而易挹叔度汪汪若千萬頃陂澄之不清混之不濁不可量也　三輔決録曰張生字仲叔其父

賊故張伯英與李幼才書曰弭仲叔高德美名命世之才也非弭氏小族所當有新豐瘠土所當出也　魏志曰盧欽著書稱徐邈曰或問欽徐公當武帝之時人以爲通人自在涼州及還京都人以爲介何也欽荅曰往者毛孝先崔季珪用事貴清素之志徐公不改其常故人以爲通比來天下奢靡轉相放効而徐公雅尚自若不與俗同故前日之通乃今日之介也　典略曰祢衡建安初自荊州北遊許都書一刺懷之漫滅而無所遇或問之曰何不從陳長文司馬伯達乎衡曰卿欲使我從屠沽兒輩耶　又問曰當今復誰可者衡曰大兒孔文舉小兒楊德祖又問荀令君趙盪寇皆足蓋世乎衡見荀有容儀趙有腹乃荅曰文若可借面吊喪稚長可使監厨請客其意以爲荀但有皃趙健啖肉也　又曰趙戩遭三輔亂客於荊州荊州牧劉表以爲賔客是時祢衡來遊京師詆呰朝士謂無直事及南見戩歎之曰所謂劔則干將莫耶木則椅桐梓漆人則顔冉仲弓也　姚信士緯曰周勃之勳不如霍光此前史所載較然可見而以勃功大於光意竊不安何者勃本

高帝大臣官尊勢顯衆所歸向居太尉位擁兵百萬旣有陳平王陵之力又有朱虛諸王之援酈其遊說以譎諸呂因衆之心易以濟事若霍光者以倉卒之際受寄託之任輔弼幼主天下晏然遇燕王上官之亂誅除凶逆以靖王室廢昌邑立宣帝任漢家之重隆中興之祚參賛伊周爲漢賢相推驗事效優劣明矣　袁子曰或云故少府楊阜豈非忠臣哉答曰然可謂直士忠則吾不知也夫爲人臣見人主失道指斥其非而播揚其惡可謂直士未爲忠臣故司馬陳群則不然其談論終日未嘗言人主之非書數十上而外人不知君子謂陳群於是乎長者　郭子曰庾道季云藺相如雖千載死人懍懍恒如有生氣曹蜍李志雖見在厭厭如在九泉下　世說曰王濬冲裴叔則二人揔角詣鍾士季須臾去後客問二童何如鍾曰裴楷清通王戎簡要後二十年此二賢當爲吏部尚書冀爾時天下無復滯才事具職官部吏部尚書篇　又曰嵇中散語趙景真卿童子白黑分明有白起風恨量小狹趙答曰尺表能審璇衡之度寸管能測往復之晷何必在大但問識何如耳　又曰諸葛瑾其弟亮

及從弟誕並有威名各在一國于時以爲蜀得其龍吳得其虎魏得其狗　又曰王大將軍稱王夷甫處衆人之中如珠玉在瓦石間　又曰世中稱庾文康爲豐年玉庾稚恭爲荒年穀　又曰魏明帝使后弟毛曾與夏侯太初共坐時人謂蒹葭倚玉樹時目夏侯太初朗如日月入懷

【書】晉徐藻妻陳氏與妹劉氏書伏見偉方所作先君誄其述詠勲德則仁風靡墜其言情訴哀則孝心以叙自非挺生之才孰能克隆聿脩若斯者乎執詠反覆觸言流淚感賴交集悲慰並至元方偉方並年少而有威才文辭富艷冠於此世竊不自量有疑一言略陳所懷庶備起予先君既體弘仁義又動則聖檢奉視極孝事君盡忠行已也恭養民也惠可謂立德立功亦民軌儀者也但道長祚短時乏識真榮位未登高志不遂本不標方外迹也老莊者絶聖弃智渾齊万物等貴賤忘哀樂非經典所貴非名教所取何必輒引以爲喻耶可共詳之

【論】後漢孔融汝潁優劣論曰融以爲汝南士勝潁川士陳長文難融荅之曰汝南戴子高親止千乘萬騎與光武皇帝共於道中潁

川士雖抗節未有頡頏天子者也汝南許子伯與其友人共說世俗
將壞因夜舉聲號哭潁川雖憂時未有能哭世者也汝南府許掾教
太守鄧晨圖開稻陂數万頃累世獲其功夜有火光之瑞韓元長雖好
地理未有成功見効如許掾者也汝南張元伯身死之後見夢范巨卿潁
川士雖有奇異未有能神而靈者也汝南應世叔讀書五行俱下潁
川士雖多聰明未有能離婁並照者也汝南李洪為太尉掾弟煞人
當死洪自刻詣閤乞代弟命便飲酖而死弟用得全潁川雖尚節義
未有能煞身成仁如洪者也汝南翟子威為東郡太守始舉義兵以
討王莽潁川士雖疾惡未有能破家為國者也汝南袁公著為甲科
郎上書欲治梁冀潁川士雖慕忠讜未有能投命直言者也　魏夏
侯玄樂毅論曰夫求古賢之意宜以大者遠者先之必迂迴而難通然
後已焉可也觀樂生報燕惠王之書其殆庶乎知機合道以終始者與
其喻昭王曰伊尹放太甲而不疑太甲受放而不怨是以天下為心者也夫
欲極道德之至量務以天下為心者必致其主於盛隆合其趣於先王樂

生之志豈其局迹當時止於兼并而已哉舉齊之事所以運其機而動四海也圍城而害不加於百姓此仁心著於遐邇矣舉國不謀其功除暴不以威力此至德全於天下也邁至德以率列國則幾於湯武之事矣樂生方恢大綱以縱二城收民明信以待其弊將使即墨莒人顧仇其上願釋干戈賴我猶親善守之智無所施之然求仁得仁即墨大夫之義也任窮則從微子適周之道也開彌廣之路以待田單之徒長容善之風以申齊之志我澤如春下應如草道光宇宙智者宅心然則鄰國傾慕四海延頸思戴燕主仰望風聲二城必從則王業隆矣雖淹留於兩邑乃所以致速於天下也不幸之變勢所不圖敗於垂成時運固然樂生豈不知拔二城之速了哉顧城拔而業乖也豈不慮一不速之致變哉顧業乖與變同也由是觀之樂生之不屠二城其亦未可量也

晉張輔名士優劣論曰世人見魏武皇帝處有中土莫不謂勝劉玄德也余以玄德爲勝夫撥亂之主先以能收相獲將爲本一身善戰不足恃也世人以玄德爲呂布所襲爲武帝所走舉軍東下而

爲陸遜所覆雖曰爲呂布所襲未若武帝爲徐榮所敗失馬被創
之危也玄德還據徐州形勢未合在荆州景叔父子不能用其計舉
州降魏手下步騎不滿數千爲武帝大衆所走未若武帝爲呂布
北騎所禽突火之急也爲陸遜所覆未若武帝爲張繡所困挺
身逃遁以喪二子也然其忌克安忍無親董公仁賈文和恒以佯愚
自免荀文若楊德祖之徒多見賊害行兵三十餘年無不親征功曰
謀士曾無列土之封仁愛不加親戚惠澤不流百姓豈若玄德威而有
思勇而有義寬弘而大略乎諸葛孔明達治知變殆王佐之才玄德
無強盛之勢而令委質張飛關羽皆人傑也服而使之夫明闇不相爲
用能否不相爲使武帝雖處安強不爲之用也況在危急之間勢弱之
地乎若令玄德據有中州將與周室比隆豈徒三傑而已哉　又曰世人
論司馬遷班固多以固爲勝余以爲失遷敘三千年事五十万言固
敘二百年事八十万言固煩省不敵不如一也良史述事善足以獎
勸惡足以鑒誡人道之常中流小事無取皆書不如二也毀貶晁錯

傷忠臣之道不如三也遷既造創因又因循難易益不同矣又遷爲蘇秦張儀范睢蔡澤作傳逞詞流離亦足以明其大才此真所以爲良史也又曰樂毅諸葛孔明之優劣乎以毅相弱燕合五國之兵以破強齊雪君王之耻圍城而不急攻將令道窮而義服此則仁者之師莫不謂毅爲優余以五國之兵共伐一齊不足爲強大戰濟西伏尸流血不足爲仁夫孔明包文武之德劉玄德以知人之明屢造其廬咨以濟世奇策泉涌智謀從横遂東説孫權北坑大魏以乘勝之師翼佐取蜀及玄德臨終禪其大位在擾攘之際立童蒙之主設官分職班叙衆才文以寧内武以折衝然後布其恩澤於中國之民其行軍也路不拾遺毫毛不犯勳業垂濟而隕觀其遺文謀謨弘遠雅規恢廓已有功則讓於下下有闕則躬自咎見善則遷納諫則改故聲烈震於遐邇也孟子曰聞伯夷之風貪夫廉余以爲覩孔明之忠姦臣立節矣殆將與伊吕爭儔豈徒樂毅爲伍哉

禮記曰虞夏之質殷周之文至矣虞夏之文不勝其質殷周之質不勝其文　又曰禮有以文爲貴者天子龍卷諸侯黼大夫黻士玄衣纁裳天子之冕朱緑璪十有二旒諸侯九上大夫七下大夫五士三此以文爲貴也禮有以素爲貴者至敬無文父黨無容大珪不琢大羹不和大路素而越席犧尊疏布鼏此以素爲貴也　又曰壹獻質三獻文左傳曰言以足志文以足言不言誰知其志言之無文行而不遠　又曰昭公如楚鄭伯勞于師之梁孟僖子爲介不能相儀及楚不能荅郊勞公至自楚僖子病不能禮乃講學之　又曰齊慶封來聘叔孫與慶封食不敬爲賦相鼠亦不知也　論語曰周監於二代郁郁乎文哉吾從周　又曰子貢問曰孔文子何以謂之文也子曰敏而好學不恥下問是以謂之文也　又曰質勝文則野文勝質則史文質彬彬然後君子　又曰棘子成曰君子質而已矣何以文爲子貢曰惜乎夫子之説君子也駟不及舌文猶質也質猶文也虎豹之鞹猶犬羊之鞹　春秋元命包曰正朔三而改文質再而復　莊子曰夫澹泊寂寞虚無無爲此天地之本

道德之質　漢書曰周昌敢直言高帝欲廢太子而立戚姬子如意昌廷爭之上問其説昌爲人吃又盛怒曰臣口不能言然知其不可陛下欲廢太子臣期期不奉詔上欣然而笑即罷　又曰陸賈少有口辯高帝爲賈曰試爲我著秦所以失天下吾所以得之者賈每奏一篇帝未嘗不稱善左右呼萬歲稱其書曰新語　又曰曹參代蕭何爲相國無所變更壹遵何之約束日夜飲酒不事朝政參子窋諫參參笞之二百惠帝讓參參免冠謝曰高帝與蕭何定天下法令既明具陛下垂拱參等守職遵而勿失不亦可乎帝曰善百姓謌之曰蕭何爲法講若畫一曹參代之守而勿失載其清靜民以寧一　又曰張釋之爲謁者僕射文帝登虎圈問上林尉禽獸簿盡不能對虎圈嗇夫從傍代尉對悉鄉音應無窮帝詔釋之拜嗇夫爲上林令釋之前曰陛下以絳侯周勃何人也上曰長者又問東陽侯張相如何人也上復曰長者釋之曰此兩人言事曾不出口豈効此嗇夫喋喋利口捷給哉且秦以任刀筆之吏以亟疾苛察相高無惻隱之實

是故不聞其過天下土崩今陛下以嗇夫口辯而超遷之臣恐天下隨而風靡爭口辯其實不可不察也帝乃止　晉書曰郄慶元質略有明規文武可施用也

【論】

魏阮瑀文質論曰蓋聞日月麗天可瞻而難附群物著地可見而易制夫遠不可識文之觀也近而得察質之用也文虛質實遠跡近察擾之斯至動之應疾兩儀通數固無攸失若乃陽春敷華遇衝風而隕落素葉變秋既究物而定體麗物苦偽醜器多牢華辭易碎金鐵難陶故言多方者中難處也術饒津者要難求也意弘博者情難足也性明察者下難事也通士以四奇高人必有四難之忌且少言辭者政不煩也寡知見者物不擾也專一道者思不散也混濛蔑伐者民不備也質士以四短違人必有四安之報故曹參相齊寄託獄市欲令姦人有所容立及爲宰相飲酒而已故夫安劉氏者周勃正嫡位者周勃大臣木強不至華言孝文上林苑欲拜嗇夫釋之前諫意崇敦朴自是以降其爲宰相皆取堅強一學之士安用奇才使變典法　魏應瑒文質論曰蓋皇穹肇載陰陽初分日月運

其光列宿曜其文百穀麗於土芳華茂於春是以聖人合德天地稟氣
淳靈仰觀象於玄表俯察式於群形窮神知化萬國是經故否泰
易趍道無攸一二政代序有文有質若乃陶唐建國成周革命九官
咸乂濟濟休令火龍黼黻暐韡於廊廟袞冕旂旒舄弈乎朝廷
冠德百王莫參其政是以仲尼嘆煥乎之文從郁郁之盛也夫質者端
一玄靜儉嗇潛化利用承清泰御平業循軌量守成法至乎應天順
民撥亂夷世摛藻奮權赫弈丕烈紀禪協律禮儀煥別覽墳丘
於皇代建不刊之洪制顯宣尼之典教探微言之所弊著天和氏之明璧輕
穀之袿裳必將遊玩於左右振飾於宮房豈爭牢偽之勢金布之剛
乎且少言辭者孟僖所以不能荅郊勞也寡智見者慶氏所以困
相鼠也今子弃五典之文闇禮智之大信管望之小尋老氏之蔽所謂
循軌常趍未能釋連環之結也且高帝龍飛豐沛虎據秦楚唯德
是建唯賢是與陸酈摛其文辯良平奮其權譎蕭何創其章律
叔孫定其庠序周樊展其忠毅韓彭列其威武明建天下者非一士之

術營宮廟者非一匠之矩也逮至高后乱德損我宗劉朱虚軫其慮辟強釋其憂曲逆規其模酈友詐其遊龍衣據北軍實賴其疇家嗣之不替誠四老之由也夫諫則無義以陳問則服汗沾濡豈若陳平敵對叔孫據書言辯國典辭定皇居然後知 質者之不足文者之有餘

藝文類聚卷第二十二

藝文類聚卷第二十三　人部七　渤海歐陽　詢　撰

鑒誡

書曰兢兢業業一日二日萬機　易曰君子乾乾夕惕若厲　又曰天道惡盈而福謙　尚書曰帝曰來禹降水儆予成允成功克勤于邦克儉于家不自滿假惟汝賢汝惟不矜天下莫與汝爭能汝惟不伐天下莫與汝爭功　又曰無稽之言勿聽弗詢之謀勿庸　又曰玩人喪德玩物喪志不作無益害有益功乃成不貴異物賤用物民乃足犬馬非其土性不畜珍禽奇獸不育于國不寶遠物則遠人格所寶惟賢則邇人安不矜細行終累大德爲山九仞功虧一簣　又曰功崇惟志業廣惟勤位不期驕祿不期侈　又曰作德心逸日休作僞心勞日拙居寵思危　又曰戒出俱無虞罔失法度　又曰戒之用休董之用威　毛詩曰惴惴小心如臨于谷　又曰殷鑒不遠在夏后之世　左傳曰晉既勝楚范宣子立於戎馬之前曰君幼諸臣不佞何以及此天命不于常有德之謂也　又曰禍福無門唯人所召　又曰臧孫云季孫之愛我疾疢

也孟孫之惡我藥石也美疢不如惡石孟孫死吾亡無日矣　禮記曰好田好女者亡其國　孝經曰在上不驕高而不危所以長守貴也　論語曰君子有三戒少之時戒之在色及其壯也戒之在鬬及其老也戒之在得　又曰如有周公之才之美使驕且吝其餘不足觀也　太公金匱曰武王問師尚父曰五帝之戒可得聞乎　師尚父曰舜之居民上矜矜如履薄冰禹之居民上慄慄如恐不滿湯之居民上翼翼乎懼不敢息　又曰吾聞道自微而生禍自微而成　家語曰孔子去周而老子送之曰凡當世之士聡明深察而死者好議人者也博辯宏大而危者好發人之惡者也　孔子曰敬奉教　又曰舟非水不行水入舟沒民非君不治民犯上則君危故君子不可不嚴也　又曰顏回謂子路曰力猛於德而得其死者鮮矣子慎諸　又曰以富貴而下人何人不與富貴而敬愛何人不親發言不逆可謂知言矣　又曰曾子曰狎甚則簡莊甚則不親是故君子之狎足以交其歡莊足以成禮而已矣　韓詩外傳曰昔者禹以夏王桀以夏亡湯以殷王紂以殷亡故無常安之國宜治之民得賢

則昌不肖則亡夫明鏡所以照形也往古所以知今也　鄙語曰不知爲吏視已成事前車覆後車誡　又曰曾子曰君子有三言可貫而佩也一曰無内疏而外親二曰身不善而怨他人三曰患已至而後呼天　戰國策曰昔儀狄作酒而美進之於禹禹飲而甘之遂疏儀狄絶旨酒曰後世必有以酒亡其國者　管子曰齊桓公與管仲鮑叔牙甯戚四人飲公曰何不爲寡人壽鮑叔牙奉杯而起曰使公無忘在莒管仲無忘其束縛在魯甯戚無忘飯牛車下公避席再拜　鬻子曰昔周公使康叔守殷戒之曰無繇不辜寧失有罪亦有無罪而見誅無有有功而不賞慎之　晏子曰君子居必擇鄰遊必就士可以避患也　又曰其文好者皮必剝其角美者身見殺甘泉必竭直木必伐　又曰夫爵益高者意益下官益大者心益小禄益厚者施益博　又曰人之將疾必先不甘粱肉之味國之將亡必先惡忠臣之語　孫卿子曰孔子對魯哀公曰君　者舟也庶人者水也水則載舟水則覆舟君以此思危則不危焉　又曰得師者王得疑者霸自爲謀

莫已若者亡　又曰伯禽將歸於魯周公謂伯禽曰君子力如牛不與
牛爭力走如馬不與馬爭走智如士不與士爭智我文王之子武王之
弟成王之叔父吾於天下亦不賤也常握髮吐食以接天下之士矣
韓子曰西門豹性急佩韋以自緩董安于心緩佩弦以自急故能以
有餘補不足以長續短之謂明主　淮南子曰天下有至貴而非勢位
也有至富而非金玉也有至壽而非千歲原心反性則貴矣適情
知足則富矣明死生之分則壽矣　說苑曰魏武侯浮西河中流謂吳
起曰美哉河山之固此魏國之寶也對曰在德不在險昔夏桀之君左
河濟右太華伊闕在其南羊腸在其北不循仁政湯放之武侯曰善
又曰有身貴而驕人者民去之位高而擅權者君惡之祿厚而不知
足者患處之　新序曰齊王西伐田巴先生而將問政焉對曰政在正身正
身之本在於群臣王召臣臣敢制髯前飾問於妾奚若妾愛臣諛臣
佼臣臨淄水而觀然後自知醜惡也今齊之臣諛王者衆王能臨淄水
見己之惡過而自改斯齊國治矣　漢書曰楊惲失官居家治產

業起室宅孫會宗戒之曰爲大臣廢退當闔門惶恐爲可憐之意不當通賓客有稱譽也　東觀漢記曰　衡勤遷司徒是時三公多見罪退上欲見令以善自矜乃因讌見從容戒之曰朱浮上不忠於君下凌轢同列竟以中傷人臣放逐受誅雖追加賞賜不足以償不訾之身忠臣孝子之覽照前世以爲鏡誡能盡忠於國事君無二則爵賞光乎當世功名列於不朽可不勉哉　又曰樊宏爲人謙慎常戒其子曰富貴盈溢未有能終者天道惡滿而好謙前世貴戚皆明戒也保身全己豈不樂哉　又曰班超爲都護以任尚代超尚謂超曰君在外國三十餘年而小人猥承君後宜有以誨之超曰塞外吏士本非孝子順孫皆以過罪徙補邊屯而蠻夷懷鳥獸之心難禁易敗今君性嚴急水清無大魚察政不得下和宜陽爲簡易寬小過總大綱而已

詩　後漢傅毅迪志詩曰咨爾庶士迨時斯勖日月逾邁豈云旋復於赫我祖顯于殷國二迹阿衡克光其則咨予小子穢陋靡逮懼我世烈於茲以墜於戲君子無恒自逸徂年如流鮮

茲暇日　魏陳王曹植矯志詩曰芝桂雖芳難以餌魚尸位素餐難
以成居磁石引鐵於金不連大朝舉士愚不聞焉　又矯志詩曰抱璧
塗乞無爲貴寶履仁遘禍無爲貴道鵷雛遠害不羞卑棲
靈虬避難不耻汙泥都蔗雖甘杖之必折巧言雖美用之必滅濟濟唐
朝万邦作孚逢蒙雖巧必得良弓賢主雖智亦待英雄螳蜋見
歎齊士輕戰越王軾蛙國以死獻道遠知驥世偽知賢覆之燾之
順天之矩澤如凱風惠如時雨口爲禁闥舌爲發機門機之闓楛矢
不追　魏繁欽遠戍勸戒詩曰肅肅將王事集此揚土凡我同盟既文
既武郁郁桓桓有規有矩務在和光同塵共垢各竭其心爲國蕃輔闇
闇衎衎非法不語可否相濟闕則云補　又雜詩曰世俗有險易時運
有盛衰老氏和其光蘧瑗貴可懷　魏應璩雜詩曰細微可不慎隄
潰自蟻穴腠理早從事安復勞鍼石哲人覩未形愚夫闇明白曲突
不見賓燋爛爲上客思願獻良規江海儻不逆狂言雖寡善猶有
如雞跖雞跖食不已齊王爲肥澤　晉張華勵志詩曰仁道不遐

德輶如羽求焉斯至衆鮮克舉復禮終朝天下歸仁若金受礪若泥在鈞進德修業暉光日新　晉潘安仁家風詩曰綰髮綰髮亦鬒止日祗日祗敬亦慎止靡專靡有受之父母鳴鶴匪和析薪弗荷隱憂孔疚我堂靡構義方既訓家道穎穎豈敢荒寧一日三省

晉嵇紹贈石季倫詩曰人生禀五常中和爲至德嗜欲雖不同成生所不識仁者安其身不爲外物惑事故誠多端未若酒之賊內以損性命煩辭傷軌則屢飲致疲怠清和自否塞陽堅敗楚軍長夜傾宗國詩書著明戒量體節飲食遠希彭聃壽虛心處冲默茹芝味醴泉何爲昏酒色

賦

魏文帝戒盈賦序曰避暑東閣延賓高會酒酣樂作悵然懷盈滿之戒乃作斯賦惟應龍之將舉飛雲降而下征資物類之相感信貫微之通靈何今日之延賓君子紛其集庭信臨高而增懼獨處滿而懷愁願群士之箴規博納我以良謀

吴楊泉贊善賦曰伊善惡之所施乃禍福之爲階行德安而保身忘爲害而自危故先民之有作執温恭而不虧于顔冉之遭命惟禍

福之衆著夫二賢之履道歷千載而見知身旣没而名存厥復戚乎何爲夫死生之有命非神明之所規故積善之家厥福惟昌積惡之門必有餘殃是以趙武好善厥胤以長三郄好勝厥身以亡古人從善如不及去惡如探湯恐福德而難值而禍惡之易當

【贊】晉戴逵申三復贊曰嗜好深則天機淺名利集則純白離如此故識鑒逾昏驕淫彌深心與慎乖則理與險會然後假智以御險履險以避害故陰陽寇其內人力攻其外陰陽結則金石爲之消人事至則雖智不足賴若然者雖翠幄華堂焉得而康之列鼎重味焉得而甞之

周庾信周公伯禽贊曰伯禽出居魯自鳴玉來朝周公問政治國風謡北山有梓南山有橋禮容雖備俯仰無驕

【箴】梁武帝凡百箴曰凡百衆庶爾其聽之事無大小先當熟思思之不熟致成反覆其心不定不可施令是曰亂常是曰敗政老不止辱身亦喪厥命勿恃爾尊驕慢淫昏勿謂爾貴長夜荒醉日一不恒中月盈則虧履邪念正居安思危莫言爾賤而不受命君子小人本無定性莫言人微而以自輕水清照淨表

直影端近取諸身無假遠觀猗與哲人勿謂斯難

【訓】 晉潘岳兩階銅人訓曰言之有感託乎多士言之不感絕之由己無曰莫傳宣于四海無曰莫聞響音振万里樞機之發榮辱之徵怨豈在大纖介是興

【誡】 漢東方朔誡子曰明者處世莫尚於中優哉游哉與道相從首陽爲拙柳惠爲工飽食安步以仕代農依隱玩世詭時不逢是故才盡者身危好名者得華有群者累生孤貴者失和遺餘者不匱自盡者無多聖人之道一龍一蛇形見神藏與物變化隨時之宜無有常家 後漢鄭玄戒子曰宿業衰落仍有失誤年入此歲而七十矣於禮可傳家事今我告爾以老將閑居以安性覃思以終業非拜國君之命問族親憂患展敬墳墓春秋觀省野物胡常扶杖出門乎家事大小汝一承之求爲君子之道鑽研勿替敬愼威儀以近有德顯譽成於僚友德行立於己志可不深念耶 後漢高義方清誡曰天長而地久人生則不然又不養以福保全其壽年飲酒病我性思慮害我神美色伐我命利慾亂我真神明無聊賴愁毒於衆煩中

年二卅我逝忽若風過山形氣各分離一往不復還上士愍其痛柎
志陵雲煙滌蕩弃穢累飄颻任自然退修清以淨存吾玄中登
心剪思慮泰清不受塵恍惚中有物希微無形端智慮赫赫盡
谷神綿綿存　魏王肅家誡曰夫酒所以行禮養性命歡樂也過
則爲患不可不慎是故賓主百拜終日飲酒而不得醉先王所以備
酒禍也凡爲主人飲客使有酒色而已無使至醉若爲人所強必退席
長跪稱父誡以辭之敬仲辭君而況於人乎爲客又不得唱造酒史也
若爲人所屬下坐行酒隨其多少犯令行罰示有酒而已無使多也
禍變之興常於此作所宜深慎　魏王昶家誡曰夫立功者有三難功
就而身不退一難也退而不靜務伐其功二難也且懷禄之士躭寵之臣
苟患失之何所不至若樂毅帥弱燕之衆東破強齊收七十餘城其功
盛矣知難而退保身全名張良杖劒建策光濟大漢辭三万户
封學養性之道弃人間之事卒無咎悔何二賢綽綽有餘裕哉治
家亦有患焉積而不能散則有鄙悋之累積而好奢則離驕上

之罪大者破家小者辱身此二患也　魏荀爽女誡曰詩云泉源在左淇水在右女子有行遠父母兄弟明當許嫁配適君子竭節從理昏定晨省夜卧早起和顏悅色事如依恃正身潔行稱為順婦以崇螽斯百葉之祉婚姻九族云胡不喜聖人制禮以隔陰陽七歲之男王母不抱七歲之女王父不持親非父母不與同車親非兄弟不與同筵非禮不動非義不行是故宋伯姬遭火不下堂知必為災傳母不來遂成於灰春秋書之以為高也　魏程曉女典篇曰丈夫百行以功補過婦人四教以備為成婦德闕則仁義廢矣婦言虧則辭令慢矣婦公簡則織絍荒矣是以禮有功宮家室之教詩有牖下蘋藻之奠然後家道諧允儀表則見於內若夫麗色妖容高才美辭貌足傾城言以乱國此乃蘭形棘心玉曜瓦質在邦必危在家必亡　晉嵇康家誡曰人無志非人也但君子用心有所准行當量其善者擬議而後動若心之所之則口與心誓守死無貳恥躬不逮期於必濟若心疲體懈或牽於外物或累於內欲不堪近患

不忍小情則議於去就議於去就則二心交爭二心交爭則向所以見役之情勝矣或有中道而廢或有未成而敗以之守則不固以之攻則怯弱與之誓則多違與之謀則善泄臨樂則肆情處逸則極意故雖榮華熠熠無結秀之勤終年之勤無一日之功斯君子所以歎息也若夫申胥之長吟夷叔之全潔展季之執信蘇武之守節可謂固矣故以無心守之安而體之若自然也乃是守志盛者也

吳姚信誡子曰古人行善者非名之務非人之為心自甘之以為己度嶮易不虧終始如一進合神契退同人道故神明祐之衆人尊之而聲名自顯榮祿自至其勢然也又有內折外同吐實懷詐見賢則暫自新獨居則縱所欲聞譽則驚自飾見尤則弃善端凡失名位恒多怨人而害善怨一人則衆人疾之害一善則衆人怨之雖欲陷人而進己不可得也秖所以自毀耳顧真偽不可掩褒貶不可妄舍偽從實遺己察人可以通矣舍己就人去否適泰可以弘矣貴賤無常唯人所速苟善則匹夫之子可至王公苟不善則王公之子反為凡庶可

勉哉　吳陸景誡盈曰富貴天下之至榮位勢人情之所趨然古之智士或山藏林竄忽而不慕或功成身退逝若脫屣者何哉蓋居高畏其危處滿懼其盈富貴榮埶本非禍始而多以凶終者持之失德守之背道道德喪而身隨之矣是以留侯范蠡弃貴如遺叔敖蕭何不宅美地此皆知盛衰之分識倚伏之機故身全名著與福始卒自此以來重臣貴戚隆盛之族莫不罹患搆禍鮮以善終大者破家小者滅身唯金張子弟世履忠篤故保貴持寵祚鍾昆嗣　蜀諸葛亮誡子曰夫君子之行靜以修身儉以養德非澹泊無以明志非寧靜無以致遠夫學須靜也才須學也非學無以廣才非志無以成學慆慢則不能勵精險躁則不能治性年與時馳意與歲去遂成枯落悲歎窮廬將復何及　晉李充起居誡曰溫良恭儉仲尼所以爲貴小心翼翼文王所以稱美聖德周達無名斯亦聖中之目也中人而有斯行則亦聖人之一隅矣而末俗謂守慎爲拘系退慎爲怯弱不遜以爲勇無禮以爲達異乎吾

所聞也【誥】宋顔延之庭誥曰若能服温厚而知穿弊之苦周明之德也厭滋旨而識空嗛之急仁恕之功也豈與夫叱髮虐於草石方手足於飛走者同其意哉罰愼其濫惠誡其偏罰濫則無以爲罰惠偏則不如無惠嫌惑疑心誡亦難分動容竊斧束裝盜金又何足論也是以前王作典明愼議獄而僭濫易意火含煙而煙妨火桂懷蠹而蠹殘桂然火勝則煙滅蠹壯則桂折故性明者欲簡嗜繁者氣昏與善人居如入芝蘭之室久而不知其芳與之化矣與不善人居如入鮑魚之肆久而不知其臭與之變矣唯夫金貞玉粹者乃能處而不汙其身耳故曰丹可滅而不能使無赤石可毀而不能使無堅苟丹石之性必愼浸染之由

【銘】後漢崔瑗座右銘曰無道人之短無說己之長施人愼勿念受施愼勿忘俗譽不足慕唯仁爲紀綱隱身而後動謗議庸何傷無使名過實守愚聖所臧柔弱生之徒老氏誡剛強在涅貴不緇曖曖內含光硜硜鄙夫介悠悠故難量愼言節飲食知足勝不祥行之苟有恒久久自芬芳　魏卞蘭座右銘曰重階連

棟必濁汝真金寶滿室將乱汝神厚味來殃艷色危身求高反墜務厚更貧閉情塞欲老氏所診周廟之銘仲尼是遵審慎汝口戒無失人從容順時和光同塵無謂冥漠人不汝聞無謂幽冥處獨若群不爲福先不與禍鄰守玄執素無乱大倫常若臨深終始惟純

書

漢劉向誡子書曰汝有厚德蒙恩甚厚將何以報董生有云吊者在門賀者在閭言有憂則恐懼敬事敬事則必有善功而福至也又曰賀者在門吊者在閭言受福則驕奢驕奢則禍至故吊隨而來齊頃公之始藉霸者之餘威輕侮諸侯虧跂蹇之容故被安華之禍遁服而亡所謂賀者在門吊者在閭也兵敗師破人皆吊之恐懼自新百姓愛之諸侯皆歸其所奪邑所謂吊者在門賀者在閭

後漢張奐誡兄子書曰汝曹薄祐早失賢父財單藝盡今適喘息聞仲祉輕傲耆老侮狎同年極口恣意當崇長幼以禮自持聞燉煌有人來同聲相道皆稱叔時寬仁聞之喜而且悲喜叔時得美稱悲汝得惡論經言孔於鄉黨恂恂如也恂恂者恭

謙之貌也經難知且自以汝資父爲師汝今寧輕鄉里耶年少多失改之爲貴蘧伯玉年五十見四十九年非但能改之不可不思吾言不自克責反云張甲謗我李乙惡我我無是過爾亦已矣 後漢司馬徽誡子書曰聞汝充役室如懸磬何以自辨論德則吾薄說居則吾貧勿以薄而志不壯貧而行不高也 後漢馬援誡兄子書曰吾欲汝曹聞人過失如聞父母之名耳可得聞而口不可得言也好論議人長短妄是非正法此吾所大惡也寧死不願聞子孫有此行也汝曹知吾惡之甚矣所以復言者施衿結褵申父母之誡欲使汝曹不忘之耳龍伯高敦厚周愼口無擇言謙約節儉公正有威吾愛之重之願汝曹効之杜季良豪俠好義憂人之憂樂人之樂清濁無所失父喪致客數郡畢至吾愛之重之不願汝曹効之也効伯高不得猶爲謹勑之士所謂刻鵠不成尚類鶩者也効季良不得陷爲天下輕薄子所謂畫虎不成反類狗也 後漢崔駰與竇憲書曰駰聞交淺而言深者愚也在賤而望貴者惑也未信而納忠者謗也

皆所不宜而或蹈之者思効其區區憤盈而不能已也竊見足下體淳淑之姿躬高明之量意美志厲有尚賢之風騶幸得充下館序後陳是以竭其拳拳敢進一言傳曰生而富者驕生而貴者傲生富貴而能不驕傲者未之有也　魏王脩誡子書曰自汝行之後恨恨不樂何者我實老矣所恃汝等也皆不在目前意遑遑也人之居世忽去便過日月可愛也故禹不愛尺璧而愛寸陰時過不可還若年大不可少也欲汝早之未必讀書并學作人欲令見舉動之宜觀高人遠節志在善人左右不可不慎善否之要在此際也行止與人務在饒之言思乃出行詳乃動皆用情實道理違斯敗矣父欲令子善唯不能煞身其餘無惜也　晉羊祜誡子書曰吾少受先君之教能言之年便召以典文年九歲便誨以詩書然尚猶無鄉人之稱無清異之名今之職位謬恩之加耳非吾力所能致也吾不如先君遠矣汝等復不如吾諮度弘偉恐汝兄弟未之能也奇異獨達察汝等將無分也恭爲德首慎爲行基願汝等言則

忠信行則篤敬無口許人以財無傳不經之談無聽毀譽之語聞人之過耳可得受口不得宣思而後動若言行無信身受大謗自入刑論豈復惜汝恥及祖考思乃父言纂乃父叙各諷誦之　晉郡袁書曰大道也者易尋而難窮易知而難行也故京房之徒考步吉凶之變而不能自見其禍更爲姚平所誡此道之難知也省爾之才不及於房而吾之言過於平矣昔弗父何三命滋益恭晏平仲久而敬之曾顏之徒有若無實若虛也況爾析薪之智欲彈射世俗身爲謗先怨禍並集使吾懷朝父之憂爲范武子所嘆亦非汝之美也若朝益暮習先人後已恂恂如也則吾聞音而識曲食音而知其甘永終吾餘年矣復何恨哉古人有言思不出其位爾其念之爾其念之

宋陶潛誡子書曰少來好書偶愛閑靜開卷有得便欣然忘食見樹木交蔭時鳥變聲亦復歡爾有喜嘗言五六月中北窻下卧遇涼風暫至自謂是羲皇上人汝等雖不同生當思四海皆兄弟之義鮑叔敬仲分財無猜情歸生伍舉班荊道舊遂

能以敗爲成因喪立功他人尚爾況其父之人哉　梁簡文帝誡當陽公書曰汝年時尚幼所闕者學可久可大其唯學歟所以孔丘言吾嘗終日不食終夜不寢以思無益不如學也若使牆面而立沐猴而冠吾所不取立身之道與文章異立身先須謹重文章且須放蕩　梁孝元帝與學生書曰吾聞斲玉爲器諭乎知道惟山出泉譬乎從學是以執射執御雖聖猶然爲弓爲箕不無以矣抑又聞曰漢人流麦晋人聚螢安有挾冊讀書目不覺風雨以至朗月章奏不知爝火爲微所以然者良有以矣可久可大莫過乎學求之於己道在則尊

梁徐勉與大息山松書曰家世清廉故常居貧素至於産業之事所未嘗言中年聊於東田欲營牙池種樹少寄情賞又以郊際閑曠終可爲宅儻獲懸車致仕實欲歌笑於斯經營歷年粗已成立桃李茂密桐竹成陰塍陌交通渠畎相屬蜀茅樓迥榭頗有臨眺之美孤岑叢薄不無紆縈之興雖云人外城闕密邇亦爲人長殊復不易當使中外諧緝人無間言先物後已然後可貴老生云後其

身而身先若能爾者更招巨利汝當勉勗見賢思齊不宜忽略
以弃日非徒弃日乃是弃身身名美惡豈不大哉　梁范縝與王
僕射書曰君侯匡輔聖朝中夏無虞既盡美矣又盡善矣唐
堯非不隆也門有謗木虞舜非不盛也庭懸諫鼓周公之才也樂聞
譏諫故明君賢宰不憚謇謇之言布衣窮賤之人咸得獻其狂
瞽先王所以有而勿亡得而勿失功傳不朽名至今者用此道也

論

魏王粲安身論曰盖崇德莫盛乎安身安身莫大乎存政存政
莫重乎無私無私莫深乎寡欲是以君子安其身而後動易其
心而後語定其交而後行然則動者吉凶之端也語者榮辱之主
也求者利病之幾也行者安危之決也故君子不妄動也必適於道
不徒語也必經於理不苟求也必造於義不虛行也必由於正夫然
用能免或擊之凶享自天之祐故身不安則殆言不順則悖交不審
則惑行不篤則危四者存乎中則患憂接乎外矣憂患之接必生
於自私而興於有欲自私者不能成其私有欲者不能濟其欲理之

至也　晉袁宏去伐論曰夫君者量才任以授官參善惡以毀譽課功過以賞罰者也苟伐其善必忘其惡於是怨責之情必存乎心希望之氣必形乎色此矜伐之士自賢之人所以爲薄而先王甚惡之者也君子則不然勞而不伐施而不德致恭以存其位下人不隱其功處不避汙官不辭卑唯懼不任唯患弗能故力有餘而智不屈遠咎悔而行成名立也

藝文類聚卷第二十三　人部七

藝文類聚卷第二十四　人部八　渤海歐陽　詢　撰

諷　諫

諷

毛詩曰上以風化下下以風刺上主文而譎諫言之者無罪聞之者足以　戒故曰風　禮記曰吳侵陳斬祀殺厲夫差使行人儀問太宰嚭曰師必有名人之稱斯師也則謂之何太宰嚭曰古之侵伐者不斬祀不殺厲不獲二毛今斯師也殺厲與其不謂之殺厲之師與　左傳曰魏獻子受梗楊人賂閻没汝寬欲諫待於庭饋入召之食比置三歎既食使坐魏子曰吾聞唯食忘憂今置食之閒三歎何也同辭而對曰饋之始至恐其不足是以歎中置自咎曰豈將軍食之而有不足是以再嘆及饋之畢願以小人之腹爲君子之心屬厭而已獻子辭梗楊人　國語曰晉平公射鷃使豎摶之不得公怒將殺之叔向曰君必殺之吾先君唐叔射兕于徒林以爲大甲　所以封于晉今君嗣唐叔射鷃不得是揚吾君之耻速殺之無令遠聞君

忸怩乃赦之　晏子曰齊景公樹竹令吏守之公出過之有斬竹者拘之將加罪焉晏子曰君聞吾先君丁公乎曰何如對曰丁公伐曲城勝之止其財出其民有輿死人以出者公恠之令視之則其中有金玉焉吏請殺其人丁公曰以兵攻城以衆圍財不仁且君人者寬惠慈衆身不妄誅令吏舍之公曰善令出斬竹之囚舍之　又曰齊景公所愛馬暴死景公怒令刀解養馬者晏子請數之曰爾有罪三公使汝養馬汝殺之當死罪一又殺公之所愛馬當死罪二使公以一馬之故殺人百姓怨吾君諸侯輕吾國汝當死罪三景公喟然曰舍之事具獸部列子曰晉文公出會欲伐衛公子鉏仰而笑之公問何故笑對曰笑臣之鄰人也臣之鄰人有送其妻適私家者道見桑婦悅而與之言顧視其妻亦有招之者臣竊歎之也公乃止事具朱部東篇　呂氏春秋曰楚莊王立三年不聽朝成公賈入諫曰有鳥止于南方之阜三年不動不飛不鳴是何也王曰是鳥雖無飛飛將沖天雖無鳴鳴將駭人賈出矣不穀知之矣明日朝所進者五十人所退者五十人群臣大悅　史

記曰秦二世欲漆其城優旃曰善主上雖無言臣固將請之漆城蕩蕩寇來不可上易爲漆耳難爲蔭室二世笑而止　又曰孫叔敖病將死屬其子曰貧困往見優孟後其子窮困負薪逢優孟與言孟曰無遠行時楚莊王欲以優孟爲相對曰請與婦人計之三日後優孟來王曰何如曰婦言無爲楚相孫叔敖盡忠以治楚楚以得覇今死其子無立錐之地必如孫叔敖不如自殺王乃召孫叔敖子以四百戶奉其祀　又曰東武侯母嘗養漢武帝號大乳母乳母家子孫撗暴徙邊乳母嘗辭見郭舍人爲下泣舍人曰即入辭去疾步數還顧乳母入辭如其言疾步數還顧郭舍人疾言罵之曰咄老女子何不疾行陛下已壯寧尚須汝乳而活耶尚何還顧於是上憐悲之乃下詔無徙乳母　又曰田叔相魯初到民訟王取其財物百餘人田叔取渠率二十人笞各五十怒之曰王非若主耶何敢言若主魯王聞之大慙　韓詩外傳曰齊景公之時民有得罪者公怒縛置殿下召左右支解之晏子左手持頭右手磨刀而問曰

古明王聖主支解人從何支始景公離席曰縱之罪在寡人東方朔傳曰人有煞上林鹿者武帝下有司煞之東方朔曰是人固當死者三使陛下以鹿之故煞人一當死也使天下聞之皆以陛下爲重鹿賤人二當死也匈奴即有急推鹿觸之三當死也武帝嘿然遂赦之孔叢子曰陳惠侯大城因起陵陽之臺未終而坐法死者數十人又執三監吏將煞之孔子適陳聞之見陳侯與俱登臺而觀焉孔子曰美哉斯臺自古聖王爲城臺未有不戮一人而致功若此者也陳侯默赦所執吏　新序曰趙簡子上羊開阪群臣皆偏禓推車而虎會獨擔戟行歌簡子曰寡人上阪群臣推車會獨行歌不推車是會爲臣而侮其主其罪何若對曰臣侮主之罪當死死者身死妻子爲戮也君雖聞爲臣侮主之罪君亦聞爲人君而侮其臣者乎簡子曰何若爲侮其臣者乎對曰智者不爲謀辯者不爲使勇者不爲鬬夫智者不爲謀則社稷危辯者不爲使則諸事不通勇者不爲鬬則邊境侵三者不使則君難保簡子乃罷推車　又曰魏文侯與

大夫坐問曰寡人何如君也群臣皆曰君仁君也次問翟黄曰君
非仁君也曰子何以言之對曰君伐中山不以封君之弟而以封君之
長子曰以是知君之非仁君也文侯怒而逐翟黄翟黄起而出次任坐
坐對曰君仁君也曰子何以言之對曰臣聞之其君仁者其臣直向翟
黄之言直臣是以知君仁君也文侯曰善復召翟黄　説苑曰趙簡
子舉兵伐齊有被甲士申護笑簡子曰子何笑對曰臣乃有宿笑
當桑之時臣隣家父與妻俱之田見桑中女因往追之不能得還反其妻
怒而去之臣笑其曠也簡子曰今吾伐國失國是吾曠也還師而歸
又曰齊桓公逐鹿入谷見一老公問是爲何谷對曰爲愚公谷以臣名
之桓公曰視公儀狀非愚人何爲以公名之對曰臣故畜牸牛生子大
賣之而買駒少年曰牛不能生馬遂持駒去傍隣以臣爲愚故
名愚公管仲再拜曰此夷吾之過也使堯在上咎繇爲理安有取
駒者乎　又曰吳王欲伐荆舍人少孺子欲諫不敢則懷丸操彈遊於後
園露沾其衣王曰何沾衣如此對曰榆上有蟬高居悲鳴不知螗蜋

在後螗蜋委身欲取蟬不知黃雀在其傍黃雀延頸欲啄螗蜋而不知彈丸在其下此三者皆務欲得其利而不顧其後患也王曰善哉乃罷兵　蜀志曰天旱禁酒釀者刑吏於人家索得釀具欲令與作酒者同罰簡雍從先主遊見一男子行道謂先主彼人欲淫何以不縛先主曰卿何以知之雍曰彼有淫具與欲釀者同先主大笑而原欲釀者　世記曰桓玄好獵麞兔騰逸參佐無不被繫桓道恭常自帶綿絡繩著腰中玄問用此何爲荅玄獵好縛人士會被縛手不能堪痛也玄自此小差

【詩】漢韋孟諷諫詩序曰孟爲元王傅又傅子夷王及孫王戊荒淫不遵道孟作詩諷諫曰肅肅我祖國自豕韋黼衣朱紱四牡龍旂彤弓斯征撫寧遐荒總齊群邦以翼大商迭彼大彭勳績惟光至于有周歷世會同王赧聽譖寔絶我邦悠悠嫚秦上天不寧乃睠南顧授漢于京乃命厥弟建侯于楚俾我小臣惟傳是輔兢兢元王恭儉靜一惠此黎民納彼輔弼爰及夷王克奉厥緒咨命不永惟王統祀如何我王不思

守保不惟履氷以繼祖考邦事是廢逸遊是娛　八馬悠悠是放
是驅所弘匪德所親匪俊唯圄是恢唯諛是信　嗟嗟我王漢之睦
親曾不夙夜以休令聞　魏應璩百一詩曰年命在桑榆東岳與
我期長短有常會遲速不得辭斗酒當爲樂無爲待來茲室
廣致凝陰臺高來積陽奈何季世人侈靡在宮墻飾巧無窮
極土木被朱光徹求傾四海雅意猶未康　賦　楚荀況賦曰天下不治
請陳佹詩天地易位四時易鄉列星隕墜旦暮晦盲幽暗登
昭日月下藏公正無私見謂縱橫志愛公私重樓疏堂道德純備
讒口將將仁人詘約敖暴擅強天下幽險恐失世殃龜龍爲蝘蜓
鴟梟爲鳳皇比干見剖孔子拘匡昭昭乎其智之明也郁郁乎其
遇時不祥也拂乎其欲禮義之大行也暗乎天下之晦盲也琁玉瑶
琳不知佩也雜布與錦不知異也閭娵子奢莫之媒也嫫母力父莫
之喜也以盲爲明以聾爲聰以危爲安以吉爲凶嗚呼上天曷惟
其同　楚宋玉諷賦曰楚襄王時宋玉休歸唐勒讒之於王曰王爲人

身體容冶內多微辭出愛主人之女入事上 王願王疏之玉休還王謂玉曰出愛主人之女入事寡人不亦薄乎玉曰臣嘗出行僕飢馬疲主人之女翳承日之華披翠雲之裘更被白縠之單衫垂珠步搖來排臣戶為臣炊彫胡之飯烹露葵之羹美以其翡翠之釵挂臣冠纓為臣歌曰歲將暮兮日已寒中心亂兮勿多言臣復援琴為秋竹積雪之曲主人女又為臣歌曰怵惕心兮徂玉牀橫自陳兮君之傍君不御兮妾誰怨日將至兮下黃泉 又釣賦曰宋玉與登徒子偕受釣於玄泉止而並見於楚襄王登徒子曰夫玄泉天下之善釣者也以三尋之竿八絲之線以出三尺之魚於數仞之中可謂無術乎襄王曰善宋玉進曰今玄泉釣又焉足為大王言乎王曰子所謂善釣者何玉曰善釣者其竿非竹其綸非絲其鉤非鍼其餌非蟥也王曰願遂聞之宋玉曰昔堯舜禹湯之釣也以聖賢為竿道德為綸仁義為鉤利人為餌四海為池万民為魚其釣道微也非聖孰能察之王曰釣未可見也宋玉曰其釣易見昔殷湯以七十里興利除

害天下歸之其餌可謂芳矣南面以掌天下歷載數百到今不廢其綸可謂多矣群生浸其澤民畏其罰其鉤可謂善矣功成而不墜名立而不改其竿可謂強矣夫竿折綸絶餌墮鉤決魚失則夏桀殷紂不通士之釣術也　晉陸機豪士賦曰夫立德之基有常而建功之路不一何則修心以爲量者在乎我因物以成務者繫乎彼存夫我者隆殺止乎其域繫乎物者豐約唯所遭遇落葉俟微飈以隕而風之力蓋寡孟嘗遭雍門以泣而琴之感以末何哉欲隕之葉無所假烈風將墜之泣不足繁哀響也苟時啓於天理盡於民庸夫可以濟聖賢之功斗筲可以定烈士之業故曰才未半古功已倍之蓋得之於時勢也歷觀古今徼一時之功而居伊周之位者有矣夫我之自我智士猶嬰其累物之相物昆蟲皆有此情豈識乎功在身外任出才表者哉衆心日侈危機將發而方偃仰瞪眄謂足以誇世笑古人之未工忘已事之已拙然後河海之跡堙爲窮流一匱之釁積成山岳豈不謬哉故聊賦焉世有豪士兮遭

國顛沛攝窮運〻之歸期當衆通之所會尚時至而理盡譬摧枯
與振敗因天地以運動恒〻才璣而功大於是禮極上典服盡暉崇
儀北辰以甚月宇實蘭室而桂宮撫玉衡於樞極運萬物乎掌中
伊天道之剛健猶時至而必保言日囧中而弗昃月何盈而不闕襲
覆車之危軌笑前乘之失宇若知險而退止趍歸蕃而自戢推琁
璣以長謝顧万邦而高揖〻託浮雲以邁志豈咎忝之能集擠爲山以
自隕歎禍至於何及

【論】魏陳王曹植令禽惡鳥論曰國人有以伯勞
生獻者王召見之侍臣曰昔同惡伯勞之鳴敢問何謂也王曰昔君吉
甫用後妻之讒殺孝子伯奇吉甫後悟追傷伯奇出游于田見
鳥鳴于桑其聲噭然吉甫動心曰伯奇乎鳥乃撫翼其音尤切
吉甫乃顧曰伯勞乎是吾子棲吾輿吾子飛勿居鳥尋聲而棲于
蓋吉甫遂射殺後妻以謝之故俗惡伯勞之鳴言所鳴之家必有尸
也此好事者附名爲之説而今普傳惡之其實否也伯勞以五月而
鳴應陰氣之動陰爲害蓋賊害之鳥也其聲鶪鶪然故俗憎之

若其爲人災害愚民之所信通人之所略也鳥鳴之惡自取憎人言之惡自取滅不能有累於當世也而凶人之行弗可易梟鵩之鳴弗可更者天性然也昔荆之梟將徙巢於吳鳩遇之曰何去荆而巢吳乎梟曰荆人惡予之聲鳩曰子如不能革子之音則吳楚之民不易情也爲子計者莫若宛頸戢翼終身勿復鳴也昔會朝議者有人問曰寧有聞梟食其母乎有答之者曰嘗聞烏反哺未聞梟食其母也問者慚唱不善也得蟢子者莫不馴而放之爲利人也得蚤者莫不糜之蓋爲害身也鳥獸昆虫猶以名聲見異況夫吉士之與凶人乎

諫

周官曰保氏掌諫王惡　禮記曰爲人臣禮不顯諫三諫而不聽則逃之子之事親也三諫而不從則號泣而隨之　左傳曰公將如棠觀魚者臧僖伯諫曰凡物不足以講大事其材不足以備器用則君不舉焉故春蒐夏苗秋獮冬狩皆於農隙以講事也若夫山林川澤之實器用之資皂隸之事官司之守非君所及也公曰吾將略地焉遂往陳魚而觀

之僖伯稱疾不從　又曰宋華父督以郜大鼎賂公納於太廟非禮也臧哀伯諫曰君人者將昭德塞違以臨照百官猶懼或失之故昭令德以示子孫百官於是乎戒懼而不敢易紀律今滅德立違而寘其賂器於太廟以明示百官百官象之其又何誅焉國家之敗由官邪也官之失德寵賂彰也郜鼎在廟章孰甚焉　又曰晉侯假道於虞以伐虢宮之奇諫曰虢虞之表也虢亡虞必從之晉不可啓寇不可翫一之謂甚其可再乎諺所謂輔車相依脣亡齒寒者虞虢之謂也事具武部戰伐篇　又曰晉師爲楚所敗既歸荀桓子請死晉侯欲許之士貞子諫曰不可林父之事君也進思盡忠退思補過社稷之衛也若之何殺之夫其敗也如日月之食焉何損於明晉侯使復其位　論語曰事父母幾諫　逸禮曰衛史鰌病且死謂其子曰我死治喪於北堂吾生不能進蘧伯玉而退彌子瑕是不能正君也生不能正君者死不當成禮死而置尸於北堂於我足矣靈公往弔問其故其子以父言聞于靈公公失容曰吾失矣立召蘧伯玉而貴之召彌子瑕而退之徙喪於堂

成禮而後去　晏子曰景公有所愛槐令吏守之令犯槐者死有過而犯之者君令吏收而拘之將加罪焉晏子明日早朝諫曰君窮民財力繁鍾鼓之樂極宮室之觀犯槐者死刑煞不稱賊民之深者也君饗國德行未見於衆而刑辟著於國嬰恐其不可以莅國子民也公曰善罷守槐之役出犯槐之囚　又曰景公爲臺臺成又欲爲鍾晏子諫曰君令既已築臺矣又斂於民而爲鍾則民必哀矣斂民哀以爲樂不祥非所以君民也公乃止　又曰景公畋十有八日而不反晏子往見公比至衣冠盡不正望遊而馳公見逆勞曰夫子何爲遽國家得無有故乎晏子對曰無恙也雖然嬰願有復也國人皆以君安野而不安國好獸而惡人無乃不可乎公於是罷田即日歸　呂氏春秋傳曰越飢請食於吳子胥諫曰不可與也夫吳之與越接土鄰境道易人通仇讎敵戰之國非吳喪越越必喪吳今將輸之粟是長吾仇讎財匱民怨悔無及也吳王不從後吳飢請食於越越弗與及攻之夫差爲禽　又曰衛靈公天寒鑿

池苑春諫曰天寒起役恐傷民公曰天寒乎哉苑春曰公衣狐裘坐熊席是以不寒今民衣弊不補民則寒矣公曰善令罷役　王孫子新書曰楚莊王攻宋廚有臭肉鐏有敗酒將軍子重諫曰今君廚肉臭而不可食鐏酒敗而不可飲而三軍之士皆有飢色欲以勝敵不亦難乎莊王曰善　又曰衛靈公坐重華之臺侍御數百隨珠照日羅衣從風仲叔敖入諫曰昔桀紂行此而亡今四境內侵諸侯加兵至地日削百姓乖離今君內寵無乃太盛歟靈公再拜曰寡人過矣微子之言社稷幾傾於是出宮女之不進者數百人百姓大悅　史記曰趙肅侯遊大陸出於鹿門大戊午扣馬曰耕事方急一日不作百日不食肅侯下車而謝之　又曰始皇長子扶蘇諫曰天下初定遠方黔首未集今皆重法繩之臣恐天下不安唯上察之始皇怒使扶蘇北監蒙恬於上郡　又曰沛公入秦宮宮　狗馬婦女以千數意欲留居之張良諫曰夫秦為無道故沛　夫為天下除殘賊宜縞素為資今始入秦即安其樂此所　謂虐也且忠言逆耳利

於行良藥苦口利於病沛公乃還軍灞上　又曰高帝欲以趙王如意易太子叔孫通諫曰太子仁孝天下皆聞之呂后與陛下攻苦食淡其可背哉必欲廢適而立少臣願先伏誅以頸血汙地帝曰公罷矣吾特戲耳叔孫通曰太子者天下根本本壹搖天下振動奈何以天下戲　漢書曰郅都景帝時爲中郎敢言直諫面折大臣於朝嘗從上入上林賈姬在廁野彘入廁上目都都不行上欲自持兵救賈姬都伏上前曰一姬死復一姬進天下所少寧賈姬等乎陛下縱自輕奈宗廟太后何上還彘亦不傷賈姬太后聞之嘉賜都金百斤上亦賜金百斤　又曰薛廣德敢直言諫爭上幸甘泉因留射獵廣德上書曰竊見關東困極民人流離陛下日撞亡秦之鍾聽鄭衛之樂臣誠悼之今士卒暴露從官勞倦願陛下亟反宮思與百姓同憂樂天下幸甚上即日還　又曰梅福上書諫成帝曰天下之士民以有上書求見者輒使詣尚書問其所言諫可採取者秩以斗升之祿賜以一束之帛若此則天下之士發憤懣吐忠言嘉謀曰聞於上天下之條貫國家之表裏

爛然可睹矣　又曰　孝成帝時杜欽諫曰臣聞曰非仁無以廣施非義無以正身今漢承周秦之弊宜抑文尚質表實去偽臣竊有所憂言之拂心逆耳不言則漸日長禍不細　說苑曰楚莊王築層臺延石千重延壤百里諫者七十二人皆死矣有諸御已入諫莊王曰昔虞不用宮之奇而晉并之曹不用僖負羈而宋并之吳不用子胥而越并之桀煞關龍逢而湯得之紂煞比干而武王得之遂趍出王遽追之曰吾用子之諫先日說寡人者不足動寡人之心故皆至死明日出令有能入諫者吾與爲兄弟廢層臺罷民　又曰晏子復於景公曰朝居嚴乎公曰朝居嚴則曷害於治國家哉晏子對曰朝居嚴則下無言下無言則上無聞矣下無言則謂之喑上無聞則謂之聾聾喑則非害治國家如何且合升斗之穀以滿倉廩泰山之高非一石也累卑然後高也夫治天下者非用一士之言也　又曰楚莊王立三年不聽朝令於國曰寡人惡爲人臣諫其君者今寡人有國家立社稷有諫即死無赦蘇從曰處君之高爵食君之厚祿愛死而不諫則非忠臣

也乃諫莊王立鍾鼓之閒王左伏楊姬右擁成姬曰吾鍾鼓不暇何諫之聽繼曰臣聞之好樂者迷荆國亡無日矣王曰善左執繼手右抽佩刀刎鍾鼓之懸明日授繼爲相　又曰晉靈公造九層臺費用千億謂左右曰敢有諫者斬孫息乃諫曰臣能累十三博棊加九雞子其上公曰吾少學未嘗見也子爲寡人作之孫息即以棊子置其下加九雞子其上左右懾懼靈公扶伏氣息不續公曰危哉危哉孫息曰臣謂是不危也復有危此者公曰願見之孫息曰九層之臺三年不成男不得耕女不得織國用空虚戶口減少吏民叛亡鄰國謀議將興兵社稷一滅君何所望靈公曰寡人之過乃至於此即壞九層之臺　漢武帝故事汲黯諫上曰陛下愛才樂士求之無倦比得一人勞心苦神未盡其用輒已殺之以有限之士資無已之誅陛下欲與爲治乎　東觀漢記曰張堪爲光祿大夫數諫堪常乘白馬上每有異政輒言白馬生且復諫矣事具職部光祿篇　謝承後漢書曰陳蕃諫桓帝曰當今之世有三空田野空朝廷空倉庫空

是謂三空加之兵亂未戢四方離散是陛下焦心毀顏坐而待旦之時也豈宜揚旗曜武騁心輿馬之觀乎　汝南先賢傳曰建武八年車駕西征隗囂郭憲諫曰天下初定車駕未可以動憲乃當車拔佩刀以斷車靷帝不從遂上隴其後潁川兵起乃迴駕而還帝歎曰恨不用郭憲之言　魏畧曰太祖欲征吴而雨霖三軍多不願行太祖知其然恐外有諫者教曰今雖戒嚴未知所之有諫者死賈逵乃諫太祖怒收逵送獄　魏志辛毗能直諫文帝踐祚爲侍中帝欲徙冀州十万戶實河南時連蝗民飢毗與朝臣俱求見帝知其欲諫作色以見之皆莫敢言毗曰陛下欲徙家其計安出帝曰卿謂我徙之非耶毗曰誠以爲非也帝曰吾不與卿共議也帝起入内毗隨而引其裾帝遂奮衣不還良久乃出曰卿持我何太急耶　吴志曰孫權既爲吴王歡宴之末自起行酒虞翻伏地佯醉不待權去翻起坐權於是大怒手劒欲擊之侍坐者莫不惶遽維大司農劉基起抱權諫曰大王以三爵後煞善士雖翻有罪天下孰知之且大王以能容賢故海内望風今一朝

弃之可乎翻由是得免

表

魏陳王曹植諫伐遼東表曰臣伏以遼東負岨之國勢便形固帶以遼海今輕軍遠攻師疲力屈彼有其備所謂以逸待勞以飽制飢者也以臣觀之誠未易攻也若國家攻而必剋屠襄平之城懸公孫之首得其地不足以償中國之費虜其民不足以補三軍之失是我所獲不如所喪也若其不拔曠日持久暴師於野然天時難測水濕無常彼我之兵連於城下進則有高城深池無所施其功退則有歸塗不通道路瀸洳東有待釁之吳西有伺隙之蜀吳起東南則荆揚騷動蜀應西境則雍涼參分兵不解於外民罷困於內促耕不解其飢疾蚕不救其寒夫渴而後穿井飢而後殖種可以圖遠難以應卒也臣以為當今之務在於省傜役薄賦斂勸農桑三者既備然後令伊管之臣得施其術孫吳之將得奮其力若此則泰平之基可立而待康哉之歌可坐而聞曾何憂於二敵何懼於公孫乎今不恤邦畿之內而勞神於蠻貊之域竊為陛下不取也

齊竟陵王上讜言表曰臣聞明臺既闢承雲之歌闡儷室爰啓南風之頌流莫非

降道爝燀紆靈浸澤陛下凝慶協圖席昌屬歷乩臨冬暖海鏡春亭選議鈞俗觀風調紀垂聽革之典降聆金之訓用能詩史無輟工頌有聞是故置四輔立七諫正國度箴王闕臣謂當今宜崇諫司專事昭塞職蹈謇諤績宣王文貝優其寵秩厚其節禮庶獻魚鱗之美方高聖代至乃靡衣媮食曽宇雕墉啇賈浮侈田萊蕪替棫樸樕流標梅失序勉民觀俗之宜設官立事之要隨闕輿規衮廢能補如此則壤詠無遠輮樂可追

書 秦李斯上書諫始皇曰臣聞吏議逐客竊以爲過矣昔者穆公求士西取由余於戎東得百里奚於宛迎蹇叔於宋來丕豹公孫支於晉此五子者不產於秦穆公用之并國二十遂霸西戎惠王用張儀之計拔三川之地西并巴蜀北收上郡南取漢中苞九夷制鄢郢東據成皐之險割膏腴之壤散六國之從使之西面事秦功施到今昭王得范雎廢穰侯逐華陽強公室杜私門蠶食諸侯使秦成帝業皆以客之功由此觀之客何負於秦哉今陛下致崑山之玉有隨和之寶垂明月之珠服太阿之劍乘纖離之馬建翠鳳之

旗樹靈龜之鼓此數寶者秦不産一焉而陛下悦之必秦國之所生然後可則是夜光之璧不飾朝廷犀象之器不爲玩好而駿馬駃騠不實外廄所以飾後宮充下陳娱心意悦耳目者必出於秦然後可則是宛珠之簪錦繡之飾不進於前而趙女不立於側也所重者在乎色樂而所輕者在乎人民此非所以跨海内也　漢鄒陽上書諫吴王曰臣聞蛟龍驤首奮翼則浮雲出流霧雨成集聖王砥節脩德則遊談之士歸義思名今臣盡智畢議易精極慮則無國而不可干飾固陋之心則何王之門不可曳裾乎然臣歷數王之朝背淮千里而自致者非惡臣國而樂吴民也竊高下風之行尤悦大王之義故願大王無忽察聽其至夫全趙之時武力鼎士袨服叢臺之下者一旦成市不能止幽王之沉患淮南連山東之俠死士盈朝不能還厲王之西也然則計議不得雖諸賁不能安其位亦明矣今漢據全秦之地兼六國之衆大王之所明知也今夫諂諛之臣爲大王計者不論骨肉之義民之輕重國之大小以爲吴禍此臣所以爲大王患也夫舉吴兵以訾於漢譬猶蠅蚋之附

群牛腐肉之齒利劒鋒接必無矣　漢枚乘上書諫吳王曰得
全者昌失全者亡舜無立錐之地以有天下禹無十户之聚以王諸
侯湯武之士不過百里上不絶三光之明下不傷百姓之心者有王術
也忠臣不避重誅以直諫則事無遺策功流萬世夫以一縷之任係千
鈞之重上懸之無極之高下垂之不測之深雖甚愚之人猶知哀其將
絶也人性有畏其影而惡其跡者却背而走足迹愈多影愈疾不
知就陰而止影滅而跡絶欲人勿聞莫若勿言欲人勿知莫若勿爲福
生有基禍生有胎納其基絶其胎禍何自來夫銖銖而稱之至石必
差寸寸而度之至丈必過磨礱砥礪不見其損有時而盡種樹畜
養不見其益有時而大積德累行不知其善有時而用弃義背理
不知其惡有時而亡楚有子玉得臣晉文爲之側席而坐趙有廉頗
馬服強秦不敢窺兵昔白起爲秦將南伐郢都北坑趙括以纖介之
過賜死杜郵秦民憐之莫不隕涕　漢司馬相如上書諫武帝曰
物有同類而殊能者故力稱烏獲捷言慶忌勇其賁育臣之愚暗

竊以爲人誠有之獸亦宜然今陛下好淩阻險射猛獸卒然遇軼材之獸駭不存之地犯屬車之清塵輿不及還轅人不暇施巧雖有烏獲逢蒙之伎力不得施用枯木朽株盡爲難矣夫輕萬乘之重不以爲安而樂出萬有一危之塗以爲娛臣竊爲陛下不取也蓋明者遠見於未萌而智者避危於無形禍固多藏於隱微而發於人所忽也鄙諺曰家累千金坐不垂堂此言雖小可以喻大

序梁元帝忠臣傳諫爭篇序曰富貴寵榮人所不能忘也刑戮流放人所不能甘也而士有冒雷霆犯顔色吐一言終知自投鼎鑊取離刀鋸而曾不避者其故何也蓋傷茫茫禹跡毁於一朝赫赫宗周滅成禾黍何者百世之後王化漸頽欽若之信既盡解網之仁已泯徒以繼軌所及守器攸歸出則請警言傳路處則憑玉几負扆事無覲是殉意有必從所謂生於深宮之中長於婦人之手未嘗知憂未嘗知懼況惑褒人之巧笑迷陽阿之妙舞重之以刳斮因之以逋逃亦有傾天滅地汙宮潴社之罪拔本塞源裂冠毁冕之釁於是策名委質守死不二之臣以剛腸疾惡之心確乎貞

三之性不忍見霜露麋鹿栖於宮寢麥穗黍離彼於宗廟故瀝血抽誠披胸見款赴燋爛於危年甘滅亡於昔日冀桐宮有返道之明望夷無不言之恨而九重懸遠百雉嚴絶丹心莫亮白刃先指見之者掩目聞之者傷心然後嗚條有不收之魂商郊致白旗之戮

論

漢東方朔非有先生論曰非有先生仕於吳進不能稱往古以廣主意退不能揚君美以顯其功吳王恠而問之先生曰談何容易夫談者有悖於目而拂於耳謬於心而便於身或有悅於目順於耳快於心而毀於行者非有明王聖主孰能聽之吳王曰何爲其然也先生對曰昔關龍逢深諫於桀而王子比干直言於紂此二臣者直言其失切諫其邪將以爲君之榮除主之禍也今則不然反以爲誹謗君之行無人臣之禮戮及先人爲天下笑故曰談何容易是故養壽命之士莫肯進也遂居深山之間積土爲室編蓬爲戶彈琴其中以詠先王之風亦可以樂而忘死矣　漢谷永與王音書曰夫上之遇厚則下愛深下愛深則其謀忠其言至昔善將國者不忘危善養生者不諱死以忠臣直友明

史良醫靈著信龜咸偁以盡忠正言不蔽兆占故能遷咎延譽轉禍爲福

藝文類聚卷第二十四

藝文類聚卷第二十五

人部九

說　嘲戲

說

左傳曰晉侯秦伯圍鄭佚之狐言於鄭伯曰國危矣若使燭之武見秦君師必退燭之武夜縋而出見秦伯曰秦晉圍鄭鄭既知亡矣若亡鄭而有益於君敢以煩執事越國以鄙遠君知其難也焉用亡鄭以陪鄰夫晉何猒之有既東封鄭又欲肆其西封不闕秦焉取之闕秦以利晉唯君圖之秦伯悅　又曰晉郤缺言於趙宣子曰日衛不睦故取其地今已睦矣可以歸之叛而不討何以示威服而弗柔何以示懷非威非懷何以示德無德何以主盟子爲正卿以主諸侯而不務德將若之何宣子悅之　又曰吳伐楚入郢申包胥如秦乞師曰吳爲封豕長蛇荐食上國虐始於楚寡君失守社稷越在草莽使下臣告急曰夷德無猒若鄰於君疆場之患也逮吳之未定也君其取分焉若以君靈撫之世以事秦並依

庭墻而哭日夜不絶聲勺飲不入口七日秦師乃出　又曰楚子饗食魯昭公于新臺好以大屈既而悔之薳啓強聞之見公公語之拜賀公曰何賀對曰齊與晉越欲此久矣寡君無適與也敢不賀乎公懼乃反之　戰國策曰范雎謂秦王曰大王之國北有甘泉谷口南涇渭右隴蜀左關阪戰車千乘奮卒數百万以秦卒之勇車騎之多以當諸侯譬若放韓盧而逐狡兎也覇王之業可致今反閉關不敢窺兵於山東者是穰侯爲秦謀不忠大王之計有失也　又曰秦惠王以女爲燕太子婦燕文公卒齊王因燕喪攻取十城蘇秦説齊王再拜而賀迎而弔齊王曰何慶弔相隨之速也對曰人之飢所以不食烏喙者以爲雖充腸而與死同患夫燕雖弱小強秦之壻也王利其十城而與秦爲仇以招天下精兵此食烏喙之類也王曰然則奈何對曰王能聽臣莫如歸燕城卑辭以謝之秦知王以已之故歸燕城必德王燕無故得十城燕亦德王是王棄強仇而立身厚交也齊王大悦乃歸燕城　又曰秦王謂趙使者諒毅曰

趙豹平原君數欺弄寡人趙能殺此兩人則可若不能殺請率諸侯受命邯鄲城下諒毅曰趙豹平原君親寡君之母弟也猶大王之有葉陽君涇陽君大王以孝悌聞於天下衣服之便於體膳啗之兼於口未嘗不分與馬衣裘無非大王之服今受大王之嚴令以報弊邑之君不敢弗行無乃傷葉陽君之心乎　又曰齊欲伐魏魏使人謂淳于髡曰齊欲伐魏能解魏患唯先生也弊邑有寶璧二雙文馬二駟請致之先生淳于髡諾入說齊王曰楚齊之仇敵也魏齊之與國也夫伐與國使仇敵制其餘弊名醜而實危為王不取也齊王曰善乃不伐魏　又曰趙且伐燕蘇代謂惠王曰今者來過川蚌方出曝而鷸啄曰今日不雨明日不雨蚌將為脯蚌亦謂鷸曰今日不出明日不出必見死鷸兩者不肯相舍漁者得而并禽之今趙且伐燕燕趙久相交兵恐強秦之為漁父也故願王孰計之惠王曰善乃止　又曰昭陽為楚伐魏移兵而攻齊陳軫為齊王使見昭陽曰今子貴矣王非置兩令尹也臣竊為公譬之可乎楚有祠者

錫其舍人酒一巵舍人相謂曰數人飲之不足一人飲之有餘請畫蛇先成者飲酒一人蛇先成乃左手持巵右手畫蛇曰吾能爲足爲足未成一人之蛇成奪其巵曰蛇故無足子安能爲之足遂飲其酒畫蛇足者終亡其酒今公攻魏殺將得八城又移師欲攻齊齊畏公甚公以是名足矣冠之上非可重也戰無不勝而不知止者身且死爵且偃猶爲蛇足也昭陽以爲然解軍而歸　又曰衛客事魏王三年不得見乃見梧丘先生許之以百金先生曰諾乃見魏王曰吾聞秦出兵未知所之願王専事秦無他計王曰諾客趍出至郭門而反曰臣恐王事秦之晚也夫人於事已者過急於事人者過緩今王於事已者緩安能急於事人衛客事王三年不得見臣以是知王緩也魏王趍見衛客　又曰蘇秦爲楚合從說韓王曰夫以韓卒之勇彼堅甲帶利劒一人當百不足云也夫以韓卒之勁與王之賢乃欲事秦爲天下笑無過此者大王事秦秦必求宜陽成皐今茲効之明年又求之予之則無地以給不予則弃前功而受後禍大王之地有盡而秦之求無厭以有盡之地而應無已之求鄙語曰寧

爲雞口不爲牛後今西面交臂而事秦何異牛後乎　又曰秦王與
中期爭論而不勝秦王大怒中期徐行去人爲中期說秦王曰此悍人也
中期適遇明君故也遇桀紂必殺之矣王因弗罪　史記曰李斯說
秦王曰自孝公以來周室卑微諸侯相兼關東爲六國秦之乘勝役諸
侯蓋六世矣今諸侯服秦譬若郡縣夫以秦之强大王之賢由竈上掃除足
以滅諸侯成帝業矣今怠而弗急就諸侯復强相聚約從雖有黃
帝之賢弗能并也秦王聽其計　又曰李左車說成安君陳餘曰臣聞
韓信涉西河虜魏王禽夏說新喋血閼與今乃輔以張耳議欲以
下趙此乘勝而遠鬬其鋒不可當臣聞千里餽糧士有飢色今井陘
之道車不得方軌騎不得成列其勢糧食必在其後願足下假臣奇
兵三萬人從閒道絶其輜重彼前不得鬬退不得還吾奇兵絶其後
野無所掠不至十日兩將之頭可致麾下　又曰酈食其說齊王曰王知天
下所歸乎齊王曰天下何歸曰歸漢何以言之曰漢王與項王戮力西面
擊秦約先入咸陽者王之項王負約不與而王之漢中又遷殺義帝漢王

聞之起蜀漢之兵責義帝之罪降城即以侯其將得賂即以分其士蜀漢之粟萬船而下項羽有背約之名殺義帝之負於人之功無所記於人之罪無所忘天下之士歸於漢王可坐而策今以據敖倉之粟塞成皐之險守白馬之津杜太行之阪距飛狐之口天下後服者先亡王疾下漢王齊國社稷可得而保不下漢王危亡可立而待乃聽酈生　又曰高祖使陸生賜尉他印爲南越王陸生進說他曰足下中國人親戚昆弟墳墓在真定今反天性棄冠帶欲以區區之越與天子抗衡禍且及身也乃欲以新造未集之越屈强於此漢使一偏將將十万衆臨越則越殺王降漢如反覆手耳事具治政部奉使篇　漢書曰項羽擊陳留外黃外黃不下數月乃降羽悉令男子年十五以上詣城東欲坑之外黃令舍人兒年十三往說羽曰彭越强劫外黃外黃恐故降待大王大王至又皆坑之百姓豈有所歸心哉從此以東梁地十餘城皆恐莫肯下矣羽然其言　又曰趙王乃與張耳陳餘北略地燕界趙王爲燕軍所獲燕囚留之欲與分地趙有廝養卒乃走燕壁壽問曰何知臣欲燕將

曰若欲得王耳曰君知張耳陳餘何人也燕將曰賢人也曰其志何欲燕將曰欲得其王耳趙卒笑曰君未知兩人所欲也夫武臣張耳陳餘杖馬箠下趙數十城亦各欲南面而王夫臣之與主豈可同日道哉兩人亦欲分趙而王時未可耳今兩人名爲求王實欲燕殺之此兩人分趙而王夫以一趙尚易燕況以兩王右提左挈而責直義殺王滅燕易矣燕以爲然迺歸趙王　東觀漢記曰隗囂既立使聘平陵方望爲軍師望至說囂曰足下欲承天順民輔漢而起今立者乃在南陽王莽尚據長安雖欲以漢爲名其實無所受命將何以見信於衆宜急立高廟稱臣奉祠所謂神道設教求助民神者也囂從其言　又曰隗囂將王元說囂曰昔更始西都四方響應天下喁喁謂之太平一旦壞敗今南有子陽北有文伯江湖海岱王公十數而欲牽儒生之說弃千乘之基計之不可者也今天水見富士馬最強北取西河東收三輔案秦舊迹表裏山河元請以一丸泥爲大王東封函谷關此萬世一時也若計不及此且畜養士馬據隘自守曠日持久以待四方之變圖王不成其弊猶足

以覇畧然其計又曰功曹李熊說公孫述曰蜀地沃野千里土壤膏腴菓實所生無穀而飽戰士不下百萬見利則出兵而略地無利則堅守而力農東下漢水以窺秦地南順江流以震荆楊所謂用天因地成功之資今名号未定志士狐疑宜即大位使遠人有所依歸述遂自立為天子　又曰鄧禹聞上安集河北即杖策北渡追及於鄴禹進曰三輔假号往往群聚皆庸人崛起志在財幣非有忠良明智深慮遠圖尊主安民者也明公雖建藩輔之功猶恐無所成立於今之計莫如攬延英雄務悅民心立高祖之業救万民之命以公慮天下不足定也上大悅　范曄後漢書曰袁紹奔冀州董卓購募紹伍瓊說卓曰袁紹不達大體恐懼出奔非有他志今急購之勢必為變袁氏樹恩四世門生故吏遍於天下若收豪傑以聚徒衆英雄因之而起則山東非公之有也不如赦之必無患矣卓以為然　又曰曹公軍至新野傅巽說劉琮曰逆順有大體強弱有定勢以人臣而拒人主逆道也以新造之楚而御中國必危也以劉備而敵曹公不當也三者皆短欲以抗王師之鋒必亡之道也願將軍

勿疑　漢晉春秋曰鍾會陰懷異圖姜維見而知其心乃說之曰聞君自淮南以來筭無遺策今復定蜀威德震世民高其功而主畏其謀欲以此安歸乎夫韓信不背於漢擾攘而見疑於既平大夫種不從范蠡於五湖卒伏劒而妄死彼豈闇主愚臣哉利害使之然也今公何不法陶朱汎舟絕迹全功保身登峩嵋之嶺而從赤松遊乎會曰為全之道或未盡於此也維曰其他則君智力所能盡無煩老夫矣

書　齊魯仲連與燕將書曰吾聞之智者不背時而弃利勇士不怯死而滅名忠臣不先身而後君忠廢名滅後世無稱非智也且吾聞効小節者不能行大威惡小耻者不能立榮名昔管仲射桓公中其鈎篡也傅公子糾而不死怯也束縛桎梏辱也三行者鄉里不通世主弗臣使管仲終窮抑而不見窮年沒壽不免為辱人然而管仲幷三行之過據齊國之政一匡天下九合諸侯使為五伯首名高天下光照鄰國曹沫為魯君將三戰而喪地千里使曹沫計不顧後即不免為敗軍禽將非勇也功廢名滅後世無稱非智也去三北之耻以一劒之任劫桓公

於壇上顔色不變而辭氣不悖三戰之所喪一朝反之天下振動名傳後世若此二公者非不能行小節死小恥也以爲殺身絶世功名不立非智也故業與三王爭流名與天壤相弊也公其圖之　漢司馬相如諭難蜀父老書曰漢興七十有八載德茂存乎六世威武紛紜湛恩汪濊群生沾濡洋溢乎方外於是乃命使西征隨流而攘風之所被罔不披靡結軌還轅東鄉將報至于蜀都耆老大夫搢紳先生之徒二十有七人儼然造焉辭畢進曰蓋聞天子之牧夷狄也其義羈縻勿絶而已今罷三郡之士通夜郎之塗三年於茲而功不竟今又接之以西夷百姓力屈恐不能卒業此亦使者之累也使者曰世必有非常之人然後有非常之事有非常之事然後有非常之功非常者固常人之所異也且夫賢君之踐位也必將崇論宏議創業垂統爲万世規是以六合之内八方之外懐生之倫靡有不浸潤於澤者賢君耻之而夷狄殊俗之國遼絶異黨之域舟車不通人迹罕至君臣易位尊卑失序號泣内嚮而怨曰蓋聞中國有至仁焉舉踵思慕若枯旱之望雨故乃開沬若徼牂柯鏤

靈山梁孫原創道德之塗垂仁義之統以偃甲兵於此而息討伐於彼遐邇一體中外禔福不亦康乎方將增太山之封鳴和鸞揚樂頌上減五下登三觀者未覩旨聽者未聞音猶鷦鵬已翔乎寥廓之宇而羅者猶視乎藪澤於是諸大夫喟然稱曰允哉漢德此固鄙人之所願聞也　後漢朱浮與彭寵書曰朝廷之於伯通恩亦厚矣委以大郡任以威武事有柱石之寄情同子孫之親匹夫媵母尚能致命一飡豈有身帶三綬職典大邦而不顧恩義生心外叛者乎伯通與吏民語何以爲顏行步拜起何以爲容坐卧念之何以爲心引鏡闚影何施眉目措乎弃休令之嘉名造鴟梟之逆謀捐傳世之慶祚招破敗之重災生爲世笑死爲愚鬼不亦哀乎伯通自伐以爲功高天下往時遼東有豕生子白頭異而獻之行至河東見群豕皆白懷慙而還若以子之功論於朝廷則爲遼東豕也　後漢馮衍說曰皇帝聖德靈威龍興鳳舉率宛葉之劲摧九虎之軍雷震四海席卷天下攘除禍亂継高祖之休烈修文武之絶業社稷復存炎精更

輝德冠往初功無與二天下因以去亡新就聖漢故易以樹恩布德易於周洽其猶順鷩風而非鳥毛然而諸將鹵掠至乎逆倫絶理殺人父子妻人婦女燔其室屋殄盡其財產冤結失望無所歸命今大將軍以明淑之德秉大使之權統三軍之政存撫并州之民惠愛之誠加乎百姓高世之聲聞乎群士故其延頸舉踵而望者非特一二人也且大將軍之事豈得在於珪璧束脩而已哉將定國家之大業成天地之元功也昔周宣中興之主齊桓覇強之君耳猶有申伯邵虎夷吾申甫安其疆宇況乎萬里之漠明帝復興而大將軍為之梁棟比誠不可以忽也且行間之兵久即力屈民愁即變生今邯鄲之賊未滅真定之際復擾兵革雲朔百姓震駭奈何自怠不為深憂乎　魏阮瑀為魏武與孫權書曰每覽古今所由改趣因緣侵辱用成大變若韓信傷心於失楚彭寵積望於無異盧綰嫌畏於已隙英布憂迫於情漏此事之緣也孤與將軍恩如骨肉而忍絶王命明弃碩交不能遠度孤心近慮事勢遂賫見薄之決計秉翻然之成議常

思除弃小事更申前好二族俱榮祚流後嗣高帝設爵以延田横世祖指河而誓朱鮪君之負累豈如二子身以至情顧聞德音智者之慮慮於未形達者所規規於未兆是故子胥知姑蘇之有麋鹿輔果識智伯之爲趙禽穆生謝病以免楚難鄒陽北遊不同吳禍此四士者豈聖人哉徒通變思深以微知著耳若能内取子布外擊劉備以効赤心用復前好者則江表之任長以相付高位重爵坦然可觀

晉孫楚爲石苞與孫晧書曰吳之先主起自荆州遭時擾攘播潛江表劉備震懼逃迹巴岷遂作丘陵積石之固三江五湖浩汗無涯假氣遊魂迄于四紀二邦合從東西唱和卒相扇動拒捍中國自謂三分鼎足之勢可與泰山共相終始晉王輔相帝室文武桓桓獨見之鑒與衆絶慮主上欽明委以萬機長轡遠御妙略潛授偏師同心上下用力威稜奮伐深入其阻并敵一向奮其膽氣小戰江介成都自潰曜兵劍閣而姜維面縛開地五千列郡三十師不踰時梁益肅清使竊號之雄稽顙絳闕球琳重錦充於府庫夫虢滅虞亡韓

并魏從此皆前鑒之驗後事之師也方今百寮濟濟俊乂盈朝虎臣武將折衝萬里國富兵強六軍精練思復翰飛飲馬南海自頃國家整治器械修造舟檝簡習水戰伐樹北山則太行木盡濬決河洛則百川流通樓船萬艘千里相望自剡木以來舟車之用未有如今日之盛者也驍勇百万畜力待時俊不再舉今日之謂也　晉劉琨與石勒書曰將軍誕稟雄姿勇畧自然大呼於紛擾之中奮臂於駭乱之際發跡河朔席卷兗豫飲馬江沔折衝淮漢自古名將未足爲喻所以攻城而不有其民略地而不有其土聚徒百萬而莫爲巳用翕爾雲合忽復星散周流天下而無容足之地百戰百勝而無尺寸之功將軍豈知然乎存亡決在得主成敗要在所附得主則爲義兵附逆則爲賊衆義兵雖敗而功業必成賊衆雖剋而終殄滅者也赤眉盛於東海黃巾連帶三州張昌李辰僭逆荊豫或擁衆百万横逸宇内所以一旦敗亡正以兵出無名聚而爲乱劉聦父子戎狄凡才乘舋肆毒寇虐人神煞父害弟偷竊位号自古及今豈有聦

比而可以王天下者乎見將軍明臨金灼然所宜懸了者也況附聰之辯漸以彰著資財不爲己用名位不可得守有若晨霜秋露零霧之氣雖朝凝而夕消蹔見而尋沒也今將軍附賊而望爲民主不亦難乎　晉桓玄與劉牢之書曰今君戰敗則傾宗戰勝則覆族以是安歸乎孰若翻然改圖唯理是宅保其富貴全其勳業則身與金石等固名與天壤俱窮孰與頭足異處身名俱滅爲天下笑哉夫明者見於無形愚夫安於所䏻二者成敗惟君圖之　宋謝莊爲朝臣與雍州刺史袁顗書曰夫夷險相因興革遞數或夥憂而啓聖明此既著於聞見天道輔順謳歌有奉高祖之孫文皇之子德洞九幽功貫三曜扞拯家國提㪘蒼生若不南面子民將使神器何主當揔衆奮戈翦此朝食若自延過聽迷塗未遠聖上臨物以仁接下以愛豈直雍齒先封乃當射鉤見相矣　梁簡文帝與魏東荊州刺史李志書曰卿門世英華中州舊族自金天失馭帝鼎南遷衣冠播越不及俱邁豈可屈志羶戎久淪胡壤今皇師外埽天鉞四臨海蕩電飛雲

蒸雨合所摧所剋是卿之具聞也且僞國沸騰四方幅裂主虐日奸牝雞亂政若能早識事機翻歸有道豈直圖形長樂刻像鍾鼎時事易差相思勉勵但明月闇投昔人爲誡隣蕃贈藥有可虛懷密驛輕郵側望歸簡

梁邵陵王蕭綸與元帝書曰先朝聖德洽天下九親維睦四表無怨誠爲國政實亦家風弟弘識遠鑒無俟傍說事重情切不能嘿已勞兵損義虧失多矣可謂吞冰療寒揚湯止沸侯景所以未敢窺兵江外正爲藩屏盤固宗鎮強密若自相魚肉是謂代景行師昔廉藺二虎且猶不鬬況弟與湘雍方須叶力惟親惟急萬倍於斯同怨同恥尤甚昔事豈得各恣目前不思久遠安卧積薪日待焚燼狂夫尚猶阻之智者反致其惑所冀聽識一聞斯悟

梁丘遲與陳伯之書曰將軍勇冠三軍才爲世出弃燕雀之小志慕鴻鶴以高翔昔因機變化遭遇明主立功展事開國稱孤朱輪華轂擁旄萬里何其壯也如何一旦爲奔亡之虜聞鳴鏑而股慄對穹廬以屈膝又何劣耶暮春三月江南草長雜花生樹羣鸎亂飛

見故國之旗鼓感平生於疇昔撫弦登陴豈不愴恨所以廉公之思趙將吴子之泣西河人之情也將軍獨無情哉

嘲戲

毛詩曰善戲謔兮不爲虐兮 左傳曰晉人或以廣隊不能進楚人惎之脱扃少進馬還又惎之拔旆投衡乃出顧曰吾不如大國之數奔也 晏子春秋曰晏子短小使楚楚人爲小門於大門側而延晏子晏子不入曰使狗國者從狗門入今臣使楚當從狗門入王曰齊無人耶對曰齊之臨淄張袂成帷揮汗成雨何爲無人齊使賢者使賢王不肖者使不肖王嬰不肖故使王爾 又云晏子使楚楚王謂左右曰晏嬰習辭者也吾欲傷之若坐定縛一人來及嬰坐左右縛一人王問何謂者曰齊人坐盜王視晏子曰齊人善盜乎 晏子對曰嬰聞橘生江北則爲枳葉徒相似其實味不同水土異也今此人生於齊不爲盜入楚則盜得無楚之水土使爲盜耶 王笑曰寡人反取病焉 孔叢子曰平原君與子高飲強子高酒曰昔有遺諺堯舜千鍾孔子百觚子路嗑嗑

尚飲百榼古之賢聖無不能飲也吾子何辭焉子高曰以穿所聞賢聖以道德兼人未聞以飲也平原君曰即如先生言則此言何出子高曰出於嗜酒者蓋其勸勵撡戲之辭非實然也平原君忻然曰吾弗戲子無所聞此雅言也　漢書曰東方朔自公卿在坐朔皆傲弄無所爲屈上以朔口諧辭給嘗問朔曰先生視朕何如主也朔對曰自唐虞之隆成康之際未足以諭當世臣伏觀陛下功德陳五帝之上在三王之右非若此而已誠得天下賢士公卿在位咸得其人矣譬若以邵公爲丞相孔丘爲御史大夫太公爲將軍畢公高爲拾遺於後卞莊子爲衛尉皋陶爲大理后稷爲司農伊尹爲少府子貢使外國顏閔爲愽士子夏爲太常孫叔敖爲諸侯相子產爲郡守王子慶忌爲期門上乃大笑　續漢書曰邊韶字孝先以文學知名教授數百人韶口辯曾晝假卧弟子嘲之曰邊孝先腹便便嬾讀書但欲眠韶潛聞之應時對曰邊爲姓先爲字腹便便五經笥但欲眠思經事寐與周公通夢坐與孔子同意師而可嘲出何典記　魏略曰丁謐父斐初隨太祖太祖

以裴鄉里特饒愛之太祖征吳裴隨行以家牛羸困私易官牛坐免官後太祖啁裴曰文侯印綬所在裴知其戲對曰以易餅太祖大笑謂左右曰東曹毛掾數白此家欲我重治我非不知清良也吾言如人家有盜狗而善捕鼠盜雖有小損而完我囊貯遂復裴官如初　魏略曰太祖請會啁王朗曰飲太祖不能効君昔在會稽折粳米飯也朗仰而嘆曰宜適難値如朗昔者未可折而折如明公今日可折而不折　蜀志曰張裕饒鬚先主嘲之曰涿縣特多毛姓東西南北皆諸毛也涿令稱曰諸毛饒涿居乎裕即荅曰昔有作上黨潞長遷為涿令者去官還家時人與書欲署潞則失涿署涿則失潞乃署曰潞涿君先主無鬚故裕云此也　又曰蜀遣鄧芝使吳孫權謂芝曰若天下太平二主分理不亦樂乎芝對曰夫天無二日土無二王如并魏之後大王未深識天命則戰爭方始耳權大笑曰君之誠款乃當爾耶　吳志曰蜀使張奉使於孫權前以姓名啁闞澤澤不能荅薛綜下行酒用勸曰蜀者何也有犬為獨無犬為蜀横目句身虫入其腹奉曰不當復說君吳耶綜應聲曰無口為天有口

爲吴君臨萬邦天子之都於是衆坐喜笑而奉無對　江表傳曰孫權以鄭泉爲郎中嘗爲之言卿好於衆中面諫或失禮敬寧不畏龍鱗乎對曰臣聞君明臣直朝廷上下無諱實恃洪恩不畏龍鱗後侍宴權乃怖之命提出有司治罪泉臨出屢顧權呼還笑曰卿言不畏龍鱗何以臨出而顧乎對曰實恃恩覆無慮至死當出閤感惟威靈不能不顧耳　典略曰魏文帝嘗賜劉楨廓落帶其後師死欲借取以爲像因書嘲楨云夫物因人爲貴故在賤者之手不御至尊之側今雖取之勿嫌其不反也楨荅曰聞荊山之璞曜元后之寶隨侯之珠燭衆女之好南垠之金登窈窕之首豐貂之尾綴侍臣之幘此四寶者伏朽石之下潛汙泥之中而揚光千載之上皆亦未能初接於至尊也貴者所御賤者所先也故夏屋初成而大匠先立其下嘉禾始熟而農夫先嘗其粒恨楨所帶無他妙飾若實殊異尚可納也　諸葛恪別傳曰孫權嘗讌見蜀使費褘逆勑羣臣使至伏食勿起至權爲輟食而羣下不起褘嘲之曰鳳皇來翔騏驎吐哺驢騾無知伏食如故恪荅曰爰植

梧桐以待鳳皇有何燕雀自稱來翔何不彈射使還故鄉　王隱晉書曰武帝問郤詵卿自以爲何如詵對曰臣舉賢良對策爲天下第一猶桂林之一枝若崑山之片玉帝笑侍中奏免詵詔曰吾與戲耳　晉中興書曰刁彝於桓溫坐嘲韓博曰君是韓盧後博誤曰卿是韓盧後溫笑曰刁以君姓韓故相問耳他自刁那得是韓盧後博曰明公未之思耳短尾者則爲刁也一坐推歎焉　文士傳曰桒據朝沙門于法龍曰今大晉弘廣天下爲家何不全鬚膚去袈裟舍故服被綺羅入滄浪濯清波隨太陽耀春華而獨上違父母之恩下失夫婦之疋雖受布施之名而有乞丐之實乎　顧愷之家傳曰愷之見謝萬因論神仙謂曰仙者之乘或羊或鹿使君當乘何物耶使君曰居家者遇物斯乘卿輩即轅中客也　語林曰劉道眞於河側自牽舡見一老嫗採旅劉嘲之曰女子何不調機利杼而採振女荅曰丈夫何不跨馬揮鞭而牽舡　又曰道眞嘗與一人共索袢草中食見一嫗將二兒過並青衣嘲之曰青羊將兩羔嫗荅曰兩猪共一槽　又曰許玄度將弟出都婚

諸人欽遲之既見乃甚癡便欲嘲弄之玄度爲之作賓主相對盡長歎曰玄度爲弟婚施十重鐵步障 又曰鍾雅語祖士言我汝潁之士利如錐卿燕代之士鈍如槌祖曰以我鈍槌打爾利錐鍾曰自有神錐不可得打祖曰既有神錐亦有神槌 又曰辛恭靜見司馬太傅問卿何處人答曰西人太傅應聲戲之曰在西頗見西王母不恭靜荅曰在西乃不見西王母過東已見東王公太傅大愧 又曰晉孝武好與虞嘯父飲酒醉拜不能起帝呼人扶虞嘯父荅曰臣位未及扶醉未及亂非分之賜所不敢當帝美之物踈取語於是爲風俗人相嘲調輒云好語踈取 世說曰庾元規語周伯仁曰諸人皆以君方樂周曰樂毅耶庾曰方樂令耳周曰何乃刻畫無鹽以搪㨩西施耶 又曰諸葛瑾爲豫州別駕云小兒知談卿可與語別駕嘆恪咄咄郎君恪因嘲之豫州亂矣何咄咄之有荅曰君明臣賢未聞其亂恪復云昔唐堯在上四凶在下荅曰豈惟四凶亦有丹朱 又曰鄧艾口吃語稱艾艾晉文王戲之曰卿云艾艾爲是幾艾鄧荅曰鳳兮鳳兮故是一鳳 又曰桓南郡出射有劉參軍與周參軍同用賭垂成

唯少一破劉謂周曰卿此起不破我㞑當相槌周曰何至受卿槌劉曰伯禽之貴尚不免撻而況於卿　又曰謝太傅始有東山之志桓公見藥中有遠志公問謝此藥又名小草何以一物二稱謝未即荅郝參軍荅曰處則爲遠志出則爲小草謝公殊有愧色　又曰司馬太傅齋中坐夭月明淨歎以爲佳謝景重荅曰意謂不如有微雲點綴太傅因戲謝曰卿居心不淨乃復欲滓穢太清耶　又曰荀鳴鶴陸士龍二人俱會張茂先坐共語陸曰雲間陸士龍荀曰日下荀鳴鶴陸曰既開青雲覩白雉何不張爾弓布爾矢荀荅曰本謂是雲龍騤騤乃是山鹿野麋獸微弩彊是以發遲　沈約宋書何承天除著作郎年時已老諸佐郎並名家年少荀伯子嘲之常呼爲姥母承天曰卿當云鳳皇將九子姥母何言耶　又曰劉義基封營道侯凡鄙無識始興王濬謂義基曰陸士衡詩曰營道無烈心其意若何文義荅曰下官初不識士衡何忽見苦　【詩】晉李充嘲友人詩曰同好齊歡愛纏綿一何深子既識我情我亦知子心燕婉歷年歲和樂如瑟琴良辰不我俱中

闊似商參爾隔北山陽我分南川陰嘉會罔克從積思安可任日想姸麗姿耳存清媚音修晝豈興永念遥夜獨悲吟逝將尋行役言别涕沾襟願示降玉趾一顧重千金　荅客難東方朔荅客難曰蘇秦張儀一當萬乘之主而身都卿相之位澤及後世今子大夫修先王之術慕聖主之義自以爲智能海内無雙則可謂博聞辯智矣然悉力盡忠以事聖帝曠日持久官不過侍郎位不登執戟意者尚有遺行耶東方先生仰而應曰蘇秦張儀之時周室大壞諸侯不朝力政爭權相禽以兵得士者强失士者亡故談説得行焉身處尊位今則不然聖帝流德天下震慴諸侯賓服安於覆盂動猶運掌賢不肖何以異哉尊天之道順地之理物無不得其所故綏之則安動之則苦尊之則爲將卑之則爲虜抗之則在青雲之上抑之則在黄泉之下雖欲盡節效情安知前後使蘇秦張儀與僕並生於今之世曾不得掌故安敢望侍郎乎　又漢楊雄解嘲曰客嘲楊子曰吾聞上世之士人綱人紀析人之圭儋人之爵紆青拖紫朱丹其轂今吾子幸得遭盛明

之世與不諱之朝歷金門上玉堂有日矣曾不能畫一奇出一策上說人
主下談公卿顧默而作太玄五千文深者入黃泉高者出蒼天大者含
元氣纖者入無間然位不過侍郎擢纔給事黃門揚子笑而應之曰
客徒欲朱丹吾轂不知一跌將赤吾之族也往者周網解結群鹿爭佚
士亡常君國亡定臣得士者富失士者貧今大漢左東海右渠搜前
番禺後椒塗散以禮樂風以詩書天下之士雷動而雲合魚鱗雜
襲咸營于八區家家自以爲稷契人人自以爲皐陶戴縰垂纓而
談者皆擬於阿衡五尺童子羞比晏嬰與夷吾且握權則爲卿相夕
失勢則爲疋夫譬若江湖之涯渤澥之島乘鴈集不爲之多雙鳧
飛不爲之少向使上世之士處乎今世策非甲科行非孝廉舉非方正
又安得金紫且吾聞之也攫拏者亡默默者存位極者宗危自守者身
全是以知玄知默守道之極爰靜爰清遊神之廷惟寂惟寞守德之
宅世異事變人道不殊彼我易時未知何如故有造蕭何律於唐虞
之世則謬矣有作叔孫通儀於夏殷之時則惑矣有建婁敬之策於成

周之世則悖矣有談范蔡之說於金張許史之間則狂矣夫蕭規曹隨留侯畫策陳平出奇功若泰山響若塤篪雖其人贍智哉亦會其時之可爲也故爲可爲於可爲之時則從爲不可爲於不可爲之時則凶　後漢班固賓戲曰太上有立德其次有立功是以聖哲治之棲棲遑遑孔席不煖墨突不黔由此言之取舍者昔人之上務著作者前烈之餘事耳今吾子幸遊帝王之世躬帶紱冕之服卒不能攄首尾奮翼異鱗使見之者景駭聞之者響震徒枕經籍紆體衡門潛神默記亙以年歲然而器不賈於當已用不効於一世雖馳辯如濤波摛藻如春華猶無益於殿最也主人曰若賓之言斯所謂見勢利之華闇道德之實守窔奧之熒燭未仰天庭而覩白日也曩者王塗蕪穢周失其馭侯伯方軌戰國橫騖當此之時搦朽磨鈍鉛刀皆能一斷商鞅挾三術以鑽孝公李斯奮時務而要始皇彼皆躡風塵之會履顛沛之勢朝爲榮華夕而憔悴福不盈眦禍溢於世且功不可以虛成名不可以僞立韓設辯而徼君呂行詐以

賈國說難既首其身乃囚秦貨既貴厥宗亦隧方今大漢洒掃
群穢夷險芟荒廓帝紘恢皇綱基隆於羲農規廣於黃唐其
君天下也炎之如日威之如神涵之如海養之如春譬猶草木之殖山林鳥
魚之毓川澤參天地而施化豈云人事之厚薄哉賓曰若夫鞅斯之倫既
聞命矣敢問上古之士處身行道輔世成名可述於後者默而已乎主人
曰何爲其然也昔者咎繇謨虞箕子訪周言通帝王謀合聖神殷
說夢發於傅巖周望兆動於渭濱皆俟命而神交匪詞言之所
信故能建必然之冊展無窮之勳也若乃牙曠清耳於管弦離婁
眇目於毫末逢蒙絕伎於弧矢班輸擢巧於斧斤僕亦不任廁伎
於彼列故密爾自娛於斯文　後漢崔駰達旨曰往者楊雄設言客
有難玄之尚白應以戰國之士若范蔡鄒衍垂譽相傾誑曜諸侯以
干濁世之寵或人亦有覩我之澹泊訾比方昔問以難余余略依前訓以
報焉或說已曰今子韞櫝六經服膺道術歷世而遊高談有日然下
不步卿相之庭上不登王公之門進不黨於贊已退不瀆於庸人獨師

友道德合符曩真蓋嗣喬靡休無獨木不林隨時之宜道貴從凡吝日有是乎苟欲免吾以世路不知其所以然而失吾之度也昔堯含戚而皐陶謨高祖嘆而子房慮禍不散而曹絳奮結不解而陳平權及策合道從克亂弭衝乃將銘昆吾之冶勒景襄之鍾今聖上之育斯民也樸以皇質彫以唐文六合怡怡比屋爲仁夫君子非不欲仕也恥夸毗以求舉非不欲室也惡登墻而樓處叫呼衒鬻懸旌皇表非隨和之寶也暴智曜世固以干祿非仲尼之道也　後漢崔寔答譏曰客有識夫人之享天爵而應睿哲也必將振民育德弭難濟時故或階媵以納說或桎梏而不辭或擊拏角以自衒或養老以待朞及其規合策從勳績克章撥亂夷險九合一匡聖人大寶惟斯爲光今子遊精太清潛思九玄厲節縹霄抗志浮雲口穎甘而嘗苦身樂逸而長勤志求貴而永卑情好富而困貧甚答名而失厚思慮勞乎形神荅曰子徒休彼繡衣不知嘉遁之獨肥也且麟隱於遐荒不紆機穽之路鳳皇翔於寥廓故節高而可慕李斯奮激果失其度胥種遂功

身乃無覬覦夫人之進趨也不揣已而干祿不揆時而要會或遭否而不遇或智小而謀大纖芒豪末禍亟無外榮速激電辱必彌世故曰愛餌銜鉤悔在鸞鳥乃被文食豢乃啟其毛若夫守恬履靜澹爾無求沉緡濬壑栖息高丘雖無炎炎之樂亦無灼灼之憂余竊嘉茲庶遵厥猷 後漢蔡邕釋誨曰務世公子誨於華顛胡老曰今夫子生清穆之世稟醇和之器覃思典籍韞櫝六經安貧樂賤與世無營曾不能登天庭序彝倫掃六合之穢慝清宇宙之埃塵小子惑焉胡老曰若公子所謂覩曖昧之利而忘昭晰之害專必成之功而忽蹉跌之敗者已於是智者騁詐辯者馳說武夫奮略戰士講銳電駭風馳霧散雲披連衡者六印磊落合從者駢組流離擾巧蹈機以忘其危夫花離蔕而萎條去幹而枯女冶容而淫士背道而辜人毀其滿神疾其邪利端始萌害漸亦牙貪夫殉財夸者死權瞻仰世事體躁心煩瞋謙盈之效迷損益之數騁駑馬於修路慕騏驎而增驅車俯乎外戚之門乞助乎近貴之譽顧榮末副從而顛踣大河之溢

溢非一由所防帶甲百萬非一勇所抗今子責近夫以清宇宙庸可以水旱而累堯湯乎是以君子推微達著尋端究緒履霜知氷踐露知暑

魏陳琳應譏曰客有譏余者云聞君子動作周旋無所苟而已矣今生君鍾陰陽之美揔賢聖之風固非世人所能及遭狂狼肆虐社稷隕傾既不能抗節服義與主存亡而背桂違難耀兹武功徒獨震撲山東剥落元元結疑本朝假拒群姦使已蒙噂沓之謗而他人受討賊之勳捐功弃力以德取怨今賤文德而貴武勇任權譎而背舊章無乃非至德之純美而有闕於後人哉主人曰是何言也夫兵之設亦久矣所以威不軌而懲淫慝也夫申鳴違父樂羊食子季友鴆兄周公戮弟猶忍而行之王事所不得已也而況將避讒慝之嫌弃社稷之難愛暫勞之民忘永康之樂此庸夫猶所不為何有冠世之士哉昔洪水滔天沉濫中國伯禹躬之過門而不入率萬方之民致力乎溝洫及至簫韶九成百獸率舞垂拱無為而天下晏如夫豈前好勤而後媮樂乎蓋以彼勞求斯逸也夫世治責人以礼世乱則考人以功斯各一時之宜故有論戰

陣之權於清廟之堂一者狂矣陳俎豆之器於城濮之墟者則悖矣是以達人君子必相時以立功必揆宜以處事孝靈既喪婘官放禍棟邑殘酷宮室焚火主君乃芟凶族夷惡醜蕩滌朝薮清澄守職也既乃卓爾爲封虵幽鴻帝后強以恭國非力所討違而去之宜也是故天贊人和無思不至用能合師百萬若運諸掌者義也今主君以寛弘爲宇仁惠爲廬若地之載如天之燾故當其聞管籥之聲則恐己之病也見羽旄之美則懼士之勞也察稼穡之不時惟民之匱也臨臺觀之崇高則恤後之病也是以虚心恭己取人之謨闢四門廣諫路貴讜言賤巧偽慮不専行功不擅美咨事若不及求儤言恐不聞用能使賢智者盡其策勇敢者竭其身故舉無遺闢而風烈宿宣也

藝文類聚卷第二十五

藝文類聚卷第二十六　人部十

言志

尚書曰詩言志　禮記志之所至詩亦至焉詩之所至樂亦至焉　毛詩序曰詩者志之所之也在心爲志發言爲詩　論語曰顔回季路侍子曰盍各言爾志子路曰願車馬衣輕裘與朋友共弊之而無憾顔回曰願無伐善無施勞子路曰願聞子之志子曰老者安之朋友信之少者懷之　又子曰飯蔬食飲水曲肱而枕之樂亦在其中矣不義而富且貴於我如浮雲　又曰葉公問孔子於子路子路不對子曰汝奚不曰其爲人也發憤忘食樂以忘憂不知老之將至云爾　又子路曾晳冉有公西華侍坐子曰居則曰不吾知也如或知爾則何以哉子路率爾而對曰乘之國攝乎大國之間加之以師旅因之以飢饉由也爲之比及三年可使有勇且知方也夫子哂之求爾何如對曰方六七十如五六十求也爲之比及三年可使足民如其禮樂以俟君子赤爾何如對曰非曰能之願學焉宗廟之事如會同端章甫願爲小相焉點爾何如鼓瑟希　鏗

爾舍瑟而作對曰異乎三子者之撰子曰何傷乎亦各言其志也曰暮春者春服既成冠者五六人童子六七人浴乎沂風乎舞雩詠而歸夫子喟然歎曰吾與點也　家語孔子北遊登于農山之上子路子貢顏回侍側孔子四望喟然而歎曰於斯致思無所不至矣二三子各言其志吾將擇焉子路進曰願得白羽若月赤羽若日鍾鼓之音上振于天旌旗繽紛下蟠于地由當一隊而敵之搴旗執馘唯由能之使夫二子從我焉夫子曰勇哉子貢曰賜願使齊楚合戰兩壘相當旗鼓相望埃塵連接挺刃交兵賜著縞衣白冠陳説其間推論利害二國釋患唯賜能之使夫二子從我焉夫子曰辯哉顏回曰回聞薰蕕不同器而藏堯桀不共國而治以類異也回願得明王聖主而相之敷其五教導之禮樂使城郭不脩溝洫不越鑄丘刃為農器放牛馬於原藪室家無怨曠之思千載無戰鬭之患則由無所施其勇而賜無所用其辯矣夫子懍然曰美哉德也不傷財不害民不繁辭則顏氏之子有焉

孝經鉤命決曰孔子曰吾志在春秋行在孝經以春秋屬商以孝經屬參

史記陳涉嘗與人傭耕輟耕於隴上悵恨久之曰苟富貴無相忘傭者笑而應之曰若爲傭耕何富貴乎涉太息曰嗟乎燕雀焉知鴻鵠之志哉　漢楊雄自叙曰雄爲人簡易佚宕默而好深湛之思清淨無爲少嗜欲不汲汲於富貴不戚戚於貧賤不修廉隅以徼名當世無擔石之儲晏如也自有大度非聖哲之書不好也非其意雖富貴不事也　東觀漢記初光武適新野聞陰后美心悅之後至長安見執金吾甚盛因歎曰仕官當作執金吾娶妻當得陰麗華　後漢書馬少遊謂其從兄援曰士生一世但取衣食裁足乘下澤車御款段馬守墳墓鄉里稱善人斯可矣　又馮衍有大志不戚戚於貧賤常慷慨歎曰衍少事名賢經歷顯位懷金垂紫揭節奉使不求苟得常有凌雲之志三公之貴千金之富不得其願不槩於懷貧而不衰賤而不恨年雖疲曳猶庶幾名賢之風修道德於幽冥之路以終身名爲後世法　又班超字仲叔家貧傭書以供養久乃投筆而歎曰大丈夫無他志略猶當効傅介子張騫立功異域以取封侯安能久事筆硯

間乎 又梁竦字敬叔自負其才鬱鬱不得其意登山遠望歎息曰大丈夫生當封侯死當廟食如不然閑居足以養志詩書足以自娛州郡之職徒勞人耳 又仲長統字公理常欲卜居清曠以樂其志曰濯清水追凉風釣游鯉弋高鴻不受當世之責永保性命之期則可以凌雲霄出宇宙之外矣 張璠漢紀孔融拜太中大夫雖居家失勢賓客日滿其門愛才樂士常若不足每歎曰坐上賓常滿罇中酒不空吾無憂矣 吳書鄭泉博學有奇姿而性嗜酒閑居每日願得美酒滿五百斛船以四時甘肥置兩頭反覆沒飲之憊即住而啖肴膳酒有升斗減隨即益之不亦快乎 晉中興書畢卓爲吏部郎中常謂人曰右手持酒柸左手持蟹螯拍浮酒池中便足了一生

【詩】魏陳思王曹植詩曰慶雲未時興雲龍潛作魚神鸞失其儔還從燕雀居 晉阮籍詠懷詩曰天地烟熅元精代序清陽曜靈和氣容與於赫帝朝伊衡作輔才非允文器非經武適彼沅湘託介漁父優哉遊哉爰居爰處 又曰月明星稀天高地寒嘯歌傷懷獨寤寐言臨觴拊

膺對食忘飡世無萱草令我哀歎　又曰河上有丈人緯蕭弃明珠甘彼藜藿食樂是蓬蒿廬豈効繽紛子良馬騁輕輿朝生衢路傍夕瘗横街隅歌笑不終宴俛仰復欷歔鑒兹三者憤懣從此舒　又幽蘭不可佩朱草爲誰榮脩竹隱山陰射干臨增城　又曰駕言發魏都南向望吹臺簫管有遺音梁王安在哉戰士食糟糠賢者處蒿萊歌舞曲未終秦兵復已來　又曰木槿榮丘墓煌煌有光色白日頹林中翩翩零路側蟋蟀吟戶牖蟪蛄鳴荆棘蜉蝣願三朝采采脩羽翼　又曰復一日一夕復一晨容色改平常精魂自飄淪臨觴多哀楚思我故情人對酒不能言悽愴懷酸辛　又曰鴻鵠相隨飛隨飛適荒裔雙翮凌長風須臾萬里逝朝飡琅玕實夕宿丹山際託身青雲中網羅不能制豈與鄉曲士攜手共言誓　又曰鷽鳩飛桑榆海鳥運天池豈不識宏大羽翼不相宜招摇安可翔不若栖樹枝下集蓬蒿間上遊園圃籬但爾亦自足用子爲追隨　又曰嘉樹下成蹊東園桃與李秋風吹飛藿零落從此始繁華有憔悴堂上生荆杞　又曰

天馬出西北由來從東道春秋非有託富貴焉常保清露被皐蘭凝霜霑野草　又曰平生少年時輕薄好絃歌西遊咸陽中趙李相經過娛樂未終極白日忽蹉跎驅馬復來歸反顧望三河黃金百鎰盡資用常若多北臨太行道失路將如何　又曰步出上東門北望首陽岑下有採薇士上有嘉樹林良辰在何許凝霜霑衣襟寒風振山岡玄雲起重陰鳴鴈飛南征鶗鴂發哀音素質遊商聲悽愴傷我心　又曰昔年十四五志尚好書詩被褐懷珠玉顏閔相與期開軒臨四野登高望所思丘墓蔽山岡萬世同一時千秋百歲後榮名安所之　又曰徘徊蓬池上還顧望大梁淥水揚洪波曠野莽茫茫　又曰寧與燕雀翔不隨黃鵠飛黃鵠遊四海中路將安歸　又曰北里多奇舞濮上有微音輕薄閑遊子俯仰乍浮沉焉見王子喬乘雲翔鄧林獨有延年術可用慰我心　又曰南國有佳人容華若桃李朝遊江北岸夕宿瀟湘沚時俗薄朱顏誰為發皓齒　又曰夜中不能寐起坐彈鳴琴薄帷鑒明月清風吹我衿孤鴻號外野翔鳥歸北林徘徊將何

見憂思獨傷心　晉傅玄雜詩曰閑夜微風起明月照高臺清響呼不應玄景招不來廚人進藿茹有酒不盈杯安貧福所與富貴爲禍媒金玉雖高堂於我賤蒿萊　晉張翰詩曰暮春和氣應白日照園林青條若揔翠黃花如散金榮與壯俱去賤與老相尋　又東鄰有一樹三紀栽可拱無花復無實亭亭雲中竦隟禽不爲巢短翮莫肯住　又忽有一飛鳥五色雜英華一鳴衆鳥至再鳴衆鳥羅長鳴摇羽翼百鳥互相和　晉張協詩曰瓴甋夸璵璠魚目笑明月不見郢中歌能否居然別陽春無和者巴人皆下節　又曰此鄉非吾地此郭非吾城折衝罇俎間制勝在兩楹巧遲不足稱拙速乃垂名　宋謝靈運憶山中詩曰採菱調易急江南歌不緩楚人心昔絶越客腸今断断絶雖殊念俱爲歸慮款　又詩曰韓亡子房奮秦帝魯連耻本自江海人忠義感君子　宋謝惠連詩夕坐苦多慮行歌踐閨中房櫳引傾月步檐結春風　宋鮑昭雜詩十五諷詩書篇翰靡不通弱冠參多士飛步遊春宮側覩君子論預見古人風兩說窮舌

端五車摧筆鋒羞當白壁既恥受聊城功晚節從世務乘郭遠
和戎解珮襲犀渠卷帙奉盧弓始願力不及安知命不終　齊謝
朓冬緒羈懷詩曰去國懷丘園入遠滞城闕寒燈耿宵夢清鏡
悲曉髪風草不留霜冰池共如月　梁江淹效阮公詩曰歲暮多懷
傷中夕弄清琴戾戾曙風急團團明月陰愁雲出北山宿鳥驚東
林誰謂人道曠憂慨自相尋寧知霜雪後獨見竹栢心　又曰十五
學詩書顏華常美好不逐世間人鬪雞東郊道富貴如浮雲金
玉不爲寶一旦鶗鴂鳴嚴霜被勁草志氣多感失泣下霑懷抱　又曰
夕雲映西山蟋蟀吟桑梓零落被百草秋風吹桃李君子懷苦心感
慨不能止駕言遠行遊驅馬清河涘寒暑更進退金石有終始光色
俯仰閒英艷難久恃　梁吳均詠懷詩曰僕本報恩人走馬救東秦黃
龍暗迢遞青泥寒苦辛野戰劒鋒盡攻城才智貧雖餘一死在留持
贈夫人　又曰元淑勢位卑長卿官情寡二頃且營田三錢聊飲馬懸風白
雲上挂月青山下心中欲有言未得忘言者　周庾信詠懷詩曰步兵未

飲酒中散未彈琴蕭關索無旨盡昏昏有欲心涸鮒常思水驚鳥飛每失林風雲能變色松竹且悲喑上出來不得意何必往長岑　又曰無悶無不悶有待何可待昏昏如坐霧漫漫疑行海千年水未清一代人先改昔說東陵侯唯見瓜園在　又曰疇昔國士遇生平知己恩直言殊可吐寧知炭欲吞一顧重尺璧千金輕一言悲傷劉孺子悽愴史皇孫無因同武騎歸守灞陵園　又曰周王逢鄭忿楚后值秦冤梯衝已鶴列巽馬忽雲屯武安檐瓦振昆陽猛獸奔流星夕照墳烽火夜燒原古獄饒冤氣空亭多枉魂天道寧可問微子不忍言　又曰蕭條亭鄣遠悽愴風塵多關門臨白狄城影入黃河秋風別蘇武寒水送荊軻誰言氣蓋世晨起帳中歌　隋顏之推古意詩曰十五好詩書二十彈冠仕楚王賜顏色出入章華裏作賦凌屈原讀書誇左史數從明月讌或侍朝雲祀登山摘紫芝泛江採綠芷歌一舞未終曲風塵闇天起吳師破九龍秦兵割千里狐兔穴宗廟霜露沾朝市璧入邯鄲宮劍去襄城水不獲殉陵墓獨生良足恥憫憫思舊都惻惻懷君子白髮關明鏡憂

傷沒余齒又曰寶珠出東國美玉在南荊隨侯曜我色卞氏飛吾聲已加明稱物復飾夜光名驪龍且夕駭曰虹朝暮生華彩燭兼乘價直距連城常悲黃雀起毎畏靈蛟逝千刃安可捨一毀難復營昔為時所重今爲時所輕願與濁泥會思將如石并歸眞川岳下抱潤潛其榮

賦 後漢馮衍顯志賦曰馮子以爲夫人之德不碌碌如玉硌硌如石風興雲蒸一龍一蛇合道翱翔與時變化夫豈守一節哉上隴阪騰高岡遊精宇宙流目八紘眇然有思凌雲之意乃作賦自廣命篇曰顯志云開歲發春百卉含英甲子之朝兮汨吾西征發軔新豐兮徘徊鎬京凌飛廉而太息登平陽而懷傷悲世俗之險阨哀好惡之無常弃衡石而意量兮隨風波而飛揚陟九嵕而臨嶻嶭聽涇渭之波聲歲忽忽而日邁兮壽冉冉而不與恥功業之無成兮赴原野而窮處陟隴山以踰望眇然覽於八荒風波飄其並興兮情惆悵而增傷覽天地之幽奧兮統萬物之維綱究陰陽之變化兮昭五德之精光高吾冠之岌岌兮長吾珮之洋洋飲六醴之淸液食五芝之茂英嘉孔丘之知命兮大老聃之貴樂

玄德與道其孰能寶名與身其孰親 後漢班固幽通賦曰系高頊之玄胄兮氏中葉之炳靈飄颻凱風而蟬蛻兮雄朔野以颺聲皇十紀而鴻漸兮有羽儀於上京魂煢煢與神交兮精誠發於宵寐夢登山而迴眺兮覿幽人之髣髴惟天地之無窮兮鮮民生之晦在紛屯邅與蹇連兮何艱多而智寡昔衛叔之御昆兮昆為寇而喪子管彎弧欲斃讎兮讎作后而成己變化故而相詭兮孰云豫其終始雍造怨而先賞兮丁由惠而被戮粟取吊于由吉兮王膺慶於所感叛迴穴其若茲兮北叟頗識其倚伏宣曹興敗於下夢兮魯衛名謚於銘謠妣聆呱而刻石兮許相理而鞠條道混成而自然兮術同源而分流所貴聖人之至論兮順天性而斷誼物有欲而不居兮亦有惡而不避三仁殊而一致兮夷惠異而齊聲木偃息以蕃魏兮申重繭而存荊紀焚躬以衞上兮皓頤志而弗傾侯草木之區別兮苟能實其必榮要沒世而不朽乃先民之所程觀天網之紘覆兮實匪諶而相訓謨先聖之大猷兮亦隣德而助信虞韶美而儀鳳兮孔忘味於千載素文信而底麟兮

漢賓祚于異代　魏陳王曹植玄暢賦曰夫富者非財也貴者非寶也或有輕爵祿而重榮聲者或有受性命以殉功名者是以孔老異旨楊墨殊義聊作斯賦名曰玄暢　夫何希世之大人罄天壤而作皇該仁聖之上義據神位以統方補五帝之漏目綴三代之維綱僥余生之幸祿遘九三之嘉祥上同契於稷禹降合穎於伊望思薦寶以繼佩怨和璞之始錐乃思黃鍾以協律怨伶夔之不存考所圖之莫合悵蘊結而延佇志鵬舉以補天蹶青雲而奮羽舍余駟而改駕任中才之法御望前軌而致策顧後乘而安驅匪遑遑於短修取全貞而保素弘道德而為宇築無怨以作藩播慈惠以為圃耕柔順以為田不媿景而慙魄信樂天之何欲逸千載而流聲超貴然而度俗　又幽思賦曰倚高臺之曲隅處幽僻之閑深望翔雲之悠悠羌朝濟而夕陰顧秋華之零落感歲暮而傷心觀躍魚於南沼聆鳴鶴乎北林搦素筆而慷慨揚大雅之哀吟仰清風以歎息寄予思於悲絃信有心而在遠重登高以臨川何余心之煩錯寧翰墨之能傳　魏劉楨遂志賦曰幸遇明后因志東傾披此

豐草乃命小生生之小矣何玆云當牧馬于辂役車低昂愴悢惻切我獨西行去峻溪之鴻洞觀日月於朝陽釋蒺棘之餘刺踐櫝林之柔芳噉玉粲以矐目榮日華以舒光信此山之多靈何神分之煌煌聊且遊觀周歷高岑仰攀高枝側身遺陰磷磷礀礀以廣其心伊天皇之樹葉必結根於仁方梢吴夷於東隅制擊畔邑乎南荆戢干戈於内庫我馬縶而不行揚洪恩於無涯聽頌聲之洋洋四寓莫以無爲玄道穆以普將翼翼儁乂於上列退仄陋於下場襲初服之蕪蔵託蓬蘆以遊翔豈放言而云爾乃旦夕之可忘

魏丁儀厲志賦曰覽前志而博觀求余心之所安雖疲駑而才弱敢舍力而不攀懿躬稼之克任賤善射而隕殘羡夷首陽之遺譽憎千駟之餘訕宗舍藏之偉節薄鼎角之自干嘉法言之令揚悼説難之喪韓鑒登險之敗績顧清道以自閑瞻元龍而懼進退廣志於伐檀雖德厚而祚卑猶不忘於盤桓薰以芬香而自燒兎亦取斃於豪翰援大雅以爲戒眺龔勝而自歎嗟世俗之參差將未審乎好惡咸隨情而與議固真僞以紛

錯穢杯盂之周用令瑚璉以抗閣恨騄驢之進庭屛騏驥於溝壑疾
青蠅之涂自悲小弁之靡託惡晨婦之蒙厚痛三代之見薄惟受性之
樸拙亮未達乎側度頋鍾子之既没牙輟絃而不作敢三思之彌憤勤循
墻之茲恪勉夕改以補朝履日新而悔昨　魏章鋋叙志賦曰胤鴻烈之末
流蒙祖考之餘德奉過庭之明訓納微躬於軌則勉四民之耕耘遂能
辯乎菽麥自弱冠而立朝無匡時之異才每寤寐以歎息思損已而降
階遭大魏之革命罔君羣士於行職雖固陋之無用猶收録而序飾歷
文武於機衡擁大璫於帝側隨倫儕以按牒乃剖符而封殖顧儀服
而增憤忽夕惕以愧忝蒙聖皇之宏恩過待罪於鄉士奏朝請於朔望
恭禋享於郊祀念余年之冉冉忽一過其如馳微奇功以佐時徒曠官其
何為匪遜讓之足殉信神氣之稍衰將訴誠於明后乞骸骨而告歸
晉夏侯惇懷思賦曰何天地之悠長悼人生之短淺思縱慾以求歡苟抑
況以避免嗟聖王之制作所以貴夫善善信循道以從法何世路之速蹇
始絜操以迄今每適道而靡違思典言以攝事弗履過而循非惟戰戰

以矜慄杜穢釁而防微斂規節以踐跡冀天鑒之祐祐誠勤恭肅以端厲常苣思而勞形桑榆掩其薄没既白首而無成世務多故吾固甘夫無爲名不足以爲尚空勞穢以自畀永無事以安神故皆辛殁之無知　晉束據表志賦曰據忝職門下在帷幄之末與羣士糾紆齊登玉陛待月月久矣出爲冀州刺史犬馬戀主既有微情且志之所以存不能無言因而賦之曰過承嘉惠擢身泰晨俯躡丹墀仰承三辰當樂夏之颽南蒙朱暘之和仁接鳴鸞之垂翼因神虬之光鱗浮眇末之纖質濟吾身於天津邈盧敖之所涉陼多士之遺塵登九垓之虛軌覿仟傒之威神情飄飄而凌雲意髣髴于眞扶搖薄於懸圃增城鬱以嵯峨被羽衣之飛飛握若蕙之芳華蹈糺紛之絶軌攀大椿之踈柯意翹翹而慕遠思懼鬉於天陂悲落葉之思條情戀戀於昊倉懷聖德之弘施情慘切而内傷感有莘之媵臣願致主於陶唐　晉潘尼懷退賦曰伊疇昔之懷憤思天飛以遠迹望循塗而投軌遡翔風以理翮冀雲霧之可憑悕天路之開闢何時願之多違奄就羇以服役困吳坂之峻岨畏

鹽直之嚴筴嗟遊處之弗遇奚欝悒之難任背宇宙之寥廓羅網罟之重深常屏氣以斂迹焉遊豫以娛志傳釋板以亮邪望投竿而相婭窮獨善以全質達兼利以濟時聃安志於柱史由抗迹於嵩箕理殊塗而同歸雖百慮其何思敢因虛以託談遂逡巡而造辭　晉傅咸申懷賦曰何天施之弘普廓瓦礫於瓊瑛備東宮之妙選奉儲君之聖明穆穆清禁濟濟羣英鸞鳥翔鳳集羽儀上京芬芳並發我穢其馨香德音光宣我累厥聲豈伊不媿顧影慙形雖自百於殞越懼恩隆而命輕命飭輕而寸下諒無補於明時塞賢哲之顯路而塵損之目滋匪躭榮而忘替實結戀之有違忝厚顏於寮類甘獲戾而受譏不悟皇恩之彌崇授大縣乎近畿畿云近而防遠情眷眷而含悲則兼懷憂慮寔深雍可南面千載睎恖微微小子斯之莫任莫斯之任求仁在我將反初服畢志訓雅盡烏烏之至情竭歡敬於膝下進抗疏以歸誠退抽簪而脂車庶所乞之克從永收迹於蓬廬　晉惠攄述志賦曰慕浮雲以抗操躭簞食之自娛羨首陽之皎節歎南山之高跡哀夫

差之徊惑詠楚懷之失圖悲五員之沉悴痛屈平之無辜嘉沮溺之隱約羨接輿之狂歌顧大雅之先智緯明哲之所經微見機而遂逝比舍生而親名道殊塗而同歸要喻世而並榮舜拘忤於焚廩孔怵惕於陳匡紛迍蹇之若斯何遭命之可常情怳惚以回迷夢乘雲而飛颺駕麟鳳之靡靡截龍旂之徉徉周九州而騁目登四岳而永望承聖喆而砥礪舊羽儀而翱翔被蘭芷之芳華帶鍾山之玉英飾吾冠之岌岌美吾珮之玲玲悲盛衰之遞處情悠悠以紆結攬菖草以掩涕曾一歎而九咽　晉陸機遂志賦曰昔崔篆作詩以明道述志而馮衍又作顯志賦班固作幽通賦皆相依倣焉　張衡思玄蔡邕玄表張叔哀系此前世之可得言者也崔氏簡而有情顯志壯而泛濫哀系俗而時靡玄表雅而微素思玄精練而何惠欲麗前人而優游清典漏幽通矣班生彬彬切而不絞哀而不怨矣崔蔡沖虛溫敏雅人之屬也衍抑揚頓挫怨之徒也豈亦窮達異事而聲爲情變乎余備託作者之末聊復用心焉武定鼎于洛納胡受瑞於汝墳豁鳴鳳於百祀啓劭仲乎方震

苟天光之所炤豈舜族其必陳厭禋祀於故墟饗食禴祭于東鄰禰八
葉而松茂舞九韶乎降神系姜叟於海曲表滄流以遠震仰前蹤之綿
邈豈孤人之能胄匪世祿之敢懷傷茲堂之不構理或睽而後合道有夷
而弗順傅栖嵓巖而神交伊荷鼎以自進蕭綢繆於豐沛故攀龍而先
躍陳傾覆於楚魏亦陵胥以自濯五被刑而伏劍魏和戎而擁樂彼殊塗
而並致此同川而偏溺禍無景而易逢福有時而難學惟萬物之運動
雖紛糾而相襲隨性類以曲成故圓行而方立要信必而委命援前脩
以自呈擬遺迹於成軌詠新曲於故聲任窮達以逝止亦進仕而退耕庶
斯言之不渝抱耿介以成名　又懷土賦曰余去家漸久懷土彌篤方思之殷
何物不感曲街委巷罔不興詠水泉草木咸足悲焉故述斯賦背故都
之沃衍適新邑之丘墟遵黃川以葺宇被蒼林而卜居悼孤生之已晏
恨親沒之何速排虛房而永念想遺塵其如玉眇綿邈而莫覿徒佇
立其焉屬感亡景於存物惋隤年於拱木悲顧眄而有餘思俯仰而
自足留茲情於江介寄瘁貌於曲璵迴川以悠想撫歸塗而躑躅伊躑躅

之徒勤慘歸途之艮難愍栖鳥於南枝吊離禽於別山念庭樹以悟懷憶路草而解顏甘蓳荼於飴茁綽蕭艾其如蘭神何寢而不夢形何興而不言 梁元帝玄覽賦曰歲次旃蒙月建司空爰變蕤賓之呂扇廣莫之風蕭子褒帷九水作牧三宮乃旰衡而言曰唯天爲大唯堯則之唯地爲厚唯王國之粵羲皇之握鏡實乃神而乃聖陳六聯於八則弘九職於三令惟天縱於副后踰啓誦而爲首既論儒而肅成復斷獄於長壽爾其湘水之東卽我龜蒙魏正元而分邑吳太平而定中鎮鱗山之崔嵬傍龍迹而穹隆將遊目於五湖夕結覽於姑蘇臨閶門之跨水聳重闕而開都觀泉亭之涌波窟巍巍而峩峩張素蓋而縈洲嶼馳白馬而赴江淹登舜橋而延首暇禹井而淹留御史之牀猶在督護之門不脩詳夫皇王受處本無定所堯都平陽舜在冀方商王居亳成周卜洛故知黃旗紫蓋域中爲大天地之所合風雲之所會爰命而建旗誠非親而勿居應鳴鞞於龍角要復緹幕於熊車經釣臺而高邁過郡渚而西浮變青門之三龍襲爲黃塵之丘臨

章華而留眄見舊楚之悽涼試極目乎千里何春心之可傷其渚宮也夾江帶阡布濩井田通逵交進高門接連人腰水心之劍家給火耕之田爾乃樹之榛栗椅桐梓漆三巴黃甘千戶朱橘翁高宴於城隅駐五馬而踟躕乃有青琴碧玉絳樹綠珠西河王豹東野綿駒蘭缸夕燃合璧斜天照流風之迴雪映出水之初蓮奉信珪而入朝驅駿駟而乘軺既摠司於戎旅亦兼飾於豐貂勿幼墳籍以自娛迄方今而不渝雲氣芝英之簡懸針倒薤之書擬河獻之留且希淳于之席珍臨秋水之至樂登春臺而目欣鑿戶牖而長望混木鴈而兼陳嗟今來而古往聊絕筆於獲麟　又言志賦曰天文既表人文可觀知負扆之來易信握鏡之云難差立極而補天驗辟天合而洪水連有庖羲之八索稱朱襄之五絃聞夏王之鑄鼎重農皇之播田悲車軌之未同宣彌媲於棟隆戮封豕於海內斬長狄於區中懷宿昔與璠並來遊於菟園悲元瑜之已逝歎靈光之獨存想延賓於北閣置酒於南軒聞鵾鳴而懷友聽長笛其何言夙有尚於清靜叨再來於鄢郢東窺文命之穴南望鴻

崖之井遂撫運而登庸謬垂旒而卷領雖有愧於前英寔求衣於未明召司烜而照夜觀執珪而滿庭誠雖休以勿休寔旨酒之忘憂絕何楊之妙舞廢綿駒之善謳彼知止與知足復何營而何欲桂何用於黃金棨寧勞於青玉爾乃高步北園用蕩囂煩桂偃蹇而臨棟石穹隆而架門對灌木之脩聳觀激水之飛奔澗不風而自響天無雲而晝昏聞賓鴻之夜飛想過沛而霑衣況登樓而作賦望懷海而思歸

書

漢司馬遷報任安書曰僕亦嘗廁下大夫之列陪奉外廷末議不以此時引維綱盡思慮今已虧形爲埽除之隸在闒茸之中乃欲仰首伸眉論列是非不亦輕朝廷羞當世之士邪僕與李陵俱居門下素非相善也趨舍異路未嘗銜杯酒接殷勤之餘歡今舉事一不當而全軀保妻子之臣隨而媒蘖其短僕誠私心痛之且李陵提步卒不滿五千深踐戎馬之地矢盡道窮救兵不至士卒死傷如積然李陵一呼勞軍士卒無不起張空拳冒白刃北嚮爭死敵者愚以爲李陵素與士大夫絕甘分少能得人之死力雖古名將不過也身雖陷敗亦足以暴於天下

也適會召問即以此指推言陵之功欲以廣主上之意塞睚眦之辭未能盡明明主不曉以爲僕沮貳師而爲李陵遊說遂下於理拳拳之忠終不自明交遊莫救視左右親近不爲一言身非木石獨與法吏爲伍深幽囹圄之中誰可告愬者此眞少卿所親見僕行事豈不然乎且夫臧獲婢妾猶能引決況僕之不得已乎所以隱忍苟活身幽糞土之中而不辭者鄙沒世而文采不表於後世也古者富貴而名磨滅不可勝記唯倜儻非常之人稱焉蓋西伯拘而演周易仲尼厄而作春秋屈原放逐乃賦離騷左丘失明厥有國語孫子臏脚兵法修列不韋遷蜀世傳吕覽韓非囚秦說難孤憤詩三百篇大抵賢聖發憤之所爲作也僕竊不遜近自託於無能之辭網羅天下放失舊聞略考其行事綜其終始稽其成敗興壞之紀欲以究天地之際通古今之變成一家之言惜其不成是以就極刑而無慍色僕誠已著此書藏之名山傳之其人通邑大都則僕償前辱之責雖萬被戮豈有悔哉然此可爲智者道難爲俗人言也　漢楊惲報孫會宗書曰惲家方隆盛時乘朱輪

者五十人位在列卿爵爲通侯總領從官與聞政事曾不能以此時有所建明以宣德化已負竊位素餐之責久矣懷禄貪勢不能自退遂遭變故横被口語身幽北闕妻子滿獄當此之時自以夷滅不足以塞責豈意得全首領復奉先人之丘墓乎伏惟聖主之恩不可勝量君子游道樂以忘憂小人全軀悦以忘罪竊自思念過已久矣行已虧矣長爲農夫以没世矣是故身率妻子戮力耕桑灌田治産以給公上不意當復用此爲譏議也田家作苦歲時伏臘亨羊炰羔斗酒自勞家本秦地能爲秦聲婦趙女也雅善鼓瑟奴婢歌者數人酒後耳熱仰天撫缶而呼嗚嗚其詩曰田彼南山蕪穢不治種一頃豆落而爲萁人生行樂耳須富貴何時是日也拂衣而喜奮袖低昂頓足起舞誠淫荒無度不知其不可也惲幸有餘禄方糴賤販貴逐什一之利下流之人衆毁所歸不寒而慄雖雅知惲者猶隨風而靡尚何稱譽之有道不同不相爲謀今子尚安得以卿大夫之制而責僕哉　魏文帝與吴質書曰季重無恙途路雖局官守有限願言之懷良不可任足下所治僻左書問

致簡益用增勞每念昔日南皮之遊誠不可忘既妙思六經逍遥百
氏彈琴閒設終以博弈高談娛心哀箏順耳馳騁北場旅食南館浮
甘瓜於清泉沉朱李於寒水白日既匿繼以朗月同乘共載以遊後園
輿輪徐動賓從無聲清風夜起悲笳微吟樂往哀來愴然傷懷余
顧而言斯樂難常足下之徒咸以爲然今果分別各在一方元瑜長逝化
爲異物每一念至何時可言方今蕤賓紀時景風扇物天意和暖衆果
具繁時駕而遊北遵河曲從者鳴笳以啓路文學託於後車節同時異
物是人非我勞如何　又曰昔日遊處行則連輿立則接席何曾須臾相
失每至觴酌流行絲竹並奏酒酣耳熱仰而賦詩當此之時忽然不自
知樂也何圖數年之間零落略盡言之傷心頃撰其遺文都爲一集觀
其姓名已爲鬼録追思昔遊猶在心目而此諸子化爲糞壤可復道哉歷
覽諸子之文對之收淚既痛逝者行自念也年行已長大所懷萬端時
有所慮至乃通夕不瞑志意何時復類往昔邪已成老翁但未白頭爾
魏陳王曹植與吳質書曰前日雖因常調得爲密坐雖宴飲彌日其

於别遠會稀不盡其勞積也若夫觴酌淩波於前簫笳發音於後足下鷹揚其體鳳翔虎視謂蕭曹不足儔衛霍不足侔也左顧右眄謂若無人豈若吾子之壯志哉過屠門而大嚼雖不得肉貴且快意當斯之時願舉太山以爲肉傾東海以爲酒伐雲夢之竹以爲笛斬泗濱之梓以爲箏食若塡巨壑飲若灌漏卮其樂固難量豈非大丈夫之樂哉然日歲不我與曜靈急節面有逸景之速别有參商之闊思抑六龍之首頓羲和之轡折若木之華閉濛汜之谷天路高邈良無由緣　魏吴質答太子書曰奉讀手命追亡慮存恩哀之隆形於文墨日月冉冉歲不我與昔侍左右厠坐衆賢出有微行之遊入有管絃之歡置酒樂飲賦詩稱壽自謂可終始相保並騁材力効節明主何意數年之間死喪略盡臣獨何德以堪久長徐陳劉應才學所著誠如來命惜其不遂可謂痛切凡此數子於雍容侍從實其人也若乃邊境有虞羣下鼎沸軍書輻至羽檄交馳於彼諸賢非其任也往者孝武之世文章爲盛若東方朔枚皋之徒不能持論即阮陳之疇也其唯嚴助壽王

與聞政事然皆不損其身善謀於國卒以敗亡臣竊恥之至於司馬長卿稱疾避事以著撰爲務則徐生庶幾焉而今各逝已爲異物 又答陳思王曹植書曰信到奉所惠貺發函伸紙是何文采之巨麗而慰喻之綢繆乎夫登東岳者然後知衆山之邐迤也奉至尊然後知百里之卑微也身賤犬馬德輕鴻毛至乃歷玄闕排金門升玉堂伏櫺檻於前殿臨曲池而行觴既威儀虧替言辭漏泄雖恃平原養士之懿愧無毛遂耀穎之才深蒙薛公折節之禮而無馮諼三窟之效屢獲信陵虛左之德又無侯生可述之美凡此數者乃臣所以憤積於胷襟懷眷而於邑者也若追前宴謂之未究欲傾海爲酒并山爲肴伐竹雲夢斬梓泗濱然後極雅意盡歡情信公子之壯觀非鄙人之所庶幾也若質之志實在所天思投印釋黻朝夕侍坐鑽仲父之遺訓覽老氏之要言對清酤而不酌抑嘉肴而不享使西施出帷嫫母侍側斯盛德之所蹈明哲之所保也若乃近者之觀實蕩鄙心秦箏發徽二八迭奏塤簫激於華屋靈鼓動於坐左耳嘈嘈而無間情踊躍於鞍馬謂可北懾肅慎使貢

其桰矢南震百越使獻其白雉況權備夫何足視乎還遂怡諷集所著觀省英瑋實賦頌之宗作者之師表也　晉羊祜與從弟書曰吾以布衣忝荷重任每以尸素爲愧大命既隆唯江南未夷此人臣之責是以不量所能畢力吳會當憑朝廷之威賴士大夫之謀以全克之舉除萬世之患年已朽老既定邊事當有角巾東路還歸鄉里於墳墓側爲容棺之墟假日視息思與後生味道此吾之至願也以凡才而居重位何能不懼盈滿以責邪疏廣吾師也聖主明恕當不奪集微志爾　晉劉琨荅盧諶書曰書及詩備辛酸之苦言暢經通之遠旨執玩反覆不能釋手慨然以悲歎然以喜昔在少壯未嘗檢括遠詠老莊之齊物近嘉阮生之放曠怪厚薄何由而生哀樂所由而至自頃譸張困於逆亂國破家亡親友凋殘塊然獨處愧憤之集負杖行吟則百憂俱至時復相與舉觴對膝破涕爲笑排終身之積慘求數刻之暫歡譬由疾疢彌年而欲以一丸銷之爾夫才生於世而世貴須才和氏之璧焉得獨曜於郢握夜光之珠無緣得玩於隨掌天下之寶固當與天下共之但離索之日

不能不以悵恨爾　齊謝朓與王儉書曰夫所貴天下之士者何其上則
閎景山壑凌氣風霞次則投緡捨築爵爲上佐次則服秦楚而辭其
功振燕魏而逃其賞凡此數輩皆英懿之士也自茲已降參差萬緒
或跡著明晦或才兼默語若相譚之褰俗馮衍之忤時北海之疑峭中
散之峻絕率以方寸之情喪不訾之德蓋無取焉若相如之愛奇任偉
長之淹粹弘遠樂廣融通裴楷夷淡彼四賢者並純神絕景徇物
傷意其慕之而未可以言但心之所暗咫尺千里志之所符滄洲曖然揣
而論之寔山河之不肖者也　梁簡文帝答徐摛書曰山濤有云東宮
養德而已但今與古殊時有監撫之務吾兄不能黜邪進善少助國章
獻可替不仰裨聖政以此慚惶無忘夕惕　驅馳五嶺在戎十年險阻艱
難備更之矣觀夫全軀具臣刀筆小吏未　嘗識山川之形勢介冑之勤
勞細民之疾苦風俗之嗜好高閣之間可來高門之地徒重玉饌羅前
黃金在握足訾粟斯容與自憙亦復言軒羲以來一人而已使人見此良
足長歎　梁王僧孺與何遜書曰昔李叟入秦梁生適越猶懷恨悵且

或吟謡況歧路之日將離嚴綱辭無可憐罪有不測所以握手戀戀離別珍重弟愛同郭李徑徑承睫吾猶抗手分背羞學婦人顧實不肖文質貝無所抵蓋困在衣食迫於飢寒非有奇才絕略高談吐一言可以匡俗振民動一議可以固邦興國全璧歸趙飛矢投燕偃息藩魏甘卧安郢腦日逐髓月支擁十萬而横行提五千而深入將能執珪列衣壤功勒景鍾錦繡爲衣朱丹被轂斯蓋大丈夫之志非吾曹之所能及除舊布衣清畧方且抱樂銜圖龍訟謳有主一旦陪武帳仰文槐備辦佚之柱下充嚴朱之席上入班九棘出專千里未有躡景追風奔驟之若此者也蓋基薄牆高塗遥力躓司隸懍懍思得應弦譬懸廚之獸如離繳之鳥將充庖鼎以餌鷹鸇雖事異鑽皮文非次骨猶復因茲舌杪成此筆端上可以投畀北方次可以論諭左校幸聖主留善貸之德紓好生之施解網祝禽下車泣罪所謂還魄扗極追風奉高蓋士無賢不肖在朝見嫉女無美惡入宮見妒外無奔走之友内乏彊近之視是以媾市之徒隨相媒糵一朝捐弃以快怨者之心吁可

悲矣蓋堯貴後賤古富今貧李流所以發此哀音雍門所以扣其悲曲又迫以嚴秋殺氣萬物多悲長夜展轉百憂俱至況復露鋪苴色風搖樹影寒蟲夕叫含輕重而同悲秋葉晚傷雜黃紫而俱墜悲夫豈復得與二三士友抗首接膝履足差肩摛綺縠之清文談希夷之至道唯吳馮之遇夏馥范式之值孔嵩愍其留賃憐此行乞爾　又答江琰書曰猥惠嘉音用蠲疾首發函伸紙即若披雲等蝌谷之清音比洞庭之高曲辭則美矣而擬其非倫譬享海鳥以醇醪嘉膳栖林貌以崇楹曾栱苟非其實立有驚怖況復以一離訴弃賓實讙然豈復能使一笥可輕八厨斯引且登清漢乍弃黃汙望影析支爭塗再楫其或蹲林卧石籍卉班荊不過田畯野老漁父樵客酌醴焚枯嗚嗚相勞羨矣苾蓀含糗果然滿腹寧有幡旗貴客車馬大賓獻書盡先賢之德作頌聲前皇之美豈不俯拾青紫坐享大夫況復詠高梧而賦脩竹背淸淮而遊長范留東閣從容登石室而高視豈與夫身没名隕同年而共毀譽哉

藝文類聚卷第二十六

藝文類聚卷第二十七

人部

行旅

行旅

爾雅曰征邁行也 易曰天行健 又曰牝馬地類行地無疆 又曰利有攸往 毛詩曰周大夫行役過故宗廟宮室盡爲禾黍彷徨而不忍去 又曰行邁靡靡中心搖搖 又曰周公東征三年而歸 又曰我徂東山慆慆不歸我來自東零雨其濛 又曰我行其野芃芃其麥 又曰惠而好我攜手同行 又曰行道遲遲中心有違 尚書曰歲二月東巡狩至于岱山宗五月南巡狩至于南岳八月西巡狩至于西岳十有一月北巡狩至于北岳 左氏傳曰不有居者誰守社稷不有行者誰扞牧圉 又曰先王卜征五年歲襲其祥祥習乃行 又曰行李之往來共其資糧扉屨其可也 又曰凡公行告于宗廟反行飲至舍爵策勳焉禮也 又曰君行師從卿行旅從 又曰昔周穆王欲肆其心周行天下將皆必有車轍馬迹焉 禮記曰行則有隨立則有序行而無隨則亂於行 莊子曰黃帝將見大隗於

具茨之山方明爲馭昌寓參乘於襄城之野七聖皆迷適遇牧馬童子問塗焉　又曰黃帝遊乎赤水之北登於崑崙之丘　又曰適百里者宿糧適千里者三月聚糧　家語曰齊人歸女樂魯君觀之三日不朝孔子遂行　穆天子傳曰天子北征絕漳水西征賓于王母天子觴西王母瑤池之上　史記曰禹乘四載隨山刊木山行乘輂泥行乘橇陸行乘車水行乘舟　又曰老子居周久之見周之衰乃遂去關關令尹喜曰子將隱矣喜與老子俱之流沙之西　又曰秦始皇至雲夢望祀虞舜於九疑浮江下觀丹陽至錢唐臨浙江上會稽祭大禹望於南海傍海北至琅邪　漢書曰武帝行幸雍遂北出蕭關歷獨鹿鳴澤自代而還　又曰行幸至甘泉宮賓禮外國客　又行幸東海獲赤鴈　又武帝南巡至盛唐祀虞帝於九疑祭天柱山自尋陽浮江斬蛟江中遂北至琅邪傍海而還所過名山大川　又曰張騫爲郎募使月支匈奴留之十餘年騫持漢節不失西走大宛抵康居傳至大月支王從月支至大夏窮河源廣地萬里九譯致殊俗威德遍於四海

詩　古詩曰驅車遠行役悠悠涉長道四

顧何茫茫東風摇百草所遇無故物焉得不速老 魏文帝詩曰漫漫秋夜長烈烈北風涼展轉不能寐披衣起彷徉俯視清水波仰看明月光鬱鬱多愁思綿綿思故鄉願飛安得翼欲濟河無梁 又於明津作詩曰遥遥山上亭皎皎雲間星遠望使心懷遊子戀所生驅車出北門遥望河陽城 魏陳王曹植雜詩曰悠悠遠行客去家千餘里出亦無所之入亦無所止浮雲翳日光悲風動地起 又曰游魚潛淥水翔鸞薄天飛始出嚴霜結今來白露稀 魏阮瑀詩曰臨川多悲風秋日苦清涼客子易爲戚感此用哀傷攬衣起躑躅上觀心與房三星守故次明月未收光雞鳴當何時朝晨尚未央還坐長歎息憂憂安可忘 又曰我行自凜秋季冬乃來歸置酒高堂上友朋集光輝念當復離別涉路險且夷思慮益惆悵淚下霑裳衣 晉王讚詩曰朔風動秋草邊馬有歸心昔往鶬鶊鳴今來蟋蟀吟人情懷舊鄉客鳥思故林 晉張協詩曰述職投邊城羈束戎旅間下車如昨日望舒三五圓流波戀舊浦行雲思故山 晉陸機赴洛詩曰揔轡登

長路嗚咽辭密親借問子何為世網嬰我身永歎遵北渚遺思結
南津 又曰遠遊越山川山川脩且廣振策陟崇丘按轡遵平莽夕息抱
景寐朝徂銜思往 又尸鄉亭詩曰東遊觀鞏洛逍遙丘墓間秋草
蔓長柯寒木入雲煙發軫有夙晏息駕無愚賢 晉湛方生帆入南湖詩
曰彭蠡紀三江廬岳主衆阜白沙淨川路青松蔚巖首此水何時流此
山何時有人運互推遷茲器獨長久悠悠宇宙中古今迭先後 又還都
帆詩曰高岳萬丈峻長湖千里清白沙窮年絜林松冬夏青水無暫停
流木有千載貞寤言賦新詩忽忘羇客情 晉成公綏詩曰洋洋熊
耳流巍巍伊闕山高岡碣崔嵬雙阜夾長川素石何磷磷水禽
浮翩翩遠涉許潁路顧思邈綿綿鬱陶懷所親引領情緬然 宋
陶潛赴假還江陵夜行塗口作詩曰閑居三十載遂與塵事冥詩書
敦宿好園林無俗情叩枻新秋月臨流別友生涼風起將夕夜景湛虛明
宋謝靈運入東道路詩曰整駕辭金門命旅惟詰朝懷居顧歸
雲指塗泝行飈屬值清明節榮華感和韶陵隰繁綠杞墟囿粲紅

桃嗺鳥嗺鳥翬方皚纖纖麥垂苗懸軫邑里密緬邈江海遼滿目皆古事心賞貴所高魯連謝十金延州權去朝行路既經見願言寄吟謠　又之郡發都詩曰述職期闌暑理棹變金素秋岸沉夕陰火旻團朝露辛苦誰爲情遊子值頹暮生幸休明時親蒙英達顧空班趙氏聖徒乖魏王去從來漸二紀始得傍歸路將窮山海迹永絶賞心悟　又發石首城詩曰白珪尚可磨斯言以爲緇雖抱中孚爻猶勞貝錦詩寸心若不亮微命察如絲日月垂光景成貸遂兼茲出宿薄京畿晨裝搏曾颸里經平生別再與朋知辭故山日已遠風波豈還時迢遞萬里帆茫茫終何之欽聖若旦暮懷賢亦悽其皎皎明發心不爲歲寒欺　又七里瀨詩曰孤客傷逝湍徒旅苦奔峭石淺水潺湲日落山照曜　又初往新安桐廬口詩曰感節良已深懷古亦云思不有千里棹孰申百代意既及泠風善又即秋水駃江山共開曠雲日相照媚景夕羣物清對玩咸可喜　又夜發石關亭詩曰隨山踰千里浮溪將十夕鳥歸息舟楫星闌命行役亭亭曉月映

泠泠朝露滴　又彭蠡口詩曰春晚綠野秀巖高白雲屯千念集日夜萬感盈朝昏攀崖照石鏡牽葉入松門　又初發入南城詩曰弄波不輟手玩景豈停目雖未登雲峯且以歡水宿　又往臨川郡發石頭城詩曰越海陵三山遊湘歷九疑欽聖若旦暮懷賢亦悽其　宋顏延之北使至洛詩曰振楫發吳州秣馬陵楚山塗出梁宋郊道由周鄭間前登陽城路日夕望三川伊洛絕津濟臺館無尺椽宮陛多巢穴城闕生雲煙　宋鮑昭還都道中詩曰昨夜宿南陵今旦入蘆洲客行惜日月崩波不可留侵星赴早路畢景逐前儔發艫眺淮甸掩泣望荆州絕目盡平原時見遠煙浮　又從臨海王西鎮發新亭詩曰客行有苦樂但問客何行攀龍不待翼附驥絕塵冥梁珪分楚牧羽鷁指全荆狐兎懷窟志犬馬戀主情　又登黃鵠圻詩曰適郢無東轅過夏有西浮三崖隱丹磴九派引蒼流淚竹感湘別荆珠懷漢遊　又還都在路詩曰夕聽江上波遠極千里目寒律警窮蹊爽氣起喬木　又至竹里詩曰復澗隱松聲重崖伏雲色樹令名細人効命力不見長波水

清濁俱不息　又齊劉繪入琵琶峽望積布磯詩曰江山信多美此地最爲神以兹峯石麗重在芳樹春照爛虹蜺雜交錯錦繡陳却瞻了非向前觀已復新翠微上虧景青莎下拂津　齊謝朓和劉繪琵琶峽望積布磯詩曰昔餘侍君子歷此遊荆漢山川隔舊賞朋僚多雨散惆悵懷昔踐髣像得殊觀頳紫共彬駮雲錦相凌亂■晚登三山望京邑詩曰灞涘望長安河陽視京縣白日麗飛甍參差皆可見餘霞散成綺澄江靜如練諠鳥覆春洲雜英滿芳甸　又休沐重還道中詩曰還邛歌賦似休汝車騎非霸池不可別伊川難重違汀葭稍靡靡江菼復依依田鵠遠相叫沙鴇忽爭飛雲端楚山見林表吳岫微歲華春有酒初服偃郊扉　齊孔稚珪旦發青林曰孤征越清江遊子悲路長二旬倏已滿三千眇未央草雜今古色巖留冬夏霜寄懷中山舊舉酒莫相忘　齊劉瑱上湘度琵琶磯詩曰兹山挺異望孤起秀雲中陂阯激焚浪紛糺絶寃風煙峯晦如畫寒水清若空頡頏鷗舞白流亂葉飛紅　梁簡文帝經琵琶峽詩曰百嶺相迂

蔽千崖共隱天横峯時礙水斜岸或通川梁孝元帝經巴陵行部伍詩曰涉江望行旅金鉦間綵游水際含天色虹光入浪浮柳條恒拂岸花氣盡熏舟叢林多故社單戍有危樓　梁范雲述行詩曰振策出燕代驅車背朔并翩翩朱蓋轉蕭蕭良馬鳴　梁劉孝綽還渡浙江詩曰季秋弦望後輕寒朝夕殊商人泣紈扇客子夢羅襦憂方自難遣況復阻川隅日暮愁陰合繞樹噪寒烏濛漠泣煙上蒼茫沙嶼蕪解纜辭東越接軸騖西徂懸帆似馳驥飛棹若驚鳧言歸遊俠窟方從冠蓋衢　又夕逗繁昌浦詩曰日入江風靜安彼似天流暮煙生遠路夕鳥赴前洲　又月半夜泊鵲尾詩曰客行三五夜息棹隱中洲月光隨浪動山影逐波流　梁劉孝儀帆渡吉陽洲詩曰揚帆乘浪華噪鼓揚風力近樹倏而過遥山俄已逼遂欲比龍驤制將頓陽烏翼客行悲道遠唯須前路極　梁劉孝威帆渡吉陽洲詩曰凌晚急鉦鼓候晨催幸息榜人唱聊望高帆開聯村倏忽盡循汀俄頃迴疑是傍洲退似覺前山來將與圖南競誰云勞所洄　梁江

洪詩曰日没風光靜遠山深無雲潮落晚洲出浪罷沙成文挾琴上高岸望月彈明君去家未千里斷絶怨離羣　梁吳筠酬鮑畿詩曰振棹出江湄依依望九疑欲謁蒼梧帝過問沅湘姬折荷縫作蓋落羽紡成絲吾行别有意不爲君道之　又億費昶詩曰皎皎日將上獵獵起微風山没清波内帆在浮雲中直趣珠星北斜開碧海東故人若思我當念離根蓬　又使盧陵詩曰悵然不自悟端憂坐漠漠風急鴈毛斷水堅馬迹落客子飢寒多江上衣裳薄何當報恩罷驅車還北郭　梁王僧孺中川長望詩曰長川杳難即四望四無極安流寧可值憤風方未息危帆渡中懸孤光巖下伏岸際樹難辨雲中鳥易識莫恨東復西誰知迂且直故鄉相思者當春受顔色獨寫千行淚誰同萬里憶　梁何遜度連圻詩曰客子行行倦年光處處華石蒲生促節巖樹落高花　又還度五洲詩曰睠言還九泒迴艫出五洲蕭散烟霞晚清淒江漢秋沙汀暮寂寂蘆岸夕脩脩　又富陽浦口和朗上人詩曰客心愁日暮徙倚空望歸山煙斂樹色江水映霞輝獨鶴凌風

逝雙鳧出浪飛故鄉千餘里玆夕寒無衣　梁虞騫尋沈剡夕至嵊亭詩曰命檝尋嘉會信次歷山原捫天上雲紀覩石下雷奔丹澄潭寫度鳥空嶺應鳴猨榜歌唱將夕商子處方昏　梁王筠遊望詩曰晨登黃馬坂遙望白龍堆風威盡撩折路險車輪摧　梁朱超道巴陵詩曰月夜三江靜雲霧四邊收淤泥不通挽寒浦劣客舟迴風折長草輕冰斷細流古村空列樹荒戍久無樓　梁庾肩吾舟中寒望詩曰日暮激鳧舟曾冰合駛流雪照齊君履寒入楚王裘　周王褒始發宿亭詩曰送人亭上別被馬櫪中嘶漠漠村煙起離離嶺樹齊落星侵曉沒殘月半山低　又和趙王途中詩曰飄飄映軍幕出沒望連旗度雲還翊陣迴風即送師峽路沙如月山峯石似眉村桃拂紅粉岸柳被青絲錦城遙可望迴鞍念此詩　周庾信奉命使北始渡瓜步江詩曰校尉始辭國樓船欲渡河輶軒臨磧岸旌節映江沱觀濤想帷蓋爭長憶干戈雖同燕市泣猶聽趙津歌　又入彭城館詩曰襃君前建國項氏昔威稜鴉飛傷楚戰雞鳴悲漢圍年代殊氓俗風雲

更盛衰水流浮磬動山深喧狄飛夏發花欲盡秋近燕將稀槐庭垂綠穗蓮浦落紅衣 又反命河朔始入武州詩曰輕車飛遂李定遠未隨班受詔祁連返申威跡勒還飛蓬損腰帶秋鬢落容顏寄言舊相識知余生入關 陳陰鏗和傅郎歲暮還湘州詩曰蒼茫歲欲晚辛苦客方行大江靜猶浪扁舟獨且征棠枯絳葉盡蘆凍白花輕戍人寒不望沙禽迥未驚湘波各深淺空軫念歸情 又晚泊五洲詩曰客行逢日暮結纜晚洲中戍樓因砥險村路入江窮水隨雲渡黑山帶日歸紅遙然一柱觀欲輕千里風 又夜發詩曰夜江霧裏闊新月迥中明溜船唯識火驚鳧但聽聲勞者時歌榜愁人數問更

【賦】漢劉歆遂初賦曰歆好左氏春秋欲立於學官時諸儒不聽歆乃移書太常責讓深切爲朝廷大臣所非求出補吏後徙五原太守志意不得經歷故晉之域感今思古遂作斯賦得玄武之嘉兆守五原之烽燧馳太行之嚴防入天井之喬關望亭燧之皦皦飛旗幟之翩翩迴百里之無家路脩遠之綿綿勒障塞而固守奮武靈之精誠摭趙奢之策慮威謀宗乎金城

後漢班彪北征賦曰紛吾去此舊都兮騑遲遲以歷茲遂舒節以遠逝兮指安定以爲期飛雲霧之杳杳涉積雪之皚皚遊子悲其故鄉兮心愴恨以傷懷攬余涕於邑兮哀生民之多故諒時運之所爲兮永伊鬱其誰訴　後漢曹世叔妻班氏東征賦曰惟永初之有七兮余隨子乎東征時孟春之吉日兮撰良辰而將行遂去故而就新兮志愴悢而懷悲明發曙而不寐兮心遅遅而有違亂曰君子之思必成文兮盍各言志慕古人兮　後漢蔡邕述行賦曰余有行于京洛遘淫雨之經時塗邅邅其蹇連潦汙滯而爲災聊弘慮以存古宣幽情而屬詞行遊目以南望覽太室之威靈顧大河于北垠觀洛汭之始并率陵阿以登降赴偃師而精勤壯田橫之奉首義二王之夾墳　魏崔琰述初賦曰琰性頑口訥至二十九粗闚書傳聞北海有鄭徵君者當世名儒遂往造焉道由齊都而作述初賦曰有鄭氏之高訓吾將往乎發矇洒余髮於蘭池振余袂於清風望高密以函征戾衡門而造止覿游夏之峩峩聽大猷之篇記高洪崖之耿介羨安期之長生登川山以永望臨洞浦之廣

溟左揚波於湯谷右濯岸于濛汜運混元以升降與三光而終始蓬萊蔚其潛興瀛壺崛以骈羅列金臺之寒産方玉闕之嵯峨　晉陸機行思賦曰背洛浦之遥遥浮黄川之裔裔遵河曲以悠遠觀通流之所會啓石門而東縈泝汴渠其如帶託飄風之習習冒沉雲之藹藹商秋肅其發節玄雲霈而垂陰凉氣凄其薄體零雨鬱而下淫覩川禽之遵渚看山鳥之歸林揮清波以濯羽翳緑葉而弄音行彌久而情勞塗愈近而思深羨品物以獨感悲綢繆而在心嗟逝宦之永久年荏苒而歷兹越河山而託景眇四載而遠期孰歸寧之弗樂獨抱感而弗怡又思歸賦曰余以元康六年冬取急歸而王師外征職典中兵與聞軍政懼兵革未息宿願有違懷歸之思憤而成篇節運代序四氣相推寒風肅殺白露霑衣嗟行邁之彌留感時逝而懷悲彼離思之在人恒戚戚而無歡悲緣情以自誘憂觸物而生端晝輟食而發憤宵假寐而興言羨歸鴻以矯首挹谷風而如蘭歲靡靡而薄暮心悠悠而增楚風霏霏而入室響泠泠而愁予既遨遊於川沚亦改駕乎山林伊

我思之沈鬱愴感物而增深歎隨風而上逝涕承纓而下尋古塋
事之暇豫庶歸寧之有時候涼風而警策指孟冬而為期願
靈暉之促景悵立表以望之　晉潘岳西征賦曰歲次玄枵月旅蕤賓
潘子憑軾西征自京徂秦皇鑒揆余之忠誠俄命余以末班牧人於
西夏攜老幼而入關余乃越平樂過街郵秣馬臯門稅駕西周澡
孝水而濯纓嘉善名而在茲登崤坂之威夷仰崇嶺之嵯峨臯託
墳於南陵文違風於北阿蹈函谷之重阻看天險之衿帶迹諸侯之勇
怯筭嬴氏之利害或開關以延敵競遁逃而奔竄亂發閿鄉而警藥
遡黃巷而濟潼眺華岳之陰崖覿高掌之遺蹤倦狹路之迫隘軌
崎嶇以低仰蹈秦郊而始闢豁爽塏以宏壯黃壤千里沃野彌望華
實芬敷桒麻條暢邪界褒斜右濱汧隴寶雞前鳴甘泉後涌面
終南而背雲陽跨平原而連嶓冢九嵕巀嶭太一龍嵸吐清風之飂
戾納歸雲之鬱蓊南有玄灞素滻湯井溫谷北有清渭濁涇蘭池周曲
浸決鄭白之渠漕引淮海之粟林茂有鄠之竹山挺藍田之玉履犬戎

之侵地疾幽后之詭惑舉僞烽以沮衆淫嬖襃以縱慝軍敗戲水之上身死驪山之北異哉秦始皇之爲君也傾天下以厚葬自開闢而未聞匠人勞而弗圖俾生埋以報勤外罹西楚之禍内受牧豎之焚語曰行無禮必自及此非效歟乾坤以有親可久君子以厚德載物觀夫漢高之興也非徒聰明神武豁達大度而已乃實慎終追遠篤誠款愛澤靡不漸恩無不逮率土且猶不遺而況於鄉田乎而況於卿士乎於斯時也乃摹寫舊豐制造新邑故社易置枌榆遷立街衢如一庭宇相襲渾雞犬而亂放各識家而競入籍含怒於鴻門沛跼蹐而來王范謀害而弗許陰授劍以約莊擠白刃以萬舞危冬葉之待霜爾乃階長樂登未央汎太液凌建章縈馺娑而款駘盪轥枍詣而轢承光徘徊桂宮惆悵柏梁驚雉雊於臺陂狐兔窟於殿傍何黍苗之離離而子思之茫茫　晉郭璞流寓賦曰戒雞晨而旦發至猗氏而方曉觀屋落之隤殘顧但見乎丘棗嗟城池之不固何人物之希少越南山之高嶺修焦丘之微路駭斯徑之峻絕感王陽而增懼詰朝發於解池晨

中暨乎河北思此縣之舊名蓋曩日之魏國詠詩人之流歌信風土之儉刻背茲邑之逈逝何險難之多歷望虢城於南涯存虢氏之疆埸實我姓之攸出邈有懷乎乃迹陟函谷之高關壯斯勢之險固過王城之丘墉想穀洛之合鬬惡王靈之壅流奇子喬之輕舉遊華輦而永懷乃凭軾以寓目思文公之所營嘉成周之墟域　晉張載叙行賦曰歲大荒之孟夏余將往乎蜀都脂輕車而秣馬循路軌以西徂朝發軔于京宇兮夕予宿於穀洛嘆有周之舊墟槐丘荒以寥廓讚王孫於北門問九鼎於東郭寔公之所卜爲斯水之濱薄入函谷而長驅歷新安之函阜行逶迤以登降陟二崤之重阻經嶔岑之險巇想姬文之避雨出潼關以逈逝仰華岳之崔嵬勤大禹之蹤導谿龍門之洞開舍予車以步趾玩卉木之[illegible]錯翳青青之長松蔭肅肅之高柞緣阻岑之絕崖蹈偏梁之懸閣石壁立以切天岌嵓隗其欲落超陽平而越白水稍幽蔓以逈深秉重巖之百層轉木末於九岑浮雲起於轂下零雨集於麓林上昭晰以清陽下杳冥而晝陰聞山鳥之晨鳴

聽玄猨之夜吟雖處者之所樂寔寂寞而愁予心造劍閣之崇關路盤曲以晻藹山崢嶸以峻狹仰青天其如帶兼習坎之重固形東隘以要害豈乾坤之分域將隔絶乎內外 晉袁宏東征賦曰惟吾生於末運託一葉於鄧林顧微軀之眇眇若絶響之遺音壯公瑾之明達吐不世之奇策挫百勝於崇朝靡雲旗於赤壁三光一舉而參分四海指麾而中隅過武昌以逍遥登樊山以流眄訪遺老以諮往乃西鄂之舊縣昆裘有吳之初基外負丘而豹變爾乃出桑洛會通川背彭澤面長泉洲渚迢遰巉巇崎嶇虛懸即雲似嶺望水若天日月出乎波中雲霓生於浪間嗟我行之彌留跨晦朔之倏忽風褰林而蕭瑟雲出山而逢渤向孫氏之南面鑽靈龜以相土模鄴鎬之制度寫河洛之規矩經始鄂郭築室葺宇金城萬雉崇墉百堵君臣有章上下獲叙所以能三分天下而有其文武到吳都 以傳舟覽闔閭之餘塵建脩城以營郭引通流而發津遠矣吳德舊邦惟新太伯被髮仲雍文身言偃以文學遺風季札以讓國稱仁高節顯於華夏端委行乎海濱 宋謝靈運

歸塗賦曰昔文章之士多作行旅賦或欣在觀國或怵在斥徙或述職邦邑或羈役戎陣事由於外興不自已雖高才可推求懷未愜今量分告退反身草澤經塗履運用感其心賦曰承百世之慶靈遇千載之優渥匪康衢之難踐諒跬步之易局踐寒暑以推換眷桑梓以緬邈褫簪帶於窮城反巾褐於空谷果歸期於願言獲素念於思樂於是舟人告辦伫楫在川觀鳥候風望景測圓背海向溪乘潮傍山悽悽送歸愍愍告旋時旻秋之杪節天旣高而物衰雲上騰而鴈翔霜下淪而草腓捨陰漠之舊浦去湯景之芳蕤林承風而飄落水鑒月而含輝發青田之枉渚逗白岸之空亭路威夷而詭狀山側背而易形停余舟而淹留搜縉雲之遺迹漾百里之清潭見千仞之孤石歷古今而長在經盛衰而不易　宋鮑昭遊思賦曰雲迴兮海衡上潮兮送風秋水兮架浦涼煙兮冒虹暮氣起兮遠岸黑陽精滅兮天際紅波汩汩兮無底山嵾嵾兮萬重捨堂宇之密親坐江潭而爲客對蒹葭之遂黃視零露之方白鴻晨驚以響湍泉夜下而鳴石瞻荊吳之遠山望邢鄲之長陌塞風馳

兮邊草飛胡沙起兮鴈揚翮雖燕越之異心在禽鳥之同戚　齊謝朓思歸賦曰余非薄以固陋受恩靈而不訾𢷎銀黄之沃若剖金符之陸離舟未濟而河廣途方遥而馬疲紛吾生之遊宦溥彌一紀而歷兹自下車於江海涉青春而於是時睠崇芒而引領望大夏而長思離曲街之委陋猶寤寐而見之余乃眷言興慕南眺猶然將整歸轡願受一廛考幸城之直陌相洛浦之迴阡於是櫻摇芳槿門拂長楊簷桃春發窻竹夏凉晨露晞而草馥微風起而樹香悵離居而歲月痛銷落而徒傷　梁簡文帝述羈賦曰奉明后之霑渥將遠述於衡楚歎雲霞之窅漫對江山之遥阻是孟夏首節雄風吹甸曉解纜乎鄉津涕淫淫其若霰舟飄飄而轉遠顧帝都而裁見遠山碧暮水紅日既晏誰與同雲嵳峩而出岫江揺漾而生風奉璽言而遄邁攺余王於江隈遵陽塗而中正軫悲心其若頹引領京邑瞻望弗遠戀逐雲飛思隨蓬卷觀江水之寂寥願從流而東反　又阻歸賦曰觀建國之皇王選能官於前古元帝慈而布教豈齊聖而作輔伊吾人之固陋宅璇漢而自通躡九

枝而耀景揔六翮而摶風屬玄玦之啓異逢王弩之相驚頓天羅於
八表騰雲驅於四湏發伏鼈之雄氣耀策馬之高星地邇朔場疆鄰
北極壠樹饒風胡天少色上月斜臨寒松遥直雲向山而欲斂鴈疲飛而
不息何愁緒之交加豈樹萱與折麻聞繁鉦之韻冰聽流風之入笳終知
客遊之阻無解鄉路之賒　梁江淹待罪江南思北歸賦曰惟江南兮丘
墟經萬里兮長蕪帶封狐兮比景連雄虺兮蒼梧當青春而離散兮
仲秋而遂徂雲清泠而多緒風蕭條而無端猨之吟兮日光迥狖之啼兮
月色寒況北州之賤士爲炎土之流人共魍魎而相偶與蟏蛸而爲鄰秋
露下兮點劒鶡春草生兮綴衣巾　梁丘遲還林賦曰爰自京師言歸
舊嶺今風古轍每動寸衷因事而書不覺成卷非謂爲文聊記行途
所經云爾太皞弭節祝融從耳駕炎鍾汎響青籥靜吹丘子稅轅幾識
路揔舳川湄虓魂故嶺夢舊墀揆身世而載懷鏡古今而興辭驗難
停於楊轍昭易改於墨絲匪追皐而辯命豈適尹而問蓍檐簦無白璧
之想負書靡黑豹之悲纜解山潮首顧京溢仰絳埃之紛迴與素津之

容裔荃橈往來芰蓋經過依俙子陵之釣髣髴滄浪之歌出入風霞游息雲露階伺禽飛窻高月渡踟躕七教徘徊五禮永翦翡帶於闌上長絹巾乎林底　梁沈約愍塗賦曰結榜窮渚思臨長嶼情依舊越身淫故楚彼長路之多端伊客思之無緒懽因情而易失悲由思而難拒此江海之信遼知余思之方阻日晻長浦風掃聯葭疊雲疑憤廣水騰華聽奔沸於洲嶼望掩曖乎煙沙依雲邊以知國極島道以瞻家免悽愴於羈離亦夥勤於行路歎余塗之屢蹇奚前芳之可慕　梁張纘南征賦曰歲次娵訾月惟中呂余謁帝於承明將述職於南楚忽中川而反顧懷舊鄉而延佇泝金牛之迅渚覩靈濤之雄壯標素嶺乎青壁葺月賴文於翠障跳巨石以驚湍批衝巖而駭浪鏟千尋之峭峯潔萬流之大壑隱日月以蔽虧摶風煙而迴薄崖映川而晃朗水騰光以倏爍下流湍而湧險上岑崟而將落於是逝睇赭峯遙瞻鵲岸島嶼蒼茫風霜蕭散值時雨之新晴觀百川之浩汗水泓澄以闇夕山參差而辨旦忽臨睨於故鄉眇江天其無畔獨向風而舒情搴芳洲而誰玩於是千流共歸

萬嶺分狀清江洗潮平湖夷暢翻光轉彩出没搖漾岷山嶓冢悠遠寂
寥青谿赤岸控汋引潮界飛流於翠薄耿長虹於青霄若夫灌滐川
涯曾潭水府遊泳之所往還喧鳴之所攢聚聆寡鶴之偏叫問孤鴻之慕
侶在客行而夕思獨傷魂而悽楚　陳沈炯魂歸賦曰值天地之幅裂遭日月
之雰虹去父母之邦國埋形影於胡戎絶君臣而辭骨肉踏厚地而跼蒼穹
抱北思之胡馬望南飛之夕鴻泣霑衿而雜露悲微吟而帶風履巍巍之
層冰面飀飀之嚴霜去莫敖之所縊過臨川之折軸矧今古之悲涼並攢心
而霑袂渡狹石之欹危跨清津之幽咽鷹虛弓而自殞猨叫子而腸裂歷
江漢之逶迤及樊郡之參差望隆中之大宅映峴首之沉碑乃尋析而歷酈
遂經秦而至洛覺高蹈之清遠見風雲之倏爍何武關之狹隘而漢祖之
英雄山萬重而仰雲霧水百仞而寫蜿虹去青泥而踰白鹿越滻水而至
青門長卿之賦可想邵平之迹不存咄嗟驪山之阜惆悵灞淩之囿訪軹
道之長組拾藍田之璵璠登未央之北闕望長樂之基趾伊太后之所居築旗
亭而成市槐路欝彰以三條方塗阻而九軌覩阡陌之遺蹤實不乖於前史

停直城而北轉臨横門而左起泊涇涘之混濁盥渭渚之清波指咸陽而長望何李趙之經過息甘泉而避暑猶爽塏而清和至誠可以感鬼秉信可以祈天句精殞而魄散忽魂歸而氣旋解龍驂而見送走却騎於停傳出向來之大道及初入之山川爰繞朝之贈策報李陵之別篇淚未悲而自墮語有噎而無宣

書 宋鮑昭與妹書曰吾自發寒雨而全行日少棧石星飯結荷水宿以今食時僅及大雷塗登千里日踰一辰去親爲客如何如何向因步頓憑觀川陸遨神清渚流睇方曛東顧三洲之隔西眺九派之分闚地門之絶景望天際之孤雲南則積山萬狀爭氣負高含霞飲景參差代雄陵跨長隴前後相屬帶天有匝横地無窮東則砥原遠隰亡端靡際寒蓬夕卷古樹雲平旋風四起思鳥群歸靜聽無聞極視不見北則陂池潛演湖澤脉通栖風之鳥水化之蟲以智吞愚因彊捕小號噪驚聒紛牣其中西則迴江永指長波吞合滔滔何窮漫漫安竭左右青靄表裏紫霄從嶺而西氣盡金光半山以下純爲黛色信可以神居帝郊鎮控湘漢者也夕景欲沉曉霧將合孤鶴寒嘯

遊鴻遠吟樵蘇一歎舟子再泣誠足憂悲不可說也

藝文類聚卷第二十七

藝文類聚卷第二十八

遊覽　人部

遊覽

家語曰孔子北遊登農山子路子貢顏回侍孔子四望喟然歎曰二三子各言爾志　穆天子傳曰天子遂襲崑崙之丘遊軒轅之宮眺望鍾山之嶺玩帝者之寶勒石王母之山紀迹玄圃之上乃取其嘉木艷草奇鳥怪獸玉石珍瑰之器重膏銀燭之寶　又曰天子北升于春山之上以望四野春山是惟天下之高山也天子五日觀于春山之上　史記曰始皇三十七年上會稽山望于南海立石刻頌秦德還過吴從江乘渡傍海上北至琅邪又曰太史公登會稽山探禹穴登姑蘇望五湖　莊子曰莊子與惠子遊濠梁之上莊子曰儵魚出遊從容是魚樂也惠子曰子非魚焉知魚之樂也莊子曰子非我焉知吾不知魚之樂也楚辭曰覽冀州兮有餘橫四海兮焉窮　又曰登崑崙兮四望心飛揚兮浩蕩日將暮兮長忘歸遺極浦兮悟懷　韓詩外傳曰齊景公遊於牛山而北望齊曰美哉國乎鬱鬱蓁蓁　淮南子曰所謂樂者

遊雲夢陟高丘耳聽九韶六莖口味煎熬芬芳馳騁夷道釣射鷫鷞
之謂樂乎　戰國策曰昔楚王登强臺而望崇山左江右湖以臨方湟其樂
忘死　說苑曰齊景公遊海上樂之六月不歸　又曰楚昭王欲之荊臺遊司馬
子綦進諫曰荊臺之遊左洞庭之波右彭蠡之水南望獵山下臨方淮其樂
使人遺老而忘死　新序曰晉平公遊西河中流而歎曰嗟乎安得賢士與共
此樂乎　列女傳曰楚昭王燕遊蔡姬在左越姬參乘王親乘駟以逐登
附莊之臺以望雲夢之囿乃顧謂二女曰樂乎吾願與子生若此　世說曰
過江諸人每暇日輒相要出新亭藉卉飲宴周侯中坐而歎曰風景不殊
舉目有江河之異

詩

古詩曰青青陵上柏磊磊澗中石人生天地間忽如遠
行客驅車策駑馬遊戲宛與洛〻長衢羅夾巷王侯多第宅兩宮遙相
望雙闕百餘尺極宴娛心意戚戚何所迫　魏文帝在孟津詩曰良辰啓
初節高會構歡娛清歌發妙曲樂正奏笙竽曜靈忽西邁炎燭繼望
舒朗日浮黃河長驅旋鄴都　又銅雀園詩曰朝遊高臺觀夕宴華池
陰大酋奉甘醪獸人獻嘉禽齊倡發東舞秦箏奏西音飛鳥翻翔舞

悲鳴集北林樂極哀情來慘悢摧肝心　又於清河作詩曰方舟戲長水澹澹自浮沉絃歌發中流悲風漂餘音　魏王粲詩曰悠悠涉荒路靡靡我心愁四望無烟火但見林與丘城郭生榛棘蹊徑無所由萑蒲竟廣澤葭葦夾長流遊客多悲傷淚下不可收朝入譙郡界曠然消人憂詩人美樂土雖客猶願留　又詩曰日暮遊西園冀寫憂思情曲池揚素波列樹敷丹榮上有特栖鳥懷春向我鳴　又詩曰吉日簡清時從君出西園方軌策良馬並驅厲中原北臨清漳渚西看柏楊山回翔遊廣囿逍遥波水間　又詩曰列車息衆駕相伴緑水湄幽蘭吐芳烈芙蓉發紅暉百鳥何繽翻振翼羣相追投網引潛鯉強弩下高飛白日已西邁歡樂忽忘歸　魏陳琳詩曰高會時不娛羈客難爲心慇懷從中發悲感激清音投觴罷歡坐逍遥步長林蕭蕭山谷風黯黮天路陰惆悵忘旋反歔欷涕霑襟　又詩曰節運時氣舒秋風涼且清閑居心不娛駕言從友生翱翔戲長流逍遥登高城東望看疇野迴顧覽園庭嘉木凋緑葉芳草纖紅榮騁哉日月逝年命將西傾建功不及

時鍾鼎何所銘收念還房寢怳慨詠墳經庶幾及君在立德垂功名
晉陸機遨遊出西城詩曰遨遊出西城按轡循都邑逝物隨節改時風
肅且熠遷化有常然盛衰自相襲靡靡年時改冉冉老已及行矣
勉良圖使爾脩名立 晉棗據詩曰矯足登雲閣相伴步九華徙倚憑高
山仰攀桂樹柯延首觀神州迴精眄曲阿芳林挺脩幹一歲再三花何以濟
不朽噓吸漱朝霞重巖吐神溜傾觴挹涌波恢恢大道間人事足爲多
晉張載登成都白菟樓詩曰重城結曲阿飛宇起層樓累棟出雲表嶢
嶭臨太虛高軒啓朱扉迴望暢八隅西瞻岷山嶺嵯峩似荊巫蹲鴟蔽地
生原隰殖嘉蔬雖遇堯湯世民食恒有餘鬱鬱小城中岌岌百族居
街術紛綺錯高甍夾長衢借問楊子舍想見長卿廬 晉陸冲詩曰命
駕遵長塗綿邈塗難尋我行一何艱山川阻且深滂澤無夷軌重巒有
曾陰零雨淹中路玄雲蔽高岑俛悼孤行獸仰歎偏翔禽空谷叵悲響
流風漂哀音 又詩曰肆觀野原外放心希太和景嶽造天漢豐林冒重阿
清芬乘風散豔藻映淥波 宋江夏王義恭登景陽樓詩曰丹墀設金

昇瑤榭陳玉牀溫宮冬開燠清殿夏含霜弱麥布遐馥輕葉振遠芳
彌望少無際肆睇周華疆象闕對馳道飛廉矚方塘邸寺送暉曜槐
柳自成行通川溢輕艫長術盈方箱顧此爝火微胡顏廁天光 又彭城
戲馬臺集詩曰驂騖辭南京弭節憩東楚懿蕃重遐望興言集僚
侶于役未云淹時遷變淳暑眷戀江水流迴首矚延佇 宋玄淑登宣
城郡詩曰悵焉訊舊老茲前乃楚居十代閲州記百祀絕方書 宋
顏延之罷郡還與張湘川登巴陵城樓詩曰江漢分楚望衡巫奠南服
三湘淪洞庭七澤藹荆牧悽矣自遠風傷哉千里目萬古陳往還百代
勞起伏 又登景陽樓詩曰風觀要春景月榭迎秋光沿波被華若隨
山茂貞芳 宋鮑昭行樂至城東橋詩曰迅風首旦發平路塞飛塵擾
擾遊官子營營市井民懷金近從利撫劒遠辭親爭知萬里途各
事百年身 宋謝瞻遊西池詩曰逍遥越郊肆願言屢經過迴阡被
陵闕高臺眺飛霞惠風蕩繁囿白雲屯曾阿寒裳順蘭沚徙倚引
芳柯美人愆歲月遲暮獨如何 宋謝靈運晚出西射堂詩曰步出西

披門遥望城西岑連障疊巘崿青翠杳深沉曉霜楓葉丹夕曛嵐
氣陰節往感不淺感來恨已深羈雌戀舊侶迷鳥懷故林含情尚勞
愛如何離賞心撫鏡華緇賓鬢帶緩促衿安排徒空言幽獨賴鳴琴
又登池上樓詩曰殉禄反窮海卧痾對空林傾耳聆波瀾舉目眺嶇嶔初景
革緒風新陽改故陰池塘生春草園柳變鳴禽索居易永久離羣難
處心持操豈獨古無悶徵於今　又登江中孤嶼詩曰江南倦歷覽江北曠
周旋懷新道轉迴尋異景不延亂流趨孤嶼孤嶼媚中川雲日相暉映
空水共澄鮮表靈物莫賞蘊眞誰爲傳　又東山望海詩曰開春獻初歲
白日出悠悠蕩志將愉樂瞰海庶忘憂策馬步蘭皐紲控息椒丘採
蕙遵大薄搴若履長洲白華縞陽林紫虈曄春流非徒不弭忘覽
物情彌遒萱蘇始無慰寂寞終可求　又初往新安至桐廬口詩曰絺綌
雖淒其授衣尚未至感節良已深懷古徒役思不有千里櫂孰申百代意遠
協尚子心遥得許生忌既及泠風善又即秋水駛江山共開曠雲日相照
媚景夕羣物清對玩咸可喜　宋謝莊遊豫章西山觀洪崖井詩曰幽願

平生積野好歲月彌捨簪神區外整褐靈鄉垂林遠炎天開山深
自日虧遊陰騰鵠嶺飛清起鳳池隱暧松霞披容與澗煙移將遂丘
中性結駕罵縱在斯　齊謝朓和徐勉出新林渚詩曰宛洛佳遨遊春色
滿皇州結軫青郊路迴瞰滄江流日華川上動風光草際浮桃李成
蹊徑桑榆蔭道周　又遊東田詩曰戚戚苦無悰攜手共行樂尋雲陟
累榭隨山望菌閣遠樹暧芊芊山煙紛漠漠魚戲新荷動鳥散餘
花落不對芳春酒還望青山郭　梁簡文帝仰和衛尉新渝侯巡城
口號詩曰帝景風雨中層闕煙霞浮玉署清餘熱金城含暮秋水光
凌却敵槐影帶重樓　又薄晚逐涼北樓迴望詩曰平衢望如掌曾雉
暧相連斷雲留去日長山減半天戲鳧乘浪下漁舟冒浪前　又大同八年
秋九月詩曰大君重九節下輦上林中酒闌嘉宴罷車騎各西東時餘守
西菀脂車歸北宮車分獨坐道扇拂治城風落照灑中滿浮煙槐外通
良樂含初紫安榴坼晚紅　又大同九年秋七月詩曰高樓闢左扉迴望
依蘭橈晚風颸颺來落照參差好　又登錦壁詩曰孫生醆棗寺王子枝

江樓何如登石鏡因閑猶豫遊　又應令詩曰蠡浦急兮川路長白雲重兮出帝鄉平原忽兮遠極目江甸阻兮羈心傷樹盧岳兮高且峻瞻派水兮去泱泱遠煙生兮含山勢風散花兮傳聲香臨清波兮望石鏡瞻鶴嶺兮睇仙裝望邦畿兮千里曠悲遥夜兮九迴腸顧龍樓兮不可見徒送目兮淚霑裳　梁元帝出江陵縣還詩曰遊魚迎浪上雊雉向林飛遠村雲裏出遥船天際歸　又詩曰朝出屠羊縣夕反仲宣樓水滿還侵岸沙盡稍開流　又登江州百花亭懷荊楚詩曰目極纔千里何由望楚津落花灑行路垂楊拂砌塵柳絮飄春雪荷珠漾水銀試酌新清酒遥勸陽臺人　梁昭明太子示雲麾弟詩曰白雲飛兮江上阻北流分兮山風舉山萬仞兮多高峯流九派兮饒汪渚上岧嶤兮乃逼天下微濛兮後興雨實覽歷兮　此名地故遨遊兮茲勝所爾登陟兮一長望理化顧兮忽憶予想玉顔兮在目中徒踟躕兮增延佇　梁沈約登高望春詩曰登高眺京洛街巷何紛紛迴首望長安城闕鬱盤桓齊童躡珠履趙女楊翠翰春風搖雜樹葳蕤綠且丹寶瑟玫瑰柱金

羈玳瑁鞍淹留宿下蔡置酒過上蘭日出照鈿黛風過動羅紈
又秋晨羈怨望海思歸詩曰分空臨澥霧務披遠望滄流八桂曖如畫三桑
眇若浮煙極希丹水月表望青丘 梁劉孝威登覆舟山望湖北詩曰
紫川通太液丹岑聯少華堂皇更隱映松灌雜交加荇蒲浮新葉漁舟
繞落花浴童爭淺岸漂女擇平沙極望傷春目迴車歸狹邪 又出新
林詩曰芒山眡洛邑函谷望秦京遥分一承露掌遠見長安城故鄉邑可
識遊子必勞情霧罷前村見風息涌川平坐觀暮潮落漸見夕煙生
無由一羽化徒想風御輕 梁劉孝標江州還入石頭詩曰鼓枻浮大川延
睇洛城觀洛城何鬱鬱杳與雲霄半前望蒼龍門斜瞻白鶴館槐
垂御溝道柳綴金隄岸迅馬晨風趨輕輿流水散高歌梁塵下組瑟
荆禽亂我思江海遊曾無朝市玩忽寄一靈臺宿空軫及關歎仲子入南
楚伯鸞出東漢何能栖樹枝取斃王孫彈 梁蕭子範東亭極望詩
曰晚流稍東急瞑景促西暉水鳥銜魚望蓮舟拂芰歸郊原共超遠林
野雜依菲從君採蘿葛寧復想輕肥 梁蕭子暉應教使客春遊詩曰

上林看草色河橋望日暉洛陽城閈晚金鞍横路歸　梁蕭子雲落
日郡西齋望海山詩曰漁舟暮出浦漢女採蓮歸夕雲向山合水鳥望田
飛蟬鳴早秋至蕙草無芳菲故隱天山北夢想日依依　梁吴筠登鍾山
讌集望西靜壇詩曰客思何以綫春郊備初律高車陸離至駿騎差池
出寶椀汎蓮花珍杯食竹實才勝南山四文高竹林七復望千喬壇金
繩蘊緑帙風雲生屋宇芝英被仙室方隨鳳皇去悠然駕白日　又迎柳
吴興道中詩曰團團日西靡客念已蹉跎長風倒危葉輕練網寒波自雲
光采麗青松意氣多所言飽恩德忘我北山蘿　梁庾肩吾登城北望
詩曰誓師屠六郡登城望九嵕山沉黄霧裏地盡黑雲中霜戈曜壠首哀
笳斷寒風　又和衞尉新渝侯巡城口號詩曰維城寄右戚巡警屬勤王
南瞻適灞岸北眺指横芒入漢飛延閣臨雲出建章步逐天津遠城隨
秋夜長露槐落金氣風寮上瀲涼　又暮遊山水賦韻得磧應令詩曰餘
春屬清夜西園恣遊歷入徑轉金輿開橋通畫鷁細藤初上援新流漸溢
磧雲峯没城柳電影開巖壁　又和晉安王薄晚逐涼北樓迴望詩曰向

夕紛喧屏追涼飛觀宁樹隱蹊城日窻含度水風遥天如接岸遠帆似凌
空陪文懿宋玉徒等侍蘭宫　梁王僧孺落日登高詩曰憑高且一望日
極不能捨東北指青門西南見白社軫軫河梁上紛紛渭橋下爭利亦爭
名驅車復驅馬寧訪蓬蒿人誰憐寂寞者　又至牛渚憶魏少英詩
曰楓林暧似畫沙岸静如掃空籠望玄石迴斜見危島綠草閒遊蜂
青葭集輕鷁徘徊洞初月侵淫潰春澇非願歲物華徒用風光好
梁王筠和衞新渝侯巡城詩曰閶闔暧已昏鈎陳杳將暮棲鳥城上
反晚雀林中度閣道翹文昌禁兵連武庫銅烏迎早風金掌承朝露
罘罳分曉色睥睨生秋霧　梁劉綏和晚日登樓詩曰所以登臺榭正
重接煙霞長虹觸欄斷歸鳥避空斜俯巢窺暝宿臨樹摘高花百雉
時方晚九層光尚賒　梁宗懍和歲道寒望詩曰旅騎出平原鉦鐃遍野
喧接里開都邑連車駐小門稻車迴故塢羸馬轉新村古碑空戴石山
龕未上幡所言春不至未有桃花源　北齊劉逖秋朝野望詩曰駐車
憑險岸飛蓋歷平湖菊寒花稍發蓮秋葉漸枯向浦低行鴈排空轉

噪烏若將君共賞何處減城隅 陳陰鏗和登百花亭懷荆楚詩曰江陵一柱觀尋陽千里潮風煙望似接川路恨成遥落花輕未下飛絲斷易飄藤長還依格荷生不避橋隊臺可憶處唯有暮將朝 又登武昌岸望詩曰遊人試歷覽舊迹但丘墟巴水縈非字楚山斷類書荒城高仞落古柳細條踈煙蕪遂若此當不爲能居 又和侯司空登樓望鄉詩曰懷土臨霞觀思歸想石門瞻雲望鳥道對柳憶家園寒田獲裏靜野日燒中昏信美今何益傷心自有源 陳張正見遊龍首城詩曰關外山川闊城隅壓霧浮白雲凝絶嶺滄波間斷洲四面觀長薄千里眺平丘河律無桂樹樽酒自淹留 又隨江揔秋日登廣州城南樓詩曰秋城韻晚笛危榭引清風遠氣疑埋劒驚禽似避弓海樹一邊出山雲四面通野火初煙細新月半輪空塞外離羣鳥顔鬢早如蓬徒懷建鄴水復想洛陽宮不及孤飛鴈獨在上林中

【賦】後漢班彪遊居賦曰夫何事於異州聊託公以遊居歷九土而觀風亦慙人之所虞遂發軔於京洛臨孟律而北厲想尚甫之威虞號蒼兕而明誓既中流而歎息美周武之知性謀人神以

動作享鳥魚之娛命瞻淇澳之園林美綠竹之猗猗望常山之峩峩登北岳而高遊嘉孝武之乾乾親飾躬於伯姬建封禪於岱宗瘞玄玉於此丘徧五岳與四瀆觀滄海以周流鄙臣恨不及事陪後乘之下僚今四馬之獨征豈斯岱之足娛且休精於敝邑聊卒歲以須臾魏陳王曹植節遊賦曰覽宮宇之顯麗實大人之攸居建三臺於前處飄飛陛以凌虛連雲閣以遠經營觀榭於城隅亢高軒以迴眺緣雲霓而結疏仰西岳之崧岑臨漳川之清渠觀靡靡而無終何眇眇而難殊亮靈后之所處非吾人之所廬於是仲春之月百卉叢生萋萋藹藹翠葉朱莖竹林青蔥珍果含榮凱風發而時鳥讙微波動而水蟲鳴感氣運之和潤樂時澤之有成遂乃浮素蓋御驊騮命友生攜同儔誦風人之所歎遂駕言而出遊步北園而馳騖庶翱翔以寫憂望洪池之滉瀁遂降集乎輕舟沉浮蟻於金罍行觴爵於好仇絲竹發而響厲悲風激於中流且容與以盡觀聊永日而忘愁嗟羲和之奮策怨曜靈之無光念人生之不永若春日之微霜諒遺名之可紀信天命之無常愈

志蕩以淫遊非經國之大綱罷曲宴而旋服遂言歸乎舊房　又感節賦曰攜友生而遊觀盡賓主之所求登高墉以永望冀銷日以忘憂欣陽春之潛潤樂時澤之惠休望候鴈之翔集想玄鳥之來遊嗟征夫之長勤雖處逸而懷愁惟天河之迴設我身乎長流豈吾鄉之足顧戀祖宗之靈丘惟人生之忽過若鑿石之未曜慕牛山之哀泣懼平仲之我笑折若華之翳日庶朱光之長炤願寄軀於飛蓬乘陽風而遠飄亮吾志之不從乃拊心以歎息青雲鬱其西翔飛鳥翩而上匿欲縱體而從之哀予身之無翼大風隱其四起揚黃塵之冥冥野獸驚以求羣草木紛其揚英見遊魚之潛瀨感流波之悲聲內紆曲而潛結心怛惕以中驚匪榮德之累身恐年命之早零慕歸全之明義庶不忝乎所生　魏楊脩節遊賦曰爾乃息偃暇豫攜手同征遊乎北園以娛以逞欽太皞之統氣樂乾坤之布靈誕烟熅之純和百卉挺而滋生谷風習以順時樹百物而有成行出林以彷徨玩奇樹之抽英或素華而雪朗或紅彩而發頳綠葉幽蔕紫柯朱莖楊柳依依鍾龍蔚青紛灼灼以舒葩芳馥馥以播

馨香嗟珍果之叢生毋異類而絶形稟冲和以固植信能實而先榮於是迴旋詳觀目周意倦御于方舟載笑載言仰泝涼風俯濯纖腕極歡欣以從容乃升車而來反

歎 晉石崇思歸歎曰登城隅兮臨長江極望無涯兮思塡胷魚瀺灂兮鳥繽翻澤雉遊梟兮戲中園秋風厲兮鴻鴈征蟋蟀嘈嘈兮晨夜鳴落葉飄兮枯枝竦百草零兮覆畦壠時光逝兮年易盡感彼歲暮兮悵自愍廓羈旅兮滯野都願御北風兮忽歸徂惟金石兮幽且清林鬱茂兮芳卉盈玄泉流兮縈丘阜閣館蕭寥兮蔭叢柳吹長笛兮彈五絃高歌凌雲兮樂餘年舒篇卷兮與聖談釋冕投紱兮希彭聃超逍遥兮絶塵埃福亦不至兮禍不來

書 魏應璩與滿公琰書徒恨宴樂始酣白日傾夕驪駒就駕意不宣展追惟耿介迄于明發適欲遣書會承來命知諸君子復有漳渠之會西有伯陽之觀北有曠野之望高樹翳朝雲文禽蔽綠水沙場夷敞淸風肅穆是泉臺之樂也得無流而不反乎適有事務須自經營不獲侍坐良增悒悒 又與從弟君胄書

日間者北遊喜歡無量登芒濟河曠若發蒙風伯掃除雨師洒道按轡清路周望山野亦既至止酌彼春酒接武茅茨棟過大厦獻寸肴脩味踰方丈逍遥陂塘之上吟詠花柳之下結春芳以崇珮折若華以翳日弋下高雲之鳥餌出深川之魚蒲菹賛善便螺稱妙何其樂哉雖仲尼忘味於虞韶楚人流遯於荆臺無以過也班嗣之書信不虚矣未還京都塊然獨處營宅濵洛困於囂塵思樂汶上發于寤寐昔伊尹輟耕郅惲放羊思致君於有虞濟蒸民於塗炭而吾方欲執耒於山陽沉縉於丹水知其不如古人遠矣然山甫不貪天地之樂曾參不慕晉楚之富亦其志也

藝文類聚卷第二十八

藝文類聚卷第二十九　　人部

別上

別上

毛詩曰出宿于泲飲餞于禰　又曰顯父餞之清酒百壺　又曰燕燕衛莊姜送歸妾也　又曰之子于歸遠送於野　又曰有女仳離慨其歎矣

禮記曰嫁女之家三夜不息燭思相離也事具禮部　家語曰孔子去周而老子送之曰吾聞富貴者送之以財仁者送之以言吾雖不能富貴而竊仁者之號請送子以言乎凡當世之聰明深察而近於死者好譏人者也博辯閎大而危其身者好發人之惡者也孔子曰敬授教　楚辭曰離別也騷愁也言已放逐離別中心愁思　又曰悲莫悲兮生離別樂莫樂兮新相知　又曰憭慄兮若在遠行登山臨水送將歸　又曰超北梁兮永辭送美人兮南浦　呂氏春秋曰吳起魏武侯送之曰何以治西河對曰以忠信　吳越春秋曰句踐伐吳乃命國中與之訣而國人悲哀皆作離別之聲　又曰君臣白送句踐至於江上臨水祖道大夫種為祝句踐舉杯

垂涕　孔叢曰子高遊趙平原君客有鄒文李節者與相友善及將還魯諸故人訣既畢文節送行三宿臨別文節流涕交頤子高徒抗手而已分背就路其徒問曰先生與彼二子善彼有戀戀之心未知後會何期悽愴流涕而先生厲聲高揖無乃非親親之謂乎子高曰始吾謂二子丈夫爾乃今知其婦人也人豈鹿豕也哉而常羣聚乎　漢書曰武帝平陽公主家衛子夫得幸主因奏子夫送入宮子夫上車主拊其背曰去矣即貴願無相忘事具儲宮部公主篇　又曰疏廣與兄子受並爲皇太子師傅廣謂受曰吾聞知足不辱知止不殆功遂身退天之道也遂上疏乞骸骨上許之公卿大夫故人邑子遂爲設祖道供帳東都門外送者車數百兩辭訣去及道路觀者皆曰賢哉二大夫或歎息爲之下泣　又曰李廣利將兵擊匈奴丞相爲祖道至渭橋　又曰竇皇后弟廣國曰姊去我西時與我訣於傳舍中沐我　又曰成帝遣定陶一去之國王辭去上與相對泣而訣　東觀漢記曰陳遵使匈奴過辭於王丹丹謂遵曰俱遭世反覆唯我二人爲天地所遺今子當之絕域無以相贈贈子以不拜遂揖而別

適甚喜　又曰東平王蒼君與諸王朝京師月餘還帝臨送歸宮悽然懷思乃遣使手詔諸國曰辭別之後獨坐不樂因就車歸伏軾而吟瞻望永懷實勞我心誦及採菽以增歎息　又曰肅宗遣諸王歸國帝特留東平王蒼君賜以祕書列圖道術祕方至八月飲酎畢有司復奏遣蒼乃許之手詔賜蒼曰骨肉天性誠不以遠近親疏然數見顏色情重昔時中心戀戀惻然不能言於是車駕祖送流涕而訣復賜乘輿服御珍寶鞍馬錢布以億萬計　又曰光武遣馮異討赤眉車駕送至河南賜以乘輿七尺具劍勑異曰念自修整無爲郡縣所笑異頓首受命　謝承後漢書曰范丹與王奐親善奐後爲漢陽太守丹於道候別之奐曰行路倉卒非陳闊之所可共到前亭宿息以敘分隔丹曰今子遠適千里會面無期如其相追將有慕貴之譏矣便起告違拂衣而去奐瞻望弗及丹長逝不顧　吳志曰魯肅代周瑜過呂蒙酒酣蒙問肅曰君受重任與關羽爲鄰將何計略以備不虞肅應曰臨時施宜蒙因爲畫五策肅於是越席就之拊其背曰呂子明吾不知

卿才略所及至於此也遂拜蒙母結友而別又曰劉繇亡於豫章孫策命太史慈往安撫之左右皆曰慈必北去不還策曰子義捨我當復與誰餞送昌門把腕別曰何時能還答曰不過六十日果如期而反 吳録曰孫權祖朱桓桓奉觴曰臣當遠去願一持陛下鬚無所恨權憑机前席桓進捋鬚 魏志曰曹休為鎮南將軍假節都督軍事車馬臨送下輿執手而別 蜀志曰宗豫聘吳孫權捉豫手涕泣而別曰君每銜命結二國之好今君年長孤亦老矣恐不復相見 管輅別傳曰諸葛樂與輅別戒以二言卿性樂酒雖溫克然不可保寧當節之卿有水鏡之才所見者妙禍如膏火不可不慎 許邁別傳曰邁好養生遣妻歸家東遊采藥於桐廬盤山欲斷穀以山近人不得專一移入臨安自以無復反乃改名遠遊書與婦別 語林曰有人詣謝公別謝公流涕此人了不悲旣去左右曰向客殊自密雲謝公曰非徒密雲乃自旱雷爾 俗說曰張敷從彭城還傳亮下舡與別張不起授手着舫戶外傅遂不執手熟視張面云查故是黎中一不臧者便去 世說曰阮籍嫂嘗歸家籍相見與

別人或譏之籍曰禮豈爲我輩設耶、廣州記曰尉他築臺以朝朔望耕起華館以送陸賈（事見居處部）沈約宋書曰張敷音儀詳緩與人別執手曰念相聞餘響久之不絕又曰郡仲文還姑孰祖送傾朝桓謙要參軍王弘同行答曰餞離送別必在有情下官與郡風馬不接無緣扈從謙貴其言

【詩】古詩曰行行重行行與君生別離相去萬餘里各在一天涯道路阻且長會面安可知胡馬依北風越鳥巢南枝相去日已遠衣帶日已緩浮雲蔽白日遊子不顧反思君令人老歲月忽已晚棄捐勿復道努力加飡飯　又古詩曰明月何皎皎照我羅牀帷憂愁不能寐攬衣起徘徊客行雖云樂不如早旋歸　古詩曰涉江採芙蓉蘭澤多芳草採之欲遺誰所思在遠道還顧望舊鄉長路漫浩浩同心而離居憂傷以終老　古詩曰庭中有奇樹綠葉發華滋攀條折其榮將以遺所思馨香盈懷袖路遠莫致之此物何足貴但感別經時　漢李陵贈蘇武別詩曰晨風鳴北林熠燿東南飛願言所相思日暮不垂帷明月照高樓想見餘光輝玄鳥夜過庭髣髴能復飛褰

裳路踟蹰彷徨不能歸浮雲日千里安知我心悲思得瓊樹枝以解
長渴飢　又贈蘇武別詩曰良時不再至離別在須臾屏營衢路側執
手野踟蹰仰視浮雲馳奄忽交相踰風波一失路各在一天隅長當從此別
且復去斯須欲因晨風發送子以賤軀　蘇武詩曰骨肉緣枝葉結交亦
相因四海皆兄弟誰為行路人況我連枝樹與子同一身昔為鴛與鴦今
為參與辰昔在常相近邈若胡與秦惟念當離別恩情日已新鹿鳴思
野草可以喻嘉賓我有一罇酒欲以贈遠人願子留斟酌慰我平生親
又贈蘇武別詩曰嘉會難再遇三載為千秋臨河濯長纓念別悵悠悠
望望悲風至對酒不能酬行人懷往路何以慰我愁獨有盈觴酒與子結
綢繆　又蘇武詩曰黃鵠一遠別千里顧徘徊胡馬失其群思心常依依
何況雙飛龍羽翼臨當乖幸有弦歌曲可以喻中懷請為遊子吟泠泠
一何悲絲竹厲清聲慷慨有餘哀長歌正激烈中心愴以摧欲展清商曲
念子不能歸俛仰內傷心淚下不可揮願為雙黃鵠送子俱遠飛　又贈
蘇武詩曰攜手上河梁遊子暮何之徘徊蹊路側悢悢不能離行人難久

留各言長相思知非日月弦望自有時努力崇明德皓首以爲期 又贈蘇武別詩曰陟彼山隅送子淇水陽爾行西南遊我獨東北翔轅馬顧悲鳴五步一彷徨雙鳧相背飛相遠日已長遠望雲中路想見來圭璋万里遥相思何益心獨傷隨時愛景曜願言莫相忘 又贈蘇武詩曰爍爍三星列拳拳月初生寒涼應節至蟋蟀夜悲鳴晨風動喬木枝葉日夜零遊子暮歸思塞耳不能聽遠望正蕭條百里無人聲遠處天一隅苦困獨伶丁親人隨風散瀝滴如流星願得萱草枝以解飢渴情又贈蘇武別詩曰鍾子歌南音仲尼歎歸與戎馬悲邊鳴遊子戀故廬陽鳥歸飛雲蛟龍樂潛居人生一世間貴與願同俱身無四凶罪何爲天一隅與其苦筋力必欲榮薄軀不如及清時策名於天衢漢蘇武別李陵詩曰雙鳧俱北飛一鳧獨南翔子當留斯館我當歸故鄉一別如秦胡會見何詎央愴恨切中懷不覺淚霑裳願子長努力言笑莫相忘又別李陵詩曰征夫懷往路起視夜何其參辰皆已没去去從此辭行役在戰場相見未有期握手一長歎淚爲生別滋努力愛春華莫忘歡樂

時生當復來歸死當長相思　魏文帝代劉勳出妻王氏詩曰翩翩牀前帳可以蔽光輝昔將爾同去今將爾共歸緘藏篋笥裏當復何時披　魏陳王曹植詩曰門有萬里客問君何鄉人褰裳起從之果得心所親挽裳對我泣太息前自陳本是朔方士今爲吴越民行行將復行去去適西秦　又詩曰微陰翳陽景清風飄我衣游魚潛淥水翔鳥薄天飛眇眇客行士徭役不得歸始出嚴霜結今來白露晞遊子歎黍離處者歌式微慷慨對嘉賓悽愴内傷悲　又送應氏詩曰願得展嬿婉我友之朔方親昵並集送置酒此河陽山川阻且遠別促會日長　又離友詩曰涼風肅兮白露滋木感氣兮條葉辭臨淥水兮登重基折秋華兮采靈芝尋永歸兮贈所思感離隔兮會無期伊鬱悒兮情不怡　魏應瑒別詩曰朝雲浮四海日暮歸故山行役懷舊土悲思不能言悠悠涉千里未知何時旋　又別詩曰浩浩長河水九折東北流晨夜赴滄海海流亦何抽遠適萬里道歸來未有由臨河累太息五内懷傷憂　魏徐幹爲挽船士與新娶妻別詩曰與君結新婚宿昔

當別離涼風動秋草蟋蟀鳴相隨蚓蚓寒蟬吟蟬吟抱枯枝枯枝
時飛揚身體忽遷移不悲身體移當惜歲月馳歲月馳無窮極會合
安可知願爲雙黃鵠悲鳴戲清池　晉孫楚莊弘農故吏民詩昔我
先侯邁德垂化康哉之詠寔由良佐惟余忝辱弗克負荷每歷貴邦
仰瞻泰華追慕先軌感想哀嗟詵詵臣故乎及羣士皓首老成率彼
邑里闡崇高義長幼以齒　又征西官屬送別詩曰晨風飄岐路零雨
被芳草傾城遠相送餞我千里道乖離即長衢惆悵盈懷抱　晉潘
岳北芒送別王世胄詩曰朱鑣既揚四轡既整雋言餞行告離芒嶺情
有遷延日無餘影迴轅南翔心焉北騁又金谷集詩曰王生和鼎實石
子鎮海沂親友各言邁中心悵有違何以叙離思攜手游郊畿朝發
晉京陽夕次金谷湄回谿縈曲阻峻坂路威夷綠池泛淡淡青柳何依
依玄醴染朱顏但訴杯行遲投分寄石友白首同所歸　晉潘尼送盧
弋陽景宣詩曰揚朱焉所哭歧路重別離屈原何傷悲生離情獨哀知
命雖無憂倉卒意低迴歎氣從中發灑淚隨襟頹九重不常鍵閶

闔有時開愧無紵衣獻貽言取諸懷　又皇太子集應令詩曰聖朝
命方岳爪牙思北鄰皇儲延篤愛設餞送遠賓誰應今日宴具惟
廊廟臣置酒宴嵩庭擊鼓靈沼濱羽觴飛酃醁芳饌備奇珍巴渝
六奏妙舞鼓鐸振長袂生迴飄曲裾揚輕塵　晉王浚從幸洛水餞王公
歸國詩曰聖主應期運至德敷彝倫神道垂大教玄化被無垠欽若崇
古制建侯屏四鄰皇輿迴羽蓋高會洛水濱臨川講妙藝縱酒釣潛鱗
八音以送奏蘭肴備時珍古人亦有言為國不患貧與蒙廟庭施幸得
廁太鈞羣僚荷恩澤朱顏感獻春賦詩盡下情至感暢人神長流無
舍逝自日入西津奉辭慕華輦侍衛路無因馳情繫帷幄乃心戀軌
塵　晉陸機祖道畢雍孫劉邊仲潘正叔詩曰皇儲延髦俊多士出幽
遐適遂時來運與子遊承華執笏崇賢內振纓曾城阿畢劉贊文
武潘生莅邦家感別懷遠人願言歎以嗟　又以公承明作與弟士龍詩曰牽
世嬰時網駕言遠徂征飲餞豈異族親戚弟與兄分塗長林側揮袂萬
始亭南歸憩永安北邁頓承明　又送顧公真詩曰伐鼓五嶺表揚聲

萬里外高山向足陵巨海猶縈帶　又擬庭中有奇樹詩曰芳草忽已茂佳人竟不歸感物戀所歡採此當遺誰　晉王濬祖道應令詩曰侯誰在矣東宮詵詵曰保曰傅弘道惟新前疑協衡顧問翼輪豈伊張仲專美前津煥乎唐德欽在西鄰齊軌上葉永垂清塵　晉左思贈妹九嬪悼離詩曰鬱鬱岱清海瀆所經陰精以靈爲祥爲禎峩峩令妹應期誕生如蘭之秀如芝之榮揔角岐嶷齓齠夙成比德古烈異世同聲惟我惟妹寔惟同生早喪先妣恩百常情女子有行實遠父兄骨肉之恩固有歸寧何悟離拆隔以天庭自我不見于今二齡穆穆令妹有德有言才麗漢班明朗楚樊默識若記下筆成篇行顯中閨名播外藩何以爲贈勉以列圖何以爲言申以詩書相去在近上下欷歔含辭滿胷鬱煩不舒　晉張華祖道征西應詔詩曰赫赫大晉奄有萬方陶以仁化曜以天光二跡陝西實在我王內飪玉鉉外惟鷹揚四牡揚鑣玄輅振綏庶寮羣后餞飲洛湄感離歎悽慕德遲遲　又祖道趙王應詔詩曰崇選穆穆利建明德於顯穆穆親時惟我王稟姿自然金質玉相光宅

舊趙作鎮異方休寵曲錫備物煥彰發軔上京出自天邑百寮餞行搢紳具集軒冕峩峩冠蓋習習戀德惟懷永歎弗及　晉陸雲餞大尉王公還京邑詩曰聖澤既渥嘉會愔愔庭旅鍾鼓堂有琴瑟飛轡清暉扶桑移陰視景祗慕揮袂霑襟戀彼同棲悲爾異林我有旨酒以歌以吟　又贈兄詩曰行矣怨路長惄焉傷別促指途悲有餘臨觴歎不足我若西流水子如東峙岳慷慨逝言感徘徊居情育安得攜手俱契闊成騑服悠遠途可極別促怨會長銜思戀行邁興言在臨觴南津有絶濟北渚河無梁神往同逝感形留悲參商　又左九嬪感離詩曰自我去膝下倏忽踰再朞邈邈浸遥遠拜奉將何時披省所賜告尋玩悼離詞髣髴想容儀歔欷不自持何時當奉面娛目於書詩何以訴辛苦告情於文辭　晉郝仲子公送東陽太守詩曰昔人深誠歎臨水送將離如何祖良遊心事孑孖在斯也虛亭無留賓東川緬逶迤　晉何劭祖洛水祖王公應詔詩曰穆穆聖皇體此慈仁友于之至通于明袖遊宴綢繆情戀所親薄言餞之于洛之濱皆尚崖巖巖洪流湯湯春風動

衿歸鴈和鳴我后饗客鼓瑟吹笙舉一罰惟別聞樂傷情嘉宴旣終

白日西歸羣司告旋鑾輿整綏我皇千里離頓戀驂騑臨川永歎酸

涕霑頸崇恩感物左右同悲　宋孝武與廬陵王紹別詩曰連歲矜離

心今茲幸良集信宿窮晨暮開顏披洽讌未盡歡晤懷已傷岐路

及舳艫引江介飛旌背爾邑悄擾徒旅戒園戀流景入遲遲分手

念泣泣登路泣　宋平王代收就長路詩曰從聳巒高陵曲揮袂廣川

濱黃塵昏白日悲風起浮雲蕭條萬里別契闊三秋分時往從朝

露年來驚夕氳徘徊去芳節依遲從遠軍　宋謝靈運相送方山

詩曰祗役出皇邑指期憩甌越解纜及流潮懷舊不能發折折就

衰林皎皎明秋月含情易爲盈遇物難可歇又荅謝惠連詩曰懷人

行■千里我勞盈十旬別時花灼灼別後葉蓁蓁　宋謝惠連西陵

獻康樂詩曰哲兄感仳別相送越坰林飲餞野亭館分袂澄湖陰

悽悽留子言眷眷浮客心迴塘隱艫枻遠望絕形音　又與孔曲阿別

詩曰悽悽乘蘭秋言餞千里舟塗屆雲陽邑邑牢有昔遊行人雖念路

爲爾暫淹留　又夜集歎乖詩曰詩人詠踟躕騷者歌離别誠哉曩日歡展矣今夕切吾生赴遥命質明即行轍在貧故宜言贈子保温惠曷用書諸紳久要亮有誓　宋顔延之爲皇太子侍宴餞衡陽南平二王應詔詩曰大儀在御皇聖居貞旁緝民紀仰緯天經物資感變神以瑞形川無遁寶山不閟靈亦既戒裝皇心載遠夕帳亭皐晨儀禁苑神行景騖發自靈闕對宴感分瞻秋悼晚　宋鮑昭詩曰輕鴻戲江潭孤鴈集洲沚邂逅兩相親同念共無已風雨好東西一隔頓千里追憶栖宿時聲容滿心耳揚翮不能翔徘徊煙霧裏　又送盛侍郎詩曰北臨出塞道南望入鄉津高墉宿寒霧平野起秋塵　齊王儉後園餞從兄豫章詩曰玆夕竟何夕念别開曾軒光風轉蘭蕙流月汎虛園　齊王融奉辭鎮西應教詩曰末學謝能筭高義幸知遊雷庭叅辯奧梁苑豫才鄒徘徊歲光晚揺落江樹秋風旗縈别浦霜琯迥遥州　又蕭諮議西上夜集詩曰徘徊將所憂惜别在河梁衿袖三春隔江山千里長寸心無遠近邉地有風霜勉哉勤歲暮敬矣慎容光山

中殊未擇杜若空自芳 齊謝朓別王僧孺詩曰花樹雜爲錦月
池皎如練如何當此時別離言與宜 非君不見思所悲思不見 又與
江水曹詩曰山中上芳月故人清樽賞遠山翠百重迴流映千丈花
枝聚如雪垂藤散猶網別後能相思何嗟異風壤 又懷故人詩曰
芳洲有杜若可以贈佳期望望忽超遠何由見所思我行未千里山川
已間之離居方歲月故人不在茲清風動簾夜孤月照窗時安得同
攜手酌酒賦新詩 又離夜詩曰玉繩隱高樹斜漢映曾臺離堂
華燭盡別幌清琴哀翻潮尚知限客思眇難裁山川不可夢況乃故
人杯 又將發石頭上烽火樓詩曰徘徊戀皇邑躑躅躧曾阿陵高墀闕
近眺迴風雲多荆吳阻山岫江海合瀾波歸飛無羽翼其如別離何
又新亭渚別范雲詩曰洞庭張樂地瀟湘帝子遊雲去蒼梧野水還
江漢流停驂我悵望輟棹子夷猶廣平聽方籍茂陵方見求心事
俱已矣江上徒離憂 齊虞羲送友人上湘詩曰濡足送征人褰裳臨
水路共盈一樽酒對之愁日暮漢廣雖容舠風悲未可渡佳期難再

得顧旦論心故沅水曰生波芳洲行墜露共知丘壑改同無金石固　齊
劉繪送別詩曰春滿方解籜弱柳向低風柘思將安寄悵望南飛鴻
齊張融別詩曰白雲山上盡清風松下歇欲識離人悲孤臺見明月
梁簡文帝示雲麾弟詩曰零雨岐路悲送歸臨水節時事雖爲外離
憂等閑別　又餞臨海太守劉孝儀蜀郡太守劉孝勝詩曰碣石臨
東海峨眉距西僰兩杜昔夾河二龍今出守方無夜犬驚向息神牛鬭
涼風繞輕幕麥雨交新畱念此一銜觴懷離在惟舊　又餞廬陵內史
王脩應令詩曰餞行臨上節開筵命羽觴迴池瀉飛棟濃雲垂畫堂
踈槐未合影反日暫流光園楊斂新葉階蕙結初芳　又餞別詩曰行
樂南北皮宴餞臨華池籜解　篁開節花闇鳥迷枝隱陰隨影度水
色帶風移徒命銜杯酒終成惆別離　又送別詩曰行行異沂海依依別
路岐水苔隨纜聚岸柳拂舟垂石菌生懸葉江槎流卧枝燭盡悲宵
去酒滿惜將離　又傷離新體詩曰傷離復傷離別後情欝紆悽悽
隱〻云棹　惆悵愴還途慼慼意不申轉顧獨霑襟前驅經御宿後

騎歷河滑胡香翼還慮清笳送後塵落日斜飛蓋餘暉承畫輪
柳影長橫路槐枝深隱人桂宮夕掩銅龍扉甲館宵垂雲母帳朧
朧月色上的的夜螢飛草香龍袞余袂露洒霑人衣帶堞凌城雲亂
聚排枝度葉鳥爭歸盌中浮蟻不能酌琴間王徽調別鶴別鶴千
里別離聲絃調軫急心自驚試起登南樓還向華池遊前時篠生
今欲合近日栽荷尚不抽猶是銜杯共賞處今茲對此獨生愁樓高
望曖曖山川自分態偃師雖北連轘轅已南背遠聽寂無聞遙
瞻目有闕含毫意不迷長歎情無賴　梁昭明春日宴晉熙王詩曰百
六鍾期數三七厄時中國離悲如燬親離歎數窮藩哲遊沮夢楊化
撫邊戎幸茲同宴醑引滿愛樽空　梁范雲之零陵郡次新亭詩
曰江干遠樹浮天末孤煙起江天自如合煙樹還相似滄流未可源高
飄去何已　又別詩曰洛陽城東西長作經時別昔去雪如花今來花
似雪　又送沈記室夜別詩曰桂水澄夜分楚山清曉雲秋風兩鄉怨秋
月千里分寒共寧共採霜猨行獨聞捫蘿意遣我折桂方思君　又別

詩曰孤煙起新豐候鴈出雲中草低金城霧木下玉門風別君河初
備思君月屢空折桂衡山北摘蘭沅水東蘭摘心焉寄桂折意誰
通 梁江淹貽袁常侍詩曰昔我別楚水秋月麗秋天今君客吳坂春
日媚春泉幽與生碧草沅湘含翠煙鑠鑠霞上景懵懵雲外山涉江
竟何望留滯空採蓮 又臨秋怨別詩曰四時照日夜玉露催紫榮始
懷未及歎春意秋方驚涼草散螢色衰樹斂蟬聲承君客江潭
先愁鴻鴈鳴吳山饒離袂楚水多別情金莖堅不滅桂華蘭有英
但見一葉落衰恨方未平 又擬古雜體詩曰送與君別者乃至鴈門
關黃雲蔽千里遊子何時還送君如昨日簷前露已團不惜蕙草晚
所悲道里寒君行在天涯妻身長別離願一見顏色不異瓊樹枝莬絲
及水萍所寄終不移 梁宗史詩曰別酒正參差乖情將陸離悵焉
臨桂苑慇默瞻華池輕雲流惠采時雨亂清漪眇眇追蘭徑悠悠結
芳枝眷言終何託心寄方在斯 梁蕭琛別詩曰落日惣行轡薄別在
江干遊客無奄期長川有急瀾分手信云易相思誠獨難之子兩特達

伊予曰盈桓侯我式微歲共賞階前蘭　梁任昉詩曰離燭有窮輝別念無終緒歧言未及申離目已先舉揆景銜無阿臨風長楸渚浮雲難嗣音徘徊悵誰與黨有關外驛聊訪狎鷗鷺　梁丘遲侍宴樂遊苑餞徐州刺史應詔詩曰詰旦閶闔開馳道聞鳳吹輕荑承玉輦細草藉龍騎風遲山尚響雨息雲猶積巢空初鳥飛荇亂新魚戲寔惟北門重匪親孰爲寄參差別念舉肅穆恩波被小臣信多幸投生豈酬義　梁沈約侍宴謝朏宅餞東歸應詔詩曰皇情悵東朏羽飾拂南𨑳夏雲清朝景秋風揚早蟬飲和陪下席論道光上筵又侍宴樂遊苑餞徐州刺史應詔詩曰沃若動龍驂參差凝鳳管金塘草未合玉池泉將滿　又侍宴樂遊苑餞呂僧珍應詔詩曰丹浦非樂戰負重切君臨我皇蘊至德忘已用堯心愍兹區宇內魚鳥失飛沉推轂二崤道揚旆九河陰超乘盡三屬選士皆百金戎主出細柳餞席樽上林命師誅後服授律綏前禽函轅方解帶嶢武稍披衿伐罪芒山曲弔民伊水潯將陪告成禮待此未抽簪　又別范安詩曰

平生少年日分手易前期及爾同衰暮非復别離時勿言一樽酒明日難共持夢中不識路何以慰相思　又送友人别詩曰君東我亦西銜悲悌如霰散浮雲一南北何由展言宴方作異鄉人贈子同心扇遥裔發海鴻連翩出簷鸞春秋更去來參差不相見　又别謝文學詩曰漢池水如帶巫山雲似蓋一望沮漳水寧思江海會以我徑寸心從君千里外

梁王筠侍宴餞臨川王北伐應詔詩曰金版韜英玉牒蘊精帝德乃武王威有征軒習弧矢夏陳干戚周騖戎車漢馳羽檄我皇俊聖千年鍾武德洞十門威加八柱金正圮德水行失道胡馬南牧戎徒西保荐食伊瀍整居澧鎬金闕揚塵銅臺茂草命彼膽夫爰詔協律樂武出車弦操别日玉饌駢羅瓊漿泛溢聖德愠温賓儀秩秩　梁蕭子顯侍宴餞陸倕應令詩曰儲皇餞離送廣命傳羽觴侍遊追西水閑宴等清漳新泉已激浪初卉始含芳雨罷葉增緑日斜樹影長

梁劉孝綽侍宴餞庾於陵應詔詩曰皇心眷將遠悵餞靈芝側是日青春獻林塘多秀色異卉疑綸組嘉樹以雕飾遊絲綴鶯領光風送

綺翼下輦朝既盈留宴景將奠高辯競談瑞奇文爭筆力伊臣獨
無伎何由奉吹息　又侍宴餞張惠紹應詔詩曰滄池誠自廣蓬山何
峻嶷景花上鮮法雲葉裏潤風度餘芳滿鳥集新條振餞言班俊
造光私擬輶悉徒然謬反隅問以窺重仞　又應令詩曰鮮雲積上月
凍雨晦初陽迴風飄淑氣落景煥新光竹萌始防露桂挺已含芳瑶
庭變杜若玉沼發蘋蔣聖衿惜此路曲宴闢蘭堂　又江津寄劉之
遴詩曰與子如黃鵠將別復徘徊經過一柱觀出入三休臺共攜雲氣
藻同舉霞文杯流人每曉遊梵門恒晚開欲寄一言別高駕何由來
又發建興渚示劉陸二黃門詩曰扁舟去平樂還顧極川梁猶聞棗
下吹尚識杏間堂洛橋分曲渚寺隱迴塘客行裁跬步即事已多
傷況復千餘里悲心未遽央　又侍離宴詩曰軒轅東北望江漢西南永
羽旗映日移鐃吹臨風警令王悳追送纜舟餞俄頃掩袂望征雲銜
杯惜餘景首燕徒有心局步何由騁　梁吴筠送呂外兵詩曰白雲浮海
際明月落河濱送君長歎息徒使淚霑巾　又別夏侯故章詩曰白馬

黃金羈青驪紫絲控新知關山別故人河梁送置此一函書為余達
雲夢　又酬別詩曰故人杯酒別王人清明月亮露下寒葭中風起秋江上
衣染潺湲泣棹犯參差浪匕首且千金七寶雕華生離何用表賴此持
相餉　又別王謙詩曰嚴光不遂世流轉任飛蓬欲還天台嶺不狎甘泉
宮離歌玉絃絕別酒金卮空當無遺故人念僕在東山東　又贈搖郎詩
曰星漢正參差佳人不在斯宿昔暫乖阻何異遠分離露染蘼蕪
葉月照芄蘭枝風光已飄薄雨采復逶迤勞夢無人覺默默心自知
又贈別詩曰客子慘無歡送別江之干白雲方眇眇黃鳥尚關關紛
巫山石合沓洞庭瀾行衣侵曉露征舠犯夜湍無因停合浦見此去珠
還　又贈別詩曰樹響浹山來猨聲繞岫急旅帆風飄揚行巾露霑濕
深浪闇蒹葭濃雲没城邑一不見別離人獨有相思泣　又贈別詩曰君
留朱門裏我至廣江濆城百尺望猶見風多聽不聞流蘋方繞繞落
葉尚紛紛無由得共賞山川　間白雲　梁何遜與胡興安夜別詩曰居人
行轉軾客子暫維舟念此一筵笑分為兩地愁露濕寒塘草月映清淮

流芳挹新離恨獨守故園秋 又從鎮江州與遊故別詩曰歷稔共追遊一旦辭羣匹復如東流水未有西歸日夜雨滴空階曉燈暗離室相悲各罷酒何時更促膝 梁庾肩吾侍宴餞湘東王詩曰陳王從遊士高宴入承華並載同連璧雕文類簡沙落後時動樹墜雪暫攜花念此離筵促方愁別路賒 又侍宴餞湘州刺史張續詩曰洞庭資善政層城送遠離九歌揚妙曲八桂動芳枝雨足飛春殿雲峯入夏池郢路方遼遠湘山轉蔽虧何當好風日極望長沙垂 又餞張孝揔應令詩曰層臺臨迥漲耿耿青煙上欲送分符人翻似河隄望寒雲暗積水秋雨蒙重嶂別念動神衿華文切離貺慼無寡和曲空陪郢中唱 又應令詩曰江上早寒生蕭條鐃管清別筵開帳殿離舟卷幔城前山黃葉起對岸白沙驚臨渦同極望竊吹愧才輕又侍宴餞東陽太守范子雲詩曰東部資良守北宮敦獻酬新枝嘶接樹故凍欲含流早花少餘雪春寒極晚秋徒嗟白岸遠空想赤松遊 又新林送劉之遴詩曰洊轉黃山路舟纜白馬津送輪時合幰

分驂各背塵常山喜臨代隴頭悲望秦欲持漢中策還以贈征人
梁朱超道別席中兵詩曰數年共遊息一旦各聯翩莫論行近遠終是
隔山川長波漫不極高岫鬱相連急風亂還鳥輕寒靜暮蟬扁舟
已入浪孤帆漸逼天停車對空渚長望轉依然　梁劉顯發新林浦贈
同省詩曰迴首望歸途山川邈離異落日懸秋浦歸鳥飛相次感物
傷我情惆悵懷親懿　梁劉孺侍宴餞新安太守蕭幾應令詩曰
芝殿近薄景畫室寫油雲六臨覽多該洽聖思究前聞微密探精義
復憂游妙典墳飲餞參多士二言贈賦新文　梁王僧孺送郡何兩記室詩
曰掩袖出南浦驅車送上征飄飄曉雲駛瀁瀁旦潮平不肖余何惜
無貲是勿輕儻有還書便一言訪死生　梁張纘侍宴餞東陽太守
蕭子雲詩曰仲月發初陽輕寒帶春序淥池解餘凍丹霞霽新雨
良守謁承明徂舟戒蘭渚皇儲惜將邁金樽留宴醑　周王裒入關
故人送別詩曰百年餘古樹千里暗黃塵關山行就近相看成遠人
又別裴儀同詩曰河橋望行旅長亭送故人沙飛似軍幕蓬卷若車

輪邊衣苦霜雪愁貌並損風塵行路皆一兄弟千里念相親　又別陸才子詩曰解纜出南浦征棹且凌晨還看分手處唯餘送別人中流搖蓋影邊江落騎塵平湖明曙日細柳發新春滄波不可望行雲聊共因　又別王都官詩曰連翩欄流水悽愴背離羣東西御溝水南北會稽雲河橋兩隄絕橫岐數路分山川遙不見懷袖遠相聞　周庾信應令詩曰望別非新館開舟即舊灣浦喧征棹發亭空送客還路塵猶衆征帆獨背關　又和保法師詩曰秦關望楚路灞岸想江潭幾人應落淚看君馬向南　又和侃法師詩曰客遊經歲月羈旅故情多近待衡陽鴈秋分俱度河　又和侃法師詩曰迴首河隄望眷眷嗟離絕誰言舊國人到在他鄉別　又寄王琳詩曰玉關道路遠金陵信使疎獨下千行淚開君萬里書　又別周弘正詩曰扶風石橋北函谷故關前此中一分手相逢知幾年黃鵠一反顧徘徊應愴然自知悲不已徒勞減瑟絃　陳周弘正隴頭送征客詩曰朝霜侵漠草流沙度隴飛一聞流水曲行往兩霑衣　又荅宗云師詩曰客行七十歲歲昔有遠徂征牡心雲結不解隴水

湊無聲兮近遠遥爲村長安 陳徐陵新亭送別應令詩曰鳳吹
臨伊水時駕出何梁野燎村田黒江秋岸荻黃陽城聞上鼓迴洲鸞去
檣神襟愛遠別流睇極清漳 又別毛永嘉詩曰願子厲清規歸來
振羽儀嗟余今老病此別恐長離白馬君來哭黃泉我詎知徒勞脱
寶劍空挂隴頭枝 陳張正見征虜亭送新安王應令詩曰鳳吹臨南
浦神駕餞東平亭迴漳水乘旆轉洛濵笙地凍班輪響風嚴羽蓋
輕燒田雲邑暗古樹雪花明歧路迴首流襟動眷情 又秋日別庾正員
詩曰征途愁轉旆連騎慘停鑣朔氣凌踈木江風送上潮青雀離帆
遠朱鳶別路遥唯有當秋月夜夜上河橋 陳陰鏗送始興王詩曰良守
別承明枉道暫逢迎去帆收錦纜歸騎指蘭城紛紜連山暗潺湲
派水清桂晚花方白蓮秋葉始輕背月飛傷客念臨岐憫聖情分風不得
遠何由送上征 又江津送劉光禄不及詩曰依然臨送渚長望倚河津
鼓聲隨聽絶帆勢與雲鄰泊處空餘鳥離亭已散人林寒正下葉釣
晚欲收綸如何相背遠江漢與城闉 又廣陵岸送北使詩曰行人引去

節送客艤歸艫即是觀濤處仍爲郊　贈衢州浪已息邦江路
不紆亭嘶背櫪馬檣轉向風烏海上春雲雜天際晚帆孤離舟對
零雨別渚望飛鳧定知能下淚非但一楊朱　隋江揔贈洗馬袁朗別
詩曰賈誼登朝日終軍對奏年校文升廣內撫劒入崇賢奇才殊
艷逸將別愛留聯驅車命鐃管拱坐面林泉池寒稍下鴈木落久
無蟬霧侵山上月霜開石路煙高談無與慰遲爾報華篇又別袁
昌州詩曰河梁望隴頭分手路悠悠徂年驚若電別日欲成秋黃
鵠飛飛遠青山去去愁不言雲雨散更似東西流　又賦得攜手上河
梁應詔詩曰早秋天氣涼分手關山長雲愁數處黑木落幾枝
黃鳥歸猶識路流去不知鄉秦川心斷絕何悟是河梁　又別袁昌
州詩曰客子歎途窮此別異西東關山嗟墜葉岐路悵征蓬別鶴
聲聲遠愁雲處處同　又別賓化侯詩曰分歧泣世道念別傷邊秋
斷山時結霧平海若無流驚鷺一羣起哀猿數處愁是日送歸客
自　又別永新侯詩曰送君張掖郡分途函谷關欲知腸斷

行雲去不還

藝文類聚卷第二十九

藝文類聚卷第三十　人部

别下　怨

别下

賦　魏文帝離居賦曰惟離居之可悲兮獨處于空牀愁耿耿而不寐歷冬夜之悠長聽驚風厲於閨闥忽增激於中房動帷裳之晻暧彼明燭之無光　又感離賦曰建安十六年上西征余居守老母諸弟皆從不勝思慕乃作賦曰秋風動兮天氣涼居常不快兮中心傷出北園兮彷徨望眾墓兮成行柯條憯兮無色綠草變兮萎黃感微霜兮零落隨風雨兮飛揚日薄暮兮無悰思不衰兮愈多招延佇兮良久忽踟躕兮忘家　又永思賦曰仰北辰而永思泝悲風以增傷哀遐路之漫漫痛長河之無梁願託乘於浮雲嗟逝速之難當　又出婦賦曰思在昔之恩好似比翼之相親惟方今之疏絕若驚風之吹塵夫色衰而愛絕信古今其有之傷煢獨之無恃恨胤嗣之不滋甘没身而同穴終百年之長期信無子而應出自典禮之常度悲谷風之[illegible]怨

昔人之忽故被入門之初服出登車而就路遵長塗而南邁馬躊躇而迴顧野鳥翩而高飛愴哀鳴而相慕撫騑服而展節即臨沂之舊城踐麋鹿之曲蹊聽百鳥之羣鳴情悵恨而顧望心欝結其不平

魏陳王曹植出婦賦曰以才薄之質陋奉君子之清塵承顔色以接意恐疎賤而不親悅新昏而忘妾哀愛惠之中零遂摧頹而失望退幽屏於下庭痛一旦而見弃心忉怛以悲驚衣入門之初服背牀室而出征攀僕御而登車左右悲而失聲嗟冤結而無訴乃愁苦以長窮恨無愆而見弃悼君施之不終

又愍志賦曰或人有好鄰人之女者時無良媒禮不成焉彼女遂行適人有言之於余者余心感焉乃作賦曰竊託音於往昔迄來春之不從思同遊而無路情壅隔而靡通哀莫哀於永絕悲莫悲於生離豈良時之難俟痛余質之日虧登高樓以臨下望所歡之攸居去君子之清宇歸小人之蓬廬欲輕飛而從之迫禮防之我拘

又歸思賦曰背故鄉而遷徂將遥憩乎北濵經平常之舊居感荒壤而莫振城邑寂以空虚草木穢而荆

榛嗟喬木之無陰處原野 其何爲信樂土之足慕忽弁日而載馳
魏王粲出婦賦曰旣僥倖兮非望逢君子兮弘仁當隆暑兮翕赫
猶蒙眷兮見親更盛衰兮成敗思彌固兮日新竦余身兮敬事理
中饋兮恪勤君不篤兮終始樂枯荑兮一時心搖蕩兮變易忘舊
姻兮弃之馬巳駕兮在門身當去兮不疑攬衣帶兮出戶顧堂室
兮長辭 晉陸機別賦曰伊公子之可懷悲永別之辰期悼同居之無
樂曾不踰乎一朞經春秋之寒暑帶慼慼而不怡登九層而脩觀
超臨遠以相思 晉傅咸感別賦曰嘉天地之交泰美萬物之會通悅
朋友之攸攝慕管鮑之遐蹤退以文而會友欽公子之淸塵信同聲
之相應意未寫而情親誓言雅好之齠齔分綢繆而日新蘭蕙含芬
有時而馨龍驥跣足有時而征乾道變化時惟大明戢戢睦友載揚
厥聲降聖宰之旌招曜羽儀之上京贊唐虞之嘉運超飛躍乎
太淸佩銀璜於帝側拖紫艾於天庭瞻宸極之眇眇喜吾子之寵榮
無荆玉之夜觀猥齊景於夜光敢有觀於斯舉欣與子而並翔天啓

其穎自黍蘋蘩紛則同遊長則同班同心厥職其臭如蘭庶績秉疑
聖朝疇咨顯佐納言光綜萬機出順景而爲偶入闇然而無依步
空宇以低佪想宴笑之餘暉意躚綿而彌結淚雨面而霑衣　梁江淹
別賦曰黯然銷魂者唯別而已矣況秦吳兮絕國復燕宋兮千里或春苔
兮始生乍秋風兮暫起是以行子腸斷百感悽惻風蕭蕭而異響
雲漫漫兮奇色舟凝滯於水濱車逶遲於山側櫂容與而詎前馬
寒鳴而不息掩金觴而誰御橫玉柱而霑軾居人愁卧怳若有亡日下
壁而沉彩月上軒而飛光知離夢之躑躅意離魂之飛揚爾乃別雖
一緒事乃万族至若龍馬銀鞍朱軒繡軸帳飲東都送客金谷琴
羽張兮簫鼓陳燕趙歌兮傷美人珠與玉兮豔暮秋羅與綺兮嬌
上春造分手而銜涕感寂寞而傷神乃有劒客慙恩少年報士韓國
趙廁吳宮燕市駈征馬而不顧見行塵之時起又若君居淄右妾家河
陽同瓊珮之晨照共金爐之夕香君結綬兮千里惜瑤草之徒芳慙
幽宮之琴瑟悔臺上之流黃春閨閟此青苔色秋帳涵兹明月光夏

簟清兮晝不暮，冬釭凝兮夜何長。織錦曲兮泣已盡，迴紋詩兮影獨傷。是以別方不定，別理千名，有別必怨，有怨必盈，使人意奪神駭，心摧骨驚。又去故鄉賦曰：日已暮兮隱吴山之丘墟，北風折兮絳花落，流水嚴兮翠莖疏，發桂枝而不是，悵浮雲之離居。乃陵大壑，越蒼川，茫茫積水，嵒陵嵓陵，断山窮陰而迥海，平蕪帶天。於是泣故關之已盡，傷故國之無際，出汀洲而解冠，入溆浦而捐袂。芳洲之草行欲暮，桂水之波不可渡。絶世獨立兮報君子之一顧，是時霜翦蕙兮風摧芷，平原晩兮黄霧起。重曰：江南之杜衡兮色已陳，願使黄鵠兮報佳人，構羽觴而掩望，撫玉琴兮何親。梁劉孝儀歎別賦曰：在羈旅兮爲思，每居常而不樂，意難偕於駘蕩，情易邀於隕穫，愁非和而自來，憂試排而不却。退求已以自省，慨撫衿而太息，位不俟於一進，髮徒彰於二色，名有似於務耕，學無均於壁言，織在初歸之爲慶，庶因拙而自收，保私庭之宴喜，共昆弟而嬉遊，校小文於搦筆，比揩式於臨流，止無歡於濮滕，行如喜於同軌，忽一去而數千，遂離居而別，或阻同被於

當寐乖共飧於終食唯憑遠望以代歸負相思其無方　梁張纘
離別賦曰太常劉侯前輩宿達余在紈綺之歲固已欽其風矣及理
棹江干攬涕還望桑蕭之詠不覺成篇彼劉侯之矯矯承世德
之清輝挺荆衡之箘簵輝江漢之珠璣昔相知於一定逾盛衰乎二紀
豈因媒以成親非彈冠而來仕分自諧於金石情冥符乎蘭芷忘時輩
之後先略相知之年齒及冠月遇於雲閣又方駕而聯曹宵擁衾而暗
語晝亘稱歎以遊遨寀方前而等食衣共體而同袍猶合歡之蠲忿如來
蘇之釋勞唯吾人之與子兮諒不言其已召在百代而奚殊雖千年而
同調寧風波之所　移豈流俗之能要非高唱而去擬逢下士而或笑隔
顧言於信次尚眷眷而興懷矧雲崖之遠訣抱離袖而長乖顧
龍門而掩泣瞻郢路而何偕存驚禽之屢感迫徂年之長暮眺湘流
兮流遭洞庭之永路山峻高而易隱浦邅迴而難泝猨啾啾而夜吟
騷騷而曉度撫客子兮其何心能辭鄉兮別故共抱荃蕙之遺芳
攡披於霜露【書】漢李陵與蘇武書曰子卿名聲冠於圖籍分

義光于二國形影表於丹青爵祿傳於王室家獲無窮之寵永明白於千載夫行志立求仁得仁雖遭困厄死而後已將何恨哉陵前提步卒五千深入匈奴右地三千餘里雖身降名辱下計其功豈不足以免老母之命耶嗟乎子卿世事謬矣功者福主今為禍先忠者義本今為重患是以彭蠡赴流屈原沉身子欲居九夷此不由感怨之志耶行矣子卿恩若一體分為二朝悠悠永絕何可為思人殊俗異死生斷絕何由復達　漢蘇武報李陵書曰曩以人乏奉使方外至使遐夷作逆封豕造悖犲很出爪擢辱王命身幽於無人之處跡戢於胡塞之地歃朝露以為飲茹田鼠以為糧窮目極望不見所識側耳遠聽不聞人聲當此之時生不足甘死不足惡所以忍困強存徒念忠義雖誘僕以隆爵厚寵萬金之利不以滑其慮也迫以白刃在頸鈇鑕在喉不以動其心也何則志定於不回期誓於沒命幸賴聖明遠垂拯贖得使入湯之禽復假羽毛日斷之足復蒙連續每念足下才為世英器為時出語曰夜行披繡不足為榮況

於家室孤滅并在絶域衣則異制食味不均弃損功名雖向視息與亡無異向使君服節死難書功竹帛傳名千代茅土之封永在不朽不亦休哉嗟乎季卿事已去矣失之毫氂差之千里將復何言所貺重遺義當順承本為一體今為異俗余歸漢室子留彼國且無境外之交故不當受乖離邈矣相見未期國別俗殊死生隔絶岱馬越鳥能不依依謹奉荅報并還所贈　李陵重報書曰子卿足下勤宣令德策名清時榮問休暢幸甚幸甚遠託異國昔人所悲望風懷想能不依依自從初降以至今日身之困窮獨坐愁苦終日無覩但見異類韋韝毳幙以御風雨羶肉酪漿以充飢渴舉目言笑誰與為歡凉秋九月塞外草衰夜不能寐側耳遠聽胡笳互動牧馬悲鳴吟嘯成羣聽之不覺淚下與子別後邊聲四起晨坐益復無聊身負國恩為世所悲子歸受榮我留受辱命也何如身出禮義之鄉入無知之俗每一念至忽然忘生陵不難刺心以自明刎頸以見志顧國家於我已矣殺身無益適足增羞左右之人見陵如此為不入耳之歡來相勸勉異方之樂秖

令人悲增忉怛爾子卿視陵豈偷生之士而惜死之人哉誠以死不如立節滅名不如報德也昔范蠡不殉會稽之耻曹沫不死三敗之辱卒復句踐之讎報魯國之羞區區之心竊慕此爾足下又云漢於功臣不薄子爲漢臣安得不云爾乎足下昔以單車之使適萬乘之虜丁年奉使皓首而歸老母終堂生妻去室此天下所希聞古今所未有聞子之歸賜不過二百萬位不過典屬國子尚如此陵復何望哉且漢厚誅陵以不死薄賞子以守節欲使遠聽之臣望風馳命此實難矣男兒生以不成名死則葬蠻夷中誰復能屈身稽顙迴向北闕使刀筆之吏弄其文墨耶嗟乎子卿夫復何言相去萬里人絕路殊生爲別世之人死爲異域之鬼長與足下生死辭矣後漢張奐與延篤書曰唯別三年無一日之忘京師禁急不敢相聞豈不懷歸畏此簡書年老氣衰智盡謀索每有所處違宜失便北爲兒車所譏中爲馬循所困直欲入三泉之下復鎮之以大石厄乎此時也且太陰之地冰厚三尺木皮三寸風寒慘烈剝脫傷骨但此自非老憊者所堪而復

加之以師旅因之以飢饉衆難聚集不可一二言也龍胥日甚氣力
寢衰神耶當復相見者從此辭矣　後漢竇玄形貌絶異天子
以公主妻之舊妻與玄書別曰弃妻斥女敬白竇生卑賤鄙陋不
如貴人妾日已遠彼日已親何所告訴仰呼蒼天悲哉竇生衣不厭新
人不厭故悲不可忍怨不自去彼獨何人而居我處　晉趙景真與
嵇茂齊書曰昔李叟入秦及關而歎梁生適越登岳長謠夫以嘉
遯之舉猶懷戀恨況乎不得已者哉惟別之後離羣獨逝背榮
宴辭倫好經迥路造沙漠鳴雞戒旦則飄爾晨征日薄西山則馬
首靡託或乃迴飆狂厲白日寢光徙倚交錯陵隰相望涉澤求蹊
披榛覓路嘯詠溝渠良不可度斯亦行路之艱難然非吾心之所懼
也又北土之性難以託根投人夜光鮮不案劒今將植橘柚於玄朔帶
華藕於脩陵表龍章於裸壤奏韶武於龍胥俗固難以取貴矣朝
霞啓暉則身疲於遄征太陽戢曜則情劬於夕惕思躡雲梯橫奮
八極披艱埽穢蕩海夷岳蹴崑崙使西倒踏泰山令東覆平滌

九區恢廓宇宙斯亦吾忘之鄙願也時不我與垂翼遠逝鋒鋩靡
加六翮摧屈自非樂天知命誰能不憤悒者哉吾子植根芳苑擢
秀清流榮曜眩其前豔色餌其後良儔交其左聲名馳其右
翱翔倫黨之間弄姿帷房之裏從容顧眄綽有餘裕俯仰吟嘯
自以爲得志矣豈能與吾同大丈夫之憂樂哉去矣嵇生永離隔矣
煢煢飄寄臨沙漠矣悠悠三千路難涉矣執手之期邈無日矣思
心彌結誰云釋矣無金玉爾音而有遐心身雖胡越意存斷金
晉嵇茂齊荅趙景真書曰登山遠望覩崤鄗以成憤策杖廣
澤瞻長波以增悲遊眄春圃情有秋林之悴躍足夏流心懷冬
冰之慘對榮宴而不樂臨清觴而無歡今足下琬琰之朴未剖
而求光時之價騏驥之足未攄而希絕景之功忍銳而動幾望遠而
應遲故有企佇之懷爾夫息靜閑不悶古人所貴窮而不濫君子
之美故顏生居陋不改其樂孔父困陳弦歌不廢幸吾子思弘遠
理含道自榮將與足下交伯成於窮野結箕山乎蓬屋倡范

生於海濵倚黃綺於商岳憑輕雲以絶馳遊曠蕩以自足雖
不齊足下之所樂亦吾心之所願也　梁簡文帝與劉孝綽書
曰執別灞滻嗣音阻闊合璧不停旋灰屢徙玉霜夜下旅鴈晨
飛想涼燠得宜時候無爽既官寺務煩簿領殷湊等張釋之
條理同于公之明察雕龍之才本傳靈虵之譽自高頗得暇逸
於篇章從容於文諷頃擁旄西邁載離寒暑曉河未落拂
桂棹而先征夕鳥歸林懸孤帆而未息足使邊心憤薄鄉思邅
迴但離闊已久載勞寤寐佇聞還驛以慰相思　又與蕭臨川書曰
零雨送秋輕寒迎節江楓曉落林葉初黃登舟已積殊足勞
止解維金闕定在何日八區內侍厭直御史之廬九棘外府且息
官曹之務應分竹南川剖符千里但黑水初旋未申十千之飲桂
宫既啓復乖雙闕之宴文雅縱橫即事分阻清夜西園眇然未
剋想征艫而結歎望桂席而霑衿若使弘農書疏還鄉下河
南口占儻歸鄉里必遲青泥之封且覲朱明之詩白雲在天蒼波

無極瞻之岐路眷慨良深愛護波潮敬勗光彩 梁元帝與蕭挹書曰闊別清顔忽焉已久未復音息勞望情深暑氣方隆恒保清善握蘭雲閣解紱龍樓允膺妙選良爲幸甚想同僚多士方駕連曹雅步南宮容與自玩士衡已後唯在茲日惟昆與季文藻相暉二陸三張豈獨擅美比暇日無事時復含毫頗有賦詩別當相簡但衡巫峻極漢水悠長何時把袂共披心腹 梁劉孝標答郭峙書曰聞君子舊矣但人非豕鹿轉如蓬逝波駭雨散動閒山川故無由交翡觴薦雜佩覗浮雲以搔首臨清風而浩歌變燧迴星亦云勞止 周王裒與周弘讓書曰嗣宗窮途楊朱岐路征蓬長逝流水不歸南北殊方炎涼異節木皮春厚桂樹冬榮攝衛惟宜動靜多豫賢兄入關敬承闊曲猶依杜陵之水尚保東陂之田鏟跡幽蹊銷聲穹谷何其愉樂幸甚幸甚弟昔因多疾亟覽九仙之方晚涉世途猶懷五岳之舉頃年事遒盡容髮衰謝芸其黃矣零落無時還念生涯繁憂總集親陰愒日類趙孟之徂年負杖行吟同劉琨之積慘河陽北遊空思鞏洛灞陵南望唯見長安所貴

書生之魂還返依舊里射聲之鬼無恨他鄉浮雲在天邈無由矣會見之期杳無日矣援筆攬紙龍鍾橫集　陳周弘讓荅王裒書曰甚矣悲哉此之爲別也雲飛泥沉金鑠蘭滅玉音不嗣瑤華莫因家兄至自鎬京致來書於穹谷故人之跡有如對面開題申紙流臉霑胅與弟分袂西陝言反東區雖保周陂還依蔣徑三荆離圻二仲不歸麋鹿爲曹更多悲緒丹經在握貧病莫諧芝术可求聊因採掇昔吾壯日及弟富年俱值邕熙並歡衡泌南風雅操清觴妙曲絃琴促坐無乏夕晨玉瀝金華冀獲難老不虞一旦翻覆波瀾吾已惛陰弟非茂齒禽尚之契各在天涯永念生平難爲胷臆正當視陰數箭削排愁破涕人生樂爾憂戚何爲願愛玉體珍金相保期頤享考黃髮猶冀蒼鴈頳鯉時傳尺素清風朗月但寄相思搦管操觚聲淚俱咽　陳徐陵荅尹義尚書曰別離二國雲雨十年心想河陽言銅爵而無遠神遊漳水與金鳳而俱飛弟留連河北義等周南懷此殊才實可傷歎吾崦嵫既暮容鬢凋然風氣彌留砭藥無損追惟疇昔共備行人家國安危賓禮升降懸壺代哭俱歷

春冬移管[illegible]箕同茲辛苦鳴蜩抱樹亟見藏冰歸鴈銜蘆盍多歷寒食請言念乎如何可忘夫以擁腫之木得免困於斧斤觳觫之牛自保由於無用嗟余鄙[illegible]未有龍共生唯歎吾賢不同蘧瑗爾其推溝拯溺無切皇衷逸翮飄鱗見優機覽所以降尺一之書馳輶軒之使心期與國必遂還途寧謂親鄰更成難請伊昔梁朝共奉嘉聘張茲大帛處彼高閣庭奏歌鍾座延嬌眄賓客之叙方於階阼田獵之禽同於君膳正以鄉関阻亂致爾拘留家國隆平義應旋反韓宣屢至孚孔頻還翻爾遲迴豈云鄰睦

怨

春秋潛潭巴曰河水逆流怨氣盛也　毛詩序曰亂世之音怨以怒其政乖　又曰角弓父兄刺幽王也不親九族而好讒佞骨肉相怨故作是詩也騂騂角弓翩其反矣兄弟婚姻無胥遠矣　左傳曰晉侯賞從亡者介之推不言祿祿亦弗及其母曰盍亦求之以死誰懟對曰尤而效之罪又甚焉且出怨言不食其食　又曰晉郤至獻楚捷于周與單襄公語驟

稱其伐單子語諸大夫曰温季其亡乎位於七人之下而求掩其上怨之聚亂之本也多怨而階亂何以在位夏書曰怨豈在明不見是圖將慎其細也今而明之其可乎　又曰吴公子扎來聘請觀於周樂爲之歌周南召南曰美哉始基之矣猶未也然勤而不怨矣爲之歌小雅曰美哉思而不貳怨而不言其周德之盛乎　又曰子產云我聞忠善以損怨不聞作威以防怨　又曰君子之言信而有徵故怨遠於身小人之言僭而無徵故怨咎及之　論語曰放於利而行多怨　又曰貧而無怨難富而無驕易　管子曰凡禍亂之所生生於怨咎怨咎之所生在於非理故曰開禍在除怨　楚辭曰怨靈脩之浩蕩終不察夫民心　淮南子曰和氏之璧夏后之璜揖讓而進之以合歡夜以投人則爲怨時與不時也　琴操曰王昭君者齊國人也顏色皎絜聞於國中獻於孝元帝訖不幸納積五六年昭君心有怨曠僞不飾其形容元帝每歷後宮疎略不過其處後單于遣使者朝賀元帝陳設倡樂乃令後宮粧出昭君怨恚日久乃便循飾善粧盛服光暉而出俱列坐元帝謂使者曰單于何所願樂對曰珍奇

惟物皆悉自備唯婦人醜陋不如中國乃令後宮欲至單于者起昭君喟然越席而前曰妾幸得備在後宮麤醜鄙陋不合陛下之心誠願得行帝大驚悔之良久太息曰朕已誤矣遂以與之昭君至單于心思不樂乃作怨曠思惟歌曰秋木萋萋其葉萎黃有鳥處山集于苞桑養育毛羽形容生光既得升雲遊倚曲房離宮絕曠身體摧藏志念抑沉不得頡頏雖得餧食心有徊徨我獨伊何改往變常翩翩之燕遠集西羌高山峩峩河水泱泱父兮母兮道里悠長嗚呼哀哉憂心惻傷　續漢書曰建武三十年三月羣臣上言即位三十年宜封禪泰山詔書曰百姓怨氣滿腹吾誰欺欺天乎曾謂泰山不如林放乎

【詩】魏阮瑀詩曰民生受天命漂若河中塵雖稱百齡壽孰能應此身猶獲嬰凶禍流離恒苦辛　宋鮑昭行路難曰君不見河邊草冬時枯死春滿道君不見城上日今暝没西山明朝復更出今我何時得自然一滅永罷歸黃泉人生若多歡樂少意氣敷腴在盛年且願得志數相就牀頭恒有沽酒錢功名竹

帛非我事存亡貴賤委皇天 又曰寫水置平地各自東西南北流
民生亦有命安能行歎復坐愁酌酒小自寛舉杯斷絕歌行路難
心非木石豈無感吞聲躑躅不敢言 齊謝朓玉階怨詩曰夕殿下
珠簾流螢飛復息長夜縫羅衣思君此何極 梁元帝送西歸內
人詩曰秋氣蒼茫結孟津復送巫山薦枕神昔時慊慊愁應
去今日勞勞長別人 梁豫章王蕭綜聽鐘鳴詩曰歷歷聽鐘
鳴當知在帝城西樹隱落月東牕見曉星霧露朏朏未分明烏
啼啞啞已流聲驚客思動客情客思鬱從橫翩翩孤鴈何所
栖依依別鶴半夜鳴今歲行已暮雨雪向凄凄飛蓬旦夕起楊柳尚
飜低氣鬱結涕滂沱愁思無所託強作聽鍾歌 梁范雲登城怨
詩曰楚妃歌脩竹漢女奏幽蘭獨以閨中笑豈知城上寒 梁劉孝
綽班婕妤怨詩曰應門寂已閉非復後庭時況在青春日萋萋綠草
滋妾身似秋扇君恩絕履綦詎憶遊輕輦從今賤妾辭 梁吳均行
路難曰洞庭水上一株桐經霜觸浪困嚴風昔時抽心曜白日今旦怨死

黃沙中洛陽名工見咨嗟一嗟一剋作琵琶白壁規心學明月珊瑚映面
作鳳花帝王見賞不見忘提攜把握登建章掩抑摧藏張女彈殷勤
促柱楚明光年年月月對君子遥遥夜夜宿未央未央綵女弃鳴篪争
見拂拭生光儀茱萸錦衣玉作匣安念昔日枯樹枝不學衡山南嶺
桂至今千載猶未知　又曰青瑣門外安石榴連枝接葉夾御溝金墉
城西合歡樹垂條照彩拂鳳樓遊俠少年游上路傾心顛倒想戀慕
摩頂至足買片言開胷瀝膽取一顧自言家在趙邯鄲翩翩舌杪
復劒端青驪白駮的盧馬金羈綠控紫絲鞶蹀躞橫行不肯進
夜夜汗血至長安長安城中諸貴臣争貴儒者席上珍復聞梁王
好學問輕弃劒客如埃塵吾丘壽王始得意司馬相如適被申大
才大辯尚如此何況我輩輕薄人　又曰君不見西陵田從橫十字成陌
阡君不見東郊道荒凉蕪没起寒煙盡是昔日帝王處歌姬舞
女達天曙今日翩妍少年子不知華盛落前去吐心吐意許他人今旦
迴惑生猶豫山中桂樹自有枝心中方寸自相知何言歲月忽若馳

君之情意與我離還君玳瑁金雀釵不忍見此便心危　又曰君不見長安客舍門娼家少女名桃根貧窮夜紡無燈燭何言一朝奉至尊至尊離宮百餘處千門萬户不知曙唯聞啞啞城上烏玉蘭金井牽轆轤丹梁翠柱飛流蘇香薪桂火炊彫𦬊當年翻覆無常定薄命爲女必已麁𪊨　梁孔翁歸班婕妤怨詩曰長門與長信日暮九重空雷聲聽隱隱車響絶籠籠恩光隨妙舞團扇逐秋風谿華誰不見人意自難同　梁何思澄班婕妤詩曰寂寂長信晚雀聲愁洞房蜘蛛網高閣駮蘚被長廊虚殿簾帷靜閑階花蘂香愁愁視日暮還復守空牀　梁施榮泰王昭君詩曰垂羅下椒閣舉袖拂胡塵即即撫心歎蛾眉誤殺人　梁徐悱妻劉氏班婕妤怨詩曰日没應門閉愁思百端生况復昭陽近風傳歌吹聲寵移真不恨讒枉太無情祇言爭分理非妬舞腰輕　梁王叔英妻劉氏王昭君怨詩曰一生竟何定萬事良難保丹青失應圖匣玉成秋草相接辭關淚至今猶未燥漢使汝南還慇懃爲人道　梁范靖妻沈氏

昭君歎詩曰早信丹青巧重賂洛陽師千金畫雲鬢百萬寫娥眉　陳陰鏗班婕妤詩曰柏梁新寵盛長信昔恩傾誰謂詩書巧飜爲歌舞輕花月分牕進苔草共階生憶淚衫前滿單眠夢裏驚可惜逢秋扇何用合歡名　陳明昭君辭曰跨鞍今永訣垂涕別親賓漢地隨行盡胡關逐望新郊河雍塞霧隴日闇沙塵唯有孤明月猶能遠送人【賦】漢董仲舒士不遇賦曰嗚呼嗟乎遐哉邈矣時來曷遲去之速矣屈意從人悲吾族矣正身俟時將就木矣心之憂兮不期祿矣皇皇匪寧祇增辱矣努力觸藩徒摧角矣不出戶庭庶無過矣重曰生不丁三代之盛隆兮而丁三季之末俗俗以辯詐而期通兮貞士以耿介而自束雖日三省於吾身繇懷進退之唯谷彼寔繁之有徒指貞白以爲墨目信嫮而言眇口信辯而言訥鬼神不能正人事之變戾聖賢亦不能開愚夫之違惑出門則不可與偕同藏器又盍其不容退洗心而內訟固亦未知其所從觀上世之清暉廉士煢煢而靡歸殷湯有卞隨與務光周武有伯夷與叔齊

孰若反身於素業莫隨世俗而輪轉雖矯情而獲百利不如復心而歸一善　漢司馬遷悲士不遇賦曰悲夫士生之不辰愧顧影而獨存恒克己而復禮懼志行而無聞諒才韙而世戾將逮死而長勤雖有行而不彰徒有能而不陳何窮達之易惑信美惡之難分時悠悠而蕩蕩將遂屈而不伸使公於公者彼我同兮私於私者自相悲兮天道微哉吁嗟闊兮人理顯然相傾奪兮好生惡死才之鄙也好貴夷賤哲之乱也炤炤洞達胷中豁也昏昏罔覺内生毒也我之心矣哲已能忖我之言矣哲已能選没世無聞古人惟耻朝聞夕死孰云其否逆順還周乍没乍起無造福先無觸禍始委之自然終歸一矣　漢司馬相如陳皇后長門賦曰願賜問而同進兮得尚君之玉音奉虛言而望誠兮期城南之離宫循薄具而自設兮君不肯而幸臨浮雲鬱而四塞兮天窈窈而晝陰雷隱隱而響起兮聲象君之車音刻木蘭以爲榱兮飾文杏以爲梁日黄昏而望絶兮悵獨託於空堂懸明月以自照兮徂清夜於洞房援雅琴以變調兮奏愁思

之不可長案流衍以却轉兮聲窈妙而復揚搏芬若以爲枕兮席荃蘭而茝香忽寢寐而夢想兮魂若君之在傍　班婕妤自傷賦曰承祖考之遺德荷性命之淑霊登薄軀於宮闈充下陳於後庭蒙聖皇之渥惠當日月之盛明揚光烈之翕赫奉隆寵於增城既遇幸於非位竊庶幾乎嘉時陳女圖而鏡鑑顧女史而問詩歷年歲而悼懼閔蕃華之不滋白日忽以移光遂晻漠以昧幽猶被覆載之厚德不廢捐於罪尤奉供養于東宮託長信之末流重曰潛玄宮兮幽以清應門閉兮禁闥扃華殿塵兮玉階苔中庭萋兮綠草生神眇眇兮密靜處君不御兮誰爲榮俯視兮丹墀思君兮履其綦仰視兮雲屋雙涕兮橫流顧左右兮和顏酌羽觴兮銷憂惟人生兮一世忽一過兮若浮　魏丁廙蔡伯喈女賦曰伊太宗之令女稟神惠之自然在華年之二八披鄧林之曜鮮明六列之尚致服女史之話言恭過庭之明訓才朗悟而通玄當三春之嘉月時將歸於所天曳丹羅之輕裳戴金翠之華鈿美榮曜之所茂哀寒霜之已繁豈偕老之可

期庶盡歡於餘年何大願之不遂飄微軀於逆邊行悠悠於日遠入穹谷之寒山馳栢舟於千祀負寃魂於黃泉我羈虜其如昨經春秋之十二忍胡顏之重耻恐終風之我萃詠芳草於萬里想音塵之髣髴祈精爽於交夢終寂寞而不至哀我生之何辜爲神靈之所弃仰蕣華其已落臨桑榆之歔欷入穹廬之秘館亟踰時而經節歎殊類之非匹傷我躬之無悅脩膚體以深念蘭澤之空設佇美目於胡忌向凱風而泣血　梁江淹恨賦曰試望平原蔓草縈骨拱木斂魂人生到此天道寧論於是僕本恨人心驚不已直念古者伏恨而死若乃趙王既虜遷於房陵薄心動念昧旦晨興別豔姬與美女喪金輿及玉乘置酒欲飲悲來填膺千秋萬歲爲怨難勝至如李君降北名辱身寃拔劍擊柱吊影慙魂若夫明妃去時仰天太息紫臺稍遠關山無極搖風忽起白日西匿隴鴈少飛岱雲寡色望君王兮何期終蕪絶兮異域至如敬通抵見罷歸田里閉關却埽塞門不仕左對孺人右顧稚子脫略公卿跌宕文史齎志沒地長

懷無已若夫中散下獄神氣激揚濁醪夕引素琴晨張秋日蕭索浮雲無光鬱青霞之奇志入脩夜之不暘或有孤臣危涕孽子墜心遷客海上流戍隴陰此人但聞悲風汨起泣下霑衿亦復含酸茹怨銷落湮沉若乃騎疊跡車屯軌黃塵匝地歌吹四起無不煙斷火絕閉骨泉裏已矣哉春草暮兮秋風驚秋風罷兮春草生綺羅畢兮池管盡琴瑟滅兮丘隴平自古皆有死莫不飲恨而吞聲

藝文類聚卷第三十